신의 죽음과 삶의 의미

The Death of God and the Meaning of Life

THE DEATH OF GOD AND THE MEANING OF LIFE / 2E

신의   삶의
죽음과   의미

P 필로소픽

약어

약어로 표시된 도서의 자세한 사항에 대해서는 이 책의 끝부분에 있는 문헌 목록을 참조(인용 출처 표기에서 쌍점 다음에 나오는 숫자는 쪽수를 가리킴)

니체(니체의 모든 저서에서 아라비아 숫자는 관련된 절의 기수를 가리킴)

BT 《비극의 탄생 The Birth of Tragedy》

GS 《즐거운 학문 The Gay Science》

GM 《도덕의 계보 On the Genealogy of Morals》(로마 숫자는 논문의 기수를 가리킴)

TI 《우상의 황혼 Twilight of the Idols》(로마 숫자는 장의 기수를 가리킴)

WP 《힘에의 의지 The Will to Power》

Z 《차라투스트라는 이렇게 말했다 Thus Spoke Zarathustra》(로마 숫자는 부의 기수를 가리킴)

데리다

D 〈차연 Différance〉

FP 《대화하는 프랑스철학자 French Philosophers in Conversation》 6장

사르트르

BN 《존재와 무 Being and Nothingness》

쇼펜하우어

FR 《충족이유율의 네 겹의 뿌리에 관하여On the Fourfold Root of the Principle of Sufficient Reason》

PP 《부록과 보충Parerga and Paralipomena》2 vols

WR 《의지와 표상으로서의 세계The World as Will and Representation》

카뮈

MS 《시지프스의 신화The Myth of Sisyphus and Other Essays》

칸트

CPR 《순수이성비판Critique of Pure Reason》(표기된 숫자는 영역본의 쪽수를 가리킴)

키르케고르

CA 《불안의 개념The Concept of Anxiety》

CUP 《결론적인 비학문적 후기Concluding Unscientific Postscript》

EO 《이것이나 저것이나Either/Or》2 vols

FT 《공포와 전율Fear and Trembling》

SUD 《죽음에 이르는 병Sickness unto Death》

푸코

FR 《푸코 독본The Foucault Reader》

프로이트

F *The Standard Edition of the Complete Works of Sigmund Freud*, vol. 21
(《문명 속의 불만Civilization and Its Discontents》을 대부분 참고)

플라톤

P 《파이드로스Plato's Phaedrus》(숫자는 영역본의 쪽수를 가리킴)

하이데거

B&T 《존재와 시간Being and Time》(별도의 언급이 없는 한 숫자는 영역본의
쪽수를 가리킴)

N 《니체Nietzsche》 4 vols

PLT 《시, 언어, 사고Poetry, Language, Thought》

QCT 《기술에 대한 물음The Question concerning Technology and Other Essays》

헤겔

PS 《정신현상학The Phenomenology of Spirit》(표기된 숫자는 쪽수가 아니라
관련된 절의 기수를 가리킴)

이 책은 재판이고 초판은 2003년에 나왔다. 초판에 실린 글들은 모두 재고되었으며 다시 쓰였다. 그 외에 완전히 새로운 세 장이 추가되었다. 3장 키르케고르, 5장 프로이트, 8장 마르크스이다. 그러나 이 책의 **전반적** 논변은 변함없다.

* * *

니체는 사람들이 '가치'에 대해 말을 많이 할 때, 가치 때문에 문제에 빠져 있다는 것을 알고 있다고 평한 바 있다. 삶의 의미에 대해서도 마찬가지이다. 우리는 삶의 의미를 말하고 날카로운 농담을 주고받고 그에 관한 책을 쓰고 읽지만 이는 우리가 그 주제로 애를 먹고 있다는 것을 시사한다. 하지만 이런 일은 비교적 최근 현상이다. 서양 역사는 대부분 삶의 의미를 말하지 않았다. 그 이유는 우리가 삶의 의미가 무엇인지를 알고 있다고 더없이 확신하곤 했기 때문이다. 우리가 삶의 의미를 확신한 것은 의심스러운 덕과 행복으로 이루어진 이 세계 말고 다른 세계가 있다는 것을 안다고 생각했기 때문이다. 말하자면 니체가

(다소 역설적으로) '참된 세계', 또는 달리 표현하면 '신'이라고 부르는 세계가 있다.

참된 세계*는 하나의 목적지이다. 이 목적지는 도달하게 되면 '영원한 축복' 상태, 즉 천국, 낙원 또는 유토피아에 들어가는(또는 아마도 다시 들어가는) 종착지이다. 따라서 참된 세계를 표방하는(넓은 의미에서 종교를 포함하는) 철학들은 삶을 여정으로, 즉 '구원'을 향한 여정, 여행의 스트레스와 불편을 그 이상으로 보상해 줄 종착을 향한 여정으로 표상함으로써 삶에 의미를 부여한다. 여정은 시작과 중간과 끝을 지니고 있으므로 우리 삶의 올바른 과정을 참된 세계로 설명하는 것은 일종의 이야기, 말하자면 서사이다. 그리고 참된 세계 서사들(예를 들면 기독교의 서사)는 개인적이라기보다 전체적이라서, 그리고 그 서사들은 너와 나의 삶만이 아니라 모든 시공간적 삶에 고유한 과정을 서사적으로 말하는 것이라서 나는 이들 서사를 '거대' 서사라고 부르고자 한다.

이 연구의 제1부는 참된 세계, 거대 서사 철학에 관심을 둔다. 제1장은 참된 세계의 관념을 추적하는데, 그 시기는 참된 세계가 철학에 등장하는 플라톤의 대화에서 시작하여 그 전성기, 즉 참된 세계가 중세 기독교의 형태로 세계사적 통치를 장악했던 시기까지를 포함한다.

그러나 근대가 시작할 즈음에 실험 과학의 탄생과 성공은 전통 기독교의 신념에 가장 무서운 도전장을 내놓았다. 왜냐하면 명백하게도 코페르니쿠스, 갈릴레오, 그리고 뉴턴이 그린 우주 지도에서 기독교의 천국과 거주자들이 자리할 만한 어떤 그럴듯한 장소도 남아 있지 않았기

• 지금부터 '참된 세계'에 작은따옴표를 치지 않는다. 그러나 이 단어가 나오면 작은따옴표가 있는 것으로 상상해야 한다. 이는 그 단어의 어의에 약간의 아이러니를 부여하기 위함이다.

때문이다. 이전에는 일종의 미지의 땅, 호주보다 훨씬 멀리 있긴 하지만 호주와 비슷한 곳, 별들 너머 있는 미답 대륙이 남아 있었지만, 지금에 와서는 있다고 말할 수 있는 미답지가 이 우주에 전혀 남아 있지 않은 것처럼 되었다.

제2장에서 나는 전통 종교의 신념을 구제하기 위해 18세기 말에 현상과 실재를 형이상학적으로** 구별한 칸트의 시도를 검토할 것이다. 칸트는 신, 천사 또는 구원받은 자의 영혼을 위해 과학이 지도에 그려줄 장소는 이 세계에 아무 데도 **없다**는 것을 인정한다. 그러나 이것은 중요하지 않다. 왜냐하면 과학에 의해 (완전하게 그리고 정확하게) 기술되는 시공간의 자연 세계는 '현상'의 세계인 반면 과학이 절대적으로 이해할 수 없는 다른 세계, 즉 궁극적 실재의 세계, '물자체'의 세계가 있기 때문이다. 따라서 결국 신이 거주할 장소, '초감각적' 영역이 존재한다. 여기서 초감각적이라는 말은 너무 멀어서 우리가 볼 수 없는 호주와 같은 존재의 의미에서가 아니라, 원칙적으로 신체적 감각으로 접근할 수 있는 종류의 사물이 아니라는 의미에서 존재한다는 뜻이다. 물론 칸트는 감각은 인식의 유일한 원천이기 때문에 우리는 초감각적인 것에 대해 아무것도 **인식**할 수 없다고 말한다. 그러나 최소한 우리는 기독교의 주장은 초감각적인 것에서 실현된다는 **신앙**, 우리 조상의 신앙은 자연과학에 의해 결코 도전 받을 수 없다는 인식 속에서 기독교의 주장이 안전하게 남을 수 있다는 **신앙**을 가질 수 있다. 더욱이, 이

** '형이상학metaphysics'의 기본 정의는 '궁극적으로 존재하는 것에 대한 연구'이다. 그러나 때때로 철학자들은 메타meta와 피직스physics의 합성어라는 그 단어의 어원적 구성소를 강조했다. 그래서 이 단어는 (특히 19세기 독일에서) '(추정상의) 초자연적 세계에 대한 연구'라는 보다 제한된 방식으로 사용된다. '형이상학'의 세 번째 용법은 하이데거가 도입한 것인데, 이 용법은 17장까지는 등장하지 않을 것이다. 이 책에서는 이 세 가지 중 첫 번째 정의가 가장 일반적으로 쓰였다.

신앙은 우리가 간직하지 **않으면 안 되는** 신앙이다. 왜냐하면 신이 없다면 도덕성은 아무런 의미도 없기 때문이다.

제3장에서 나는 칸트가 최종적으로 견지하는 이 논점을 변호하는 키르케고르의 입장을 검토할 것이다. 키르케고르에 의하면 우리가 신앙의 '도약'을 하지 않는다면 우리의 삶은 윤리적 진정성이 없게 될 것이고 따라서 의미도 없게 될 것이다. 그리고 의미가 없다면 우리는 '절망' 속에 머무를 것이다.

제4장에서 나는 기독교를 구제하려는 칸트의 시도를 비판하는 쇼펜하우어의 입장을 살펴볼 것이다. 그는 감각적 현상 세계와 초감각적 물자체의 세계를 구별하는 칸트의 이론을 충분히 받아들인다. 하지만 현상 세계에 있는 잔혹함과 고통의 편재는 기독교의 사랑의 신이 거주하는 초감각적 세계라는 관념이 기껏해야 형편없는 농담임을 보여 준다고 강력하게 논증한다. 그러나 놀랍게도, 쇼펜하우어는 기독교 신학의 자비로운 창조주는 파괴하지만 참된 세계의 관념은 포기하지 않는다. 오히려 그것은 쇼펜하우어로 하여금 참된 세계를 확인시키는 데로 이끈다. 이 참된 세계에 입적함으로써 우리는 **니르바나,** 즉 불교의 '무'라는 무신론적 영역과 함께 인생이라는 이 악몽의 비참함으로부터 구원된다.

제5장에서는 프로이트를 논의한다. 내가 생각하기로는, 프로이트는 쇼펜하우어를 읽었을 뿐만 아니라 기본적으로 고통의 편재와 불가피성(프로이트는 이를 '불만족'이라고 부른다) 때문에 세상의 삶은 살 가치가 없다는 쇼펜하우어의 비관주의적 결론에 동의한다.

제6장에서는 쇼펜하우어의 열정적 사도인 젊은 니체가 어떻게 그를 따르되 약간의 수정을 거쳐 '유럽적 불교' 쪽으로 나아가는지를 보여 줄 것이다. 본질적으로 '유럽적 불교'(후기 니체가 자신의 젊은 시절의 심취를 비꼬는 표현)는 이국적인 형태를 취하는 칸트 철학이다. 그러

나 칸트 철학의 본질은 물'자체'의 인식 불가능성에 있다. 그렇다면 현상과 실재를 구별하는 칸트의 형이상학적 이중성을 받아들인다 하더라도, 우리는 왜 고통에서 '구원'받기 위해서는 초감각적 세계로 진입한다고 믿어야 하는가? 그 대답은 쇼펜하우어에서는 암시적이지만 니체에서는 명시적인데, 즉 **복수**의 사물들은 시공간 내에서만 있을 수 있기 때문에 물자체는 '복수를 초월해' 있다는 것이다. 그러나 고통은 욕망하는 주체와 저항하는 대상 사이의 괴리를 필요로 하기 때문에 복수를 필요로 한다. 따라서 복수를 넘어서면 아무런 고통도 있을 수 없다. 하지만 나는 이러한 논변이 설득력 있는 논증이라고 생각하지 않는다. 칸트 철학의 본질은 물자체의 **인식 불가능성**이므로, 우리가 물자체에 대해 알 수 없는 것 중 하나를 말하면 그것은 바로 시간적이지 않고 공간적이지 않다는 주장이다. 하지만 실재에 대한 우리의 이미지와 그 실재 자체의 실제 모습 사이에 어느 정도 완전한 일치가 있을지는 모를 일이다. 제6장 끝에서 내가 내리는 결론은 우리는 칸트와 키르케고르의 천국을 받아들일 이유가 없는 것과 마찬가지로 쇼펜하우어와 니체의 니르바나를 받아들일 이유가 없다는 것이다. 그러나 이렇다고 해서 참된 세계가 종말을 고하는 것은 아니다. 이 관념은 우리가 포기하기를 극단적으로 꺼리는, 회복 탄성이 대단한 개념이다.

제7장에서 나는 헤겔을 다루고, 제8장에서는 그 제자 마르크스를 다룬다. 나는 이 둘이 모두 완전한 자연주의 철학을 제안한다고 주장한다. 즉 그 둘은 모두 중세의 형태이든 칸트적 형태이든 초감각적 세계의 죽음을 받아들인다. 하지만 그들이 참된 세계를 포기하는 것은 아니다. 오히려 그들은 그 세계의 위치를 재설정하여, 존재한다고 가정된 **다른** 세계로부터 미래의 **이** 세계로 가져온다. (단 하나의) 세계 역사는 멈출 수 없는 진보의 '변증법적' 법칙에 따라 최후의 유토피아를 향해 움직이는 것으로 묘사되고 이 유토피아에 도달함으로써 역사는 종

말에 이르는 것으로 간주된다. 자연과 초자연을 구분하는 낡은 방식은 현재와 미래의 구분으로 재해석된다.

이 최종 버전의 참된 세계론의 문제점은, 헤겔이 인식한 대로의 '역사'는 신화라는 것이고(강력한 신화이긴 해도), 마르크스가 인식한 대로의 유토피아는 불가능하다는 것이다. 나의 결론은 삶의 의미 문제에 대해 참된 세계가 주는 대답 가운데는 믿을 만한 것이 없다는 것이다.

그리고 사실을 말하면 우리 문화 전체의 특성을 언급할 때 그러한 대답을 수용하는 사람은 아무도 없다. 니체가 1882년에 '신은 죽었다'라고 전해주었을 때 그는 고작해야 다음과 같은 진리를 명료히 한 것뿐이다. 즉 서구 문화는 공공연하게든 암암리에든 종교적 문화이기를 그만두었다는* 사회학적 사실(이 때문에 근본주의 이슬람교는 우리를 경멸한다)을 전한 것뿐이다.

* * *

전통적 구조의 관점에서 삶의 의미를 규정했지만 이것이 더 이상 믿음을 주지 못했을 때 그리고 그중 아무것도 제자리를 차지하지 못했을 때 그 결과는 허무주의가 된다. 허무주의는 니체의 의미에 따르면 다음과 같이 이해된다. "허무주의는 무엇을 의미하는가? 그것은 **최고 가**

• 내가 어떤 사람이 서서히 작용하지만 예외 없이 사망에 이르게 하는 독극물을 마셨다는 것을 안다고 해보자. 그러면 내가 당신은 아직 살아 있지만 결국 '죽은 거야'라고 말하는 것은 정확하게 말하는 것이다. 니체가 1882년에 신의 죽음을 선언했을 때 그는 선견자의 입장에서 미리 내다보고 그렇게 말한 것이다. 그는 자신이 '사회주의'라고 부른 마르크스주의가 수단을 달리해서 신의 관념을 영구 보존한 것이라는 점을 완벽하게 잘 알고 있었다. 그는 이를 두고 '신의 그림자'라고 불렀다. 그러나 그는 또한 이러한 형식의 관념 역시 '죽게 되어 있다'는 것을 알았다. 따라서 '신의' 숨통이 끊어지는 고통은 베를린 장벽의 붕괴(공산주의의 최종적 가시적 붕괴)가 일어난 1989년까지는 완전하게 끝나지 않았다고 지적하는 것은 전혀 니체를 반박하는 것이 될 수 없다.

치가 무가치하게 된다는 것이다. 목표가 없어진다"(WP 2).

이 책의 제2부는 허무주의의 위협, 즉 참된 세계의 부재 속에서 삶은 무의미하다는 현상에 대한 대응을 살펴본다. 이 대응은 19세기 말부터 지금에 이르는 철학자들의 저술에서 발견할 수 있다. 구체적으로 말하면 후기 니체는 제9장과 제10장, 사르트르는 제12장과 제13장, 카뮈는 제14장, 푸코는 제15장, 데리다는 제16장, 그리고 하이데거는 제11장과 제17장에서 논의될 것이다. '대륙 철학'은 '전통 기독교의 신이 죽었다는 관점에 의거해서 삶의 의미에 대해 무엇을 말할 수 있는가 하는 문제에 대답하는 것을 주요 과제로 삼는 철학'으로 정의되는데 이는 무엇보다도 유용한 정의이다. 따라서 이 책은 대륙 철학의 강조점(과 취약점 일부)에 관한 약사로 간주될 수 있다. 이 역사가 색다른 점은 다음의 두 가지 특징 때문이다. 첫째 특징은 사상들 간의 배치, 즉 지적인 친화성과 대립이 꼭 역사의 순서를 따르지는 않기 때문에 내가 논의하는 철학자들은 항상 연대기적 순서로 등장하는 것은 아니라는 점이다. 둘째 특성은 이 역사는 **비판적** 역사라는 점이다. 특히 이 역사는 마지막 장에서 삶의 의미 문제에 대한 **대답**을 보여주는 경향이 있는 것으로 나타난다.

이 연구의 제1부는 참된 세계라는 전통 구조의 폭넓은 범위 안에서 삶의 의미 문제에 답한 철학자들에게 관심을 두었다는 점에서 대륙 철학의 보다 '보수적인' 측면에 관계한다고 말할 수 있다. 제2부는 참된 세계라는 구조의 뿌리와 가지 모두를 거부하고 의미의 문제를 새로이 시작한 철학자들에게 관심을 두었다는 점에서 대륙 철학의 보다 '급진적인' 측면에 관계한다. 보수와 급진의 이러한 균열은 니체 철학을 관통하는데, 이 때문에 니체는 우리가 지금 서 있는 좌표를 이해하는 데 중추적인 존재라고 말할 수 있다.

* * *

삶의 의미 문제는 정확히 무엇 때문에 흥미로운가? 그 문제는 어째서 중요한가? 우리 모두는 (비록 대답할 수 없는 무능함을 몬티 파이선 풍의 풍자로 덮어 버리려고 한다 할지라도) 그 중요성을 감지하지만 우리가 감지하는 그것이란 도대체 무엇인가?

카뮈는 《시지프스의 신화》에서 유명한 말로 서두를 장식한다. 즉 "참으로 심각한 철학적 문제는 오직 하나뿐이다. 그것은 자살이다." 물론, 자살을 해야 하느냐 말아야 하느냐의 문제는 삶이 살 가치가 있느냐 없느냐의 문제이다. 우리에게 심각한 문제가 되는 것은 존재의 '부조리', 삶의 무의미성 때문이라고 카뮈는 주장한다. 의미 문제와 가치 문제 사이의 관계가 《시지프스의 신화》에서 다소 모호할지라도 서두에서 내놓은 그 제안은 근본적으로 옳다고 나는 믿는다. 나의 삶*은 그것이 오직 (적어도 나에게) 의미가 있을 때 바로 그때만 살 가치가 있다. 이 주장의 두 부분을 정당화해 보자.

첫째, 나의 삶이 의미가 있다면 살 가치가 있다는 것은 어째서 진리인가? 나의 삶의 의미(의의, 목적, 목표)는, 삶이 의미가 있다면, 나의 근본 프로젝트이다. 그것이 '영원한 축복'을 얻는 것이든 덕스럽게 되는 것이든 공산주의 유토피아를 추진하는 것이든 유명 록 스타가 되는 것이든 그저 자식의 성장과 발전을 지켜보는 것이든 관계가 없다. 그런데 직관적으로 볼 때 '나는 근본 프로젝트가 있고 이를 구현할 능력을 소유하고 있지만 나의 삶은 살 가치가 없다'고 말하는 것은 앞뒤가 맞지 않는다. 어째서 그런가? 왜냐하면 내가 생각하건대 '나의 근본 프로

---

* '삶'은 '나의 삶'과 똑같은 것이 아니다. '삶이 의미가 있다'는 것은 적어도 표면적으로나마 '나의 삶은 의미가 있다'는 것을 함의하는 반면, 나의 삶은 삶이 그 자체로 의미가 없을지라도 의미가 있는 것처럼 보일 수 있다. 나는 나중에 이 점을 되짚을 것이다.

젝트'란 '그것을 실현하는 것이 다른 어떤 것보다 나에게 중요한 프로젝트'를 의미하기 때문이다. (올바른 행동은 최대 다수의 최대 쾌락을 추구하는 행동이라는 '공리주의' 규준을 강타한 바 있는) 니체는 이렇게 말한다. '인간은 쾌락을 추구하지 않는다. 영국인들만 그런다.' 니체는 계속해서 말한다. '인간'이 추구하는 것은 '의미'이다. 그러나 내가 생각하건대 이것은 논점을 놓치는 것이다. 왜냐하면 이것은 의미의 우위성을 심리학적 또는 인간학적 진리처럼 만들어 버리기 때문이다. 논점의 소재는 개념적인 것이다. 즉 '삶의 의미'라는 개념에는 제국주의가 들어 있다. 어떤 것을 나의 삶의 의미로 인정하는 것은 개념적으로 볼 때 그것을 나의 최고 가치, 즉 나의 여타 모든 가치를 합친 것보다 더 큰 가치로 인정하는 것이다. 이로부터 귀결되는 것은 내가 어떤 고통을 감내하든, 무슨 '악'이 나에게 떨어지든 내가 삶의 의미를 가지고 그것을 추구하는 능력을 보유하는 한 나의 삶은 살 가치가 있다는 것이다.

나의 주장의 두 번째 부분으로 넘어가 보자. 삶이 살 가치가 있다면 그때는 그것이 의미 있어야 한다는 것은 어째서 진리인가? 나는 (이 주장을 실제로 거부하는 취지를 피력한) 카뮈를 논의할 때 이 문제로 돌아갈 것이다. 여기서는 다만 다음과 같이 주장하는 것으로 그치겠다. 아무리 쾌락으로 가득하고 고통이 없다고 해도 **성장**의 가능성, 즉 삶의 프로젝트를 소유하는 데서만 올 수 있는 가능성을 결하고 있다면, 삶은 근본적으로 지루한 삶, 즉 **권태**로울 수밖에 없는 삶을 나타낸다. 그러나 권태는 내적 감각이 아니라 오히려 우리의 세계 안에 있는 만물이 이를테면 잿빛으로, 밋밋하게, 무익하게, 활기 없이 드러나는 방식이라는 쇼펜하우어의 통찰을 유념할 때, 권태가 삶의 전반적인 특성이 되면 삶은 살 가치가 있는 삶일 수 없다.

제1부

신의 죽음
이전

1장

플라톤

플라톤(약 기원전 428-347)은 독신 귀족이고 전직 기병 장교였으며 청년 시절에 소크라테스학파에 속했다. 소크라테스학파는 (비록 그가 사자코에 대머리이고 눈은 튀어나왔지만) 그 철학자를 존경하고 사랑했으며, 그에게서 철학은 어떻게 해야 하는지를 배운 아테네의 젊은이 집단이었다. 플라톤의 인생에 가장 깊은 상처를 안겨 준 사건은 31세 때 일어났는데, 소크라테스의 처형이었다. 소크라테스는 아테네 법정에서 '종교적이지 않다'는 것과 젊은이들의 마음을 부패시킨다는 이유로 유죄 평결을 받고 독배를 마시라는 명을 받았다. 플라톤의 인생에서 의미심장한 또 다른 사건들은 '아카데미', 즉 최초의 대학을 창립한 것(아카데미에 다닌 사람들 가운데 아리스토텔레스가 있었다)과, 시칠리아섬의 시라쿠사를 세 번 방문한 것이었다. 플라톤은 그의 가장 유명한 저서인《국가론》에서 이상 국가는 철학자가 왕이 될 때 또는 아마도 왕이 철학자가 될 때 존재할 수 있을 뿐이라고 주장한다. 시라쿠사를 방문한 것은 이론을 실천에 옮기려던 것으로 시라쿠사의 군사 독재

자를 설득해서《국가론》에서 개시된 원리에 따라 국가를 통치하게 하려는 (성공하지 못한) 시도였던 것 같다. (우리가 보게 되겠지만 2000년 후 하이데거가 나치 정권의 중직으로 맡았던 총장직에서 사임한 후에 어떤 친구가 유감스러워 하며 '시라쿠사에서 돌아왔다고?'라고 말한 적이 있다.)

플라톤은 말을 주고받는 대화 형식으로 이루어졌다고 해서 '대화편'으로 널리 알려진 약 20여 종의 작품을 썼다. 거의 대부분 주인공이 '소크라테스'이다. 실제 인물을 모델로 했다지만 플라톤이 늙어감에 따라 '소크라테스'는 점점 더 그가 만든 문학적 구성물이 되었다. 즉 청년 시절 자신의 영웅의 사상을 전달하기보다는 차라리 플라톤 자신의 사상을 표현한 대변자 역할을 한 것 같다.

존재 대 생성

서론에서 살펴본 대로 참된 세계는 플라톤의 원숙한 대화 속에서 처음으로 등장한다. 그의 철학의 토대는《국가론》에서 가장 많이 알려진 표현대로 실재를 두 개의 세계로 구분하는 것이다. 한편으로는, 일상적으로 보이는 세계, 즉 우리가 보고 냄새 맡고 듣고 느끼고 만지는 세계가 있다. 이 세계는 항상 변하기 때문에 플라톤은 '생성'의 세계라고 불렀다. 다른 한편으로, 보이지 않지만 절대적으로 실재하는 세계, 즉 불변하는 '존재Being'의 세계가 있다.

존재의 세계는 '이데아들Forms'의 세계이다. 이데아는 보이는 세계가 어떻게 여러 종류의 사물들로 나뉘는지를 설명해준다. 이것과 저것은 둘 다 나무인데 왜냐하면 이것들은 바로 그 동일 사물, 즉 나무의 이데아, '나무 자체'의 '닮음', 즉 모사 또는 모방이기 때문이다. 이것과 저것은 둘 다 원인데 왜냐하면 이것들은 '원 자체'의 모사이기 때문이다. 이 사람과 저 사람 또는 이 행동과 저 행동은 용감하거나 지혜로운 데 왜냐하면 이것들은 '용기 자체' 또는 '지혜 자체'의 모사이기 때문이다. 이 세계의 사물들은 항상 존재의 세계에 있는 원형의 불완전한 모사들이다. (아무리 당신이 원을 주의 깊게 그린다고 해도 물리적 원은 항상 그 속 어디선가 결함을 가지고 있을 것이고 마찬가지로 그것은 언제까지나 근사적 원일 수 있을 뿐이다.) 《국가론》에서 플라톤은 일상 사물들이 그 원형보다 열등하다는 것을 표현하기 위해 그림자 이미지를 사용한다. 육체를 지닌 피조물인 우리는 우리 앞에 있는 바위 벽만 볼 수 있도록 쇠사슬에 묶인 동굴 속 죄수와 같다. 우리 뒤쪽에 있는 동굴 입구 너머에 참된 사물이 있고 이것이 태양빛을 받아서 바위 벽에 그림자를 비춰 준다. 우리 대부분은 돌아설 수가 없기 때문에 그림자를 참된 사물 자체로 오인하게 된다.

우리는 **이데아**를 육체적으로는 볼 수 없어도 지성적으로 인식할 수 있다. 우리는 그것을 '정신의 눈'으로 볼 수 있다. 그리고 사실을 말하면 모든 인간 존재는 이데아에 대해 불투명하고 혼란한 인식을 가지고 있다. 이것이 인간을 본질적으로 규정하는 속성, 즉 언어로 추리하고 소통하는 능력을 설명해 준다. 내가 '원을 그려 보라'고 말할 때 당신이 내 지시를 따를 수 있는 이유는 '원'이라는 말을 들을 때 당신이 생각하는 것이 바로 그 동일한 것, 즉 둥긂, '원 자체'이기 때문이다. 이것은 내가 원을 말할 때 내가 생각하는 바로 그것이다. **이데아**는 말의 의미이다.

* * *

이렇게 플라톤은 존재라는 참된 세계와 생성이라는 '현상' 세계를 구분한다. 현상적인 이유는 플라톤에게 이데아의 세계에 있는 것은 참으로 그대로인 것인 반면 자연 영역에 있는 것은 다만 근사치의 것이고, 즉 실재적이지 **않고** 우리가 그렇다고 여기는 것들이기 때문이다. 지금까지 이러한 이분법은 형이상학과 언어철학에 기여한 것으로 보인다. 그러나 사실을 말하면 이것은 또한 삶의 철학의 핵심이다. 그 이유를 알아보기 위해 나는 플라톤의 후기 내화편《파이드로스》를 음미하고 싶다.

＊　＊　＊

이 대화는 아테네 밖으로 조금 걸어가면 나오는 야외에서 이루어진다. 이곳은 매혹적인 장소인데 왜냐하면 전설에 따르면 바람의 신 보레아스가 오레이티아를 강에서 납치한 곳이기 때문이다. 이 매혹이 소크라테스에게 영향을 미친다. 그는 잠시 후에 자신의 딱딱한 평소 화법이 약간 '열광적'이게 되었다는 점에 주목하면서 '참으로 이곳에 신적 존재가 현존하는 것 같다'라고 말한다(P: 238d).

대화는 소크라테스와 파이드로스 사이에서 이루어진다. 파이드로스는 똑똑하지만 쉽게 영향을 받는 청년이다. 주제는 사랑이다. 사랑이 우리의 관심사와 관련되는 연유는 사랑의 본성을 찾는 과정에서 소크라테스(플라톤)가 참된 세계와 현상 세계의 대립 형이상학을 사실상 삶의 의미 문제에 대한 답을 제공하는 방식으로 전개하기 때문이다. 게다가 그 답은 서구의 사고와 정서를 뒤이어 오는 2000년 동안 지배하게 될 답이다.

사랑은 광기라는 주장

파이드로스는 그의 외투에서 리시아스라는 사람의 연설이 적힌 두루마리를 꺼낸다. 이 연설에 그는 큰 감동을 받았다.

리시아스의 연설은 사랑에 대한 공격이다. 사람들이 리시아스가 그의 연설에서 볼품없는 사람으로 평가된 인물과 별로 다르지 않다고 감지할지라도, 그는 자신의 수사술을 입증하기 위해 주로 사랑을 공격한다. 학교 토론팀의 '찬성 측 연사'가 토론자로서 자신의 토론 기술을 과시하기 위해 가장 불합리한 입장을 방어해야 하는 것과 마찬가지로 리시아스는 자신의 수사 기교를 전시하기 위해 주로 사랑을 공격하는 가증스러운 길을 택한다. (가증스러우면서 동시에 실로 신성모독적이라고 하는 이유는 그리스어에서 사랑은 신, 즉 에로스였기 때문이다. 사랑에 빠지는 것은 에로스의 지배 아래 들어가는 것이었다.)

자신의 시간을 누구와 함께 보낼 것인지를 결정할 때 리시아스는 소년이 사랑하는 사람과 어울려서는 안 되고 사랑하지 않는 사람, 즉 전혀 사랑하고 있지 않다고 솔직하게 고백하는 사람과 어울려야 한다고 논증한다. 사랑하지 않는 사람은 침착하고 분별 있는 관계를 제공해 줄 것이지만 사랑하는 사람은 질투하고 소유하려고 할 것이며 그 소년을 친구와 다른 성인들의 영향으로부터 격리시킬 것이다. 그런데 사랑이라는 '광기의 열병'이 지나가고 사랑하는 사람의 병든 격정이 새로운 대상으로 옮겨가고 나면(이는 불가피한 일일 것이므로), 그는 그 소년을 팽개칠 것이고 그를 비참하고 외로운 존재로 방기할 것이다.

(이 연설은 그 맥락이 물론 동성애적이다. 육체적 표현을 허용해야 하는지에 대해 불확실했지만, 소년 사랑은 플라톤과 리시아스와 같은 그리스 상류 계층 남자들 사이에는 널리 퍼져 있었다. 그러나 철학적으로 중요한 어떤 것도 이 맥락에 걸려 있지 않다. '그녀'들이 적당한 장소에서 '그'들을 대신하는 것으로 상상되어도 좋다. 내가 보기에 이는 그 논증의 요지에 아무런 영향도 끼치지 않는다.)

하늘에서 보낸 광기

리시아스의 연설은 (내가 과도하게 생략했지만) 원래는 길고 장황하고 따분하고 부족한 연설이다. 소크라테스는 '리시아스가 똑같은 말을 두 번이나 그것도 말할 때마다 성공적으로 말하니 얼마나 영리한가'라고 경멸조로 평한다. 그렇지만 그 스타일과 요점에 파이드로스가 열광하는 것을 보고 소크라테스는 사랑을 **변호하는** 연설을 하지 않으면 안 되겠다고 결심한다.* 리시아스가 검찰 측이라면 소크라테스는, 말하자면, 변호인 측으로 자처하는 셈이다.

소크라테스는 리시아스가 주장한 대로 사랑은 실로 일종의 광기라는 것을 인정함으로써 시작한다. 그러나 모든 광기가 나쁘지는 않다. 만일 광기가 '하늘에서 보낸' 것이라면 그것은 실로 정반대의 것, 즉 '인간의 최대 축복'이다. 하늘에서 보낸 광기의 한 가지 사례는 시이다. 위대한 시는 '부드럽고 순결한 영혼이 황홀하고 열정적인 표현을 … 자극하는 뮤즈의 신들에 의해 … 사로잡힐' 때만 나타난다. 그것은 한갓된 '인간의 기술로 만든' 산물이라면 아무 가치도 없다. 바꾸어 말하면 위대한 시를 짓기 위해 시인은 정상을 초월하는 어떤 힘에 '덮이고' '영감을 받지' 않으면 안 된다. 세속적 심상에서 나온 시는 세속적이다.

소크라테스는 하늘에서 보낸 광기의 또 다른 예로 사랑을 제시한다. 그러나 이를 입증하기 위해 그는 먼저 영혼에 대해, 즉 영혼의 본성, 기원, '운명'(영혼이 머무르고자 하거나 적어도 머물러야 하는 곳)에 대한 형이상학적 설명을 제공하는 것이 필요하다고 말한다. 그는 이 설명을 시와 산문, 종교와 철학 사이의 경계를 허무는 서사의 형태로 제공한다.

---

* 나는 여기서 이 대화의 구조를 약간 단순화해서 말했다.

영혼의 구성

소크라테스는 모든 운동과 행동의 원천인 영혼은 불멸한다고 말한다. 그 증명은 다음과 같다. 우리는 영혼이 행동의 원인 없는 원인이라는 것을 안다. 왜냐하면 우리가 어떤 것을 행하기로 결정할 때 우리는 **자유롭게** 결정하기 때문이다. 즉 아무것도 우리로 하여금 다른 어떤 결정을 하도록 **강제하지** 못하기 때문이다. 그런데 이것은 영혼이 생길 수도 없어질 수도 없다는 것을 의미한다. 영혼은 생길 수 없는데, 왜냐하면 그렇다면 그것은 결국 원인을 가져야만 하기 때문이다. 또한 영혼은 없어질 수 없는데, 왜냐하면 어떤 것이 존재하기를 그칠 수 있는 유일한 길은 영혼이 발원하고 지속하는 원인의 제거를 통하는 수밖에 없기 때문이다. 그러므로 '운동의 제일 원리'로서 영혼은 불멸한다. (이것은 실제로 아주 수상한 논증이지만 이를 위한 수고는 하지 않으려 한다.)

이제 이 불멸하는 정신의 구성에 대해 말해 보자. 소크라테스는 영혼이 다음과 같이 비유될 수 있을 것이라고 말한다.

> 즉 날개 달린 말과 날개 달린 전사를 한 팀으로 하는 힘의 통일이다. 그런데 모든 신들의 말과 전사는 훌륭하고 혈통이 좋다. 그러나 다른 존재들은 전적으로 그렇지는 않다. 우리 인간의 경우는 [일부 말은] 고상하고 훌륭하고 좋은 혈통을 지녔지만 일부 말은 정반대의 성격에 그 혈통 역시 정반대이다. 따라서 우리 전사의 임무는 어려우면서 성가시다(P: 246a-b).

나중에 플라톤은 대화편에서 (자신의 기병대 경험에 의존하여) 두 종류의 말에 대해 충분한 설명을 제공한다.

좋은 말은 꼿꼿하게 서고 늘씬하며 목을 높이 들고 코는 갈고리 형태이다. 검은 눈을 가진 하얀 말이다. 영예를 좋아하고 절제하며 겸손할 줄 아는 말이다. 진정한 명성에 어울리며 채찍이 필요 없고 호령을 잘 따른다.

이와 대조를 이루는 다른 말은 다음과 같다.

즉 자세가 굽고 이것저것 많이 섞여 있는 말이다. 목은 두껍고 짧으며 코는 매부리 형태이고 회색 눈을 가진 검은 말이다. 귀가 텁수룩하고 말을 들을 줄 모르고 채찍과 막대기로 통제하기가 어렵다(P: 253d-e).

플라톤이 인식하는 바와 같이 영혼은 정치적 실재이다. 《국가론》에서 그는 국가의 구조와 영혼의 구조는 정확히 서로를 비추는 거울이라고 주장한다.) 전사는 '이성 … 즉 영혼의 파일럿'을 대표한다(P: 247b). 그의 견해에 의하면 이성(또는 '지성')은 영혼 안에 있는 입법 권력이다. '지휘'의 임무, 즉 '행동 방향을 정하는 일'은 바로 여기에 속한다. 하얀 말은 집행부, 실행력을 대표한다. 정확히 말하면 그것은 이성의 명령에 일치하는 타고난 성향을 지니는 한, 영혼의 집행력을 대표한다. 검은 말에 '많이 섞여 있는 이것저것'은 플라톤이 '욕구'라고 말하는 머리가 여럿인 괴물, 즉 육체적 욕망을 대표한다. 말하자면 그것은 영혼 안에 있는 폭도들이다. 조화와 적절한 훈련을 갖춘 영혼 안에서 욕구의 에너지는 이성의 의지에 종속하고 그렇게 해서 집행부의 원동력을 증강시킨다. (5장에서 보겠지만 프로이트는 이렇게 욕구의 에너지를 전용하는 것을 '승화'라고 부른다.) 그러나 불행하게도 욕구는 자주 이성의 훈련에서 벗어난다. 살펴보겠지만 영혼 안의 부조화, 정신적 질환은 항상 이 악스러운 '욕구'에 의해서 유발된다.

영혼의 하강과 상승

원래 영혼은 '천상계의 테두리'를 여행하면서 신들 중 어느 한 신의 '무리'에 속해 있었다. (특정 신을 따른다는 것은 사람으로 하여금 그 신을 '가장 많이'(P: 248a) 닮도록 한다는 것이다. 예를 들어 어떤 사람이 제우스 신의 무리에 속한다면 '항상성', '지혜', '인간을 이끄는 지도자' 됨을 보여 줄 것이다. 어떤 사람이 아레스 신의 무리에 속한다면 전쟁성향을 보여 줄 것이다(P: 252c-e). 어떤 사람이 아폴로 신을 따른다면 음악적일 것이다. 헤르메스 신을 따른다면 말에 재능이 있을 것이다. 헤스티아 신을 따른다면 부엌일에 재능이 있을 것이다 등등.) 영혼은 천상계의 테두리의 어떤 위치에서 일정한 시기마다 자신의 참된 양식, 즉 이데아에 의한 깨달음을 받을 수 있었다([그림 1.1] 참조).

그러나 검은 말을 제어하려고 다투다가 어떤 영혼들은 날개가 부러졌다. 그들은 더 이상 날 수가 없어서 땅으로 추락했고 육신을 입었으며 물질적 세계로 들어가게 되었다([그림 1.2] 참조).

통상적으로 1만 년 동안 천상계의 테두리로 (그리고 영혼의 참된 양식으로) 복귀하는 것은 전혀 불가능하다. 정확히 말하면 영혼은 육체적 형태로 끊임없이 환생하는 저주를 받은 것이고 실력에 의해 결정되는 세상의 질서에 따라, 그게 아니라면 자신의 과거 삶의 질서에 따라 현재의 위치가 정해지는 저주를 받은 것이다. 그러나 영혼이 최선의 삶, 즉 '철학적 삶'을 세 번 살았다면 그때는 천상으로 복귀하기 전까지 견뎌야 하는 기간은 3,000년으로 줄어든다(P: 248e-249a).

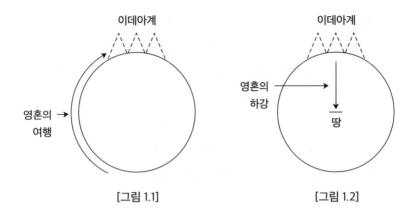

[그림 1.1]　　　　　　　　[그림 1.2]

철학적 삶

'철학적 삶'이란 무엇인가? 그것은 권력, 명성, 재물, 또는 감각적 쾌락의 추구가 아니라 **지식**, 이데아계의 지식의 추구에 바친 삶이다. 보다 엄밀하게 말하면 그것은 이데아를 상기하려고 하는 삶이다. 모든 인간 영혼은 한때 이데아의 직접적 경험을 가지고 있기 때문에―우리가 보았듯이 그렇지 않다면 인간의 변별적 특징인 이성과 언어 이해라는 속성을 소유하지 못했을 것이다(P: 249b)―이데아를 인식하는 것은 실제로 그것을 상기하는 문제이다. 이는 예컨대 어린 시절 침실에 있던 가구를 인식하는 것이 그것을 상기하는 문제인 것과 마찬가지이다.

철학적 삶의 다른 한 가지 중심적 특성은 그것이 유덕한 것이라는 점이다. 그것은 참으로 **유일하게** 참된 유덕한 삶이다. 기억할 것은 이데아는 일상 세계의 사물이 기껏 해봤자 불완전하게 모사하는 표준, 이상, 또는 완전한 사례라는 점이다. 그래서 지혜, 용기, 정의, 선의 이데아는 지혜, 용기, 정의, 선의 표준이다. 이제 소크라테스는 다음과 같이 말한다. 즉 사람들이 선한 것 또는 지혜로운 것을 알지 못한다면, 다시 말해서 행동을 선하게 하거나 지혜로운 것으로 만들어주는 표준을 알지 못한다면 그런 것을 시종 여일하게 **행할** 수 없음은 명백하다. 이로부터 나오는 귀결은 선함, 지혜로움을 인식하기 위한 헌신의 삶만이 선한 것, 지혜로운 것이 **되는** 기회를 가진다는 점이다. (정의, 지혜, 선 등등과 같은 형상, 즉 이데아를 표준이나 이상으로 생각하는 사상을 직관적으로 파악하려면 '역할 모델'을 생각해 보는 것이 도움이 될지 모른다. 말하자면 역할 모델이 되는 사람은 항상 일상생활을 사는 그 자신보다 역할 모델로서는 **더** 낫고 더 완전하다. 그런데 프랑스 속담이 관찰하는 바와 같이 영웅은 그 몸종에게는 보통 사람이다.)

플라톤적 사랑

이 모든 것은 사랑과 무슨 관계가 있는가? 사랑은 철학적 삶에서 어디에 들어맞는가?

소크라테스는 사랑은 본질적으로 **미**와 관계한다고 말한다. 그런데 미는 이데아 중에 특이한 것이라고 그는 주장한다. 난해한 구절에서(P: 250b-d) 그는 다음과 같이 전개하는 것 같다. 우리가 육체를 가진 존재로서 사물에 쉽게 접근할 수 있는 전형적 방법은 육체적 감관을 통해서이다. 그런데 미는 감각적 경험에 나타나는 유일한 이데아이다.* 사람들은 단지 **본다**는 것으로 어떤 행동이 순전히 정의롭거나 지혜롭거나 용감한 것인지를 결정할 수 없다. 사람들은 통상 아주 복잡한 방

---

* 마찬가지로 색의 이데아를 감각을 통해서 접근해서는 안 될 이유를 생생각하기란 어렵다. 여기서 소크라테스의 말은 미가 '도덕적' 이데아들, 즉 가치와 관련 있는 이데아들 중 특이한 것이라는 뜻으로 봐야 한다.

식으로 그에 관해 **생각해야** 한다. 다른 한편 미의 경우에 우리는 단지 볼 뿐이다. 실로 본다는 것이야말로 어떤 것이 아름다운지를 결정하는 **유일한** 방법이라고 사람들은 주장할 것이다. 따라서 미는 말하자면 이데아계의 어떤 것이 감각의 영역으로 누수되는 일종의 균열을 대표한다. 그러므로 우리와 같은 감각적 존재에 대해 미의 경험은 다른 어떤 것보다 우리에게 이데아와 이데아에 대한 우리의 과거의 친근성을 상기시켜 줄 가능성을 다분히 가지고 있다.

아름다운 것을 보는 것이야말로 사랑의 본질 그 자체를 말해 준다. 성인 남자는 소년의 아름다움에 갑자기 '매료된다.' 그는 여타의 것에 관심을 잃고 자신의 세상일을 망가뜨린다. 결과적으로 '그는 다사다망한 사람일에서 물러나고 대중들로부터 제정신이 아니라는 비난을 받는다.' 그러나 그 안에서 실제로 일어나고 있는 일은 일종의 상기이다. 사랑하는 자의 눈은 항상 사랑받는 자를 이상화하기 때문에 소년이 지닌 지상적 아름다움은 보는 그에게 참된 미, 미의 이데아의 경험을 보장한다. 그렇게 하면서 소년의 지상적 아름다움은 그에게 '천상계의 테두리'에 있는 그의 참된 고향, 우리 모두가 거주한 고향을 상기시켜 준다. 우리가 이러한 고향에 거주한 것은 우리가 '지금 갇혀 있는 집, 즉 우리가 껍질 속의 굴처럼 그 안에 단단히 묶여 있는, 육체라고 부르는 감옥에 오염되어 있지 않았을' 때였다(P: 250c). 영혼의 날개는 다시 한 번 자라나기 시작한다. 이러한 느낌이 바로 사랑이 '씁쓸하면서도 달콤하다'라는 것이다. 씁쓸한 까닭은 그 기억에 의해서 우리는 현재 고향이 없다는 점을 상기하기 때문이고 달콤한 까닭은 희망이자 약속이자 목표로서 귀향이 갑자기 우리에게 좀 더 가까이 다가왔기 때문이다.

그러므로 미에 마음을 빼앗긴 탓에 사랑하는 자는 일종의 자기 변혁을 시작했다. 즉 그는 이데아를 인식하는 '철학적 삶'을 살기 시작했다.

플라톤은 결과적으로 소년이 사랑하는 자의 사랑에 의해 감화될 것이고 그 소년 또한 철학적 삶을 향하게 될 것이라고 시사한다. 이것이 그두 사람이 함께 사는 삶으로 확립된다면 그때는 그들의 영혼이 천상계복귀를 준비하는 셈이 된다.

말하자면 그들은 정신적 관조의 삶, 이데아를 향한 명상과 성찰의 삶을 사는 준비를 스스로 한다. 이러한 삶, 다시 말해서 세상의 것에서 돌아서서 천상의 것으로 향하는 삶에서 특징적인 것은 금욕주의, 즉 세상과 육체의 것에서 돌아서는 훈련을 받는 삶이라는 점이다. 그러므로그들의 삶은 육체적 향락을 금지하는 삶, 특히 서로의 육체를 즐기는것을 금지하는 삶이다. 이러한 억제는 몹시 힘든 자기 훈련을 요구한다. 왜냐하면 영혼 안에 있는 검은 말은 육체적 만족을 일삼고 '가공할금지 행위'에 대해 욕망을 느끼기 때문이다. 매번 전사는 '방탕한 말의입에 물린 재갈을 홱홱 잡아당겨야 하고 … 재갈에 둘린 혀와 턱을 피투성이가 되게 해야 한다'(P: 254c). 검은 말이 복종하지 않으면 기회는 날아갈 것이다. 왜냐하면 그러면 그 둘은 자신의 날개를 다시 자라게 하는 임무에서 일탈하게 되기 때문이다. 그러나 그 말이 결국 '길들여진다'면 그들은 정신의 귀향길을 이미 시작한 것이고 '진정 올림피아 시합에서 3회전 중 1회전에서 승리한 것'이 될 것이다(P: 256b).

* * *

이상의 논의는 사랑의 변호, 즉 플라톤적 사랑의 변호이다. 우리가 말한 바와 같이 플라톤적 사랑은 그 사랑이 비육체적이고 순결한 것이라는 사실을 가리킨다. 플라톤적 사랑은 철학적 삶의 특수 형태이고 그자체로는 추방에서 귀환으로 가는 시작이다.

일상생활의 표준에서 보면 그러한 사랑은 실로 일종의 광기라는 것을 소크라테스는 인정한다. 그러나 사실을 말하면 그러한 사랑은 그러한 표준이 공허하다는 이해와 다름없다. 참된 사랑은 '처음이자 마지막인 것'에 대한 명상이다. 그것은 그 자체만으로 일상의 근심과 관심을 극히 사소한 일로 보이게 하는 관점으로 내던진다. 문제 삼고 있는 일이 영혼의 구원인 판국에 누가 재물이나 명성에 개의하고 누가 리시아스의 지저분한 방탕남이 제안하는 분별 따위에 개의하겠는가!

비평

플라톤이 제시한 신화의 의도된 지위는 무엇인가? 이 문제는 플라톤과 관계된 거의 모든 것이 그렇듯 학문적 논쟁의 대상이지만 내가 생각하기에 몇 가지는 명확하다. 첫째, 플라톤은 이데아의 실재적 존재와 영혼의 불멸성과 영혼이 출생 이전에 이데아계에 노출되었다는 것을 확실하게 믿었다. 이 모든 교의는 긍정되었으며 여타의 많은 대화편에서 '증명'이 제시된다.* 둘째, 우리는 영혼의 하강과 상승의 신화를 진지하게 받아들이도록 의도된다. 대화편 초반부에서 파이드로스는 소크라테스에게 지금 있는 이 장소에서 보레아스가 오레이티아를 납치하고 강간했다는 신화를 믿는지 묻는다. 소크라테스는 그렇다고 대답한다. 사람들은 소크라테스가 '우리의 영리한 청년'에 동의할 것이라고 예상했을 수도 있지만 그는 오레이티아는 북풍이 불어서 아마도 바위 옆으로 날아갔을 것이라고 말한다. 그는 이 이야기가 '매우 영리하게 공을 들어서 만든' 이야기라는 것을 알아보지만 이 전통적 신념을 액면 그대로 받아들이는 것을 더 좋아한다(P: 229c). 플라톤은 결코 '탈신화화

• 《메논》에서 소크라테스는 노예 소년에게 아무것도 하지 않고 다만 질문만 던졌지만 이른바 '소크라테스적 방법'에 의해서 수학 문제를 풀게 함으로써 지식은 실제로 상기라고 '증명한다.'

주의자'는 아니었고 신화들을 존재로부터 합리화하려는 생각도 없었다. 그에게 신화들은 중요한 진리를 전달한다.

다른 한편, 이것은 그가 자기 신화의 모든 세부 내용이 문자 그대로 참이라고 낱낱이 책임을 진다는 말은 아니다. 소크라테스의 가장 일관된 주장들 가운데 하나는, 그가 아주 확신하는 유일한 것으로, 그 자신의 무지에는 정도가 있다는 것이다. 그래서 말할 나위도 없이 그러한 무지는 사후의 삶에 관련해서 정점에 이를 것이다. 이것이 사실이라면 그가 자기 이야기의 모든 세부 내용에 대해 확신하고 있다고 주장하는 것은 그에게 불합리한 처사일 것이다. 1만 년이 3000년으로 줄어든다는 등의 이야기는 확실히 그렇다. 나의 생각으로 볼 때 참되다고 주장되는 모든 것은 그 신화의 형이상학적 구조, 감각의 세계와 이데아 세계의 이분법, 그리고 죄와 타락과 구원이라는 그 이야기의 일반적 뼈대이다.

지금 우리의 주요 관심사는 플라톤을 비평하는 것이므로 이 지점에서 우리는 몇 가지 도전적 질문을 던질 수 있을 것이다. 우리는 언어의 가능성을 설명하고자 정말로 초자연적 이데아계를 믿어야 하는가? 플라톤은 정말로 영혼은 불멸하다는 것을 증명하는가? 추한 자는 사랑받을 수 없는가? 소년의 아름다움과 마찬가지로 예술의 아름다움, 예컨대 미켈란젤로의 다윗상은 사랑하는 이에게 미의 이데아를 상기시켜 주는 것을 제대로 다루지 못하고 있는 것은 아닌가? 이렇게 되면 플라톤은 사랑받는 이를 '대상화하는' 것은 아닌가? 리시아스가 소년을 '성적 대상'으로 만들 때 플라톤은 그를 '사유 대상'으로 만드는 것은 아닌가? 그리고 마침내 참된 사랑은 정말로 육체적 표현을 자제해야만 하는가? 플라톤이 육체 일반, 우리 자신의 육체, 그리고 특히 성을 멀리하는 데는 불온한 것이 있지 않는가?*

그러나 플라톤을 비판하는 것은 현재 우리의 원칙적 관심사가 아니다. 그래서 나는 이 문제들을 더 이상 따지지 않을 것이다. 오히려 내가 하고 싶은 것은 플라톤이 두 세계를 가르는 자신의 형이상학적 이분법을 삶에 의미를 부여하기 위해 사용하는 방식에 주의를 상기시키는 것이다.

삶의 의미

의미의 주요 원천 중 하나는 서사이다. 그리고 서사가 영웅의 삶에 목적, 목표나 의미를 부여하는 전형적 방법은 과거를 언급하는 것이다. 예를 들어 고전 서부극의 줄거리에는 자신의 집을 불태우고 가족을 살해한 인디언을 끝까지 추적하는 데 삶을 바친 영웅이 나온다. 제인 오스틴의 소설은 결혼에 안달하는 여자 주인공의 불타는 열망을 기혼 자매들의 지위와 아버지의 대단치 않은 재산의 견지에서 설명하려 할 것이다. 과거의 견지에서 의미를 제공하는 것은 영혼의 여정에 대한 플라톤의 이야기의 본질적 특성이다.

그의 이야기는 말하자면 세 부분으로 이루어진 구조를 가지고 있다. 첫 번째는 최초의 은혜 상태, 즉 낙원, 통합의 장소, 고향, 제자리, **올바**

- 이에 대해 우리가 15장에서 만날 푸코는 다음과 같이 논평한다. '플라톤이 소년에 대한 사랑과 우애를 함께 통합하려고 노력했을 때 그가 성적 관계를 무시한 것은 매우 의미심장하다. 우애는 상호적이고 성적 관계는 상호적이지 않다. 성적 관계에서 당신은 침투할 수 있거나 침투된다.' 상호성의 결핍은 그리스인들에게 여성에 관한 한 아무런 문제도 아니었다고 푸코는 덧붙인다. 그러나 그것은 소년에 관한 것이었다. 왜냐하면 그들은 미래 시민이었고 따라서 성적 대상으로 이용되어서는 안 되기 때문이다(FR: 344-6). 이 구절은 그리스인들에 대해 어떤 중요한 것을 알려주고 푸코에 대해 아주 많은 것을 알려준다.

른 장소이고, 두 번째는 타락, 즉 은혜에서 소외와 추방으로의 하강이며 세 번째는 구원에 관한 이야기이다. 그러나 구원은 단순히 귀향, 즉 사람이 떠나왔던 장소로의 복귀일 뿐이다. 그렇다면 삶의 목표의 특성은 그 과거에 의해 결정되는 셈이다.

플라톤의 이야기는 삶의 목표, 우리의 과업을 설명하지 못할 수밖에 없다는 점에 유의하자. 그것은 적어도 세 가지 다른 일을 한다. 첫째, 그것은 우리가 때때로 넘어지기 쉬운 소외, 추방의 의미(우리는 이를 두고 하이데거가 '피투성'이라 부른다는 것을 발견할 것이다)를 설명한다. (이제부터 참된 세계 형이상학은 '참된 고향' 형이상학으로 드러나고 이 형이상학과 소외의 의미는 서로를 재강화한다는 것은 말할 필요가 없다.) 둘째, 그것은 현재 조건의 **정의**를 설명한다. 즉 타락은 검은 말에 대한 통제 실패의 결과, 우리 영혼의 무질서한 상태의 결과이기 때문에 우리가 여기에 있는 것은 우리 자신의 잘못이다. 그러면서 셋째, 그것은 우리가 해야 하는 것, 즉 우리가 이끌어가야 하는 종류의 삶, 다시 말하면 우리가 우리의 목표를 성취하기 위해 해야 하는 바, 즉 지식, 덕, 그리고 금욕적 자기 훈련의 삶을 설명해 준다.

플라톤과 기독교

혹자는 이 모든 것이 그 나름대로 아주 매력적이라고 말할지도 모른다. 그러나 문제는 그것이 **우리**와 무슨 관계가 있는지이다. 결국 《파이드로스》는 2500년 전에 쓰였고, 우리는 플라톤이 믿었던 이데아는 고사하고 더 이상 그런 것, 즉 초자연적 세계, 불멸하는 영혼, 환생을 믿지 않는다. 그렇다면 플라톤의 대화를 답사하는 여행은 즐거운 여흥일지는 모르나 필경 아무런 적합성도 없는 문화 고고학의 편린에 불과한 것이 아닌가?

그에 대한 답은 그렇지 않다는 것이다. 왜냐하면 삶에 의미를 부여하는 플라톤의 **방식**은 거의 서구 사상의 역사 전체를 지배해 왔기 때문이다.

우선 나는 여기서 기독교를 언급하고자 한다. 그러나 우리가 보게 되겠지만 플라톤주의(나는 이를 '참된 세계주의'와 동의어로 사용한다)는 탈기독교 시대의 유물론적 풍조 속에서도 위장과 우회의 방식으로 서구 사상을 계속 지배해 왔다. 하지만 지금으로서는 기독교에 주목하도록 하자.

나는 기독교(니체에 따르면 바울이 예수의 윤리를 그리스 형이상학에 접목한 산물)가 플라톤주의의 한 형태라는 것, 실재를 참된 세계·참된 고향의 관점에서 보는 형태라는 것을 확신하는 데는 많은 것이 필요하지 않다고 생각한다. 물론 그 둘이 완전히 동일하다는 것은 아니다. 중요한 차이는 플라톤에게 전능한 창조주 신이 없다는 것이다.* 또한 십자가 처형이나 우리가 구원받을 수 있기 위해 신이 죽는다는 생각에 상응하는 것이 아무것도 없다.** 그러나 플라톤의 이야기나 기독교의 이야기는 둘 다 죄, 타락, 구원의 세 부분으로 되어 있고, 동일하고 불멸하며 비물질적인 영혼이 등장한다. 둘 다 자연적 세계와 초자연적 세계, 지상과 천상으로 가르는 동일한 형이상학적 구분이 있다. 하나는

---

* 《티마이오스》에서 세계는 이데아를 모델로 해서 그 완전성을 창조물 속에서 재현하려는 신적 장인의 창작물이다. 그러나 그는 자신이 창조하지 않은 불충분하고 불안정한 재료(질료)를 가지고 작업해야 하기 때문에 그렇게 할 수 없다.

** 그러나 십자가 처형의 신화는 디오니소스 신화에 의해 예기되는 것이다. 즉 주신 酒神은 봄에 부활하기 위해 가을에 죽어야 한다.

고향으로, 다른 하나는 추방지로 묘사된다.* 그러므로 양쪽 다 육체적 욕망은 일반적으로, 성은, 문제를 안고 있는 어떤 것, 가능하다면 언제나 피해야 할 어떤 것으로 묘사된다. 더욱이 둘 다에서 타락은 우리 자신의 잘못이다. 기독교의 이야기에서 그 일은 우리가 하나님에게 복종하지 않고 금지된 열매를 먹었을 때 발생했다.

기독교의 역사적 중요성은 약 4세기 초부터 18세기 한참 때까지 서구의 사고와 정서를 지배하는 완전한 헤게모니를 실질적으로 성취했다는 것이다. 그 결과에 대해서는 다음 장에서 논의할 것이다.

- 19세기 노스캐롤라이나 윈스턴세일럼에 있는 모라비안교도의 묘비에는 다음과 같이 새겨진 글귀가 있다. '마침내 고향으로.'

2장

칸트와 기독교

4세기경에서 18세기까지 서구의 사고는 기독교의 사고였다. 이것은 그 시기 내내 삶의 의미의 문제는 전혀 문젯거리가 아니었다는 것을 의미한다. 그 이유는 그 답이 **명백하고** 자명했으며 그 주제는 기독교판 플라톤주의에 의해 완전히 봉합되었기 때문이다. 그러면서 어쩌다 사람들이 지배적인 그 이야기, 의미를 부여하는 그 이야기에 위협을 제기하면 그때는 핍박을 받았다. (이런 이유로 쇼펜하우어는 기독교의 하나밖에 없는 가장 위대한 논증은 항상 화형대였다고 조소하듯 논평했다.)

갈릴레오의 핍박

갈릴레오(1564-1642)는 화형되지는 않았지만 그와 같은 사례에 해당한다. 그는 (코페르니쿠스를 따라) 지구가 태양 주위를 돌고 있다고 말한 것 때문에 가톨릭의 종교 재판에서 핍박을 받았다. 그의 말은 교회가 항상 가르쳐 온 것과 정반대였다. (그는 고문 도구 앞에 서기는 했지만 고문을 당하지는 않았다. 사람들은 갈릴레오가 어떻게 해서 교황청을 이래저래 괴롭힐 수 있다는 것인지, 천문학 이론이 어떻게 과학 기관도 아니고 삶의 의미 과업에 종사하는 기관을 괴롭힐 수 있다는 것인지 의아하게 생각할지도 모른다.)

그 대답은 이렇다. 우리는 우주에 대한 플라톤의 설명이 [그림 2.1]이 대변하는 것과 같다는 것을 보았다.

여기에 가필하여 [그림 2.2]처럼 이데아계를 신으로 대체하면 이는 중세 기독교의 형이상학이 된다. 두 번째 우주 지도에서 유의할 것은 이것이 천문학 이론과 동시에 삶의 의미의 설명 **양쪽**을 대표한다는 점이다. 갈릴레오의 말대로 이 그림이 잘못되었다고 말하는 것은 지구가 우주의 중심이 아니라고 말하는 것이고, 따라서 지구는 **움직인다**고 말하는 것은 새로운 천문학 이론을 제안하는 것으로 그치지 않는다. 그것은 의미를 부여하는 세계관 전체를 위협하는 것이다.

그러므로 이러한 관점에서 보면 교회가 갈릴레오를 핍박하고 새로운 천문학을 철회하라고 요구하고 마침내 철회하도록 하는 것은 **옳다**.

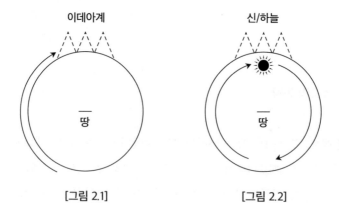

[그림 2.1]   [그림 2.2]

그가 위협조로 출현시키겠다고 한 것은 (그 결과가 그의 자각적인 의도와는 전혀 상관없다는 것이 확실하다고 해도) 어느 누구도 삶의 의미를 알지 못하는 세계, 다시 말하면 허무주의의 시대였다. 니체가 근대의 특징으로 받아들인 '신의 죽음'과 그에 따른 무의미성을 기술할 때 비유를 갈릴레오의 천문학에서 취한 것은 주목할 만하다.

> 광인은 그들 가운데로 뛰어들어 그들을 날카롭게 바라보았다. 그는 외쳤다. '신은 어디에 있는가?' '내가 알려주겠다. **우리가 신을 죽였다. 너와 내가.**' 우리 모두가 신을 살해한 자들이다. 그런데 우리는 이 일을 어떻게 했는가? 우리는 어떻게 이 바다를 단숨에 들이마셔 버렸는가? 누가 우리에게 이 지평 전체를 제거하는 스펀지를 주었는가? 우리는 이 지구로부터 태양을 풀어 주었을 때* 무엇을 하고 있었는가? 지금 지구는 어디로 움직이고 있는가? 우리는 어디로 움직이고 있는가? 태양으로부터 저 멀리 가 버렸는가? 우리는 끊임없이 거꾸러지고 있는가? 뒤로, 옆으로, 앞으로, 사방으로? 여전히 어떤 위아래가 있는가? 한없는 무를 배회하고 있는 것은 아닌가? 우리는 텅 빈 공간의 숨을 느끼지 않는가? 이 숨은 점점 차가워지지 않는가? 밤이 우리에게 끊임없이 다가오고 있는 것은 아닌가(GS 125)?

가톨릭교회는 갈릴레오의 지동설을 지지하는 자들을 17세기 한참 때

---

* 혹자는 니체의 '태양을 풀어 주었다'는 비유를 갈릴레오 이전의 지구가 태양에 고정되어 있다고 표상하는 것으로 읽으려는 유혹을 받을지도 모른다. 그러나 그렇게 되면 이는 정확하게 지동설을 대표하는 것이기 때문에 그 문장은 역사적으로 무의미하게 될 것이다. 그 문장을 이해하려면 중세 기사의 철구가 달린 사슬을 생각하면 된다. 사슬에 달린 철구는 기사의 고정점을 회전한다. 이와 마찬가지로 갈릴레오 이전의 태양은 지구의 고정점을 회전했다.

까지 핍박했다. 그러나 그것은 지고 있는 싸움이었다. 1619년에 케플러는 지구를 포함한 태양계 행성 운동 법칙을 발표했고 뉴턴(1642-1727)은 1687년에 케플러의 법칙이 왜 진리인지를 설명한 운동 법칙을 발표했다. 17세기 말에 이르러 대중 과학 책*이 지동설을 기정사실로 제시했고 결과적으로 지구 중심 세계관은 더 이상 교육 받은 사람들에게 믿을 수 있는 신념이 아니게 되었다. 결국 불가피하게 삶의 의미의 문제는 문젯거리로 다시 출현하지 않을 수 없었고 새로운 사고로 숙고되고 새로운 방식으로 대답되어야 했다.

중세 이후의 철학자로서 이 문제에 최초로 대응한 위대한 철학자는 칸트(1724-1804)였다. 칸트는 정말로 위대한 철학자였다. 칸트의 가장 위대한 단 하나의 저서는 1781년에 나온《순수이성비판》이다. 하지만 비판에 관해 두 권의 책을 더 썼다.《실천이성비판》(1788)과《판단력비판》(1790)이다. (칸트의 삶에 대해서는, 지금의 칼리닌그라드인 그의 출생지 쾨니히스베르크에서 전 생애를 보냈고 대학 교수가 되었으며 책을 저술했고 결혼은 전혀 하지 않고 죽었다는 것 이외에는 할 말이 없다. 그의 습관은, 혹자가 뉴턴법칙적이라고 말할 정도로, 지나치게 규칙적이어서 칸트가 오후에 산책하러 밖으로 갈 때면 쾨니히스베르크 시민들은 시계를 맞추었다고 한다.)

칸트는 플라톤적-기독교적 참된 세계 이야기가 문제를 안고 있고 그것이 지니는 확신의 힘은 쇠퇴하고 있다는 것을 알았다. 내가 보기에, 과거의 지배 이데올로기가 무너질 때 일반적으로 사람들이 채택할 수 있는 전략은 두 가지이다. 한편으로는 **급진적** 반응이 있다. 즉 낡은 이

• 예를 들면 베르나르 드 퐁트넬Bernard de Fontenelle의 책《세계의 복수성에 관한 대화Entretiens sur la pluralité des mondes》가 있다. 이 책은 1686년에 나왔는데 1687년에 최초로 영어판이 나왔다.

데올로기를 폐지하고 그 자리에 완전히 다른 것을 놓는 것이다. 다른 한편으로 **보수적** 반응이 있다. 즉 낡은 이데올로기를 유지하면서 현재 상황에서 계속 믿음과 헌신을 요구할 수 있는 방식으로 개혁하는 것이다. 칸트에 대해 알아야 할 중요한 사항은 그가 두 번째를 채택했다는 사실이다. 즉 그는 혁명가이기보다는 개혁가였다. 삶의 의미의 문제, 기독교가 무엇을 해야 하는지의 문제에 대해 그는 개혁적 보수주의자였다.

과학의 문제

무엇보다도 칸트는 어떤 방식에서 의미를 부여하는 전통 이야기가 문제를 안고 있다고 보았는가?

칸트 철학에 관한 근본적인 사실은, 그의 철학이 칸트가 그 주변의 모든 것을 부수는 것으로 보았던 18세기 '계몽주의'에 대한 반응이었다는 점이다. 계몽주의의 기본 특징은 인간 이성의 능력에 대한 엄청난 낙관주의였다. 지식은 더 이상 중세 시대와 같이 신의 시혜도 아니었고 성경이나 교부들의 저서에 있는 신적 계시의 산물도 아니었다. 오히려 그것은 인간 자신의 성취였고 가시적 세계에 대한 주의 깊은 관찰에 기초한 인간 추리의 산물이었다. 18세기 사상가들은 무엇보다도 이전 세기에 부분적으로 갈릴레오, 그러나 무엇보다도 뉴턴에 의해 완성된 새로운 자연과학에 힘입은 이러한 새로운 낙관주의와 자신감에 이끌렸다. 많은 사상가들에게 새로운 과학, 새로운 물리학은 원칙적으로 모든 것을 절대적으로 기술하고 설명하고 예측하는 힘을 가진 것으로 보였다. 이것은 뉴턴이 자연과학에 대해 내린 결론이었다.

새로운 과학은 무엇을 말했는가? 간단히 말해, 우주는 운동 분자, 다시 말해서 뉴턴 법칙에 맞추어 예외 없이 영원히 정확하게 움직이는 거대한 분자 태엽 장치일 뿐이라는 것이다.

이러한 관점을 받아들이면 자연은 경이나 신비의 장소이기를 멈추게 된다. 기적이, 신이 세상에 개입할 여지는 조금도 남아 있지 않다. (아마도 제일 먼저 시계의 태엽 장치를 감아 줄 사람이 필요하다고 하겠지만 그 시계가 완전한 질서에 따라 움직이고 수리가 필요치 않다고 하면 신과 같은 시계공은 우리가 진실로 생각할 필요가 있는 그런 사람은 아니게 된다.) 이 말은 비물질적 영혼에 대해서도 사실이다. 나의 육체가 물리학의 불변의 법칙에 의해 완전하게 지배되는 일개 다발의 분자라면 나의 영혼은 존재한다고 해도 세상의 작동에 전혀 개입할 수 없다. 신처럼 영혼은 기껏해야 이러한 작동에 상관없는 **방관자**가 된다.

그렇다면 근대 과학의 충격하에 신과 영혼은 하찮은 것으로 지워지게 된다. 곧장 이어서 **그것들은 결코 실제로 존재하지 않는다**는 생각이 나타난다. 다시 말해서 과학 이성의 혹독한 빛에 비추어 볼 때 그 생각은 플라톤의 제2의 세계보다 훨씬 더 지속적이게 된다. 초자연적, 비물질적, 초월적 세계는 신화이고 원시적, 전과학적 미신에 지나지 않는다.

칸트는 합리주의자였다. 그는 자신을 계몽주의에 속해 있는 자로, 또한 내가 말한 대로 보수주의자로 보았다. 그는 한 발은 현재적 시점에서 합리주의자 편, 즉 '이성의 시대'에 두고 한 발은 과거적 시점에서 중세 편, 즉 '신앙의 시대'에 두고 있던 사람이었다. 계몽주의의 일원으로서 그는 새로운 과학의 업적에 엄청난 감동을 받았고 자랑스럽게 여겼다. 그러나 종교적 보수주의자로서(그를 교육한 것은 경건주의, 퀘이커교도와 같은 독일 루터주의였다) 그는 전통 기독교의 이야기를 유지하고 새로운 과학이 내놓은 위협, 이를테면 '유물론, 숙명론, [그리고] 무신론', 인간의 삶에 '보편적으로 해로운' 각종 무슨무슨 '주의'로부터 전통 기독교를(CPR: Bxxxiv) 보호하는 것에 관심을 가졌다. (그가 '숙명론'을 포함한 이유는 우리가 뉴턴법칙에 의해 완전히 지배된다면 '자유의지'는 허구이기 때문이다.)

과학과 신을 믿는 법

전통 기독교와 근대 과학 양쪽을 유지하는 칸트 전략의 본질은 네 가지 명제를 확립하는 데서 성립한다.

그의 첫째 명제는 자연, 즉 공간과 시간의 사물 세계는 '실재적'이 아니라 오히려 '이념적'이라는 것이다. (여기서 '이념적'이라는 전문 용어는 잠재적으로 오도하기 쉬운 것이다. 그것을 잘 생각하려면 이상적이라는 의미에서 말하는 '완전성'이 아니라 오히려 '관념'과 관련해서 생각해야 한다.) 구두와 선박, 양배추와 왕의 세계, 그리고 쿼크, 전자, 블랙홀의 세계는 계몽주의가 주장하는 대로 실로 자연과학에 의해서 완전하게 측정된다. 하지만 궁극적으로 이 세계는 실재 자체가 아니라 단지 실재의 '현상'이다. 결국 그것은 인간 정신에 의해 무의식적으로 구성된 허구이다. 공간, 시간, 물성(최소한 **우리에 대한** 공간이요, 시간이요, 물성이다)은 실제로 있는 '저 밖에' 실재로 있는 것이 아니다. 오히려 그것은 단지 '경험의 형식', 즉 정신이 외부 실재로부터 받아들이는 모든 입력에 미치는 필터이다. (당연히 《순수이성비판》은 이 주장에 대한 다양하고 세부적인 복잡한 **논증**을 제공한다. '감성론'에서 칸트는 '자연의 관념성'으로만 우리의 수학적 지식을 설명할 수 있다고 논증한다. '분석론'에서 칸트는 그것만이 우리의 물리학적 지식을 설명할 수 있다고 논증한다. '변증론'에서 칸트는 우리가 공간과 시간이 우리와 독립해서 존재한다고 가정하면 해결 불가한 '이율배반'이 발생한다고 논증한다. 이를테면 우리는 세계는 항상 존재했다는 것, 그러나 그러면서 또한 세계는 항상 시간 안에서 시초를 가졌다는 것을 증명할 수 있다. 우리는 공간은 무한하다는 것, 그러나 그러면서 또한 공간은 유한하다는 것을 증명할 수 있다. 그의 주장에 의하면, 공간과 시간의 관념성만이 이러한 모순과 여타의 모순을 피해 간다. 그러나 여기서 우리는 칸트의 **결론**에만 관계한다.)

다음과 같이 상상해 보자. 당신은 초강력 접착제 때문에 머리에서 뗄 수 없는 녹색 선글라스를 착용하고 있다. (이 유비는 클리셰이다. 왜냐하면 1820년대에 칸트를 설명하기 위해 쇼펜하우어가 사용하기로 양해를 구한 유비이기 때문이다. 그렇기는 하지만 유용한 유비이다.) 당신이 그러한 선글라스를 착용하고 있다면 당신이 보는 모든 것은 녹색이다. 물론 일부만 실제로 녹색이고, 아니 아마도 아무것도 실제로 녹색이 아니어도 그렇다. 유비적으로 말해서 칸트는 우리 모두는 우리의 정신인 컴퓨터에 (비유를 변경해서 말하면) '하드웨어 장치'로 설치된 공간화, 시간화, 사물화하는 필터를 착용하고 있다고 주장하는 셈이다.

칸트의 둘째 명제는 실재, 즉 물자체는 인간 정신에 의해 **절대적으로 인식 불가능**하다는 것이다. 세계가 **실제로** 어떻다, 즉 **그 자체**가 어떤지를 알기 위해 우리는 선글라스를 벗을 수 있어야 할 것이다. 그러나 이것은 우리가 할 수 없는 것이다. 다시 말해서 우리는 형이상학적 접착제가 묻어 있기 때문에 뗄 수 없고 붙어 있을 수밖에 없다. 바꾸어 말하면 우리는 우리 정신의 구조 바깥으로 나갈 수 없고 우리와 세계 사이에 끼어 있는 장막을 결코 꿰뚫을 수 없다. 그래서 실재 자체는 우리에 의해 인식 불가능하다.

칸트의 셋째 명제는 우리는 실재 자체에 대해 아무런 **인식**도 가질 수 없기 때문에 그것은 **그러므로** 우리에게 **신앙**의 대상으로 남는다는 것이다. 여기서 신앙은 전통 기독교에 의해서 귀속된 특성을 가지는 그 신앙이다. 그는 이렇게 썼다. 즉 '나는 신앙에 여지를 주기 위해 **인식**을 거부하는 것이 필수적이라는 것을 발견했다'(CPR: Bxxx). 이 때문에 현상과 실재를 구분하는 칸트의 전략은 근대 과학에 의해 제기된 위협, 즉 삶에 의미를 부여하는 전통 이야기에 주어진 위협과 관계가 있다는 사실이 드러난다. 칸트에게 과학은 전지적**이다**. 모든 것을 알고 있다. 자연에 관한 모든 것은 과학이 자연은 그런 모습이라고 말하는 방식이다. 하지만 결국 자연은 한갓된 현상이다. 그 너머에 (더 좋게 말하면 '그 배후에') 다른 세계, 즉 '물자체'의 초자연적 세계, 궁극적인 실재적 영역의 세계가 있다. 이것에 관해 과학은 아무것도 말할 수 없다. 그러므로 그것은 종교의 주장에 도전할 수 없고 이런 이유로 전통의 종교적 신념은 우리에게 선택지로 남아 있다. 물론 우리는 신과 비물질적 영혼이 존재한다는 것을 인식할 수 없다. 하지만 이것은 과학이 신과 비물질적 영혼은 존재하지 않는다는 것을 **인식**할 수 없는 것과 마찬가지이다. 그러나 우리는 그것들이 존재한다는 **신앙**, 과학이 도전할 수 없는 신앙을 가질 수 있다.

신 존재의 도덕적 증명

칸트의 마지막 명제는 종교적 신앙은 우리가 **가질 수 있는** 어떤 것일 뿐만 아니라 차라리 도덕적 존재로서 우리가 **가져야만** 하는 어떤 것이라는 것이다. 칸트는 자신의 논증을 정식화하는 여러 시도들 중 마지막 것이자 최고의 것으로 받아들여야 하는 논증을 《판단력비판》[*] 87절 '신 존재의 도덕적 증명'이라는 제목에서 펼친다. (이 제목은 약간 오도된 것이다. 왜냐하면 이 논증은 신은 존재한다는 것을 증명하는 것이 아

• 칸트 1951.

니라 오히려 우리가 신은 존재한다고 **믿는** 것은 필수적이라는 것을 증명하기 때문이다. 이 논증은 다음과 같은 순서로 진행된다.)

> ① 도덕의 '최종 목적', 즉 '최고선'은 완전한 '행복'을 향유하는 것과 결합된 **도덕 법칙하에** 있는 **인간**(세계의 모든 이성적 존재)'이다. 도덕의 최종 목적은 '행복할 만한 가치'와 결합된 행복이다.

도덕은 우리가 대대로 전하는 제도이다. 칸트는 도덕의 궁극적 목표가 무엇인지를 묻는다. 그는 그것이 생명을 가진 **모든 사람**이 완전하게 선한 유토피아라고 주장한다.* (이와 유사하게 사람들은 의료 제도의 최종 목적이 무엇인지를 묻고 그 대답은 모든 인간이 완전하게 건강한 것이라고 말할 수 있다.) 역사가 진보함에 따라 도덕적 인간은 자녀를 교육하고 사악함의 온상이 되는 조건, 빈곤, 무지를 제거하려고 도와줌으로써 동료 인간의 도덕을 향상하려고 노력한다. 이러한 과정의 최종 목표는 **모두가** 완전하게 선한 인류이다. 그러나 칸트는 오로지 '인간만이 … 자신 앞에 최종 목적을 정할 수 있게 되는 … 주관적 조건은 행복'이라고 말한다. 우리 인간 존재는 적어도 목표가 인간 웰빙, '행복'에 조금이라도 기여하지 않는다면 목표의 요점을 알 수 없고 목표를 가질 수 없다. 따라서 도덕의 최종 목표는 완전한 행복과 **결합된** 완전한 덕이다.** 그러나 칸트는 이제 다음과 같이 주장한다.

---

* 혹자는 도덕의 최종 목적이 도덕이 없었다면 그랬을 것보다 **덜 나쁜** 세계를 만드는 것에 그쳐서는 안 되는 이유가 무엇인지를 물을지도 모른다. 그는 도덕 제도가 본질적으로 유토피아적이어야 하는 이유가 무엇인지를 물을 수 있다. 그러나 나는 이러한 비판에 힘을 쏟지는 않을 것이다.

② 세상에서 '자연적 원인'만이 작용한다면 최고선이 존재해야
할 것이라고 믿을 이유는 하나도 없다.

주위 곳곳에는 수많은 '기만, 폭력, 질투'가 존재하며 그뿐만이 아니
라 행복과 '행복할 만한 가치' 사이에 신뢰할 수 있는 상관성을 명백하
게 보여 주는 증거도 전혀 존재하지 않는다. '올바른' 사람은 여타 사람
만큼 다분히 '질병, 결핍, 불시의 죽음'으로 고통을 겪는다. 이러하기에
우리가 도덕에 충실하게 남아 있으려면

③ 우리는 '도덕적 세계 원인(세계의 저자) … 즉 신을' '가정하지'
않으면 안 된다.

이것이 어떻게 도움을 주는가? 내가 생각하기에 칸트의 주요 문제는
세계의 부정의가 아니다. 오히려 그것은 도덕적 관점에서 우리가 신
의 존재를 가정하지 않으면 세계는 **혼란**이고 그가 '도덕적 목적론'이라
부르는 것을 결여한다는 것이다. 순전히 세속적 관점에서 보면 역사
는 '목적 없는 혼란'이라고 그는 말한다. 작용하는 유일한 종류의 인과
관계가 자연적 인과관계뿐이라면 덕과 행복의 쌍둥이 선을 증진하려
는 우리의 노력에서 '여기저기에서 우리의 목표와 세계 그대로의 모습
사이에 있는 우연적 일치'를 기대할지 모른다. 그러나 '불변하는 법칙
에 따른 규칙적인 조화는 기대할 수 없다.' 그러나 우리는 역사의 표면
에 패턴이 없는 가운데서도 '도덕적 원인'(칸트와 동시대 사람이었던 애

•• 이 점에 유의해야 한다. 왜냐하면 인간의 사악함은 결코 인간 불행의 유일한 원천
이 아니기 때문이다. 여기서 칸트는 인간 복리에 기여하는 모든 것, 즉 모든 예술,
과학, 기술을 이러한 도덕의 최종 목표의 면모로 포함하지 않으면 안 된다.

덤 스미스의 언어, 즉 '보이지 않는 손')이 작용한다는 신앙을 가질 수 있다면 그때는 우리는 기껏해야 어두운 유리를 통해서 볼 수 있을지라도 세계 역사에 사실상 패턴이 있다고, 세계 역사는 실제로 최고선을 향해 진보하고 있다고 추정해도 좋고 실로 추정해야만 한다.

그러나 우리가 신의 존재를 '가정하는' 것을 거부하거나 가정할 수 없다고 추정한다면 어떻게 되는가? 칸트는 도덕은 단순히 합리성이라는 입장을 견지한다. 내가 당신에게 고통을 일으키는 어떤 일, 그러면서 당신이 나에게 안 했으면 하고 바라는 어떤 일을 한다면 그때는 우리는 실질적 측면에서 동일한 존재이기 때문에, 다시 말해서 우리는 둘 다 고통을 느낄 수 있기 때문에 나는 일관적이지 않게 된다. 즉 나는 **논리적으로** 일관성이 없고 비이성적인 셈이다. 왜냐하면 나는 동일한 사정을 다르게 처리하고 있기 때문이다. 그런데 우리는 이성적 존재이기 때문에(이것이 우리의 본질적 성질이기 때문에) 그리고 도덕은 합리성**이기** 때문에 우리는 '도덕 법칙'을 따르기를 원한다. 우리는 도덕적 '당위'에 의한 '내적 결정'의 힘을 피할 수 없다. 그러나 이제 덕을 지닌 무신론자를 고려해 보자. 즉 '스피노자를 말해 보자.' [칸트는 스피노자(1632-1677)를 걸고넘어진다. 왜냐하면 렌즈 연마공이자 네덜란드계 유태인인 스피노자가 훌륭한 사람이라고 알려져 있는 동시에 기독교의 유신론을 거부하고 그 대신에 일종의 범신론을 변호했기 때문이다. 칸트는 말년에 스피노자의 범신론이 젊은 독일 철학자들 사이에 기독교의 유신론을 대신하기 시작한 사실을 심히 우려했다.]

스피노자는 한편으로, 이 도덕적 기획에 충실해야 한다고 느낄 수밖에 없고 만일 그에 대한 자신의 충실성을 포기한다면 그는 '자기 경멸'을 경험하게 될 것이다. 그러나 다른 한편으로, 그는 그 기획의 목표는 '불가능하다'고 믿어야 하고 그래서 결국 자신의 도덕적 노력을 소용없는 짓으로 포기해야 한다. 그러면 그는 자기 경멸, 자기 혐오의 판결을 선고받는 셈이다. 칸트는 이를 터놓고 말하지는 않지만 그의 논증의 진정한 결론은 다음과 같다.

④ 그 무신론자는 절망에 빠진다.

비평

당대의 실존적 곤경에 대한 칸트의 반응은 최고의 지적 천재가 정신적으로 진지하게 고민한 산물이었다. 다음 세대의 어떤 철학자도 그를 무시할 수 없었다. 궁극적인 것에 관해 전개하는 철학자들의 논증은 머지않아 칸트에 대한 서로 다른 해석을 보여 주는데, 해석 과정에서 철학자들은 저마다 기묘한 솜씨를 발휘한다. 그러나 플라톤의 '참된 세계' 형이상학의 칸트 판본에는 문제가 있는 두 가지 특성이 있는데 우리의 목적상 이 특성에 주시하는 것이 중요하다.

첫째는 칸트식 플라톤주의는 어떤 **자신감의 결핍**을 판다는 것이다. (칸트 자신은 자신을 키워 준 교회에 출석하는 관행을 포기한 것으로 보인다.) 중세 사람들에게 기독교의 천국은 문젯거리가 아니었다. 필경 여러분은 밤에 우리가 별이라고 부르는 '천상의 테두리' 구멍을 통해서 빛나 보이는 천국을 **볼** 수 있다. (여러분은 또한 해가 뜨고 지는, 말하자면 해가 지구를 도는 순환길을 **볼** 수 있다. 갈릴레오를 핍박할 때 종교재판소는 종교적 교리뿐만 아니라 자기편에 맞는 '상식'도 가지고 있었다.) 그러나 이제 우리가 칸트에 이르면 플라톤의 세계는 '인식 불가한' 것이 되고 만다. **인식**의 자신감은 단순한 **믿음**의 망설임에 무너지고 말았다. 《우상의 황혼》에 나오는 〈어떻게 '참된 세계'가 결국 우화가 되었는가〉라는 절에서 니체는 플라톤의 태양(동굴 밖에서 빛나는 해, 24쪽)은 중

세 기독교에서는 밝게 빛나지만 우리가 칸트에 이를 때까지는 안개와 회의주의 속에서 보이는 것이 되었고 '잡히지 않는 것, 창백한 것, 노르딕한 것, 쾨니히스베르크한 것'이 되었다고 언급한다(TI IV). 칸트에 와서 초월적, 초자연적 세계는 그 성질이 뚜렷이 퇴색하는 모양새를 취한다. 그 세계는 너무나 사랑을 받은 나머지 유행이라는 기준으로 봐서도 지나치게 많이 세탁한 청바지와 같다.

둘째는 기독교를 구원하려는 칸트의 시도를 주시하는 것으로 이 시도는 다음과 같은 반대에 부딪힌다는 것이다. 세계 '자체', 궁극적 실재가 참으로 인식 불가한 것이라면 우리는 확실히 **다양한** 추측을 그 세계의 참된 특성으로 만들 수 있고, 말하자면 그 특성에 대해 다양한 '신앙'을 가질 수 있다. 그렇다면 우리는 왜 기독교와 경쟁하는 (종교적 또는 탈종교적) 후보자보다 기독교적 추측을 더 선호해야 하는가? (4장 쇼펜하우어에 이르러 보게 되겠지만 그 경쟁 후보자 중 하나는 궁극적 실재는 신적이지 않고 악마적이라는 것이다.) 물론 칸트의 대답은 이렇다. 즉 우리는 도덕을 믿지 않을 수 없으며 기독교의 신이 없는 도덕은 말이 되지 않기 때문이다.

그러나 우리는 이 문제를 정반대 방향으로 돌려서 말할 수 있는 게 아닌가? 즉 우리는 신이 존재한다는 것을 알지 못하고 따라서 우리의 도덕적 충실성은 (정신요법이나 '해체'를 통해)* 우리가 제거하기 위해 최선을 다해야 하는 낡은 문화적 전승의 습관에 불과하다는 것이다. 신이 '죽었다'면 모든 것이 허용되지 않는가?

이에 대한 칸트의 대응은 우리는 도덕적 '의무'를 피할 수 없다는 것이다. 왜냐하면 우리는 이성적 존재이기 때문이고 도덕은 단순히 합리

• '해체'에 대해서는 16장 2절을 참조.

성의 면모일 뿐이기 때문이다. 그러나 이것은 오류이다. 칸트의 생각으로는, 내가 '나에게 해를 주는 일을 하지 말라'고 말하면서 당신이 멈추기를 기대한다면, 그때 그 말은 이런 뜻이다. 즉, 당신이 '나에게 해를 주는 일을 하지 말라'고 말한다면, 나는 일관적이기 위해서는 그 말을 내가 당신에게 하고 있는 일을 멈출 이유로 받아들여야 한다. 그런데 이것은 타인을 나 자신을 대우하듯 대해야 한다는 것을 의미한다. 다시 말해서 나는 공평해야 한다. 바꾸어 말하면 도덕적이어야 한다.

그러나 이렇게 가정해 보자. 즉 내가 '나에게 해를 주는 일을 하지 말라, 나는 백인이니까 말이야'라고 말한다고 해 보자. 그리고 당신은 흑인이라고 해 보자. 그러면 나는 이렇게 말할 수 있다. 즉 '당신이 백인이었다면 당신에게 해를 주는 일을 멈추어야 하는 이유를 가지고 있다는 것을 나는 받아들여야 할 것이고 이렇게 하는 것은 확실히 논리적이다.' 그러나 당신은 백인이 아니다. 당신은 흑인이고 그래서 나는 지금 당신에게 해를 주는 일을 할 것이다. 분명히 이것은 극히 부도덕적인 것이다. 그러나 인종차별주의자의 입장에서는 아무런 **논리적** 비일관성도 없다. 칸트의 오류는 공평성을 일관성으로, 윤리적 비일관성을 논리적 비일관성으로 혼동하는 것이다.

3장

키르케고르

쇠얀 키르케고르(1813-1855)는 코펜하겐에서 태어났다. 그는 부유하지만 우울한 사업가의 아들이었다. 해가 없이 겨울을 지내는 곳에서 무뚝뚝하고 음울한 루터파의 교육을 받고 자라난 키르케고르는 아버지의 침울함을 물려받았다. 그러나 우울함은 그를 냉담하게 만들기보다는 그에게 철학적, 신학적 저술을 위한 자재를 풍부하게 제공했다. 두 가지의 외상적 사건이 그의 삶을 규정했다. 첫째는 1840년 레기나 올센과의 약혼이었다. 그러나 그는 청혼이 받아들여지자 곧 어떤 불확실한 이유로 후회하게 되었다. 다음 해에 그는 파혼했다. 그 후 그는 순결을 지킨다. 둘째 외상은 1846년 풍자 잡지 《해적선Corsair》과 관련되어 있다. 키르케고르와 문학 비평가 사이에 주고받은 신랄한 비난은 키르케고르가 잡지의 조직적인 풍자를 받는 것으로 끝났고 그는 공적 조롱의 대상이 되었다. 결과적으로 그는 루터교 목사가 되려던 자신의 계획을 포기했고 남은 짧은 생애 동안 은둔자로 살았지만 물려받은 재산으로 어느 정도 여유 있는 삶을 살았다.

키르케고르 사상의 토대는 기독교이다. 그의 철학적 저술의 근본 주장은 사람들이 전통 기독교의 신을 완전하고 열정적으로 믿기만 한다면 그 삶은 의미가 있고 살 가치가 있다는 것이다. 물론 그는 순전히 신학적인 성격의 연구를 '쌓아 올리는' 저서도 썼다.

따라서 키르케고르는 반세기 전의 칸트처럼 삶의 의미에 관해 보수적 입장이었다. 그러나 역시 칸트처럼 그는 신의 존재 **증명**은 존재하지 않는다거나 종교적 믿음은 우리를 과학적 이성 너머로 데려간다는 것을 알 정도로 계몽사상을 충분히 존중했다. 그러나 그는 '역설적이고' '부조리하기'까지 한 기독교의 신앙이 이성의 관점에서 나타날 수 있을지라도, 삶이 의미 있으려면 우리를 **인식** 넘어 **신앙**으로 데려가는 '도약'을 **해야 한다**는 것을 보여주고 싶어 한다. 칸트의 철학함은 건조하고 학술적인 반면 키르케고르의 철학함은 '실존적'이고 문학적이다. 그러나 키르케고르는 아주 중요한 이 두 방식 속에서도 역시 칸트주의자다.

키르케고르의 철학 전체는 참으로 '도약'을 위한 단 하나의 논증이라고 할 수밖에 없다. 이 논증은 명시적 무신론자를 겨냥하지 않는다. 무신론자라는 것은 19세기 덴마크에서 거의 어림도 없는 일이었다. 키르케고르는 당대 사회의 사람들이 대부분 자신을 기독교인이라고 부르고 정기적인 교회 출석을 자랑스러워한다는 사실을 관찰한다. 그러나 그들은 실제로 무신론자이다. 왜냐하면 그들의 신앙 고백은 사회적으로 유용한 립서비스 이외에 별다른 것이 아니고 그들의 기독교적 '믿음'은 자신들의 안락하고 세속적인 욕망에 도전할 수 없도록 주의 깊게 주조된 것이기 때문이다. 그는 이러한 위선에 반대하여 자신의 목표가 순전한 기독교인이 되는 것은 '어렵다'는 것(CUP: 495), 그리스도를 닮은 삶은 희생을, 아마도 그리스도 자신의 것만큼 커다란 희생을 (아니면 우리가 곧 보게 되겠지만 아브라함과 같은 희생을) 요구한다는 것을 보여주는 것이라고 말한다. 부르주아지 기독교는 실제로 전혀 기독교가 아니다.

비판의 또 다른 표적은 신학적 근대화를 향한 것이다. 그것은 풀어 말하면 종교적 헌신은 근대 과학이 승인하지 않는 어떤 것도 믿어서는 안 된다는 것을 보여 주는 시도를 말한다. 여기서 키르케고르가 염두에 두는 것은 기독교의 메시지를 자연 세계를 넘어 아무것도 믿지 않는 믿음을 요구하는 일종의 범신론적 영성으로 해석하는 시도이다. 그는 철학자와 부르주아지 계층의 가짜 기독교에 의한 이러한 시도들을 자연스럽게 서로를 지지하는 동료들로 간주하는 듯하다. 여기서 그의 눈에 들어오는 사람은 스피노자, 특히 헤겔(7장의 주제)의 영향을 받은 철학자들이다. 나의 견해가 정확하다면 그는 헤겔을 과학에 의해 연구되는 신과 세계는 실제로 동일하다고 보는 일종의 진화론적 범신론자로 해석한다. 그러나 우리가 발견하게 될 그의 고집스러운 기독교의 메시지는 그런 방식으로 희석되어서는 안 된다. 자연적 '여기'와 초자연적 '내세' 간의 '모순'은 절대적이고 위장되어서는 안 된다(CUP: 505). 따라서 본래적 기독교의 믿음 내용에 관해 키르케고르는 전통주의자이고 문자주의자이다. 심지어 사람들은 그를 기독교 근본주의자라고 부를지도 모른다.

모두에 한 가지 더 언급하고자 한다. 키르케고르는 여러 필명을 빌려서 자신의 철학적 저서들을 썼다. 이 익명 저자들 중 일부는 키르케고르 자신의 것이 아닌 관점을 분명히 표현한다. 이것은 1843년에 출간된 키르케고르의 최초의 저서 《이것이냐 저것이냐》에서 가장 명백하다. 이 책 1부의 저자 'A'와 2부의 저자 'B'는 키르케고르가 스스로 분명히 거부하는 견해를 옹호한다. 옹호하는 정도에서 저자 B는 A보다 덜하다. 플라톤의 후기 대화편의 소크라테스처럼 A와 B는 저자를 대변하기보다는 우리가 어느 정도 공감하려는 의도는 있으나 아직 승인하지는 않는 관점에서 쓰인 소설의 등장인물과 비슷하다. 그러나 익명 장치의 논점이 철학적이기보다는 문학적이라고 해도 익명 저자들의 견해는 대부분 키르케고르 자신의 것과 동일시되거나 적어도 아주 가까운 것이다. 그래서 나는 대체로 그 장치를 무시하고 '키르케고르'를 우리가 검토하는 견해를 취한 사람이라 생각하고 말할 것이다.

*　*　*

키르케고르 사상의 토대 구조는 상대적으로 단순하다. 그의 근본 질문은 그 말의 한 가지 의미에서 자칭 그를 '실존[주의자]'이게 하는 질문이다. 즉 나는 어떻게 살아야 하는가?(CUP: 107-9). 삼분설에 심취한 플라톤, 헤겔, 프로이트처럼 그는 이 질문에 대해 세 가지 가능한 대답을 확인한다. 즉 비록 내부적으로 세분화되지만 역시 세 가지 기본 삶의 형식을 제시한다. 그는 이것들을 사람들이 간택할 수 있는 '실존 영역'이라고 부른다. '(대략 말해서 자기가 하고 싶은 대로 하는) 미적 실존', '윤리적 실존', '종교적 실존'이 그것이다. 키르케고르는 이러한 삶의 스타일은 상호 배제적이지는 않다고 진술한다. '탐미주의자'(키르케고르의 삶이 아니라 '미적' 생활을 하는 사람들 가리키는 나의 표현)는 자신의 삶에서 윤리적 삶, 종교적 삶 모두를 배제하는 삶을 추구하는 반면, 윤리적 삶은 미적 삶을 포함할 수 있고 종교적 삶은 미적 삶과 윤리적 삶을 모두 포함할 수 있다. 키르케고르는 종종 '미적인 것'을 어린아이 같은 것에, 종교적인 것을 완숙한 것에 연결한다. 그래서 이 세 단계 순서를 바라보는 방식은 그것을 정신적 유아에서 정신적 성숙으로 이어지는 성장을 설명하는 정신적 **교양소설**로 간주하는 것이다. 그

- 보다 정확히 말하면, 1부는 A의 '논문들'을 한곳에 수록한 것인데, 빅토르 에레미타 (키르케고르의 필명-옮긴이)라는 편집자의 이름으로 엮었다는 점에서 익명 장치가 정교하다.

러나 우리의 관점에서 볼 때 실제로 중요한 것은 사람들이 그 순서의 마지막 단계까지 진보하는 한에서만 사람의 삶은 진정으로 의미가 있는 삶이라는 키르케고르의 주장이다. 그러면서 그는 또한 의미가 없다면 우리는 다소 '절망'을 의식하는 상태에 사는 것이라는 입장을 견지하기 때문에 그의 주장은 종교적인 것에 이르는 진보가 없다면 우리의 삶은 살 가치가 없다는 것이 된다. 나는 이 세 단계를 하나씩 논의할 것이다.

미적 삶

키르케고르의 '미적' 삶의 스타일에 대한 주요 논의는 언급한 대로《이것이냐 저것이냐》에서 'A'가 쓴 것이라고 알려진 1부에 나온다. '미적aesthetic'이라는 말은 그리스어 aisthesis에서 나온 말인데 그 원래적 의미는 '감각sensation'을 뜻한다. 칸트의《순수이성비판》제1절의 제목이 '선험적 감성론Transcendental Aesthetic'인 것은 그 말의 이러한 의미에서이다. 선험적 감성론은 정신이 개념적 의식을 형성하기 이전의 감각적 질료를 논의하는 분석이다. 18세기에 '미적'인 것은 예술과 특별하게 연결되었는데 여기서도 역시 그것은 감각과의 연결을 가리킨다. 다시 말해서 '미학'은 우리가 예술에서 도출하는 감각(물론 즐거움을 느끼는)을 연구하는 학문이 되었다.

　키르케고르가 1단계 실존 영역을 기술하기 위해 '미적'인 것을 사용한다는 것은 자연스럽게 그가 기술하고 있는 삶의 스타일이 쾌락주의의 일종, 즉 쾌락인 즐거운 감각 이외에는 아무것도 목표로 하지 않는 삶이라는 것을 암시한다. 많은 독자들은 키르케고르를 이러한 방식으로 해석하고, 그 용어에 대한 그의 사용은 적어도 잠시 동안 그가 스스로 미적 삶을 쾌락주의의 삶으로 생각했을 것이라는 암시를 준다.[*] 그러나 실제로 그것은 그 정도로 동일한 것은 아니다.[**] 키르케고르는 이 점을 다음 구절과 같이 밝히고 있다.

> 참된 즐김은 사람들이 즐기는 것에서가 아니라 그 관념 속에서 성립한다. 내가 한 컵의 물을 요구했을 때 이 세상에서 가장 값비싼 포도주를 맛있게 섞은 술잔을 나에게 가져오는 복심이 있다고 하자. 바로 내 옆에 나를 이와 같이 섬겨 주는 복종 정신이 있다고 하면, 나는 즐김은 내가 즐기는 것에서가 아니라 내 뜻대로 하는 데서 성립한다는 것을 그가 배울 때까지 그를 내칠 것이다(EO I : 31)

여기서 요점은 멋진 포도주를 마시는 취지는 입과 머릿속에 있는 맛있는 감각의 경험이지만 (키르케고르는 이것이 '참된' 즐김이 아니라는 것을 암시함으로써 자신의 요점을 부풀린다) 타인을 지배하는 권력의 경험에 상응하는 감각은 전혀 없다는 것이다. 좀 더 정확히 말하면 자신의 권력에 대한 인식에서 나오는 즐거운 감각이 있을지 모르는데 키르케고르가 방금 기술한 가설적 행동은 이를 목표로 삼고 있지 않다는 뜻이다. 목표는 자신의 권력에 대한 인식 자체뿐이었던 것이다. 더욱이 권력 자체를 위해 권력을 바란 것이 아니었다면 권력을 소유한다는 인식에서 쾌락이 나오는 것은 가능하지 않았을 것이다.

그렇다면 미적 삶이란 무엇인가? 그 특징을 제시하는 최고의 방법은 조금도 제한받지 않고 욕망하는 대로 사는 삶, 자기가 하고 싶은 대로 **무엇이든** 하는 삶이다. 윤리적 삶과 종교적 삶, 이 둘 다의 삶에서는 욕

• 이와 관련해서 좀 더 자세히 이해하려면 62쪽의 각주를 참조.

•• 에반스가 이러한 주장을 잘 밝히고 있다(Evans 2009, 71-2).

망은 윤리적, 종교적 고찰에 의해 제약을 받는다. 그러나 미적 삶에서
는 그러한 제약은 전혀 없다.

돈 조반니

우리가 많은 유형의 욕망을 가지고 있기 때문에 많은 형태의 미적 삶
이 있다는 것은 명백하다. 그러나 키르케고르가 이러한 삶의 패러다임
으로 선택하는 것은 성적 욕망에 빠진 삶이다. 우리가 보게 되겠지만
이것은 약간 문제를 안고 있는 선택이다.

　세 가지 실존 영역이 고급과 저급의 서열로 평가되듯이 개개의 영
역에서 고급과 저급의 서열이 발생한다. 말하자면 미적 삶의 내부에서
초보 수준 형태의 성적 탐미는 모차르트의 오페라 〈돈 조반니〉에서 묘
사된 돈 후안이 대표한다. 키르케고르는 이 오페라를 가장 위대한 오
페라일 뿐만 아니라 가장 위대하고 영원한 예술작품이라고 간주하는
듯하다(EO I : 48).[*]

　돈 조반니는 연쇄 유혹자다. 그 이상의 것은 그에게 전혀 존재하지
않는다. 그의 삶에서 유일한 관심은 유혹이다. 그리고 돈 많은 귀족이
라 오로지 그 목표에만 전념할 수 있는 수단을 가지고 있고 그 수단은

---

[*]　간결하게 말하면 그의 주장은 그 오페라가 형식과 내용의 완전한 균형을 보여준다
는 것이다(EO I : 49). 오페라의 내용은 유혹이다. 말하자면 이 주제는 순수 감각성,
좀 더 구체적으로 말하면 순수 에로티시즘, 순수 관능성이다. 언어는 관능적인 것에
대해 말할 수 있지만 다만 음악만이 그에 대한 현실적 느낌을 전달한다. 그리고 이
것은 모차르트의 '성적' 음악이 웅장하게 성취한 어떤 것이다. (흥미롭게도, 키르케
고르와 정확히 같은 시대를 살았던 리하르트 바그너는 자신의 오페라 〈탄호이저〉
대본을 출판했는데, 이 오페라는 감각적인 것에 관한 것일 뿐만 아니라 감각적 음악
으로 가득 차 있고《이것이냐 저것이냐》와 같은 해에 출간되었다.)

일반적으로 성공한다. (사실을 말하면 모차르트는 코미디라는 겉모습 아래 귀족주의의 사회 권력 남용에 저항하고 있었지만 이 점에 대해 키르케고르는 아무런 관심이 없었다.) 유명한 〈카탈로그의 노래〉에서 돈을 오래 모신 시종 레포렐로는 자기 주인이 성취한 목록을 제시한다.

> 아가씨, 여기에 목록이 있는데
> 나의 주인님이 건드린 미인들입니다.
> 제가 작성한 명부입니다.
> 보시고 저와 함께 읽어 봐요.
> 이탈리아에서는 640명,
> 독일에서는 231명,
> 프랑스에서는 100명, 터키에서는 91명,
> 스페인에서는 무려 1003명이에요.

그리고 상당한 시간 동안 더 많이 건드렸다.

이 초보 수준 형태의 미적 삶, 이 초보 수준의 탐미주의자에게 잘못되어 있다고 생각되는 것은 무엇인가? 비록 우리는 윤리적 삶의 단계까지는 아니더라도 최소한 보다 정제된 형태의 미적 삶으로 진보할 필요가 있는 것은 무엇 때문인가? 사람들은 모든 여성은 한갓된 정복 대상으로 환원되기 때문에 (나는 왔노라, 보았노라, 정복했노라) 돈의 좌우명은 시저의 것과 같다고 생각할지 모른다(EO I : 81). 돈처럼 된다는 것은 금세 따분해진다는 것일 것이다. 왜냐하면 모든 여성은 별다를 바 없어지고 그는 곧바로 언제나 같은 짓을 할 것이기 때문이다(자세히는 342쪽 참고). 그러나 이것이 키르케고르가 모차르트의 돈에 대해 비판하려던 것은 아니다. 〈카탈로그의 노래〉를 가리키면서 키르케고르는 스페인에서만 무려 '1003'명이라는 불가능한 숫자는 우스꽝스럽지만 그 요점은 유머일 뿐만 아니라 동시에 돈을 실제 사람과 다른 어떤 존재라는 것을 보여주기 위해 의도된 것이라는 점을 간파한다. 그는 자연의 힘이나 바람을 훨씬 더 많이 닮았다. 그러기에 바람은 자연의 힘으로서 부는 일에 전혀 따분해지지 않듯이 돈은 유혹에 전혀 따분해하지 않는다(EO I : 92-3). 그렇다면 돈이 안고 있는 문제는 무엇인가?

키르케고르가 이해하는 바와 같이 나는 그 오페라 자체는 우리에게 이렇게 말한다고 생각한다. 즉 마침내 돈은 무서운 음악 소리에 맞추어 지옥에 간다는 것이다. 다시 말해서 사람들은 실제로 모차르트의 돈처럼 살면 격노한 아버지나 남편의 손에 죽어 일찍이 무덤에 가게 될 것이라는 말이다. 아무리 못해도 베를루스코니(이탈리아 전 총리)나 도미니크 스트로스 칸(2011년 성추행 이전까지 IMF 총재이자 프랑스 대선 유력 후보)의 운명이 보여 주듯 사람들은 가족, 지위, 수입, 평판을 잃고 역겨움, 조롱, 연민을 사는 심각한 위험을 감수하는 것이 된다. 이 때문에 실생활에서 모차르트의 돈에 최대한 근접하려면 최소한 빈틈 없이 계산하고 '신중하지' 않으면 안 된다(EO I : 98).

키르케고르는 우리에게 정교한 유혹자의 삶의 잘못된 점이 무엇인지를 직접적으로 말하지 않는다. 그 대신에 《이것이냐 저것이냐》는 모차르트를 논의하다가 아무런 상관도 없어 보이는 비극, 비극 드라마를 논의하는 데로 옮겨간다(EO I : 137-64). 그러나 내가 생각하기에 이러한 움직임이 함축하는 바는 이렇다. 즉 계산을 아무리 잘 했을지라도 연쇄 유혹자는 스트로스 칸(확실히 지적으로 무딘 사람은 아니다)처럼 우울증, 비극적 인물이 될 것 같다는 점이다. (사람들은 이 지점에 이르러 플라톤이 끼어들어서 말참견하는 것을 떠올릴 수 있다. 즉 플라톤은 검은 말에 영양분을 공급하고 계속 강하게 키운다면 부적절한 순간에 펄쩍 뛰고 문제를 일으키기 쉬울 것이라고 말한다.) 아무리 정교할지라도 유혹자는 여전히 이혼 법정과 황색 언론에 오가기 쉬울 것이다. 가장 심각한 것은 나이를 먹고 힘이 없어지면 성공률이 갈수록 낮아질 것이며 (화학 물질의 도움이 있어도) 그가 선택한 삶의 방식을 추구하는 능력은 갈수록 쇠락할 것이라는 점이다.

키르케고르는 에로틱한 삶에서 사실인 것은 미적 삶의 방식 일반에서도 사실이라고 가정한다. (나는 이 가정을 곧 다시 논의할 것이다.) 정교한 유혹자라도 그 삶은 실망과 절망의 운명에 처해진다는 사실로부터 그는 이렇게 결론을 내린다. 즉 어떤 형태의 미적 삶이라도 변호될 수 있으려면 '저속한', '즉각적' 에로티시즘이어서는 안 되고 오히려 '반성적' 에로티시즘이어야 한다. 이것이 〈유혹자의 일기〉에 기술되어 있는 삶이다. (여기서 문학 장치는, 정확히 말해서 이중 장치는《이것이냐 저것이냐》의 '편집자'가 그 일기를 A의 논문들 가운데서 발견했다고 하면서 A가 그 일기의 실제 저자라는 것을 마지못해 인정한다는 것이다.)

〈유혹자의 일기〉

유혹자는 '요하네스'이고 표적은 '코델리아'이다. (여기서 셰익스피어의 《리어왕》을 넌지시 암시하는 것은 아마도 그의 먹이의 순결성과 순진성을 의도한 것이다. 후안이 키르케고르 자신이라는 것도 가능하고 존 업다이크가 제안한 대로, 그 일기 전체는 키르케고르가 레기나 올센에 대해 취한 태도의 잘못된 점을 고찰한 바를 설명하는 의도라는 것도 가능하다.) 유혹자는 '심리전'에 들어간다. 그는 비밀리에 코델리아가 좋아하는 것과 싫어하는 것 일체를 알아보고 확실한 총각인 체하면서 그녀의 이상형으로 등장한다. 심지어 그는 그녀의 눈에 자신이 훨씬 더 바람직한 남자처럼 보이도록 그녀가 부적절한 경쟁자를 만나는 미팅까지 주선한다.

그의 목표는 코델리아와의 관계를 '한 여자가 자유 존재로서 자기 자신을 바치는 일 이외에는 아무것도 하지 않는 지점까지 데려가고 그렇게 해서 그녀가 자신의 모든 행복이 그것뿐이라고 느끼도록 하며 실제로 그녀가 여전히 자유 존재로서 이렇게 자신을 바치는 것을 간청하도록 만든다'(EO I : 342)는 것이다. 반성적 유혹자가 자신의 목표를 달성하는 것은 이러한 **자발적 복종** 가운데서 이루어지는 것이다.

 '즉각적' 유혹자와 '반성적' 유혹자 사이의 차이는 정확히 무엇인가? 타자를 지배하는 권력의 '관념'을 즐기는 것은 달콤한 포도주의 맛과는 다르다고 언급한 앞서의 논평으로 잠시 돌아가자(61쪽). 반성적 유혹자가 즐기는 것은 코델리아를 지배하는 그의 권력에 대한 그 같은 '관념'이고 인식이며, 그가 그렇게 하기로 선택하기만 **했다면** 그녀와 같이 잘 **수 있었다**는 인식이다. 그가 실제로 그렇게 하건 말건 그것은 중요하지 않다. 또한 그것은 아주 별개의 일이다. 아마도 그는 하지 않을 것이다. 그러나 여기서 목표는 사실상 돈의 목표이다. 그 역시 '정복'에 관심이 있는 것이다. 이렇게 해서 반성적 유혹자는 투박한 즉각적 유혹자와 똑같은 목표를 성취하고, 자신의 허리띠에 똑같은 성공의 눈금을 새기는 데 성공한다. 아무런 부수적 위험도 없이 말이다.

미적 삶에 대한 키르케고르의 비판

키르케고르는 반성적 탐미주의는 미적 삶의 최고 형태이지만 여전히 근본적인 반대에 부딪힌다고 주장한다. 이 반대 중 일부는 A의 자기 의심의 형태로 제시되고 다른 일부는 B가 A를 비판하는 형태로 제시된다. B의 비판은 《이것이냐 저것이냐》 2부에 나온다. (B는 '빌헬름 판사'로 판명되는데 그는 A보다 나이가 더 많고, 추정하건대 더 현명하다.)

A의 암시적 자기비판 중의 하나는 그가 실제로 윤리적인 것을 피할 수 없다는 것이다. 판사의 말로는 그가 자신의 욕망만 따라서 움직인다고 해도 그는 윤리적 '진심'을 소유하고 있다고 한다(EO II: 204-6). 또한 〈유혹자의 일기〉 저자, 즉 A는 자신이 유혹하는 과정에서 허위 결혼 약속을 하지 않도록 했던 '윤리적인 것에 대한 존경심을 항상 가지고 있었다'고 고백한다(EO I: 367). (A로 하여금 자신이 일기 저자라는 것을 마지못해 고백하게 한 것은 일기의 내용에 대한 A의 수치심, 즉 윤리적 느낌이라는 것은 틀림없다.) 그는 자신이 유혹자인데도 결혼의 '영원성'이라는 윤리적인 것에 기반을 둔 '서로 운명인 커플'을 찬미했다(EO I: 359).

여기서 암시되는 내용은 반성적 탐미주의자는 사실상 윤리적인 것을 피할 수 없기 때문에 순수한 미적 삶은 불가능하다는 것이다. 그러나 사정이 이럴지라도 (그리고 키르케고르가 윤리적 자기비판을 A의 성격에 내재하는 것으로 구성한다고 해서 그 사실이 미적 삶의 불가능성을 보여주는 논증이 되는 것은 아니라고 할지라도) A는 그 반론에 대해 쉽게 답할 수 있다. 즉 그는 윤리적인 것은 사회적 조건의 산물이라고 말할 수 있다. (우리는 5장에서 프로이트의 논의를 보게 되겠지만) 그것은 우리가 살고 있는 사회가 우리에게 부과한 '초자아' 이외의 별다른 것이 아니다. 물론 그것은 도덕과 상관없이 살기를 원하는 사람의 삶에 개입할지 모른다. 이것은 사실이다. 그러나 그것은 탐미주의자가 어떤 자기 해방의 과제를 가지고 있다는 것만 보여줄 뿐이다. 그는 자신의 이상을 완전하게 실현하고자 철학을 읽거나 정신분석을 받음으로써 그 과제를 성취할 수 있다. 그는 자신의 이상을 완전하게 성취할 수 없다고 해도 여전히 미적 삶을 다른 두 가지 삶의 형식보다도 더 나은 것이라고 여길지 모른다.

윌리엄 판사의 수준에서 제시된 비판은 역시 똑같이 비효과적인 것인데, 즉 미적 삶은 자율성이나 자기 창조의 의미에서 '자유'를 결하고 있다는 비판이다. 윤리적 삶을 살고 있는 사람은 자신의 모든 욕망을 윤리적 비판의 지배하에 두지만 탐미주의자는 자신의 근본적인 욕망을 그저 주어진 것으로 받아들일 뿐이다. 이로부터 그는 자기 자신을 '선택하는' 것에 실패한다. 왜냐하면 '미적 선택은 아무런 선택도 아니기' 때문이다(EO Ⅱ: 166-7, 225-6). 그러나 이것은 확실히 잘못된 것이다. 탐미주의자는 확실히 선택을 **한다**. 그는 자기가 하고 싶은 것이 사회적 압력에 의해 그를 위한답시고 조작되거나 억제되거나 가공되는 선택보다는 자기가 원하는 것을 하는 선택을 한다. 돈 조반니가 바람과 마찬가지로 자기가 하는 일을 선택하지 않는다는 것은 사실이다(64쪽). 그러나 돈의 삶은 초인의 것인 데 비해 우리가 말하고 있는 것은 인간의 삶이다.

판사가 자주 반성적 탐미주의자에 대해 공격하는 추가적 비판은 그가 아주 많이 우울하고 지속적으로 '침울하다'는 것이다. 이러한 주장을 평가할 때 두 가지 상이한 종류의 침울을 구별하는 것이 중요하다. 첫째는 그의 삶의 자기 모순적 성격에, 둘째는 그의 삶의 무의미성에 관계한다.

반성적 유혹자는 현실적 유혹자의 삶에서 물러선다. 그 까닭은 머지않아 현실적 유혹자에게 찾아오는 고통을 피하고 싶어서이다. 그러나 현실적 유혹자가 된다는 것은 그가 실제로 되기를 원하는 바로 그것이다. 그래서 사실상 키르케고르는 가끔씩 현실적 유혹자를 그가 살기 원하는 삶을 살고 있는 자로 인정하고 반성적 유혹자는 그렇게 않은 자로 묘사한다. 분별할 줄 알기 때문에 그는 대신 차선의 삶을 산다. 그는 삶과 사랑을 재미 삼아 하지, 그것 자체로 살지 않는다(EO Ⅰ: 334).

이러한 비판을 평가할 때 키르케고르가 전개하는 미적 삶에 대한 논의는 거의 전적으로 섹슈얼리티에 초점이 맞추어져 있다고 하더라도

(그는 성에 대해서 자주 순결을 지키고자 하는 데서 비롯되는 종류의 무서운 강박을 가지고 있는 것 같다) 반성적 형태가 즉각적 형태보다 더 낫다는 결론은 미적 삶 **일반**에 사실이고 이로부터 여타 가능한 형태의 미적 삶에도 사실이라는 점을 명심하는 것이 중요하다. 그러므로 이것은 가령 음식, 포도주, 음악, 시, 골프, 철학, 또는 자연의 풍광과 소리를 즐기는 데 열심인 삶에도 사실이다. 그러나 이러한 삶의 형식들은 유혹의 삶과 결정적으로 다르다. 그 까닭은 그 형식들은 사회적 적의에 부딪치지 않을 것 같고 상대적으로 나이라는 제한에서 벗어나 있기 때문이다. 그러므로 **이러한** 형태의 '즉각적' 미적 삶에는 아무런 고통도 내재하지 않는다. 그러므로 이러한 형태의 삶이 '반성적' 단계로 진전해야 할 필요가 없다. (나에게는 골프나 철학을 즐기는 삶의 반성적 형태라는 관념이 도무지 말이 된다는 확신이 없다.) 그러므로 유혹자가 그렇게 진전해야 할 필요성은 미적인 것에 전형적인 것이라기보다 예외적인 것이다. 반성적인 것으로 진전해야 할 **일반적** 필요성을 지지하는 키르케고르의 논증도 따라서 사람들이 **진심으로** 살기를 원하는 삶을 놓친다는 키르케고르의 논증도 실패작이다.

'침울'과 관련된 둘째 비판은 탐미주의자는 (어떤 유형이든 간에) 의미에 대한 근본적인 인간 욕구를 충족할 수 없기 때문에 침울하다는 주장이다(EO II : 179, 204). 하지만 내가 보기에 이 주장은 훨씬 더 강한 주장이다. 우선 이 비판은 그럴싸하게 보이지 않는다. 왜냐하면 적어도 반성적 탐미주의자는 명시적으로 자신이 따라 살고자 노력하는 지도 '이념'을 가지고 있다고 언급되기 때문이다. 그러나 키르케고르의 논점(《이것이냐 저것이냐》가 나온 지 6년 후에 쓴 《죽음에 이르는 병》에 가장 분명하게 나타나는 논점)은 반성적 탐미주의자가 자기 이상을 가지고 있어도 그것은 진정으로 그를 **붙잡을** 수 있는 이상이 아니라는 것이다. 그러니까 이것은 그가 사실상 그 이상을 다만 '실험하고' 있는 것이며 그의 삶은 '진정성'을 결하고 있다는 뜻이다. 그의 이상에 대한 순전한 헌신이 결여되어 있으므로 그는 자기 존재의 헛됨에 침울한 것이다(SUD: 110-2; CUP: 495).

키르케고르의 논점을 파악하기 위해 에로틱한 자아 개념을 따라가기보다는 예술 감정에 전념하는 탐미주의자를 숙고해 보자. 이 탐미주의자가 바라는 것은 성적 정복이 아니라 예술품의 취득이다. 여기서 혹자는 20세기 초 방대한 예술 수집품을 모은 프릭, 멜론, 레만 같은 사람들을 생각할지 모른다. 이러한 수집가들을 가령 아프리카에서 말라리아와 싸우는 의사, 시카고 프로젝트에서 범죄와 싸우는 좋은 경찰과 비교해 보자. 이러한 사람들로 하여금 안락하지 않은 위험한 삶을 살도록 동기를 부여하는 것은 무엇인가? 적어도 그것은 많은 경우에 '소명'이나 '사명'의 경험이다. 그들은 대가가 무엇이든 자신의 일을 '해야' 한다고 느낀다. 나는 이것이 키르케고르가 '진정성', 전적 헌신이라고 부르는 삶이라고 생각한다. (마찬가지로 확실하게도 키르케고르는 동시대인을 참된 기독교로 다시 부르는 자신의 삶을 '진정성'의 삶으로 제시할 것이다.)

억만장자 예술품 수집가는 간혹 사명감을 가지고 있을지 모른다. 그러나 많은 경우에 그는 내심 자신의 선택받은 삶의 형식이 실제로 돈을 가지고 **어떤 일**을 하는 것에 지나지 않고 시간을 때우는 일이라는 것을 안다. 물론 여기서 많은 경우라 함은 다만 우리의 지금 논의에 적절한 경우에 한해서라는 뜻이다. 그가 시간을 때워야 할지라도 예술품을 수집함으로써 그럴 **필요**는 없다. 그는 소일거리(함축적으로 사용된 낱말)에 많은 에너지를 쏟아붓는다고 할지라도 여전히 예술품 수집을 다만 '실험하고' 있을 뿐이다. 왜냐하면 그는 따분해지면 다른 어떤 일, 가령 구형 자동차 수집이라든지 매력적인 젊은 여성 찾기 등을 할 수 있고 또 할 것이라는 것을 알기 때문이다. 그러므로 그 수집가는 속

마음으로는 자신의 삶은 공허하고 무의미하다는 것을 알고 있다. 그는 현재의 세상은 자신이 태어나지 않았더라도 더 빈곤해지지는 않았을 거라는 사실을 알고 있다.

그리고 이것이 의미하는 것은 그 탐미주의자가 마음 깊이 '절망' 상태에 있다는 것이라고 키르케고르는 말한다. 이와 동시에 그는 자신의 주요 용어 중 하나를 소개한 셈이다. 그러나 그는 이 절망 속에 잠재적으로 '상서로운' 어떤 것이 있다고 주장한다(EOⅡ: 209). 왜냐하면 사람들이 사리분별을 가지고 자신의 절망을 직시한다면 개인의 선택만으로는 참된 의미가 있는 삶의 기초를 제공받을 수 없다는 것을 알게 되기 때문이다. 즉 사람들은 진정한 의미는 자아를 넘어서는 어떤 것, 모종의 외부의 '힘'이나 권위를 기반으로 해야 할 필요가 있다는 것을 본다(SUD: 11). 키르케고르에 따르면, 의미는 '소명'이다. 내가 보기에 이것은 정확하고 심오한 통찰이다. 전화가 그렇듯이 내가 소명을 받으려면 나와는 다른 어떤 존재가 그 부르심을 주어야 한다. 의미는 자아와 다른, 그보다 더 높은 어떤 것에만 근거를 둘 수 있다. 이렇게 근거를 주는 권위를 탐구하러 키르케고르는 윤리적인 것으로 들어간다.

윤리적 삶

《이것이냐 저것이냐》 1부에서 미적인 것에 대한 A의 변호가 에로틱한 것에 초점을 맞춘다면 2부에서 윤리적인 것에 대한 윌리엄 판사의 변호는 그가 에로틱한 것의 취소가 아니라 오히려 '변형'(EOⅡ: 31), 다시 말해 윤리적 '형태 변화'(EOⅡ: 57, 190)라고 주장하는 결혼에 초점을 맞추고 있다. 그는 결혼이 처음 사랑할 때의 기쁨의 느낌을 없앤다는 주장은 잘못된 것이라고 말한다. 결혼 생활 내내 열심히 노력하면 결혼해도 계속 '첫사랑'의 풋풋함을 유지할 수 있다(EO II: 47). (미적인 것보다 윤리적인 것을 선호하는 판사의 논증 가운데 하나는 사람들은 윤리적 결혼 생활에서 에로틱한 것을 잃는 것이 아니라 오히려 거기에다 몇 가지 이로움을 더 추가한다는 것이다. 이것은 **사랑**에 대해서는 확실히 사실이지만 A가 말하고 있었던 것, 즉 그때그때마다 다른 성적 흥분에 대해서는 확실히 거짓이다. 키르케고르는 섹슈얼리티 분야에서 개인적 경험이 아마도 전혀 없어서 지금의 논의에서는 철학적으로 불리한 것 같다.)

유혹에서 결혼으로 가는 것은 어째서 미적인 것에서 윤리적인 것으로 가는 것인가? 윤리적 삶의 형식을 선택하는 것은 '선과 악'을 삶의 지배적 범주, 다시 말해 '모든 실존을 판단할 때의 자격 조건'으로 삼기로 선택하는 것이라고 키르케고르는 우리에게 말한다(EO II: 169). 그래서 결혼은 윤리적인 것의 특수한 적용이다. 즉각적 유혹자와 반성적 유혹자 모두와는 정반대로 사람들은 결혼에 충실할 때 배우자에게 선을 행하고 악을 피하는 것에 충실하다.

윤리적 삶은 어째서 미적인 삶보다 우월한가? 그 이유는 윌리엄 판사의 주장에 의하면 윤리적인 것은 사람의 삶에 순전한 의미를 부여하기 때문이다. 탐미주의자는 자신이 '실험하는' 한갓된 가능성밖에 없지만 윤리주의자는 칸트가 말한 도덕적 '당위'에 의한 '내적 결정'(52쪽)의 권위를 경험한다. 그는 진정한 '소명', 사명을 소유한다. 그는 준행해 '살아야' 하는 것이라고 알고 있는 자기 이상을 가지고 있다. 물론 그는 이상이 없을지도 모른다. 그러나 그러한 이상이 자기에게 없다면 그는 '죄의식', 즉 미적 삶에 전적으로 없는 어떤 것을 경험한다(EO II: 217). 이것이 그의 삶에 탐미주의자가 결여하고 있는 '진정성'을 부여하고 순전한 의미를 제공한다.

윤리적인 것을 사람의 궁극 목표로 삼는 생각은 처음에는 거의 공허하다 싶을 정도로 추상적으로 들린다. '선하게 살라'고 하는 것은 '어떻게 살 것인가'라는 물음에 대한 만족스러운 대답보다는 '잘 있어'라고 말하는 방식인 것처럼 보인다. 그러면 윤리적인 것은 어떻게 해서 사람의 삶을 규정하는 과제를 부여하는 것인가?

키르케고르는 사람들이 자신의 윤리적 이상을 선택할 때 자신의 '구체화' 속에서 스스로를 선택한다고 강조한다(EO Ⅱ: 222, 251). 내가 생각하기로, 이 말은 사람들이 선택하는 특정한 삶의 유형은 도덕의 요구와 사람의 특정한 삶의 환경, 자신이 머무는 세계의 본성, 자신의 강점과 약점(우리는 이것을 하이데거와 사르트르가 함께 '사실성'이라고 불렀던 것임을 알게 될 것이다)을 결합함으로써 결정된다는 뜻이다. 가령 어떤 사람이 화가로서 특출한 재능을 가지고 있다고 하면 그는 그림을 통해서 선을 증진하는 길을 발견할 것이다. (예를 들어 혹자는 디에고 리베라처럼 사회주의 혁명을 지지하는 그림을 그릴 수 있고 고야처럼 전쟁의 공포를 반대하는 그림을 그릴 수 있다.) 그러나 키르케고르는 사람들은 윤리적으로 의미 있는 삶을 살기 위해 특출한 재능을 필요로 하지 않는다고 강조한다. 그들은 부름을 듣거나 말거나 '소명'을 가지고 있다. 그 소명이 비록 결혼해서 행복하게 아이를 낳는 것뿐이라고 해도 말이다(EO Ⅱ: 292).

잘 아는 바와 같이 키르케고르는 윤리적인 것과 종교적인 것을 급진적으로 구별하기를 원한다. 이 때문에 우리는 빌헬름 판사가 무신론자가 아니라 도리어 신에게 윤리적 삶에서 중요한 존재가 되도록 역할을 맡긴다는 것을 알고는 놀라게 된다. 키르케고르는 윤리적인 것을 선택할 때 사람들은 자신들이 신 안에 있다는 것을 알게 된다고 말한다. 이 말은 사람의 윤리적 결함에 대한 '죄의식'이 '회개'라는 것을 의미한다. 회개는 사람들이 신의 의지에 따라 사는 것에 실패한 것을 의미한다(EO Ⅱ: 214-6). 이로부터 그는 사람의 윤리적 소명에 대답하는 것은 세계를 위한 신의 계획을 실현하도록 '신을 돕기로' 선택하는 것과 같다고 본다(EOⅡ: 250). 그렇다면 빌헬름 판사는 신을 윤리적 삶의 토대로서 충분히 승인하는 것 같다. 이렇게 되면 우리는 종교적인 것을 윤리적인 것으로부터 구별해 주는 것이 무엇인지를 발견하는 것이 약간 어렵게 된다고 보지 않을 수 없다. 이제 이 문제를 살펴보자.

종교적 삶

종교적 삶은 윤리적 삶과 어떻게 다른가? 이에 관한 대답을 찾으려 할 때 기억해야 할 한 가지 결정적 사항은 세 가지 실존 영역은 그 하나하나가 이전 것을 **통합한다**는 것이다. 그래서 윤리적인 것이 미적인 것을 '변형된'(EOⅡ: 31) 형태로 통합하듯이 종교적인 것은 윤리적인 것(그리고 미적인 것)을 역시 '변형된' 형태로 통합한다.

　그렇다면 종교적인 것과 윤리적인 것 사이의 차이는 무엇인가? 키르케고르가 종교적 삶은 윤리적인 것과는 다른, 이보다 더 높은 형식의 실존이라는 것을 논의하는 주요 저서는 《공포와 전율》이다. 이 《공포와 전율》은 《이것이냐 저것이냐》와 같은 해에 쓰였고 또 먼저 출간된 이 책의 논증을 완성하려는 의도로 보인다. 그의 논증의 초점은 아브라함의 성경 이야기이다(창세기 22: 1-19). 아브라함은 키르케고르의 표현으로는 '그의 신앙의 증거'로서(FT: 60) 자신의 외동아들을 제물로 바치라는 신의 부름을 받았다. 이에 복종해서 아브라함이 칼을 들어 자기 인생에서 가장 귀중한 것을 죽이려고 하는 최후의 순간에 천사가 나타나서 아들 대신 양을 바치라고 말해 준다.

　키르케고르는 (자신을 대신하는 익명의 저자 요하네스 데 실렌티오를 통해) '우리'는 아브라함, 즉 이 모범적 '신앙의 기사'를 '위대한' 행동을 실행한 위대한 영혼으로 바라보며 감탄한다고 주장한다. 참으로 그는 아브라함을 영웅의 역사가 우리에게 제시하는 '위인 중 위인'이라고 주장하는 듯하다(FT: 16, 53). 그러나 결정적 사항은 아브라함은 **윤리적** 영웅이 아니라는 것이다. 그는 다른 이들 못지않게 윤리적인 것의 힘을 많이 느끼고 따라서 신이 명령한 것을 행하면 윤리적 관점에서 **살인**하는 것이 되기에 엄청난 '불안'을 경험한다. 그렇다고 할지라도 그의 위대성은 정확히 말하면 윤리적인 것이 자기 행동을 결정하도록 하는(FT: 30, 53) '시험'(FT: 60)에 저항하는 것에서 성립한다. 이로부터 우리는 인간 실존의 최고 형식을 기술하는 새로운 '범주', 즉 '종교적인 것'을 인식해야 한다는 귀결이 나온다. (여기서 사람들은 '우리'가 자살 폭탄범에 감탄하지 않듯이 아브라함에게도 감탄하지 않는다고 강렬하게 반대할지 모른다. 그러나 이 단계에서 키르케고르는 '우리'를 성경을 오류일 수 없는 진리의 원천으로 간주하는 헌신적인 기독교인만을 가리키는 말로 사용한다는 것이 나의 생각이다. 나중에 그는 기독교인이 아닌 사람들도 기독교적 '우리'에 참여할 필요가 있고, 그리하여 그들도 역시 종교적인 것을 최고의 '실존 영역'으로 인식할 필요가 있다는 점에 대해 독립적인 논증을 제공할 것이다.)

윤리적인 것의 중지

키르케고르는 기꺼이 아들을 죽이려는 아브라함의 태도를 '윤리적인 것의 목적론적 중지'라고 표현한다. 종교적 삶의 형식과 윤리적 삶의 형식의 차이를 이해하기 위해 우리는 이 어구를 이해할 필요가 있다. 이를 위해 우리는 ① '목적', 즉 중지가 일어나는 것을 지지하는 목적이나 목표, 그리고 ② 정확히 무엇이 '중지되는지'를 이해할 필요가 있다.

문제의 목적은 '의무', 즉 신의 의지에 복종하는 아브라함의 의무이다(FT: 60). 키르케고르는 아브라함을 비극의 영웅 아가멤논과 대조함으로써 중지되는 것이 무엇인지를 우리에게 알려 준다. 이 신화는 에우리피데스의 《이피게네이아 Iphigenia in Aulis》에 나오는데(FT: 87) 아가멤논은 아브라함처럼 끔찍이 사랑하는 자녀를 희생 제물로 바치라는 요구에 직면한다. 자기 딸 이피게네이아를 아르테미스 여신에게 바치기를 거부한다면 트로이로 가는 함대에 필수적인 바람을 다시 얻을 수 없을 것이다. 이미 침착성을 잃은 군대가 앞으로도 계속 움직이지 않고 가만히 있게 되면 폭동을 일으켜 미케네 제국을 전복할 것이다. 커다란 고뇌 속에서 아가멤논은 희생을 실행한다.

키르케고르에 의하면 아가멤논은 비극의 영웅일 뿐만 아니라 윤리적이다. 윤리적 관점에서 그는 모범적 인물이다. 두 개의 윤리적 의무, 즉 가족적 의무와 국가적 선이 갈등하는 가운데서 (가족적 의무는 강렬한 개인적 감정에 의해 지지된다) 그는 국가 전체의 선을 위해 행동하는 올바른 일을 한다(FT: 57-9). 바로 이것이 아가멤논과 아브라함이 피상적으로 볼 때는 비슷하지만 서로 매우 다른 인물인 이유이다. 즉 후자는 윤리적인 것을 '중지하지'만 전자는 '아직 윤리적인 것 내에' 머문다(FT: 59). 아가멤논은 윤리적인 것 내에 남아 있다. 왜냐하면 그는 윤리적인 것의 견지에서 자신의 행동을 **설명하고 정당화**할 수 있기 때문이다(FT: 57). (그리고 그렇게 해서 그는 우리로 하여금 '살인'이라는 말을 철회하도록 하고 이를 '비극적이지만 정당한 이유가 있는 살해' 같은 것으로 대체하게 한다.) 반면에 아브라함은 '인간의 계산'의 영역을 초월했다. 왜냐하면 그는 '신앙의 도약'*을 했기 때문이다. 그는 자기 자신을 설명할 수도 정당화할 수도 없다. 심지어 자기 아내인 사라에게마저도 그렇게 할 수 없다. 그는 처참한 침묵의 고독을 선고받는다(FT: 112-3).

그러면 '중지되는' 것은 정확히 무엇인가? 최소한 잠시나마 행동을 하지 않는다는 것인가? 보이는 것과는 달리 그것은 선을 행하고 악을 피하려는 '윤리적인 것' 자체일 수 없다. 왜냐하면 우리는 종교적 삶이 윤리적인 것을 **통합한다**는 것을 기억해야 하기 때문이다. 오히려 그것은 자기 행동에 대한 이유를 부여할 수 있는 필연성, 윤리적 자기 정당화의 필연성인 것 같다. 단순히 윤리적 삶을 사는 사람의 관점에서 볼 때 사람의 행동에 이유를 부여할 수 있다는 것은 그 행동이 도덕적으로 선한 행동이기 위해 반드시 필요한 것이다. 자신 앞에 놓인 행동을 정당화할 수 없다면 그 행동을 실행에 옮기는 것은 도덕적으로 잘못된 것이다. 반면에 '신앙의 기사'에게는 사정이 그렇지 않다. 사람들이 자기 앞에 놓인 행동에 대한 도덕적 정당화를 발견하는 일은 일반적으로 틀림없이 필요할지라도 신이 사람에게 직접 말하는 예외적이고 비상한 사건에서 그 필요성은 '중지된다.'

그러나 아브라함 앞에 놓인 행동, 즉 무고한 아들을 죽이는 행동이 **설마** 어떻게 윤리적인 것, 말하자면 사람이 선을 행하고 악을 피하려고 하는 필요성을 통합할 수 있다는 말인가? 키르케고르는 아브라함의 신앙, 즉 신이 존재한다는 것뿐만 아니라 **그가 명령하는 것은 항상 선이**라고 하는 그의 신앙에서 답을 발견한다. 이 신앙은 이 세상의 부정의에 대해 사후에 동등하게 갚아 준다는 신앙일 뿐만 아니라 다음과 같이 믿는 신앙, 즉

특별히 지금의 삶을 위한 신앙이다. 즉 그것은 그가 이 땅에서 자라고

• '신앙의 도약'이라는 어구는 일반적으로 키르케고르의 철학을 요약하는 용어로 생각되지만 실제로 그가 좀처럼 사용하지 않는 표현이다. 여기에는 타당한 이유가 있다. 즉 그가 그 용어를 종종 정히 사용할 때 '도약'은 이미 '신앙'을 소유하고 있는 사람의 도약이 아니라 '신앙'**으로** 향한 도약이기 때문이다. (그러나 그는 '신앙의 도약'(CUP: 15)을 사용한다.)

늙으며 사람들에게 명예롭게 될 것이며 후대의 축복을 받고 자신의 인생에서 가장 귀중한 것이 될 이삭에게 잊히지 않을 것이라는 신앙이다. … [아브라함은] 의심하지 않았다. 그는 그 부조리한 것을 믿었다(FT: 20).

그렇다면 키르케고르가 그에 대해 상상하는 대로 아브라함은 그가 '이삭에게 잊히지 않을' 것이라고 믿는다. 바꾸어 말하면 그는 이삭이 삶을 **계속해 갈 수 있을 것**이라고 믿는다. 그 이유는 둘 중 하나이다. 즉 (실제로 일어난 일인데) 신은 최후의 순간에 그 일을 멈추게 할 것이기 때문이다. 아니면 (키르케고르가《죽음에 이르는 병》에서 논의하는) 나사로처럼 이삭은 소생할 것이기 때문이다. 아브라함은 그의 가솔들에게 미친 사람이자 살인자로 기억되기는커녕 자신이 영웅으로 '명예롭게' 될 것이라고 완전하게 자신했던 것이다. 따라서 아브라함과 '종교적' 의식 일반에서 중지되는 것은 윤리적인 것이 우리에게 가하는 요구가 **아니라** 오히려 그러한 요구가 윤리적 추론의 산물이며, 윤리적 추론 앞에 항상 개방적으로 다루어진다는 단언이다. 윌리엄 쿠퍼의 유명한 찬송가에서 표현된 바와 같이

> 신은 신비의 방식으로 움직이네
> 그는 놀라운 기묘자이니…
> 흐릿한 지각으로 판단하지 말지니
> 은혜를 주시는 그를 믿으며
> 섭리가 힘든 것일지라도 그 뒤에
> 미소의 얼굴을 숨기고 있네

신은 우리에게 무엇이 선한 것인지를 가장 잘 안다. 물론 아브라함은

신의 방식은 **항상** '신비롭다'고 믿는 것은 아니다. 일반적으로 계시(사람들이 그렇게 부르고 싶다면)와 이성은 서로 일치할 것이다. 그러나 일치하지 않는 드문 경우에 키르케고르와 신앙의 기사는 신의 직접 명령이 이성에 선행한다는 점에 동의한다.

나는 이것이 키르케고르가 주장하고 싶은 근본 요점을 드러낸다고 믿는다. 종교적 관점, 즉 **그의** 관점에서 그는 신의 명령에 복종하는 의무는 '절대적'이라고 말한다. 그러나 이것은 윤리적 삶에 대한 우리의 개념을 **무효화하는 것**이 아니다. 오히려 그것은 그 참된 **근거**를 드러낸다. 그 근거는 신의 명령이다(FT: 70). 이것은 키르케고르가 소위 '신의 명령 윤리론'이라고 간혹 불리는 것에 찬동한다는 뜻이다. 즉 도덕적으로 해야 할 올바른 일은 그것이 **무엇이든** 신이 명령하는 것이다. 신이 자신이 명하는 것을 명하는 이유는 우리에게 거의 항상 명백할 것이다. 예를 들면 그는 이웃을 사랑하라고 우리에게 명령한다. 그리고 참으로 이웃을 사랑해야 한다는 것은 우리에게 명백하다(FT: 70). 그러나 가끔씩 신이 명령하는 이유가 명백하지 않을 때가 있다. 그러나 그 명령에 복종하는 것은 우리의 의무로 남아 있다.

이 단계에 이를 때까지 나는 '중지'(덴마크어 원전에 쓰인 단어도 suspension이다)를 '취소'를 의미하는 것으로 가정했다. 말하자면 승부 조작 때문에 축구팀의 경기 출전권이 취소되는 경우와 같다. 그러면서 나는 이러한 의미에서 아브라함이 신에 대한 절대적 의무 때문에 중지하는 것은 윤리적인 것 자체가 아니라 인간 이성이 윤리적 선을 항상 쉽게 이해할 수 있다는 가정뿐임을 제시했다. 그러나 키르케고르가 신의 명령 윤리 이론에 찬동한다 함은 둘째 의미의 '중지'를 드러낸다. 즉 이 의미에서 중지되는 것은 윤리적인 것 자체이다. 그러나 이 의미에서 '중지'는 ~의 중지가 아니라 **~로부터**의 중지이다. 윤리적인 것은 신의 의지에 복종해야 하는 우리의 의무의 '목적'으로부터 (따라서 신의 의지 자체로부터) 중지된다. 마치 샹들리에가 천장으로부터 중지되는 것과 같다.

윤리적인 것과 종교적인 것의 차이

빌헬름 판사는 무신론자가 아니라는 점을 기억하자. 그래서 우리는 윤리적 실존 영역과 종교적 실존 영역이 어떻게 서로 구별될 수 있는가를 물었다. 이제 우리는 이 물음에 답할 수 있는 위치에 이르렀다. 키르케고르는 다만 윤리적이기만 한 관점에서 다음과 같이 말한다.

> '신'은 전적으로 추상적 관점에서 [그저] … 의무로만 이해된다. 인간 존재 전체는 자기 자신을 둥글게 에워싸는 완전한 자족적 영역과 같다. 그러고 나서 윤리적인 것은 동시적으로 제한을 가하는 것이자 채워 주는 것이 된다. 신은 보이지 않게 사라지는 점, 무력한 사고이다 (FT: 68).

내가 보기에 여기서의 쟁점은 플라톤의 《에우튀프론》에서 처음으로 제기된 문제인 것 같다. 그 주된 쟁점은 윤리적인 것 또는 신적인 것은 다른 것의 근거인가 하는 문제이다. 선은 신(플라톤이 실제로 하는 말은 '신들')에 의해 사랑받기 때문에 선한 것인가? 아니면 신은 그가 선을 사랑하기 때문에 신인가? 키르케고르와 신앙의 기사는 전자를 확고히 한다. 신의 명령은 어떤 것을 윤리적 선으로 결정해 주는 것이다. 반면에 윤리주의자는 후자를 확고히 한다. 윤리적인 것은 최고의 것이고 신을 '제한한다.' 그는 **오직** 윤리적인 것의 완전한 모범이라는 점 **때문에** 자신의 신적 지위를 가지고 있다. 따라서 신은 '무력한' 존재가 된다. 즉 그는 윤리적인 것에 순전한 '진정성'을 부여하는 정초적 권위를 제공하는 일에 무력하다. (이 때문에 키르케고르는 다음과 같이 말한다. 즉 윤리주의자가 '나는 신을 사랑한다'고 말한다면 그리고 그렇게 말할 때 그의 진술은 단순한 '동어반복'이라는 것이다(FT: 68). 이를 풀어서 말하면 신은 윤리적인 것의 완전한 구현이기 때문에 어떤 사람이 '나는 충실한 윤리주의자로서 신을 사랑한다'고 말한다면 그가 실제로 말하고 있는 것이라고 해봤자 '나는 충실한 윤리주의자로서 윤리적인 것을 사랑한다'는 말밖에 되지 않는다는 것이다.)

윤리적인 것에 대한 키르케고르의 비판

이와 같은 것이 단순한 윤리적인 삶의 형식과 종교적인 삶의 형식 사이의 차이라고 할 수 있다. 그러나 키르케고르는 말할 나위도 없이 그 이상을 주장하기를 바란다. 즉 가치 있는 삶은 미적인 것에서 윤리적인 것으로 나아가야 하는 것처럼 윤리적인 것은 진보를 계속해야 하고 종교적인 것으로 나아가야 한다. 이를 위한 키르케고르의 논증은 다시 한 번 요약한다면 한 마디의 말, 즉 '절망'이 그 핵심이다. 단순한 윤리적 삶을 사는 것은 어느 정도는 명시적으로 인정하는 '절망' 상태에 있음을 말해 준다.

우리가 이미 '절망'에 대해 아는 것을 다시 정리해 보자. 앞서 논의한 바와 같이(71쪽) 의미가 없는 삶, '과업'이나 '소명'이 없는 삶, 사람들이 준행해서 살아야 하는 이상적 자아가 없는 삶은 살 가치가 없는 삶이다. 의미 있는 삶은 자기완성의 과업과 과정이다. 삶을 규정하는 의미와 관련해서 두 가지 가능성이 있다. 하나는 우리 스스로 그것을 정립하는 것이고 다른 하나는 우리 아닌 다른 어떤 것이 우리를 위해 정립하는 것이다. 그러나 스스로의 의미를 정립한다면 우리가 본 대로 사람들은 다만 삶의 의미를 '실험하고' 있는 것뿐이고 순전한 헌신의 진정성을 결여하고 있다. 그렇게 될 때 순전한 헌신이 없으면 사람들은 '절망' 상태에 처한다. 윤리주의자는 이러한 절망을 윤리적인 것의 '진정성', 우리가 복종하지 '않으면 안 된다'고 느끼는 강제적 힘을 지닌 명령, 우리가 실현하지 '않으면 안 된다'고 하는 윤리적 과업으로 상승함으로써 극복하려고 생각한다. 그러나 우리가 본 바와 같이 윤리적 명령은 사실상 신의 명령이다. 참으로 그 명령은 신의 명령**일 수밖에 없다**. 왜냐하면 명령자 없는 명령은 아무런 의미도 없기 때문이고 신만이 모든 다른 숙고를 제압하는 명령을 발하는 권위를 소유하기 때문이다. 윤리적 '소명'은 호명하는 자를 요구하고 또 호명하는 자는 신일 수밖에 없다는 것을 요구한다.

키르케고르는 윤리주의자가 윤리적 이상에 따라 사는 것이 삶을 '진정성' 있게 만드는 것이라고 생각하는 게 **잘못되었다고** 생각하지 않는다. 정확히 말해서 그의 잘못은 윤리적인 것의 진정성을 구성해야 하는 것이 무엇인지를 충분히 생각하는 데 실패했다는 점이다. 그는 그것이 오로지 신의 정초적 권위로부터 올 수 있는 것임을 인식하는 데 실패했다는 바로 그 점에서 진정성이 '신의 관념'으로부터 '도둑맞았다'는 것이다. 이것이 키르케고르의 단언이다(SUD: 110).

그러나 최고의 윤리적 삶에 속해 있으면서 자신을 진지하게 무신론자라고 부르는 (가령 52쪽 하반부에서 언급된 스피노자 같은) 사람들은 없는가? (빌헬름 판사는 물론 그들 중 한 사람은 아니다. 그러나 그는 신을 단순히 모범 인물로 만들기는 하나 윤리적인 것과 같은 게 존재하는 조건으로는 삼지 않기 때문에 무신론적 윤리주의자의 가능성을 인정하는 것으로 보인다.) 나는 키르케고르가 이것이 가능하다는 것을 거부하지 않는다고 생각한다. 그러나 그의 견해는 그러한 사람들이 혼동에 빠져 있다는 것이다.* 그들이 지성 때문에 신을 거부할 때 그들은 열정적 행동으로 사는 삶에서 스스로 긍정하는 것을 부정하는 것과 같다는 것이다. 그들 삶의 열정적인 진정성 속에서 그들이 긍정하는 것은 바로 신에 다름없다는 것이다. 그들은 말로는 무슨 말을 할지 몰라도 기독교의 '진리 안에' 있다(CUP: 178).

나약함의 절망을 극복하기

그렇다면 신, 즉 의미부여자로서 신은 절망을 극복하는 삶에 의해 전제되는 것이다. 그러나 무의미성의 절망이 극복되자 즉시 다른 종류의 것, 즉 '나약함의 절망'(SUD: 78)이 위협한다. 여기서 키르케고르의 입장은 '도덕적 간격'의 관념**, 다시 말해서 우리의 현실적 자아와 이상적 자아 사이의 간격을 말하는 것이다. 이 간격은 인간 본성의 결정적 규정이다. 동물도 천사도 그런 것은 없다(CA: 155). 키르케고르는 때때로 이 간격의 불가피성을 설명하기 위해 '유전적 죄'(즉 원죄)의 종교적 개념(CA: 25)을 펼쳐 보인다.

그러나 우리는 종교적이든 아니든 때때로 우리가 자신의 이상적 자아상에 미치지 못하는 것을 알고 있다. 이 '미치지 못함'을 인간됨의 특이성과 부분적 규정성으로 간주하는 것은 그럴 법한 일이다. (니체의 차라투스트라는 인간을 인간 자신과 '초인' 사이에 달려 있는 '밧줄'로 묘사함으로써 그런 규정을 따른다.) 우리의 방식대로 말하면 정신은 의지적

---

* 에반스는 이 지적과 약간 비슷한 해석을 제공한다(Evans 2009, 115).
** 이 어구는 해어의 책 제목에서 취한 것이다. 해어의 책은 키르케고르의 간격론과 그것의 연결 가능성에 아주 많이 공감한다(Hare 1996).

이지만 육체는 나약하다. 따라서 키르케고르는 우리가 '인간적으로 말해서' '구원', 즉 우리의 이상에 따라 사는 것은 불가능하다는 것을 알고 있다고 주장한다. 이 때문에 우리는 깊고 오래가는 자기 경멸의 위협, '절망'의 위협을 받는다. 그러나 우리는 또한 신에 대해 그리고 신과 함께 '모든 것은 가능하다'는 것을 알고 있다(FT: 46). 그렇다면 다시 한 번 절망에서 자유로워지기 위해 우리는 신을 믿을 필요가 있다. 절망을 극복하는 삶은 신을 '과업' 설정자로서만이 아니라 우리의 인도자요, 조력자로서 믿는 것을 전제한다. 즉 섭리로서의 신에 대한 믿음이다.

신과 불멸성

이어서 키르케고르는 종교적 믿음이 번영하는 윤리적 삶의 전제라고 주장한다. (이것은 윤리적 삶이 번영하는 미적 삶의 전제인 것과 같다.) 윤리적 삶은 최소한의 암시적 종교적 헌신도 없는 무의미성의 절망과 나약함의 절망 속에 붕괴한다. 《결론적인 비학문적 후기》에서 그는 종교적인 것으로 상승하는 필연성을 위한 이 같은 논증을 다른 종류의 논증으로, 그러니까 의미 있는 삶의 전제의 문제와는 독립해 있는 별도의 논증으로 지원한다. 이 논증은 '신앙의 기사'는 **신앙**의 기사라는 것을 강조함으로써 시작한다. 그나 우리나 아무런 신 존재 증명이나 아무런 '확실성'도 가지고 있지 않다. 그래서 (칸트가 강조하는 것과 같은) 종교적 믿음은 언제나 인식의 문제라기보다는 신앙의 문제이다. 그럼에도 불구하고 기독교는 영원한 행복을 약속하고 우리 모두가 '영원한 행복에 한없는 관심'을 가진다면(CUP: 20) (여기서 '한없는'은 '여타의 모든 관심을 제압하는 방식에 관심이 있는'이라는 의미이지 싶다.) 그 문제는 '기독교에 의해 약속된 행복에' 참여하느냐 마느냐가 아니라 오히려 '어떻게 … 참여할 것인지' 하는 문제이다(CUP: 20).

이 국면에서 키르케고르가 파스칼(1623-1662)을 언급하지 않는 것은 놀라운 일이다. 왜냐하면 그의 논증은 파스칼의 유명한 도박 논증*과 상당히 유사하기 때문이다. 파스칼의 논증 핵심은 이것이다. 즉 신이 존재하는지 안 하는지는 모른다. 그러나 우리는 기독교의 믿음에 헌신하는 것과 이 헌신을 거부하는 것 사이에서 선택하는 것을 피할 수 없다. 우리는 (키르케고르의 언어를 빌리면) '이것이냐 저것이냐' 하는 상황에 있다. 그런데 기독교의 믿음을 채택하고 기독교의 삶을 사는 보상은 (다시 한 번 키르케고르의 언어를 빌리면) '영원한 행복'이다. 아마도 약소한 대가는 있을 것이다. 즉 죄가 주는 쾌락을 포기하는 것이다. 그러나 잠재되어 있는 보상은 '한없는' 것이다. 반면에 그리스도에 헌신하지 않는 보상은 극히 적을 것이고 그 대가는 한없이 크다. 그러므로 기독교에 헌신하는 것은 명백히 우리가 거절할 수 없는 제안이다.

신앙의 기사는 신의 의지를 행하는 것이 자신의 의무이기 때문에 윤리적인 삶을 사는 것이므로, 그가 파스칼의 논리에 따라 개인적 보상을 바라는 이유로 윤리적 삶을 사는 것은 아닌 것처럼 보인다. 그러나 이것은 사실이 아니다. 참되게 종교적 삶을 산다면 그가 개인적 보상을 내다본 것은 아니었다고 **할지라도** 신의 의지를 **따랐을** 것임은 분명하다. 그렇지만 그가 영원한 행복의 전망 속에서 그러한 삶의 **부가적** 동기를 찾는 것은 그의 윤리적 삶의 충분한 동기가 되는 신에 대한 사랑과 꽤 양립 가능하다. 그리고 바로 이러한 개인적 보상을 바라고 추구하는 것이 타당하다는 점은 정확히 키르케고르가 말하는 바와 같다.

---

* 그의 《팡세》에서 제시되었다(Pascal 1969, pt 3, §233).

그는 '나, 요하네스 클리마쿠스는'이라고 적고 다음과 같이 썼다. (클리마쿠스는《결론적인 비학문적 후기》를 저술한 키르케고르의 필명이다.)*

그러한 선이 하녀나 [심지어] 교수를 기다리고 있다는 의미에서, 동일하게 나에게도 최고선, 영원한 행복이 기다리고 있다고 가정한다. 나는 기독교가 이 선의 획득을 위한 조건을 제시한다고 들었다. 이제 나는 이러한 교의와의 적절한 관계를 어떻게 확립할 수 있는지를 묻는다. 나는 어떤 사상가가 '자신의 지질한 자아를 이토록 강조하는 것은 얼마나 놀라운 가정이고 이기적 허영인지' 하고 생각한다는 것도 듣는다. … 그렇지만 나의 양심은 이 문제에 대해 아주 분명하다. 그렇게 가정하게 된 것은 내가 자진해서 한 일이 아니다. 나를 강제해서 그 문제에 대해 그러한 방식으로 묻게 하는 것은 기독교 자체이다. 기독교는 나 자신의 지질한 자아를 비롯해서 비록 지질한 것은 여전하지만 여타의 모든 자아에 대해서도 아주 놀라울 정도로 강조한다. 기독교는 개개의 자아에 적절한 관계가 확립되면 영원한 행복을 부여한다고 제의한다(CUP: 19).**

•   키르케고르 연구자들은 클리마쿠스가 키르케고르 자신에 가장 가까운 익명의 저자라는 점에 동의한다.

•• 《죽음과 불멸성에 관한 생각》에서 루트비히 포이어바흐(1804-1872)는 전통 기독교는 '참된 종교'의 도착이라는 입장을 피력한다. 왜냐하면 그것은 기독교를 사람들이 보상을 위해서만 신에게 복종하는 '거래'로 바꾸어 버리기 때문이다. '사람들은 자신을 다시 얻기 위해서만 신에게 빠져든다'(포이어바흐 1980, 14). 키르케고르는 포이어바흐를 좋아하지 않는다. 그의 이름을 직접 언급하지는 않았지만, 자신의 철학을 그 누구보다도 포이어바흐에 대한 비판으로 간주한다(88쪽). 여기서 그는 포이어바흐와 같이 종교를 개혁하는 사람을 반대하고 '거래'를 변호하는 것처럼 보인다.

종교성 A와 종교성 B

파스칼과 동시대 사람인 드니 디드로에 의해 처음으로 제기된 파스칼에 대한 비판 중 한 가지는 **많은** 종교는 **각각** 영원한 축복을 약속하기 때문에 사람들이 도박이라는 관념을 수용하더라도 기독교의 믿음이 사람들이 취할 올바른 선택이라는 귀결은 나오지 않는다는 것이다. 키르케고르가 파스칼을 결코 언급하지 않는다는 사실에도 불구하고 결과적으로 그는 우리가 헌신해야 하는 올바른 종류의 신앙이 무엇인지를 논의하는 과정에서 그렇게 제기된 비판에 최소한 부분적으로라도 대답을 제출하게 된다. 키르케고르가 숙고하는 선택은 그가 '종교성 A'와 '종교성 B'라고 부르는 것으로 구분된다.

종교성 A는 키르케고르가 말하는 바에 의하면 '이교주의'에 존재할 수 있는 것으로서 실제로 그는 '사변 철학', 스피노자의 영향을 받은 독일 관념론자, 특히 우리가 살펴볼 헤겔에 의해 요청된 실존적 형태의 신성이라고 말한다. 종교성 A에 있어서 신은 역사이다. 신은 시간을 경과하면서 자기 자신을 완성해 가는 시간적 총체성으로 간주된 세계이다. 세계는 그 자체로서 신적이다. 종교성 A는 범신론의 일종이다. '신은 어떤 것이 … [아니라]' 오히려 '모든 것, 무한한 모든 것'이다(CUP: 498).

키르케고르는 종교성 A를 '내재적' 종교성으로 간주한다(CUP: 496). 그렇게 할 때 그는 많은 관련 사항을 염두에 두고 있다고 생각한다. 첫째, 그것은 형이상학적이지 않다. 즉 자연적인 것을 넘어서는 조망이 아니다. 종교성 A에 관한 한 자연 세계 '위에는 아무것도 없고', 시공간 밖에는 아무것도 없다. '사변 철학'처럼 그것은 '여기'와 '여기 이후'를 구분하지만 분리되지 않은 '순수 존재'의 통일성을 중심으로 돌아가고 있다. 즉 '여기'는 자연 세계의 현재이고 '여기 이후'는 자연 세계의 미래인 셈이다. (우리는 이러한 변이 과정을 7장 헤겔 초반부에 좀 더 탐구할 것이다.) 결과적으로 '영원한 것'과 초시간적인 것은 '현실적인 것'과 시간적인 것 속으로 '사라진다'(CUP: 505-6). 둘째, 종교성 A에는 '역설적인 것', 즉 인간 이성에 모순되는 것이나 범하는 것이 하나도 없다. 참으로 사변 철학에 대해 종교와 이성 간에는 완전한 **일치**가 있다. 이러한 종교의 자연화에 소속됨은 전통 기독교의 신학을, 알레고리나 신화, 말하자면 인간 본성과 인간 욕망에 관해서는 많이 알려주지만 실재에 관해서는 아무것도 알려 주지 않는 신화로 취급하는 것이다. 종교성 A에 있어서 (여기서 키르케고르는 거명은 안 하지만 젊은 헤겔학파 루트비히 포이어바흐의 종교성을 인용한다) '모든 신학은 인간학이다'(CUP: 513).•

반면에 종교성 B는 기독교이다. 근대화, '이교화'되어 희석된 기독교가 아니라 전통 신학의 기독교이다. 이러한 기독교는 '여기'와 '여기 이후', 시간성과 영원성을 절대적 존재론적으로 구별하고 영원성을 '일정한 장소에 있다'고 단언하는 점에서 '초월적'이다(CUP: 506). 종교성 B는 시간과 영원의 구별, '역설'과 '모순'의 구별도 단언하고 그뿐만 아니라 신이 인간이 되었고 영원한 것이 역사의 특정 순간에 개별 인간으로서 시간적인 것 안으로 들어왔다고 단언한다(CUP: 512).

종교성 B는 키르케고르의 이야기가 끝나는 곳이다. 미적인 것은 윤리적인 것에 무너져야 하고 윤리적인 것은 종교적인 것에 무너져야 하는 것처럼, 종교적인 것이 종교성 A에서 그 최초의 표현을 발견한다면 이것은 차례로 종교성 B에 무너져야 한다. 어째서 그런가? 어째서 우리는 A보다 B를 더 선호해야 하는가? 키르케고르의 논증은 종교성 A

• 스웬슨Swenson과 로우리Rowrie의 번역본에는 '종교성 A'와 '종교성 B'가 명백히 뒤바뀌어 있다. 다른 번역본에서는 바로잡혀 있다.

는 '실존이라는 개념을 낭비한다'는 것(CUP: 111)이다. 그것은 연구하는 교수들에게 만족감을 줄지 몰라도 선과 악, 죽음과 불멸성에 관한 실재하는 인간적 불안을 지닌 현실 속 인간의 '실존적' 관심을 적절하게 설명할 수 없다는 것이다. 그것은 선과 악의 구별을 정초할 수 없고 그래서 윤리적으로 '진정한' 삶을 정초할 수 없다. 그 이유는 신성을 세계 **안에** 놓으면 모든 것은 신적이고 불멸성은 '한갓된 장난'에 지나지 않는다는 말이 되기 때문이다(CUP: 111, 509). 범신론자는 악의 존재를 인식할 수 없다. (이것은 범신론자가 적어도 신적인 것을 하나의 전개 과정으로 생각하는 한 빈약한 논증인 것처럼 보인다. 왜냐하면 그가 충실히 지키는 것은 자체적으로 악한 것이 **필경에는** 더 큰 선에 이바지하게 될 것이라고 주장하는 것이기 때문이다.) 둘째, 종교성 A는 **개인의** 불멸성을 제공하는 일을 할 수 없다. 그것이 제공하는 유일한 것이란 '자기 멸절', 즉 개인적 자아가 '순수 존재'의 총체성 안으로 해소되는 것뿐이다.**

반면에 종교성 B, 다시 말해서 전통 기독교는 이 두 가지 결함에서 자유롭다. '여기'와 '여기 이후'의 절대적 형이상학적 구별을 단언할 때 그것은 우리의 기본 욕구에 응답하는 순전한 개인의 불멸성을 약속한다. 신이 어떤 일은 자신의 뜻으로 삼지만 어떤 일은 그렇지 않다는 것을 긍정할 때 그것은 선과 악의 구별을 설명하고 이로써 순전하게 '진

** 이것은 아마도 포이어바흐를 또다시 암시하는 것이 될 것이다. '신학은 인간학이다'라는 명제는 포이어바흐에게 실제로 두 가지 의미를 지니고 있다. 한편으로, 그것은 키르케고르가 그 명제가 지니고 있다고 생각하는 의미이다. 즉 우리가 우리의 신에 귀속시키는 속성은 우리가 가지기를 바라는 속성이라는 의미이다. 그래서 신학은 인간 욕망의 은유적 지도를 제공한다. 다른 한편으로, 그것은 기독교를 자기 본위의 '거래'로 보는 오해를 대체할 수 있는 '참된' 종교에 대한 금지를 말한다. 이 의미는《미래 철학의 원리》(《이것이냐 저것이냐》와 같은 해인 1843년에 출간됨)에서 사용된 것이다. 참된 종교는 온전하게 신에 '빠짐'을 말한다. 여기서 신은 인류의 계속되는 역사적 현상에 불과하다.

정한' 삶의 과업과 의미의 가능성을 제공한다.

비평

나는 지금 우리 앞에 놓여 있는 키르케고르의 철학에 관해 여섯 가지 쟁점을 제기함으로써 이 장을 마무리하고 싶다. 첫째는 아브라함의 '부조리'에 관계한다. 둘째는 무의미성의 절망에 관계한다. 셋째는 나약함의 절망에 관계한다. 넷째는 불멸성의 문제에 관계한다. 다섯째는 신앙으로 '도약'하는 것에 관계한다. 마지막으로 나는 키르케고르 철학의 '건전성'에 대해, 가령 그것이 건강한 정신의 산물인지, 건강한 정신에 유익을 주는 것인지를 고찰하고 싶다.

키르케고르는 반복해서 아브라함을 '터무니없는', '역설적인', '부조리한' 인물이라 부른다. 그러나 또한 그를 '숭고하다'고 여기기 때문에 (FT: 41), 이 형용어구들을 감탄의 표현으로 간주한다. 물론 아브라함은 우리에게 '부조리'하게 보인다. 하지만 그 이유는 자크 라캉이 숭고의 개념을 설명한 대로 그는 '기의를 넘어'*, 우리의 지질하고 변변찮은 정신과 언어가 파악할 수 있는 범위를 넘어 있기 때문이다. 그러나 나는 그가 감탄을 자아내지 않고 있다는 의미에서 '부조리'하다는 것을 제시하고 싶다.

우리는 아브라함이 신은 오로지 선을 행하려고 할 뿐이라는 절대적 확신을 가지고 있음을 보았다. 그는 왜 이 확신을 가지는가? 한 가지 가능성은 여호와는 자기 백성을 바라지했고 번영을 허락한 신이라

•   Lacan 1986, 235-6.

는 것이다. 그래서 그는 아들을 죽이라는 신의 명령을 이해할 수 없더라도 이 명령을 비롯한 모든 신의 명령은 궁극적으로 자비롭다고 믿을 타당한 이유는 있다. 그러나 이것은 그의 확신의 근거일 수 없다. 왜냐하면 그랬다면 그는 자기 자신을 사라에게 설명할 수 있었을 것이기 때문이다. 그러기에 아브라함은 키르케고르가 인식하는 대로 신이 그에게 그렇게 하라고 말했다고 들은 것 이외에는 이삭을 죽이는 하등의 이유도 가지고 있지 않다. 그러나 그는 그에게 말하는 이가 자기 자신의 병든 환상적 인물이 아니라 참으로 신이라는 것을 어떻게 아는가? 그는 그가 들은 음성이 악마의 것이 아니라는 것을 어떻게 아는가? 악마가 문자 그대로 악마이든 비유적으로 악마이든 간에 말이다. 그는 왜 '악마는 즐거운 표정의 얼굴을 할 수 있는 힘을 가지고 있는가' 하고 생각하는 햄릿의 반성을 하지 않는가? 햄릿은 아버지의 유령으로부터 클라우디우스가 아버지를 살해했다는 말을 들었을 때 그렇게 반성했다. 아브라함은 햄릿과 같은 건전한 양식이 없다. 그 이유는 둘 중의 하나이다. 하나는 그가 현상들이 때로는 기만적일 수 있다는 것을 깨닫지 못하기 때문이다. 이 경우에 그는 터무니없이 어리석다. 다른 하나는 자신이 신의 참된 음성과 신의 음성을 들었다는 망상을 구별할 수 있는 오류 불가능한 능력을 가지고 있다고 믿기 때문이다. 이 경우에 그는 터무니없이 오만하다. 어느 쪽이든 그는 훌륭한 인물과는 정반대이다.

나의 둘째 비평은 무의미성의 절망에 관한 것이다. 삶의 순전한 의미를 발견하기 위해 키르케고르는 사람들이 윤리적인 것을 필요로 한다고 주장한다. 그러나 윤리적인 것이 순전한 권위를 지니려면 그것은 자기 자신의 선택과는 다른 원천에서 나올 필요가 있다. 왜냐하면 윤리 법칙이 있으려면 법 수여자가 존재할 필요가 있고 윤리 명령이 있으려면 '명령자'가 존재할 필요가 있기 때문이다. 그리고 그 명령자는 신일 수밖에 없다. 우리에게 신이 죽었다면 모든 것은 허용되고 이로 부터 모든 것은 무의미하다. 그러나 나는 이 단계까지 나아간 결론은 지나친 결론이라고 믿는다.

순전한 의미는 자기 자신의 자의적 선택과 다른 어떤 것에 기초해야 한다는 키르케고르의 주장은 결정적 통찰, 그의 철학 전체에 가장 중요한 통찰을 대표하는 것이라고 나는 믿는다. 그러나 철학의 역사는 경쟁을 벌이는 수많은 '권위들'을 산출했고 철학자들은 이 권위 위에 윤리적, 도덕적 당위의 '진정성'을 정초하기를 추구했다. 우리가 본 바와 같이 칸트에 의하면 윤리학을 정초하는 권위는 이성이다. 즉 비도덕적으로 행동하는 것은 비이성적으로 행동하는 것이다. 합리성은 우리의 즉각적 존중을 불러일으킨다.* 흄에 의하면 윤리적인 것을 정초하는 것은 인간 본성에 내재하는 자비 감정이다. 나는 당신의 괴로움을 구제**해야 한다**고 느낀다. 왜냐하면 당신이 괴로워하는 것을 보면 나는 **고통을 받기** 때문이다. 이러한 논점에 대해서 더 이상 논구하지 않을 것이지만 윤리학의 토대를 세우기 위한 이러한 시도들 중 어느 하나도 적절하다는 믿음은 들지 않는다. 사실을 말하면 윤리적인 것은 종교적인 것에 정초해야 한다는 키르케고르에 **동의한다**. 그러나 내가 이 책의 마지막 장에서 주장할 터이지만 윤리적인 것을 적절하게 정초하는 것은 실제로 '종교성 B'가 아니라 '종교성 A'이다. 그러나 이 국면에서 내가 제시하는 단 한 가지 요점은 윤리학을 정초하는 권위를 자처하는 **수**

---

* 빌헬름 판사의 입장은 진실로 칸트의 입장이다. 왜냐하면 그는 윤리적인 것은 이성이 우리에게 올바른 행동 과정이라고 알려 주는 것이라는 추정을 대표하고 있기 때문이다. 키르케고르는 윤리적인 것은 그 자체로 구속적이라고 추정할 때 사람들이 신의 관념을 '도둑질했다'고 주장한다(82쪽). 그러나 이것은 칸트에 관한 한 선결 문제를 요구하는 것일 수밖에 없다. 칸트는 정반대로 신의 명령이 구속적이라고 추정할 때 사람들이 이성적인 것을 '도둑질했다'고 응수할지 모른다.

많은 후보들이 있기 때문에 키르케고르가 기독교의 신을 유일하게 가능한 근거라고 주장하는 것은 '도약'이기도 하지만 너무 지나치게 나간 도약이라는 것이다.

셋째 비평은 나약함의 절망에 관한 것이다. 키르케고르는 우리는 우리의 삶에 의미를 주기 위해 권위를 지닌 윤리적 이상을 필요로 한다고 주장한다. 그러나 우리의 '유전적' 죄의 본성, 말하자면 죄의 타고난 불가피성 때문에, '모든 것이 가능한' 초자연적 신의 도움의 손길을 믿지 않는다면 그 같은 윤리적 이상에 미치지 못할 것이 확실하다. 이렇게 믿는 믿음이 없다면 우리는 자기 증오의 '나약함'으로 곧 붕괴할 것이다(83-4쪽).

그러나 죄성sinfulness을 신이 없다면 정복할 수 없는 도덕적 간격의 원천으로 삼는 것은 적어도 무의식적으로 저지르는 하나의 속임수이다. 사람들이 행동 혹은 삶의 방식 전반에 잘못을 가지고 있다는 것, 그리고 그것이 '죄'라는 것은 행동 혹은 삶의 양식이 **자유로운** 선택에 의해서라는 것을 전제한다. 그러나 우리가 그리스도를 닮은 기독교의 삶의 도덕적 이상에 미치지 못해야 한다는 것은 **논리**의 문제이지 우리가 범하는 잘못된 선택의 문제가 아니다. 그리스도처럼 사는 것, 즉 전혀 성적 욕구를 경험하지도 않고 다른 생명 존재를 죽이지도 않는 존재처럼 살려면 우리는 육체 없는 존재여야 할 것이다. 하지만 우리는 그렇지 않다. 자연적, 육체를 지닌, 생물학적 유기체로서 우리는 성적 욕구를 경험**해야 하고 죽여야 한다**. 우리는 먹기 위해 죽여야 하고 인도를 한 발자국만 걸어도 (개미, 벌레, 미생물을) 죽여야 한다. 우리로 하여금 기독교의 이상에 따라 사는 것을 **불가능하게** 만드는 것은 우리가 선택하는 어떤 것, 우리가 비난해야 하는 어떤 것 때문이 아니라 그 이상이 생물 존재라면 성취하기가 불가능한 방식으로 구성된다는 사실 때문이다. (신의 도움을 받는다고 해도 우리가 이생에서 이러한 이상을 성취하기는 불가능하다는 사실을 유념하자. 이러한 이상은 육체 없는 사후의 생 또는 기적의 육체를 지닌 사후의 생에서야 실현될 수 있을 뿐이다.)

그럼에도 불구하고 내가 보기에 키르케고르의 도덕적 간격의 필연성은 옳은 것 같다. 사람의 이상은 자연적 존재가 성취하는 것이 개념적으로는 가능하다고 해도 내가 생각하기에 우리가 미치지 못하는 것은 불가피하다. 그 이유는 이상의 본성에 놓여 있다. 이상은 이상적으로 보이는 완전한 기능의 그림이다. 그리고 이 사실은 인간은 완전하게 기능하는 존재가 아니라는 말이다. 현실의 차가 이상적 차, 가령 수리가 전혀 필요 없는 차에 결코 부응할 수 없듯이 인간 역시 종종 '고장' 난다. 그러나 이것이 왜 **절망**의 원천이어야 하는가? 확실한 것은 이것이다. 즉 우리는 우리의 이상이 이상**임**을 알기 때문에 그것에 이르지 못할 것이라는 것을 안다. 미치지 못함은 곤혹스러운 순간과 죄스러움마저 야기할지 모르지만 건강한 사람이라면 그 이상에 따라 사는 시도에 절망하고 포기하는 대신 앞으로 좀 더 노력하자는 결의로 대체할 것이다.

나의 넷째 비평은 개인의 불멸성에 대해 추정된 우리의 욕망에 관한 것이다. '영원한 행복'에 대한 우리의 욕망은 너무 압도적이므로 우리는 파스칼의 도박을 받아들이고 기독교의 믿음에 헌신해야 할 것이다. 적어도 인류에게는 개인의 불멸성에 대한 욕망이 압도적인 중요성을 가지고 있어서, 그것은 죽음을 우리에게 닥칠 수 있는 최고의 악으로 두려워하는 데로 이끈다는 키르케고르가 당연히 옳을지도 모른다. 그러나 그렇다고 해서 개인의 불멸성에 대한 인식이 궁극적인 인간적 **필요**가 되는 것은 아니다. 왜냐하면, 11장에서 하이데거의 초기 철학을 논의할 때 알게 되겠지만, 우리의 삶이 의미가 있는 것은 사실상 우리의 절대적 유한성에 기인한다는 점 때문이다. 달리 말하면 개인의 불멸성을 요구할 때 우리는 우리의 가장 심층적인 필요에 대해 실제로 **잘**

못 판단하고 있을 수도 있다. 그러므로 (단 하나의 유일한 참된 '자아'는 사물의 총체성이라고 하는 사상에 의거하는) 종교성 A에 의해 제공된 비개인적 종류의 불멸성이야말로 우리가 열망해야 할 전부이다.

다섯째 비평은 키르케고르에게만이 아니라 칸트와 파스칼에게도 적용되는 비평이다. 그것은 믿음의 개념에 관한 것이다. 키르케고르는 매번 신의 존재에 대한 아무런 '객관적' 증명도, '확실성'도 없다는 것을 강조한다.* 그래서 사람들은 종교적 믿음을 가지려면 '신앙의 도약'을 할 필요가 있다. 물론 많은 사람들은 실제로 그럴 필요가 없다. 왜냐하면 그들은 그 같은 믿음을 부모에게서 물려받았고 결코 의심하지 않았기 때문이다. 그러므로 암암리에 키르케고르는 '도약'을 지지할 때 현재 통용되는 기독교의 믿음을 하나도 가지고 있지 않는 우리 같은 사람들에게 말하고 있는 것이다. 즉 그들은 사람들이 '이성의 윤리'라고 부르는 것을 '초월'해야 한다는 것이다. 이성의 윤리는 증거, 타당한 이유에 의해 지지되는 믿음 외에 다른 어떤 믿음도 가져서는 안 된다고 하는 사상이다. 그들은 믿음에 대한 이러한 제약을 초월해야 하고 종교적 믿음으로의 '도약', 즉 종교적 믿음을 향한 결정을 해야 한다. 그러나 이것이 안고 있는 문제는 사람들이 어떤 것을 믿기로 **결정할** 수 있는지가 전혀 분명하지 않다는 점이다. 다시 말하면 믿음은 우리에게 강제되는 그런 것이 된다. 즉 **이유**나 증거에 의해 우리에게 **강제되는** 그런 것이 되어 버린다. 누군가의 믿음이 결정되는 방식이 이런 식이라면 그 믿음은 가짜 믿음이 될 것이다.

---

* 때때로 그는 이것이 현실적으로 좋은 것이라고 주장한다. 그 근거는 우리가 신이 존재한다는 것을 **안다**고 하면 우리는 더 이상 '열정적인 신념' 속에 살 수 없을 것이라는 점에 있다(CUP: 15). 그러나 사람들이 축구팀 감독의 존재를 확신하고 그와 동시에 그의 요구와 기대의 실현에 열정적으로 전념할 수 있다는 것을 생각해 보면, 그 주장은 의심스럽게 된다.

이런 방식으로 사고하는 것이 올바른 것이라면 이것이 제시하는 것은 순전한 종교적 믿음은 '역설적' 종류의 것**일 수 없다**는 점이다. 즉 사람들은 믿음을 견지할 하등의 적절한 이유도 없고 있을 수 없다고 단언하는 동시에 그 믿음을 진정으로 **가질 수 없다**는 말이다. 이것이 올바른 것이라면 종교적 믿음의 획득은 지지해주는 **이유**를 발견함으로써 가장 잘 헤쳐 나갈 수 있는 그런 것이 되고 만다. 나의 판단으로, 키르케고르는 절대적으로 옳다. 즉 종교성 B의 교의를 믿는 적절한 이유를 발견하는 것은 불가능하다. 그러나 나는 이 책의 마지막 장에서 종교성 A의 사고를 받아들이는 적절한 이유가 **있다**는 것을 주장할 것이다.

나의 마지막 비평은 굳이 표현하자면 키르케고르 철학의 '건강'과 건강 상태에 관한 것이다. 나는 그의 철학의 근본 기분이 북유럽적인 암울함의 분위기라는 사실을 놓쳐서는 안 된다고 생각한다. 그의 철학의 주요 용어는 나오는 순서대로 말하면 '죄', '불안', '죄의식', '절망'이다. 혹자는 심연 앞에 서 있는 사람의 심각한 유머가 아닌가 하고 의혹을 품을지라도 확실히 그에게 유머는 있다. 이 암울하고 절망적인 어조를 설명해 주는 것은 '유전적' 죄에 함몰되어 만들어진 것이라고 주장된 우리의 현실적 자아와 이상적 자아 사이의 도덕적 간격이다. 우리가 그 속에 함몰되는 이유는 내가 키르케고르의 사상을 표현한 바와 같이 정신은 의지적이지만 육체는 나약하다는 것 때문이다(83-4쪽). 여기서 '육체'는 '미적인 것'에 대응한다. 키르케고르에 의하면 우리가 우리의 도덕적 이상에 못 미칠 수밖에 없는 주된 이유는 감각적인 것, 특히 관능적인 것에 대한 타고난 맛 때문이다.

주목한 대로 키르케고르는 섹슈얼리티에 대한 강박, 깊은 혐오감을 현시하는 강박을 가지고 있다. 혹자는 이 같은 강박을 공포라고 짐작할지도 모르겠다. 때로는 이것이 그를 공공연한 여성 혐오로 이끌기도 한다. 그는 생물학적 이유에서 여자는 남자보다 더 관능적이라고 주장한다. 그래서 섹슈얼리티는 그 자체로 '죄'는 아닐지라도(CA: 80), 적당히 점잖은 남자에게는 '수치'의 대상이다(CA: 68). 그러나 여자에게 그러하지 아니함은 분명하다.《이것이냐 저것이냐》에서 그것은 사실이다. 빌헬름 판사는 섹슈얼리티는 윤리적 삶의 결혼에서 '변형되는' 것이라고 주장하려고 했다. 이렇게 변형된다는 말로 그가 의미한 것은 그것이 윤리적 맥락에서 **보존된다는 것**이었다(71-2쪽). 그러나 일 년 후《불안의 개념》에서 사랑의 '변형' 효과는 다음과 같이 설명된다. 즉 '정신은 많은 승리를 거두어서 성적인 것('육체')은 망각되고 다만 망각 속에서 상기된다'(CA: 80).* 바꾸어 말하면 성은 점잖은 사람이 최소한 자기 생각대로 자기 길을 걸어가므로 일어나는 일이고 그것도 사랑이 충분히 익지 않았어도 일어나는 일이다. 나는 그런 사람을 '샌님'이라고 말하고 싶다. 이것은 빌헬름 판사의 설명이라기보다는 키르케고르의 성에 대한 진심을 반영하는 것이고 이를 말해 주는 것이 바로 순결의 삶을 지지하여 결혼을 포기한 그 자신의 결정이다.

　이 모든 것이 말해 주는 것은 키르케고르는 진심으로 플라톤주의자라는 사실, 그는 육체적인 것, 가령 '검은 말' 요소의 육욕과는 근본적으로 어울리지 못한다는 사실이다. 플라톤처럼 그는 죄의 '굴 껍질', 즉 육체라는 감옥에서 해방되기를 사모한다(33쪽). 플라톤처럼 그는 자연적인 것에 구토감을 느낀다. 우리가 이 구토감을 만든 것이 무엇인지를 묻는다면 그 대답은 다시 한 번 도덕적 간격으로 돌아간다. 기독교의 이상에 따라 사는 것은 육체에서 벗어난 비물질적 존재를 요구하고 또한 사람들은 그러한 이상에 따라 살지 못하는 것에 죄의식과 절

---

* '망각 속의 상기'는 확실히 '억압'이다. 어떤 것을 억압하여 의식에 의해 '망각되게' 하려면 정신의 어떤 부분은 망각되는 것이 무엇인지를 알아야 한다. 섹슈얼리티의 '검은 말'은 항상 거기에 있기 때문에 자아의 어떤 일부는 항상 그것을 주시해야 한다.

망을 느끼기 때문에 육체로부터의 해방을 사모한다. 오직 이것만이 자기 증오로부터의 해방을 가져올 수 있다. 우리가 누구라도 그러한 이상을 채택해야 하는 이유가 무엇인지를 묻는다면 그 대답은 오로지 우리가 천 년간 지배를 받은 사회적 조건 때문이라고 할 수 있다.

키르케고르의 자기 증오, 스스로 자기 저서에서 어느 정도 인정한 임상적 우울증은 일종의 정신 질환이다. 이것은 니체가 키르케고르를 철학적 문제로서가 아니라 '심리학적 문제'*로서 언급할 때 이해한 바로 그것이다. 게다가 그것은 전염병이다. 우리는 이것을 키르케고르 철학에 빠져들 때 알아챌 수 있다. 그러나 그것을 피하는 방법은 확실히 명백하다. 니체가 말한 대로 우리는 '모든 가치의 재평가'를 필요로 한다. 이것이야말로 우리를 의존적으로 만들기 위해 역대 성직자들이 우리에게 떠안긴 그리스도 같은 삶이라는 불가능하며 반인간적인 이상을 대체할 것이고 그리스도 이전의 고전 세계의 보다 인간적 이상 같은 것으로 되돌아가게 할 것이다. 이렇게 해서만 우리는 키르케고르의 자기혐오를 극복할 수 있다.

• 키르케고르의 동료 게오르그 브란데스에게 보낸 1888년 2월 19일 자 편지. 니체는 키르케고르의 글을 읽지 않았지만 진정한 문제가 어디에 놓여 있는지를 충분히 알 만큼 브란데스로부터 들었다.

4장

‹ • ›

쇼펜하우어

아르투어 쇼펜하우어(1788-1860)는 키르케고르처럼 발트해 연안 국가에서 태어났고 단치히, 즉 지금의 그단스크가 출생지이다. 키르케고르처럼 그는 부유하지만 우울한 사업가의 아들이었다. 어머니는 대중소설가였다. 그는 독일, 프랑스, 영국에서 교육을 받았고 이미 십대에 모국어 독일어뿐만 아니라 프랑스와 영어로 말하고 글을 썼다. 아버지는 쇼펜하우어가 17세였을 때 집의 다락방에서 투신해 죽었다. 어머니 요한나는 무정한 데다 경박해서 그의 지인들은 그녀를 마음도 영혼도 없는 사람이라고 말했다. 그녀는, 그녀의 표현을 빌리면, 쇼펜하우어가 '사물의 비참함을 곱씹는' 병적 경향성을 가지고 있기 때문에 그를 좋아하지 않았다고 한다. 그는 독립해서 편안하게 혼자 있었지만 마음의 독립은 수단의 독립을 필요로 한다고 주장하면서 임금을 받는 대학 직위를 결코 갖지 않았다. 그는 자신의 체계 철학의 유일한 주저 《의지와 표상으로서의 세계》를 1819년에 출판했고 1844년에 2판을 출판했는데 2판에서 초판의 2배 이상의 분량을 추가했다.* 그는 결코 결혼

하지 않았는데 여성에 관한 그의 인물평이 여기에 있다. '여자들은 유아의 보모 겸 가정교사에 적격이다. 그들은 아이와 같고 하찮으며 근시안적이다. 한마디로 그들은 평생 자라는 아이들이다. 그들은 진정한 의미에서 인간인 남자와 유아 사이에 있는 중간 단계의 아이들이다'(PP Ⅱ: 614-5). 그의 극단적 우월주의는 지금 보면 우습게 보인다. 물론 쇼펜하우어가 사랑한 것은 글쓰기, 대화, 애완견, 플루트 연주, 프랑크푸르트의 오페라 관람이었다. 프랑크푸르트는 쇼펜하우어가 삶의 마지막 27년을 보낸 곳이다.

쇼펜하우어는 동양 사상, 특히 불교의 영향을 받은 최초이자 거의 마지막 주요 유럽 철학자였다. 니체와 비트겐슈타인에 대한 그의 영향이 실질적이라고 해도 그는 일반적으로 염세주의자, 허무주의자, 그리고 (무엇보다 최악으로) 교수 증오자라는 악명 높은 평판 때문에 철학자들이 무시한 철학자였다. 그러나 그는 예술가들로부터 플라톤 이후 아마 어떤 철학자보다도 많은 인정을 받았다. 그를 드러내놓고 존경한 주요 인물로는 바그너, 말러, 톨스토이, 투르게네프, 프루스트, 조지프 콘래드, 토마스 하디 그리고 토마스 만이 있다. 다음 장에서 보겠지만 그는 정신 분석의 창시자 지그문트 프로이트에게 중요한 영향을 끼쳤다.

형이상학의 가능성

쇼펜하우어는 칸트에 대해 무비판적이진 않았지만 그를 깊이 존경했

• 1819년의 초판은 1844판의 제1권(volume)이 되었는데, 네 개의 '책(book)'으로 나누어져 있다. 1844판의 제2권은 제1권의 네 책으로 나누어진 각 부분에 대한 '부록'으로 구성되어 있다.

다. 그는 자기 자신을 드러내 놓고 '칸트주의자'라고 불렀다. 그는 때때로 자신을, 말로만 칸트를 거장으로 추켜세우면서 그의 본질적 교의마저 포기하는 데 여념이 없었던 이 시대에 유일하게 남은 실로 진정한 칸트주의자라고 생각했다.

쇼펜하우어는 칸트의 주요 명제들 중 첫째 명제, 즉 관념적, 현상적 시공 세계의 지위를 의심하지 않고 받아들였다. 쇼펜하우어에게 칸트 이후에 시공 세계의 관념성을 의문시하는 것은 갈릴레오 이후에 태양 중심의 설명을 의문시하는 것처럼 불합리한 것이다.

그러나 그는 칸트의 '현상'과 '물자체'의 형이상학에 한 가지 수정을 가한다. 그는 개체성과 다수성은 시간과 공간과는 별도로 인식될 수 없다고 제안한다. 두 가지 다른 사물이 있다면 그때는 이들 사물은 다른 장소를 점해야 한다. 아니면 동일 장소를 다른 시간에 점한다. 시간과 공간은 개체성의 원리이다. 이로부터 쇼펜하우어는 현상 세계를 '개체성의 원리에 복종하는' 세계로 자주 언급한다. 이로부터 나오는 귀결은 물자체는 '다수성을 넘어서' 있다는 것이다. 그것은 시간과 공간 밖에 있기 때문에 '통일성', 즉 어떤 의미에서 '일자'이지 않으면 안 된다 (WR I : 112-3, 128). (이 논점은 칸트에게 심각한 난점을 제기하는 주장임을 유의해야 한다. 그 '자체'란 것이 '다수성'일 수 없다면 그때는 그것은 특히 신, 천사, 죽은 이들의 영혼으로 구성되는 다수성일 수 없다.)

쇼펜하우어는 대부분의 '후대 칸트주의자' 동료들처럼 칸트의 관념론을 승인했을지라도 칸트의 둘째 명제, 즉 물자체의 인식 불가능성 명제는 수용할 수 없다는 점을 발견했다. 그 이유는 물자체의 인식 불가능성은 철학의 전통 핵심이 되는 형이상학의 불가능성을 수반하는 것처럼 보이기 때문이다. 형이상학은 전통적으로 이해되어 온 대로 (쇼펜하우어의 동시대인이 물자체라고 부르는 경향이 있었던 '절대적인 것', '무제약적인 것'이라는) 궁극적 실재의 인식을 얻으려는 시도이기 때문에 칸트의 둘째 명제는 본질적으로 철학의 종말을 수반했다.

'독일 관념론자'로 알려진 많은 후대 칸트주의자들은, 물자체에 대한 직접적 경험, 이를테면 '이성적'이라거나 '지적 직관'을 가지고 있다고 주장함으로써 칸트의 두 번째 명제를 거부했다. 그러나 이것, '다시 말해서 초자연적인 것, 심지어 초자연적인 세계마저도 인정하게 하는 작은 창문'(FR: 180-1)이라는 이 관념은 쇼펜하우어가 사기라고 간주한 것이었다. 쇼펜하우어가 칸트에 동의한 점은 경험의 '형식', 정신의 '선글라스'를 통해 수용된 것 이외에는 아무런 경험도, 물자체의 **직접적** 경험도 없다는 것이었다. 그럼에도 불구하고 그는 형이상학은 여전히 추구될 수 있다고 주장했다. 사람들은 형이상학자이면서도 여전히 칸트의 양식을 분명하게 보유할 수 있다.

물자체의 인식 불가능성에 대한 칸트의 근본 주장은 그 인식 불가능성을 자연 세계의 관념성의 단순 결과로 받아들이는 것에 불과하다. 이 점을 기억해야 한다. 실체성과 인과성처럼 공간과 시간은 우리의 모든 경험의 형식, '선글라스'이기 때문에 우리는 이 같은 형식 밖에 속해 있는 어떤 것도 경험할 수 없다. 그러나 경험은 인식의 유일한 원천이다. 이로부터 우리는 시간과 공간을 넘어서 있는 어떤 것에 대한 아무런 인식도 가질 수 없다는 귀결이 나온다.

이러한 논증에 대한 쇼펜하우어의 응수는 실제로 감각적 경험은 실로 인식의 유일한 원천이라는 것을 받아들이지만 인식은 직접적 시각과는 다른 보다 묘한 방식으로 경험에 기반을 둘 수 있다는 것을 지적하는 것이었다. 특별히 그는 사물에 대한 설명이 주어질 수 있고 이 설명은 첫째, 바로 물자체의 설명이고 그 자체로 순전히 형이상학적이라고 주장하며 둘째, 경험에 굳건한 기반을 둔 인식을 구성한다고 주장한다.

그렇다면 '경험에서 도출된 학문이 자신을 넘어서 **형이상학**이라는 이름을 받을 만한 자격이 있게 되는 것'(WR II: 182)은 어떻게 해서 가능한가? 쇼펜하우어의 대답은 다음과 같다. 세계는

> 암호와 같고 철학은 암호 해독과 같다. 해독의 정확성은 도처에서 나타나는 연속성과 연결성에 의해 확증된다. 이 전체가 충분한 깊이에서 파악될 수만 있다면 그리고 내적 경험이 외부와 연결된다면, 그것은 해석될 수 있어야 하고 자기 자신으로부터 설명되어야 한다(WR II: 182).

이를 이해하기 위해 분자를 생각해 보자. 우리는 왜 분자를 믿는가? 우리가 그것을 볼 수 있어서가 아니다. 오히려 분자 이론은 우리가 볼 수 있는 것들, 가령 물을 끓일 때 나오는 증기 방출이나 안경이 바닥에 떨어질 때 깨지는 현상들에 대해 만족스러운 해석과 설명을 제공하기 때문이다.

쇼펜하우어는 형이상학도 이와 비슷한 방식으로 인지될 수 있다고 제안한다. 인식 체계로서의 형이상학의 지위는 전적으로 경험을 기초로 한다는 것이다. 하지만 그 이유는 그 주제가 경험을 넘어 있어서, 즉 분자가 경험을 넘어 있는 방식과 유비를 이루기 때문이다. 그래서 그것은 순전히 형이상학적이라고 간주될 수 있다.

쇼펜하우어는 물리 이론과 형이상학 '이론' 사이의 유사성을 인지했는데 이는 특히 사람들이 경합을 벌이는 서로 다른 형이상학적 이론들 사이에서 어떻게 간택하는지를 논의할 때 현저하게 드러난다. 과학에서 우리가 이론에 요구하는 것은 무엇보다도 포괄성이다. 다시 말해서 어느 한 가지 이론은 그 관찰된 현상에 관해 일부를 설명하는 반면, 다른 한 가지 이론은 전부를 설명한다면 그때 우리는 후자를 선택한다. 쇼펜하우어는 형이상학에 대해 이와 유사하게 말한다.

세계 해독은 완전하게 자기 자신으로부터 확증되어야 한다. … 이러한 확증 방식은 세계 해독의 순전성의 징표이다. 왜냐하면 모든 거짓 해독은 현상의 일부에만 들어맞을 뿐이고 나머지와는 한층 확연하게 모순을 보일 것이기 때문이다. 따라서 예를 들면 라이프니츠의 낙관주의는 존재가 명백하게 비참하다는 사실과 상충한다. 또한 세계는 유일하게 가능한 절대 필연적 실체라고 믿는 스피노자의 교설은 우리가 세계의 존재와 본성에 대해 놀라고 경악한다는 사실과 양립할 수 없다. 인간은 자기 자신과는 다른 외부의 의지로부터 그 자신의 실존과 본질을 가지고 있다는 볼프의 교설은 행동에 대한 우리의 도덕적 책임과는 맞지 않는다. … 인류가 더 나은 단계의 완전성을 향해 진보하고 발전한다는, 자주 반복되는 교설은 어느 시점에 이르러 무한한 시간은 이미 경과했고 따라서 시간과 더불어 오기로 되어 있는 모든 것은 반드시 이미 존재했을 것이라는 선천적 시각과는 반대된다*(WR Ⅱ: 184).

의지로서의 세계

그러면 형이상학은 가능하다. 즉 자칭 절대자의 '지적 직관'이라는 속임수에 빠지지 않는 이성적 칸트식 형이상학은 가능하다. 그러나 우리에게 물자체의 본성을 드러내 줄 올바른 세계 '해독'은 무엇인가?

쇼펜하우어의 대답은 두 가지 단계로 진행된다. 첫째, 그는 물자체의 본질적 성질의 문제에 대한 답을 제공한다. 그는 그것이 '의지'라고 주

---

* 이 마지막 논점은 우리가 앞으로 보겠지만 '동일자의 영원회귀'를 긍정하는 입장이다. 이것은 보통 니체에 의해 처음으로 등장했다고 여겨지는 교설이다.

장한다. 둘째, 그는 이 의지의 구체적 특성을 '해독하기'에 이른다.

쇼펜하우어는 세계의 가장 두드러진 특징은 분투라고 말한다. 인간 존재는 끊임없이 자신의 목표를 달성하려고 애쓴다. 인간 존재는 목표를 겨냥하는 존재이다. 동물도 마찬가지로 비록 보다 단순하고 일차원적 방식이기는 하지만 역시 그러한 존재이다. 동물은 끊임없이 그저 생존하려고 애쓴다. 식물은 빛을 얻고자 위를 향해 애쓰고 영양분을 섭취하고자 아래를 향해 애쓴다. 이른바 비유기물조차도 자기와 다른 것을 끌어당기거나(중력) 밀어내기(단단함) 위해 애쓴다. 이제 우리는 우리 자신을 볼 때 각자 모든 분투의 기저에 놓여 있는 내적 실재에 대한 직접적 인식을 가진다. 그것은 '의지', 즉 욕망, 욕정, 열망, 갈망, 혐오, 공포, 증오 등등이다. 그러므로 우리는 하는 수 없이 이 같은 내적 실재를 모든 존재의 분투의 기저에 놓여 있는 것으로 인식하지 않을 수 없다. 물론 인간의 경우에 의지에 지성이 따르기 마련이다. 즉 우리는 우리가 의지意志하는 것을 달성하는 법을 계산한다. 비인간 존재의 경우는 그렇지 않다. 비인간 존재의 경우는 한갓된 '맹목적' 본능이다.

이것은 철학이기보다는 풍경을 그린 그림처럼 보일 것이다. 그러나 쇼펜하우어는 그와 동일한 결론에 이르는 엄밀하게 철학적인 또 하나의 논증을 가지고 있다. 그 논증은 자연 과학의 토대, 특히 원자론적 물질 개념의 불충분성에 관한 반성으로부터 나온다. 이 불충분성을 쇼펜하우어는 [그들의] '형이상학의 … 퇴영적인 상태' 때문에 주로 프랑스인에 의해서 동의된 '역겨운 불합리성'이라고 표현한다(WR Ⅱ: 302). (사람들은 1844년처럼 지금도 그 점은 사실일 것이라고 덧붙이고 싶은 유혹을 받을지도 모른다.) 그는 궁극적 자연은 소량의 물질 덩어리로 인식될 수 없고 오히려 비물질적 에너지나 '힘'의 흐름으로 이해되어야 한다는 입장을 견지한다.

이를 위한 쇼펜하우어의 논증의 핵심은 다음과 같다. 과학 이론의 궁극적 실재물은 어떤 것을 조금이라도 설명하기 위해 인과력, 말하자면 중력, 저항 등을 소유해야 한다. 그러나 원자론은 어떤 힘이든 원자 구조에 기반을 둔다는 입장을 견지하므로 실재물의 한층 더 근본적인 구조에 의해 무한 소급하는 일에 충실하고, 그러므로 궁극적 자연의 설명을 일관적으로 제공한다고 주장할 수 없다. 이어서 나오는 결론은 우리는 모든 힘을 원자 구조에 두는 시도를 포기해야 하고 힘을 힘 자체로서, 실재의 궁극적 구성요소로서 받아들여야 한다는 것이다.

그렇다면 과학의 궁극적 실재물은 '힘'으로서 인식되어야 한다. 그러나 사람들은 힘의 개념을 어떻게 생각할 수 있는가? 유일하게 가능한 방법은 우리 자신의 의지의 방식으로 힘에 대한 우리 자신의 내적 경험을 보는 것이다. 자신의 열망, 갈망을 보는 데서 힘의 개념을 이해할 수 있다. 그러므로 궁극의 자연적 실재를 내적 경험에 유비되는 것, 즉 '의지'로 인식하지 않을 수 없다. 쇼펜하우어가 종종 표현하듯이 우리는 '소우주'를 내부적으로 들여다봄으로써 '대우주'의 근본 구조를 발견한다.

여기서 어떤 의혹을 품을 수 있다. 즉 '의지'를 과학의 궁극적 실재물 같은 종류로 보는 것으로부터 통일성을 지닌 비非시공간적 물자체로 보는 것으로 이행하는 과정에는 교묘한 속임수가 개입되어 있다는 것이다. 그럼에도 불구하고 쇼펜하우어에 관해 실제로 논란이 일 수 있는 것은 물자체는 의지라는 주장이 아니라 오히려 그 의지에 대해 그가 규정하는 특성이다. 그 특성을 음미하고 나면 우리는 쇼펜하우어가 은근히 물자체를 의지라고 확인하는 또 하나의 매우 다른 논증을 펼치고 있다는 것을 알게 될 것이다.

의지하는 것은 고통을 겪는 것

우리가 알고 있는 세계의 선반적 특징은 무엇인가? 이 문제에 대딥하기 전까지 우리는 어떤 형이상학적 가설이 그 세계의 존재와 본성을 최선으로 설명하는지를 결정할 수 없을 것이다.

쇼펜하우어가 불만스럽게 생각하는 점은 기독교의 발흥 이래 서양 철학자들 중 아무도 이 문제에 진정하게 열린 마음으로 접근하지 않았다는 것이다. 세계는 완전하게 전능하고 전지하고 전적으로 자비로운 신(어떤 철학자들은 이 개념을 지시하기 위해 '전능 신'이라는 용어를 사용한다)의 창조물이라는 가정이 실권을 거머쥐게 되자 그들은 어떤 것을 특별히 부풀려야 할 필요성, 즉 세계를 라이프니츠의 표현대로 '모든 가능한 세계 중 최선의 세계'로 발견해야 하는 필요성을 맞이하게 되었다. 이것은 명백한 사실인데 왜냐하면 그 세계가 최선의 세계가 아니라면 신은 전능하지 않거나, 즉 일류 세계를 창조할 능력을 결여하고 있거나 악의적이거나, 즉 그렇게 할 의지를 결여하고 있는 것이 되기 때문이다. 아니면 그 둘 다일 것이다. 사람들이 어느 쪽을 취하든 간에 쇼펜하우어는 라이프니츠의 편협하고 무심한 '낙관주의'를 채택하지 않는 자는 이단과 박해의 위협을 받는다고 본다.

그러나 이와 같은 불합리한 결론에 이르는 신학적 압력으로부터 자유로워지면, 가령 쇼펜하우어처럼 임금을 받는 대학 교수 지위를 갖고 있지 않고 그래서 헤겔 같은 동시대인이 그러한 압력을 피해 가는 것보다 더 수월하게 피해 갈 수 있다면, 사람들은 삶이 바로 눈앞에서 들이미는 압도적인 현저한 특성이 한 가지 있다는 피할 수 없는 결론에 이른다고 쇼펜하우어는 주장한다. 그것은 다름 아닌 고통이다. 삶을 사심 없이 바라보는 자는 삶이 오로지 그렇기만 한 것은 아니지만 불가항력적 고통이라는 결론을 내릴 것임이 틀림없다. 바로 이것이 쇼펜하우어에게 서양 철학사상 거의 유일무이한 지위를 부여하는 '비관주의'라는 것이다.

어떤 면에서 쇼펜하우어의 비관주의 옹호론은 단순한 명령문 속에 있다. 즉 '생각하지 말고 보라'는 것이다. 삶은 고통이라고 설복하는 데 필요한 것이라고는 정직하고 단호하게 보는 눈밖에 없다. 그는 '솔직한candid' 눈이라고 부른다. 이는 라이프니츠의 '모든 가능한 세계 중 최선의 세계' 가설을 풍자한 볼테르의 소설 제목과 동일한 영웅 캉디드Candide를 넌지시 암시한다(WR Ⅱ: 583). 그러나 그의 주장은 고통과 행복 사이의 균형에 관한 것, 가령 고통은 행복보다 더 크다거나 엄청나게 더 크다는 식이기에 그는 자신의 주장이 '맥주잔' 반론에 취약하다는 점을 알고 있다. 비관주의자는 맥주잔에 맥주가 반밖에 없다고 보지만 낙관주의자는 맥주잔에 맥주가 반이나 있다고 본다. 이 문제에 관해 사실이라고 판결할 만한 것은 아무것도 없다. 그것은 모두 주관적 해석의 문제, 대체로 세계에 자기 자신의 특정한 기질을 투영하는 문제이다. 그러므로 스스로 '일방적'이기만 한 '인류의 비참을 단순하게 선포하기' 위해 사례들을 선택적으로 고른다는 비난을 피하고자(WR Ⅰ: 323) 쇼펜하우어는 삶의 공포 사례들을 모으지 않고 오히려 '보편적'이고 **'선천적'**인 것에서 비롯되는 일련의 논증을 구성한다.

* * *

이 보편적이고 형이상학적으로 필연적인 특징은 물론 '의지'이다. 현상계의 모든 존재의 가장 중심적인 본성은 의지이다. 이 사실이 가차 없이 그 모든 존재에게 고통을 선고한다. 어떻게 그러한가?

먼저 비인간의 삶, 동물의 삶을 고찰해 보자. 모든 동물은 가장 근본적인 충동으로서 살려고 하는 의지를 가지고 있다. (생존은 모든 의지의 근본 목표이기 때문에 쇼펜하우어는 종종 의지를 '삶에의 의지'라고 말한다.) 그러나 쇼펜하우어는 생존하기 위해 삶은 삶을 먹이로 삼아야 한다는 것을 관찰한다. (마치 50년 후의 다윈의《종의 기원》을 예상하듯이.) 말하자면 자연이 자신의 종의 체계를 보존하는 방식은 과잉 인구를 통해서이다. 자연은 한 종, 가령 양을 충분한 수에 이를 때까지 생산하고 그렇게 해서 제일 먼저 그 종의 생존을 보장하는 충분한 수의 양이 존재하게 한다. 하지만 그다음으로 다른 종, 가령 늑대의 생존을 보장하기에 적절한 잉여분을 남겨 준다. 그러나 이로부터 귀결되는 것은 공포, 테러, 고통, 죽음은 대부분 자애로운 사물 질서의 우연적이거나 일시적인 오작동이 아니라는 것이다. 오히려 그것들은 자연의 바로 그 구조에 쓰여 있다. 말하자면 자연은 개체는 안중에도 없고 오직 종에만 신경 쓴다. 개체의 고통과 죽음은 자연이 자신의 종의 체계를 보존하기 위해 선택한 참혹한 수단이다(WR I : §§27-9, II : ch. 28).

아마도 일반적으로 우리는 비인간적 자연을 도덕의 눈으로 보는 데는 익숙하지 않을 것이다. 그러나 만일 우리가 그렇게 본다면, 다시 말해서 이 세계가 모든 가능한 세계 중 최선의 세계라는 기독교 변증론자의 주장이 우리를 초대하는 곳으로 들어간다면, 그때는 우리는 기독교의 판단과 정반대의 곳으로 가지 않을 수 없다고 쇼펜하우어는 말한다. 즉 정직한 눈으로 보면 자연은 도덕적으로 메스꺼운 현상, '존재해서는 안 되는' 어떤 것이라는 판결을 받지 않을 수 없다(WR II : 605). 쇼펜하우어는 동물의 삶의 끝없고 무의미한 공포가 19세기 초 자바섬을 방문한 프란츠 빌헬름 융훈F. W. Junghuhn의 보고서에 구체화되어 있음을 발견한다. 그는 (그 여행자의 보고 내용을 자신의 언어로 재현하면서) 다음과 같이 말한다. 융훈은

해골로 덮인 광활한 지역을 어떻게 보았는지를 기록하면서 그것을 전쟁터로 간주하였다. 그러나 그것들은 수많은 바다거북들의 뼈에 불과했다. 바다거북은 길이는 5피트, 폭은 3피트, 높이는 균등했다. 이 바

다거북들은 해변으로 와서 알을 낳고는 그 후 들개들의 공격을 받는다. 이 들개들은 힘을 합쳐서 바다거북 등을 뒤집고 배 껍질과 자그마한 복부를 갈라 찢어 놓고는 산 채로 먹어 치운다. 그러나 그런 후에 종종 호랑이가 그 들개들에게 달려들어 물고 늘어진다. 이제 이 모든 처참함은 해마다 수천 번 수만 번 반복된다. 그리고 또 계속해서 이런 짓을 하려고 이 바다거북들은 태어난다. 그들은 어떤 잘못을 저지르기에 이러한 고뇌를 겪어야 하는가?* 이 모든 무시무시한 광경의 목적은 무엇인가? 유일한 대답은 살려고 하는 의지는 자기 자신을 대상화한다[표현한다]는 것이다(WR Ⅱ: 354).

그렇다면 동물의 삶은 만인에 대한 만인의 투쟁이다. 한 개체의 살려고 하는 의지는 다른 개체의 의지와의 싸움에서 반드시 죽을 수밖에 없는 사태에 잡혀 있다. 이러한 사정은 정글 속에서 빛을 찾아 경쟁하는 식물들이나 심지어 이른바 무기물의 차원에서도 동일하다. 원심력은 자기를 지속하고자 구심력을 이기고 단단한 성질은 살아남고자 중력을 이긴다.

이제 인간의 삶으로 가 보자. 우리는 인간 이외의 자연에서 고동치는 동일한 근본 현상, 즉 만인에 대한 만인의 투쟁을 발견한다. 개인들끼리 그러하듯이 나라들끼리 공공연하게 또는 은밀하게 서로 싸운다. 한 사람이 직업적으로, 사회적으로 또는 성적으로 이익을 얻으면 다른 사람은 손해를 본다. 고대인들이 관찰한 바와 같이 인간은 인간에게 늑대이다. 사회적 삶은 현대적 언어로 표현하면 '제로섬 게임'이다.

* * *

• 이와 비슷하게 《지난여름 갑자기》에서 테네시 윌리엄스는 바다거북의 운명에 끔찍하게 놀란다.

그러나 쇼펜하우어가 인간 조건에 관한 비관주의를 위해 제시하는 중대하면서 가장 흥미로운 논증은 우리와 타인들과의 상호작용과는 아무런 상관이 없고 오히려 우리 자신의 내적 본성과 상관이 있다는 것이다. 나는 이러한 쇼펜하우어의 논증을 '스트레스' 논증 또는 '권태' 논증이라고 부른다. 이 논증에 따르면 사람들은 (몇 권의 양서, CD, 뉴질랜드산 포도주를 가지고) 남태평양 무인도 섬에 이주한다고 하더라도 여전히 고통을 겪을 것이다.

모든 생명 존재들도 그러하지만 인간 존재의 본질은 의지이다. 인간 존재로서 지니는 인간의 본질은 '대상화된'(즉 생리학적으로 표현된) 의지이다. 이를테면 '이, 식도, 장관은 대상화된 배고픔이고 생식기는 대상화된 성적 충동이며 잡는 손과 빠른 발은 의지의 보다 간접적인 분투이다'(WR I : 108). 의지는 우리의 본질이므로 우리가 하는 일은 잠잘 때를 제외하고는 아니 때로는 그마저도 언제나 의지함이다. 늘 쉬지 않고 지치지 않고 우리는 사물을 추구하거나 거역하는 분투를 필요로 하고 원하고 욕망한다. 우리의 의지함은 '충족시킬 수 없는 목마름'과 같은 것에 충분히 비유될 수 있다. 그러나 모든 의지함의 기초는

> 필요, 결핍, 그러므로 고통이다. 그 같은 본성과 기원 때문에 그것[인간]은 고통의 운명을 타고난다. 다른 한편, 그것은 의지함의 … 대상을 만족과 동시에 빼앗기게 됨으로써 대상이 없어지면 두려운 공허감과 권태가 그것에 밀려온다. 바꾸어 말하면 인간은 그 존재와 실존 자체가 자신에게 견딜 수 없는 짐이다. 그러므로 그 삶은 고통과 권태 사이를 시계추처럼 오가고 이 두 가지는 사실상 궁극적 구성소이다 (WR I : 312).

쇼펜하우어는 권태를 심각하게 생각한 최초이자 거의 유일한 서양 철

학 거장이다. 그리고 그는 권태에 대해 몇 가지 통찰거리를 가지고 있다. 그는 권태가 아이들의 순간적인 짜증이 아니라 실재하는 어른들의 권태(오늘날 우리는 '우울'이라 부른다)라고 말하는데 이것은 세 가지 본질적인 특성을 띤다고 제시한다. 첫째 특성은 사물을 바라보는 시각과 관련 있는데, 이것 또는 저것을 바라보는 시각이 아니라 세계의 모든 것을 통째로 바라보는 시각이다. 권태 안에서 세계 전체는 색깔을 잃어버리고 지루하게 되고 밋밋하며 이로운 것이 하나도 없고 '따분하고'(WR I : 314) '죽는다'(WR I : 164). 권태의 둘째 특성은 의지와 관련 있다. 사람들은 지루하지 않으면 항상 '의지의 압력'을 경험한다. 그러나 이 압력은 사람들이 지루할 때도 **계속된다**. 그렇지만 그 의지는 자기 목표로 잡을 만한 것을 하나도 발견할 수 없기 때문에 사람들은 끔찍한 불만족, '아무런 특정 대상도 없는 갈망'(WR I : 164)의 고통을 경험한다. (여기서의 논점은 다음과 같이 표현될 수 있다. 권태 안에서 우리는 제2차 의지, 즉 의지함에 대한 의지함을 경험한다. 우리는 제1차 의지에 관여하려고 하고 따라서 그 표적을 가지려고 한다. 그러나 제2차 의지, 즉 '의지함을 의지하려고 함'은 만족되지 않는다.) 권태의 셋째 특성은 철학적 성격의 것이다. 사람들은 행동으로 옮기는 능력을 빼앗겼기 때문에, 말하자면 삶의 '게임'(WR I : 164)에서 추방되었기 때문에 삶을 보는 방식은 정확히 다음과 같은 것이 된다. 즉 삶은 현재 순간과 죽음 사이의 지겨운 간격을 채워 가는 움직임 이외에는 도무지 아무런 의도나 목적도 없는 일련의 움직임일 뿐이다. 권태 안에서 삶은 낯설고 무의미한 현상으로 출현한다.

그렇다면 권태는 고통이다. 그것은 정말로 모든 형식의 고통 중에 가장 끔찍하다. 왜냐하면 역설적이게도 충족되지 못한 욕망의 고통, 충족되지 못한 의지하려는 의지의 고통은 만족한 욕망의 고통에 편입되기 때문이다. 그런데 삶은 불만족한 욕망, 즉 '스트레스'이거나 만족한 욕망, 즉 '권태'이다. 이 때문에 삶은 고통이다. 다시 말해 삶은 스트레스의 고통과 권태의 고통 사이를 '시계추처럼 오간다.'〔쇼펜하우어의 관찰로는 전자는 가난한 사람의 가장 공통적인 운명이고 후자는 부유한 사람의 운명이다. 우리는 카드 게임, 흡연, 엄지손가락으로 탁자 두드리기와 같은 심심풀이에 습관을 붙이는 것을 부유한 사람들 사이에서 발견할 수 있다고(WR I : 313) 그는 말한다.〕

쇼펜하우어에게 스트레스와 권태 사이를 오가는 삶의 진동을 보여 주는 전형적인 사례는 성적 사랑이다. 성 본능의 영향을 받는 우리는 그 때문에 사랑하는 사람의 덕을 실제 모습과는 전혀 맞지 않게 과장한다. 그 또는 그녀는 존재 가운데 가장 완전하고 바람직하고 아름다운 사람이다. 이와 다른 목표는 추구해 볼 만한 가치가 전혀 없다. 그 사랑이 무시될 때 우리는 짝사랑의 고뇌를 겪는다. 그러나 우리가 사랑하는 사람이 그 사랑을 받아줘 마침내 우리에게 미소를 지어 주면 목표를 달성한 것이 된다. 그러나 그 후에 그 또는 그녀는 보통 사람과 다름없는 사람이 되기 마련이므로 우리는 이게 무슨 소동이었지 하고 이상하게 생각한다. 로마 속담에 이르기를 '모든 사람은 섹스 후에 실망한다.'(WR I : §60; II : ch. 44).

* * *

그러면 삶은 이루 말할 수 없는 고통이다. 그러나 이것은 물자체라고 하는 형이상학적 의지의 특성과 무슨 관계가 있는가? (우리는 여태 물자체의 어떤 설명이 세계의 존재와 본성에 대한 최선의 설명인가를 결정하는 예비적 고찰로서 세계의 특성을 논의해 왔다는 점을 기억해야 한다.) 세계는 전적으로 자비로운 신의 창조물이라는 불합리한 기독교의 견해와는 대조적으로 우리는 정확히 그와 정반대의 결론을 내릴 수밖에 없다. 즉 우주의 창조적 기원은 '신이 아니라 악마'이고 '악마적'이다(WR II : 349). 심지어 쇼펜하우어는 '이 세계는 모든 가능한 세계 중 최선의 세계라는 라이프니츠의 정교하게 꾸며진 뻔한 증명'과 대비시켜 '이 세계는 모든 가능한 세계 중 최악의 세계라는 증명에 대해 우리는 정직한 마음으로 심각하게 반대할지도 모른다'는 점까지도 암시한다. 왜냐하면 이 세계는 조금만 더 나빠졌더라면 아예 존재하지도 않았을 것이기 때문이다(WR Ⅱ: 583). 다시 말하면 이 세계는 자비로운 지성에 의해 창조된다는 것을 증명해 주는 특성이라고 유신론자들이 받아들이는 것들, 이를테면 질서에 따른 행성의 순행, 생명에 이로운 기후는 사실상 고작해야 인간의 존재 조건에 불과하다는 뜻이다. 가령 온도가 아주 조금만 더 상승했더라면 모든 생명체는 멸종으로 끝났을 것이다(WR Ⅱ: 583). 따라서 쇼펜하우어는 결국 기독교와 정반대의 결론에 도달하게 된다. 즉 우주의 전능한 창조주는 절대적 선이 아니라 절대적 악을 대표한다.

* * *

그는 그러한 사실 자체를 명시적으로 진술하지는 않지만 우리는 이제 쇼펜하우어가 물자체를 '의지'로 지정하는 가장 근본적인 이유를 이해할 수 있다. 신의 존재를 증명하는 전통 논증 가운데 가장 설득력 있는 한 가지는 소위 '설계 논증'이다. 이 설계 논증은 다음과 같이 전개된다. 세계는 복잡한 '설계'를 보여 준다. 예를 들어 환경에 대한 동물의 적응과 역적응은 다만 지성을 갖춘 원천으로부터 나올 수 있었다. 게다가 이 설계는 너무 자비로워서, 말하자면 자연의 모든 부분은 놀라운 조화를 보여 주는 방식으로 서로 잘 어울리기에 우리는 이 지성이 전적으로 자비로운 의지를 소유하고 있다고 결론을 내릴 수밖에 없다. 쇼펜하우어는 이 논증의 첫 부분을 받아들인다. 정말로 세계에는 '설계'가 있고 이 사실은 지성을 갖춘 창조주의 고의적인 활동을 전제한다. 그러나 이 설계는 **악의적**이므로, 즉 고통을 느낄 수 있는 존재자들의 존재를 허용하는 데 필요한 최소한의 질서이므로, 우리는 그러한 질서의 창조자는 전적으로 악의적 의지를 소유하고 있다고 결론을 내릴 수밖에 없다. 물자체는 의지라고 하는 쇼펜하우어의 근본적인 논증은 내가 보기에 유신론자의 설계 논증의 거울상인 것 같다.

구원

우리는 삶의 고통에 대해 무엇을 할 것인가? 쇼펜하우어는 자신의 결론에 스스로 도달했다고 주장하지만 그는 불교에 대단한 존경심을 품고 있었다.* 그리고 그의 비관주의는 사실상 (적어도 어떤 해석에 따르면) 불교의 주요 교리 중 하나와 동일하다. 붓다는 삶의 가르침을 네 가지의 성스러운 진리, 즉 사성제로 요약했는데 그 첫째 진리는 '삶은 고통이다'라는 것이다. 둘째 진리는 '고통의 근원은 욕심이다'라는 것이다. 우리가 본 대로 쇼펜하우어의 분석에 따르면 그것은 정확히 의지함이다. 붓다의 셋째 진리는 '고통의 소멸은 욕심의 소멸을 통해 가능하다'라는 주장이다. (넷째 진리는 욕심의 소멸에 이르는 길, 즉 '팔정도'인데 이것은 현재 우리의 논의에 관한 것이 아니다.) 정확하게 이 진리는 또한 삶의 고통에 대해, 우리가 직면하는 비관주의의 진리에 대해 우리가 무엇을 할 것인가 하는 문제에 내놓은 쇼펜하우어의 대답이다. 고통의 원천은 의지함이기 때문에 삶의 '수수께끼'(WR Ⅱ: ch. 17 곳곳)에 대한 해법은 '의지의 거부'에 있다고 쇼펜하우어는 말한다.

우선 의지의 '긍정'에서 '거부'로의 전환은 금욕주의로의 … 전환에서 성립한다(WR Ⅰ: 380). 사물의 진리를 쇼펜하우어처럼 본 사람은

---

* 쇼펜하우어 생존 당시에 처음으로 산스크리트어 경전의 영어판이 출간되었기 때문에 그는 불교와 힌두교 사상에 접근할 수 있는 최초의 주요 서양 철학자였다.

야망 있게 분투하며 사는 삶에서 가급적 의지함을 거의 하지 않는 삶으로 돌아선다. 이러한 삶의 특성은 전통적인 수도원 생활의 덕목, 즉 청빈, 자선, 순종일 것이다. 〔여기서 플라톤의 '철학적 삶'(31-2쪽)의 반향에 주의하라.〕 쇼펜하우어는 아마 놀랍게도 자살을 거부했지만* 삶의 문제에 대한 궁극적인 완전한 해법은 죽음에서 성립한다. 가장 각성된 죽음은 숙고한 행동에 의해서가 아니라 단지 의지가 너무 없어서 먹을 수 없게 되었기 때문에 굶어 죽는 금욕주의자의 죽음이다. (이것은 대부분의 이야기에서 보듯 의지의 강력한 긍정인 거식증과 혼동되어서는 안 된다.)

그러나 이것은 가장 비참한 허무주의가 아닌가? 죽음은 한갓된 '무'로 들어가는 입구가 아닌가? 그러므로 쇼펜하우어는 무, 무가 되는 것을 삶의 목표와 의미로 제시하고 있는 것은 아닌가?

확실히 쇼펜하우어는 '의지의 완전한 폐지 이후에 오는 것은 … 틀림없이 무'라고 우리의 유한한 정신에 대답한다(WR I : 412). 그러나 우리는 '이 무의 어두운 인상을 제거하기' 위해 신비가의 목전에 있는 '심오한 평정', '정신의 대양 같은 평온'을 관찰해야 된다. 그리고 이것은 '최종 목표로서 모든 덕과 거룩함의 배후에서 머물고 있는 것이다'(WR I : 411). 바꾸어 말하면 신비가는 일상 정신으로는 접근할 수 없는 어떤 것을 알고 있다. 그들은 우리에게 무처럼 보이는 것이 사실상 '더 좋은 곳'임을 알고 있다. (쇼펜하우어는 슈베르트가 한 것처럼 음악을 통해 신비가의 통찰을 나누어 가질 수 있다고 생각한다. 슈베르트는 〈음악에 부쳐〉에서 자신의 '축복 받은 예술'을 '우리를 더 좋은 곳으로 실어 나르는 것'이라고 칭송한다.)

---

* 흥미롭지만 복잡한 이유들로 그는 우울증에서 비롯된 사실상 의지의 **긍정**, 삶의 긍정으로 간주한다. (물론 자살자가 자기 자신의 삶을 긍정하는 것은 아닐지라도 말이다.) 따라서 그것은 **과오**, 삶의 특성에 관련한 과오에 기초한 것이다(WR I : §69 참조).

우리가 본 대로 쇼펜하우어는 기독교를 경멸한다. 그러나 그가 실제로 경멸하는 것은 기독교 자체가 아니라 정확히 말하면 우리의 세계를 사랑의 전능한 신의 창조물로 보는 사고이다. 기독교의 다른 모습들, 긍휼의 윤리, 이 세계는 우리가 저 세상의 '구원'을 필요로 하는 '눈물의 골짜기'라는 사상을 쇼펜하우어는 완전히 인정한다. 그러므로 놀라운 점은 쇼펜하우어가 마침내 여전히 또 한 명의 '참된 세계' 이론가로 판명된다는 사실이다. 구원은 절대자와의 통일 또는 재통일에 도달하기 위해 '마야의 거미줄'(WR I : 17), 이른바 환영 세계를 돌파하는 것, 즉 개체성의 원리의 세계를 초월하는 것에서 성립한다. (개체성의 초월은 통일이어야 한다. 왜냐하면 우리는 현상 너머에는 아무런 다수성도 없다는 사실을 기억해야 하기 때문이다.) 쇼펜하우어와 기독교 사이의 차이로서 유일하고 진정한 차이는 그의 참된 세계는 신과 천사가 거주하는 곳이 아니라 불교의 탈유신론적 참된 세계, 다른 말로 표현하면 니르바나라는 것이다. 결국 후기 니체가 비하하는 의도로 사용한 말로 표현하면 쇼펜하우어는 '유럽적 불교 신자'로 판명된다.

비평

쇼펜하우어가 제시한 비관주의에 대한 이유는 얼마나 타당한가? 첫째로 비인간적 자연에 관한 비관주의의 이유부터 살펴보자. 쇼펜하우어는 자연은 흉포하고 공포, 고통, 죽음의 장이라고 주장한다. 그러나 사실을 말하면 대부분의 동물은 잠시 후의 미래도 생각하지 않기 때문에 죽는 순간에 오는 찰나적인 공포와 고통 이외에는 아무것도 경험할 수 없다. 또한 그의 주장에 반대하는 이유를 또 들라고 한다면 동물의 삶은 대부분 꽤 자주 상대적으로 기분 좋은 조건에서 영위된다는 점이다. 이런 것은 적어도 우리가 일반적으로 생각하고 있는 것들이다. 우리가 방목 영농을 중시하는 이유는 동물들은 자유롭게 돌아다니면서 일반적으로 즐겁게 살아가는 존재 방식을 취한다고 가정하기 때문이다.

'인간은 인간에게 늑대'라는 논증으로 넘어가 보자. 쇼펜하우어는 사회적 삶은 어느 정도 '만인에 대한 만인의 투쟁'임에 틀림없다고 상정하는 것 같다. 왜냐하면 한 사람의 욕망의 만족은 다른 사람의 욕망을 불가피하게 좌절시켜야 하기 때문이다. 그러나 이러한 사정이 불변하는 사실이 아니라는 것도 확실하다. 나는 채용 공고를 보고 응모했지만 나를 제외하고는 아무도 공고에 응하지 않을지 모른다. 또 나의 연인을 사랑하는 사람은 오로지 나밖에 없을지도 모른다. 너와 나는 음식 때문에 싸우지 않아도 될지 모른다. 왜냐하면 우리 둘을 위한 충분한 음식이 있기 때문이다.

그러나 쇼펜하우어가 비관주의를 옹호하는 논리 중 가장 흥미로운 부분은 '스트레스' 논증 또는 '권태' 논증이다. 우리는 그것을 어떻게 생각할 것인가?

논의를 수월하게 하기 위해 그 논증을 형식화해서 정리해 보자. 그러면 다음과 같이 될 것이다.

① 사는 것은 의지하는 것이다.
② 의지하는 것은 목표를 추구하는 것이다.
③ 사람의 목표는 만족에 이르거나 이르지 않는다.
④ 만족되지 않을 때 사람은 결핍, 즉 고통을 겪는다.
⑤ 만족될 때 사람은 권태로움, 즉 고통을 겪는다.

그러므로

⑥ 삶은 고통이다.

그의 논증은 흥미롭지만 반론을 제기하는 것은 가능하다. 명제 ②에 대한 반론으로 인간으로서 우리는 한 가지 목표가 아니라 많은 목표를 의지한다고 지적할 수 있다. 그러므로 명제 ③에 대한 반론으로 만속은 '전부 아니면 무'의 게임이 아니라고 지적할 수 있다. 사람이 추구하는 목표의 일부는 만족에 이르지 못하고 따라서 권태를 피하는 한편, 다른 일부는 만족에 이르고 따라서 그 전반적인 상태는 그래도 아직은 지겹지 않고 여전히 즐거울 수 있다. 명제 ④에 대한 반론으로 만족되지 못한 욕망은 항상 고통에 이른다는 것은 실제로 사실이 아니라고 지적할 수 있다. 확실히 배고픔의 통증은 저녁 식사를 하기 전에 사람이 처하는 상태의 일부일 수 있다. 그러나 좋아하는 독일 식당에서 굴 소스를 얹은 양질의 꿩고기를 즐겁게 기대하는 것은 그 같은 통증을 확실하게 능가한다. 사랑하는 사람이 옆에 없으면 확실히 슬플 것이다. 그러나 저녁 달빛 아래 공원 벤치에서 함께할 것이라고 기대하는 즐거움은 거기에 수반된 아픔을 확실하게 능가한다. 말하자면 많은 불만족한 욕망은 쓴 것이자 동시에 단 것이다. 그러면서도 단맛은 자주 쓴맛을 능가한다. 명제 ⑤에 대한 반론으로 사람들은 목표가 달성되면 결국 따분해지겠지만 권태가 시작하기 전에 즐거움을 순전하게 누리는 때가 있을 것이고 그러는 동안 새로운 목표가 나타나서 권태를 피할 수 있을 것이라고 지적할 수 있다.

그러나 명제 ⑤에 대한 가장 계도적인 반론은 다음과 같다. 쇼펜하우어의 논증은 욕망은 만족하면 그 욕망의 목표와 함께 즉각적으로 소멸한다고 상정한다. 그가 이렇게 상정해야 하는 이유는 그렇지 않으면 권태, 즉 목표 없음은 욕망의 만족의 자동적 귀결일 수 없기 때문이다. 많은 욕망들의 경우에 이것은 완전한 사실이다. 일단 공복을 채워 만족하게 되면 (생리학적 문제로서) 먹고 싶은 욕망은 사라진다. 사람들은 일단 달에 최초로 간 사람, 에베레스트를 최초로 정복한 사람이 되고 나면 (논리적 문제로서) 그 같은 목표를 달성하고 싶은 욕망은 소멸될 수밖에 없다. 그러나 **소멸** 없는 만족을 향유할 수 있는 매우 중요한 범위의 욕망들이 있다. 예를 들어 철학자가 되는 것은 나의 욕망 가운데 생애 내내 이루어지는 욕망이다. 게다가 그것은 만족된 욕망이다. 더더욱 나는 바로 이 순간에도 나의 욕망을 만족시키고 있다. 그러나 그렇다고 해서 내가 철학자가 되는 목표를 잃었다는 의미는 아니다. 내가 아는 한 그것은 향후의 여생 동안 보유할 목표이다. 간단히 말하면 어떤 욕망들은 없어지지 않고도 만족에 도달할 수 있다.

〔철학자가 되고 싶은 욕망은 만족에 도달하는데도 왜 소멸이 따르지 않는가? 내가 생각하는 핵심을 간단히 말하면 철학자가 되는 것, 이를테면 소설가, 시인, 물리학자, 의사, 어머니 등등이 되는 것은 시작일 뿐 끝이 아니기 때문이다. 철학자가 되고 싶은 욕망을 만족시키는 것은 그 욕망에 더해지는 (거의 확실하게 소진될 수 없는 범위 안에 들어가는) 더 많은 욕망의 소유이다. 여기에는 과거의 위대한 지성과 대화를 나누고 싶은 욕망, 또 지식, 진리, 존재, 인간, 선한 삶의 본성을 이해하고 싶은 욕망 등등이 들어간다. 하이데거의 언어로 표현하면 끝없는 것이 거의 확실한 '사유의 길'에 들어가는 것이다.〕

그렇다면 많은 이유에서 '스트레스 또는 권태' 논증은 비관주의를 지지하는 불가항력적 논증을 구성하는 데 실패한다. (그렇다고 해서 이 때문에 그 논증이 대표하는 주요한 통찰이 가려져서는 안 된다. 내가 생각하기에 인간은 늘 그렇듯이 피할 수 없는 것은 아니지만 향후의 목표를 위해 현재의 삶을 희생하는 덫에 빠지고 또한 그제야 그 목표를 달성할 때 권태가 기다리고 있다는 사실을 깨닫는다. 사람들의 삶은, 만족은 이루어지되 소멸은 따르지 **않는** 욕망에 의해 형성될 때 이 덫을 피할 수 있다. 우리는 이 논점으로 되돌아갈 것이다.)

＊　＊　＊

이제 쇼펜하우어에 대한 마지막 비평이다. 그의 형이상학에 의거해서 말하면 그는 현상계의 특성을 가장 훌륭하게 '해독하는' 가설을 따라 물자체의 본성을 의지라고 추론한다. 그리고 의지는 절대적으로 악하고 '악마적'이며 신성하지 않다. 그러나 그의 실천 철학, 즉 우리는 비관주의의 진리에 관하여 무엇을 할 것인가를 설명하는 그의 철학에 따르면 '구원'은 개체성의 원리의 초월에 놓여 있고 신비가와 같이 물자체와의 통일을 성취하는 것에 놓여 있다. 그러나 절대적 악과의 통일이 어떻게 공포 이외의 것과 함께 고려될 수 있는가? 그것이 어떻게 구원으로 간주될 수 있었는가? 스스로를 절대적 악과 통일된 것으로 보는 비전이 어떻게 신비가의 '정신의 대양 같은 평온'의 대상일 수 있었는가? 요컨대 쇼펜하우어의 형이상학과 실천 철학 사이에는 심각한 비일관성이 있는 것 같다. 6장에서 우리는 그의 열정적 제자인 젊은 니체가 어떻게 이러한 비일관성을 지각하고 그에 대한 해법을 제시하는지를 살펴볼 것이다.[*]

*   *   *

최종적 논평을 해보자. 나는 쇼펜하우어가 비관주의의 진리, 즉 삶의 특성은 불가항력적으로 고통이라는 진리를 확립하지 못한다고 주장했

---

[*] 나의 저서 《쇼펜하우어》(Young 2005)에서 나는 쇼펜하우어, 특히 후기 쇼펜하우어는 세 부분, 즉 현상, 의지, 그리고 물자체로 구성된 형이상학을 제시하는 것으로 독해할 수 있다고 제안했다. 이렇게 되면 그는 의지와 물자체와의 동일성을 거부하는 셈이다. 의지는 형이상학적, 즉 물리학 위에 있는 것일지라도 물자체이기에는 모자라는 것이다. 이렇게 독해하면 비일관성은 해소된다. 그러나 여기서 나는 이러한 독해를 제의하지 않는다. 왜냐하면 그것은 가장 중요한 제자인 젊은 니체가 그를 독해하는 방법도 아니며 비일관성에 대해 그가 제시하는 해법도 아니기 때문이다. 젊은 니체는 6장에서 다룰 것이므로 여기서 나는 젊은 니체가 어디서 '탄생하는지'를 드러내는 방식으로 쇼펜하우어 철학의 궁극적 애매성을 제시하는 데에만 주안점을 두고 있다.

다. 다른 한편 자주적인 지성을 가지고 맑은 눈으로 본다면 세계에 틀림없이 존재하는 엄청나게 많은 고통을 가리킬 수 있기에 그는 이 세계가 '모든 가능한 세계 중 최선의 세계'라는 유신론자의 단언은 그의 주장대로 얄팍한 '궤변'이라는 점을 확실하게 보여 준다. 전지하고 전능하며 전적으로 자비로운 신(칸트와 키르케고르의 신)이 바다거북의 운명을 조금이라도 좋아지게 할 수 없었을 것이라는 주장은 늑대 종을 보존하는 목적에는 일치하지만 도저히 믿을 수 없다.

프랑크푸르트학파 철학자 호르크하이머가 '절대자로부터 금박을 떼어내기'라고 부르는 이것은 아마도 철학의 역사에 남긴 쇼펜하우어의 중대한 의의일 것이다. 구체적으로 말해 그가 보여 주는 것은 전통 기독교의 믿음을 보존하기 위한 칸트의 전략의 무의미함이다. 왜냐하면 그것은 과학의 도전에는 살아남아도 우리 자신의 '솔직한' 눈으로 바라보면 살아남을 수 없기 때문이다.

5장

‹•›

프로이트

대부분의 철학자들은 의식과 이성을 인간 삶의 주된 힘이라고 생각한다. 그러나 우리가 앞 장에서 본 대로 쇼펜하우어에게 주된 힘은 의지이다. 이렇게 볼 때 그가 억압의 원리 그리고 억압된 욕망의 장소로서 무의식의 원리를 발견했다는 점은 놀라운 사실이 아니다. 우리는 우리의 이성이 찬동하지 않는 많은 욕망을 가지고 있기 때문에 쇼펜하우어는 우리가 욕망에 대한 '투명한 의식'을 인정하는 것을 거부한다고 말한다. '지성은 그에 관해 아무것도 알지 못한다. … 왜냐하면 우리 자신을 선한 존재로 여기는 생각이 그 때문에 손상받을 것이기 때문이다'(WR II : 209-10).

이것이 의미하는 바는 우리가 무엇을 욕망하는지를 발견하는 일은 때로는 순전히 우연에 의한 것일 수 있다는 점이다. 예를 들어 우리는 친척의 부고를 듣고는 '부끄러움이 섞인 기쁨'의 감정을 속으로 가질 수도 있는데 이는 우리가 죽은 친척의 상속인이기에 수년 동안 무의식적으로 마음속에 똬리를 틀고 있었던 욕망을 처음으로 드러내어 우리에게 알려주는 것일 수 있다.(WR Ⅱ: 210). 또한 그것은 재무상태 기입상의 실수는 확실히 어떤 의식적 부정직이라기보다는 오히려 대개는 '차변을 줄이고 대변을 늘리는 무의식적 경향'을 우리에게 알려준다는 사실에 대한 사려 깊은 성찰에 지나지 않는 것일 수 있다. 쇼펜하우어가 억압에 대해 말하는 또 다른 분야는 미친 증상에 관련한 것이다. 그는 광증은 적어도 가끔은 기억 질환이라고 제안한다. 야만적 상처를 입은 경험은 의식에서 억압되고 그 결과 기억상의 간격을 메우기 위해 허위 기억이 삽입된다. 이 기억은 성공적인 억압에 필수적인 대용물인 셈이다(WR Ⅰ: 192-3).

이러한 논제들이 주어지고 또한 성적 욕망에 관한 쇼펜하우어의 관심도 고려해 볼 때, 그를 정독한 독자 중의 한 명이 지그문트 프로이트(1856-1939)라는 사실은 결코 놀랄 일이 아니다. 쇼펜하우어는 성적 욕망을 '거의 모든 인간 노력의 궁극적 목표'라고 말한다(WR Ⅱ: 533). 프로이트는 억압의 원리, 무의식의 원리를 쇼펜하우어로부터 받아들였다는 사실을 부정했다. 그는 만년에 그 원리를 최초로 발견한 사람은 자신이 아니라 정확히 말해서 쇼펜하우어였다는 사실을 인정했지만, 자신이 쇼펜하우어를 '제대로 읽지 않았기' 때문에 독립적으로 그 원리를 발견한 것이라고 주장했다. 그러나 이것은 사실과 다르다. 왜냐하면 프로이트는 청년 시절에 쇼펜하우어와 니체를 주제로 한 집중 세미나에 오롯이 참석했기 때문이다.[*] 따라서 그는 억압의 희생양, 다시 말해 창의성에 관해 차변을 줄이고 대변을 늘리는 무의식적 욕망의 희생양이 되었던 것 같다.

프로이트는 나치를 피해 런던으로 망명해야 했던 생애의 마지막 해

---

* Young 2005, 238-41 참조.

를 제외하고는 대부분을 빈에서 보냈다. 그는 대부분이 유태인이었던 우수한 예술가, 사상가 그룹에 속해 있었다. 이들은 20세기의 가장 중요한 예술, 과학 분야에서 대단한 것들을 많이 만들었다. 그중에서 특히 중요한 사람들로는 루트비히 비트겐슈타인, 오토 노이라트, 칼 포퍼, 에른스트 마흐, 구스타프 클림트, 후고 폰 호프만슈탈, 카를 크라우스, 오토 로스, 아르놀트 쇤베르크, 구스타프 말러가 있다.

프로이트는 의학박사 자격을 취득했지만 이내 순수 의학적 장애보다는 심리학적 장애에 보다 많은 관심을 가지게 되었다. 그는 처음에 최면법을 유망한 치료 방법으로 생각했지만 나중에는 그저 말로만 된, 그것도 주로 환자 측의 말로만 된 치료라는 생각 때문에 그것을 포기했다. 그 기본 생각은 억압된 상처를 투명한 의식으로 가져옴으로써 환자는 그 상처를 제거하고 일종의 '카타르시스'를 얻는다는 것이었다. ('카타르시스'는 아리스토텔레스가 그리스 비극의 효과를 기술하기 위해 사용한 말이다. 아리스토텔레스의 카타르시스 이론을 설명하는 가장 중요한 책 중의 하나는 프로이트의 처삼촌 야코프 베르나이스Jacob Bernays가 1857년에 쓴 책이었다. 프로이트에게 카타르시스의 치료 효과를 일깨워 준 사람은 베르나이스였을 개연성이 있다.)[*]

프로이트는 생애 말년에 보다 철학적 자세로 글을 쓰기 시작했다. 1930년《문명 속의 불만》(F: 59-145)에서 그는 쇼펜하우어의 비관주의를 지지하되 임상적 경험에 의해 변형된, 아주 새로운 방식처럼 보이는 논증을 제시한다. 내가 쇼펜하우어 다음으로 프로이트를 배치한 것은 그가 여러 가지 면에서 쇼펜하우어주의자이기 때문이다.

---

* Young 2013, 27-9 참조.

물음: 문명은 그만한 가치가 있는가?

프로이트가 《문명 속의 불만》을 시작하는 방식은 이렇다. 그는 인간 삶의 '목적'이 무엇인가라는 문제는 인간 삶에 어떤 목적이 있다는 거짓된 추정에 기초하기 때문에 아무런 대답도 가지고 있지 않다고 말하면서 시작한다. 아무도 동물들의 삶의 목적을 묻지 않는다. 그렇다면 인간의 추정적 사고 성향에 의해서만 인간의 삶은 목적이 있어야 한다는 관념이 발생한다(F: 75-6). (이 점이 전적으로 납득이 가는 것은 아니다. 동물은 자기 자신의 목표를 세우지 않지만 인간은 그 반대이다. 따라서 '인간이라는 이유만으로 내가 추구해야 하는 어떤 목표가 있는가'라는 문제는 인간이 묻는 문제로서 의미는 있다. 그러나 동물이 말할 수 있다 하더라도 그것은 동물이 묻는 문제로서 의미는 없을 것이다.) 인간 삶의 목적 문제를 거부한 뒤 프로이트는 인간은 실제로 무엇을 추구하는가, 인간은 무엇을 자신의 목적으로 취하는가라는 '덜 야심적인' 문제로 향한다. 놀랍지 않게도 대답은 '행복'이다. 프로이트는 행복을 강력한 쾌락의 느낌에 결부된 고통의 부재와 동일시한다. 우리의 삶은 그와 같이 인식된 행복 추구에 지배된다는 것(철학자들이 말하는 소위 '심리학적 쾌락주의'는 참된 것이다)을 그는 '쾌락 원칙'이라고 부른다(F: 76).

그러나 쾌락 원칙 프로그램의 충분한 실현은 절대적으로 불가능하다. '사람들은 [쇼펜하우어와 더불어] 인간이 "행복"해야 하는 의도는 "창조"의 계획에 포함되지 않는다고 말하고 싶어 한다.' 강렬한 쾌락은 '저주받은' 욕망의 만족에서 올 뿐이고 (따라서 쇼펜하우어의 '스트레스'를 전제하고) 기껏해야 '적당한 만족감'으로 소멸한다(즉 곧바로 쇼펜하우어의 권태로 바뀐다)(F: 76). 이것을 깨달으면 우리는 우리의 주의를 쾌락의 달성에서 고통의 회피로 돌린다. 이것이 프로이트가 말하는 ('현실 점검'으로도 알려진) '현실의 원리'이다.

그는 계속해서 고통의 세 가지 주요한 원천이 있다고 말한다. 외적 자연(자연적 재앙), 사람의 육체(질병), 다른 인간들이 그것이다. 다른 인간들은 우리가 그들과 공존하기 위한 '희생'을 요구하고 '문명'에 의해 우리에게 부과되는 제약이다. 그러나 우리가 노력할수록 이러한 제약, 다시 말해서 가족, 국가, 사회 속에서 사람들과의 상호 관계를 조정하는 제약은 고통의 원천인 다른 사람들과 우리가 상호 작용하는 것을 막아주는 데는 항상 '불충분'할 것이다(F: 86). 외적 자연과 우리 자신의 육체에 대해 말해 보면 우리는 이것들로부터 오는 고통을 완전하게 제거할 수 없지만, 그래도 예를 들어 기술 공학과 의학을 통해, 놀라운 진보를 이룩했다. 그러나 불만스러운 것은 우리는 고통의 세 번째 원천에 대해 아무런 진보도 이룩하지 못한 것 같다는 점이다. 게다가 그것이 우리 자신에게 전적으로 의존하는 것이기에 대부분 우리가 통제할 수 있는 것처럼 보이는데도 그렇게 하지 못하고 있기 때문에 더 불만스럽다. 사회적 삶은 고대 그리스 때처럼 지금도 개인에게 많은 고통을 일으킨다. 프로이트는 이러한 사실 때문에 우리가 서로 주고받는 고통을 제거하는 데 진보를 이룩**할 수 없다**는 생각이 생겨난다고 말한다. 우리 안에는 일종의 '정복할 수 없는 자연'(F: 86)이 있으며, 이것은 온갖 문명의 이념과는 근본적으로 불일치한다는 생각이 출현한다. 그리고 이것은 그 같은 원시적 자연과, 문명이라는 것이 존재하기 위해 우리에게 부과되어야 하는 제약 사이의 갈등이고, 동시에 이 갈등은 사회적 삶이 고통의 원천이고 항상 고통의 원천일 수밖에 없는 주된 이유이다.

이것은 프로이트가 논의하려 했던 중심 문제이다. 즉 문명은 그만한 가치가 있는가? 문명의 유익은 그 비용을 능가하는가? 일부 사람들은 그렇지 않다고 믿었다고 그는 말한다. 문명의 가치에 대한 부정적 평가는 후기 로마 제국 시대에 이교도를 지배한 기독교의 승리에 영향을 받은 것이 틀림없다고 그는 생각한다. 왜냐하면 지상의 삶에 대한 기독교의 낮은 평가(그리고 재림에 대한 열렬한 기대)는 그렇게 해야만 호소력이 있었을 것이기 때문이다. 또한 이것은 19세기의 원시주의 고양에서(여기서 사람들은 폴 고갱의 타이티 그림을 생각할지도 모른다), 가령 최근에 발견한 태평양 제도는 문명화되기 이전의 사람들이 살았던 행복의 유토피아라는 생각에서, 그리고 행복의 비밀은 유럽 사람들에 의해 여하튼 잊혔다는 생각에서 분명히 드러난다(F: 87).

프로이트는 타당한 이유로 태평양 제도가 정말로 유토피아였는지를 의문시한다. 그렇지만 최근의 일부 작가들은 '문명'의 도래는 실제로 축복이라기보다는 저주였다는 생각을 변호한다. 재레드 다이아몬드*와 존 그레이**는 둘 다 인류 역사상 '최악의 실수'는 도시화, 즉 유목적 수렵인 집단에서 농경 정착 공동체로의 변환이라는 견해를 표명했다. 수렵인의 삶은 보다 건강했고 보다 행복했다. 그들의 삶은 질병과 문명의 신경증으로부터 자유로웠다. 니체는 우리가 보게 되겠지만 프로이트가 상당한 빚을 진 저서 《도덕의 계보》 제2논문에서 유사한 견해를 표명한다.

문명이란 무엇인가?

프로이트는 우리가 문명의 가치 문제를 논의하기 위해 문명이 무엇인가를 정의하는 것이 먼저 필요하다는 점을 간파한다. (독일 사상가들은

- Diamond 1987, 64-6.
- Gray 2002.

거의 항상 '문명'(수도 시설과 경찰)과 '문화'(예술와 윤리)를 구별한다. 하지만 프로이트는 이러한 관례적 구별을 '우습게 보고(F: 6)' 이 둘을 동의어로 취급한다. 나는 그의 동기가 부분적으로 지적 허영 때문이라고 생각한다. 그러나 보다 중요한 점은 우리가 보게 되겠지만 그는 정신의 '고차적' 삶을 공학과 마찬가지로 실제적인 것들과 관련된 것으로 본다는 사실이다. 그까닭은 그 둘은 동일한 원시 본능의 표현이기 때문이다.) 프로이트는 '문명'을 '우리 삶을 우리의 동물 조상들의 삶과 구별하는 업적과 규제의 총체'로 규정한다. 여기에는 두 가지 종류가 있다. 즉 자연을 거슬러 인간을 보호하는 업적과 규제, 그리고 '인간들의 상호 관계를 조정하는 업적과 규제'가 있다(F: 89). 프로이트는 첫 번째 것에는 아무런 관심이 없었다. 그것은 본질적으로 모든 공학에 관한 논의이다. 따라서 프로이트의 나머지 논의에서 '문명'은 두 번째 것으로 환원된다.

그가 관찰한 것은 문명이 사회 전체의 안녕을 위해서 개인의 자유에 대한 제약을 요구하는 것은 명백한 진리라는 것이다. 이러한 제약은 모든 사람에게 똑같이 적용된다. 문명화되기 이전의 사람들은 이보다 더 많은 (예를 들어 강간과 약탈까지 하는) 자유를 가졌다. 문명은 '본능의 포기' 위에 세워진다(F: 97). 그리고 이것은 본능과 사회 사이의 완전한 합의는 불가능하다는 것을 의미한다. 프로이트가 깨달은 것처럼 이것은 아주 명백하다. 프로이트의 창의성이 주목을 받게 되는 것은 바로 그가 본능의 포기, 특히 섹슈얼리티와 공격성의 포기가 취해야 하는 특수한 형태들을 기술하기 위해 자신의 임상적 경험에 의지할 때이다.

섹슈얼리티

문명은 무엇보다도 성적 쾌락의 포기, 아니면 적어도 심각한 축소에 의존한다고 프로이트는 주장한다. 그것은 성적 충동을 완화하고 우회해서 그 자연적 표현으로부터 멀어지는 것을 필요로 한다. 이것은 가혹한 일이거니와 그 까닭은 성적 만족은 우리가 경험할 수 있는 가장 강렬한 쾌락, 즉 모든 행복의 '원형'이기 때문이다(F: 101). (우리는 '성적'이라는 말의 범위를 그 문자 그대로의 대상에서 시작해서 광고에 편재하는 성을 포함하여 자동차, 심지어 수학적 증명 같은 것에까지 확대할 수 있다는 것을 관찰할 수 있다. 우리는 쾌락의 우수성은 그것이 성적 쾌락에 맞먹는 정도에 달려 있다고 생각하고 그 생각에는 어떤 그럴듯함이 있다는 것을 안다.) 프로이트는 문명은 풍족한 성적 만족의 삶과는 비교될 수 없다고 주장하는데 그 논증은 다음과 같다.

문명은 작은 단위를 보다 큰 사회적 단위 속으로 통합한 것이다. 사회적 삶의 기본 단위는 가족이다. 그러나 가족은 성적 본능의 분화 없이는 탄생할 수 없다. 사람들이 성적 쾌락의 대상만 신경썼다면 그들은 자신의 자녀들을 돌보지 않았을 것이다. 그러기에 '생식기적' 사랑은 '목표가 억제된' 사랑, 다시 말해서 자신의 직접적인 자연적 목적이 아닌 다른 목적을 가지는 사랑으로 '승화'될 필요가 있다. (프로이트가 이것을 **문명**의 효과로 간주하려 했던 점은 이상하게 보인다. 확실히, 자손에 대한 사랑은 우리가 비인간, 즉 동물들과도 공유하는 것이다. 그것은 우리를 동물로부터 별도로 분리하는 어떤 것, 말하자면 문화적인 것이라기보다는 생물학적인 것이다.) 그러나 문명이 탄생하려면 두 번째 승화가 일어나야 한다. 개인은 가족만 돌보아서는 안 되고 역시 사회 전체, 그리고 자신을 국가로서 표현하는 사회까지도 돌보아야 한다. 사실을 말하면 개인은 궁극적으로 가족 **이상으로** 사회를 돌보아야 한다. (아마도 그 이유는 가족 사랑이 모든 다른 관심을 압도한다면 그때는 사람들은 진정한 사회나 국가다운 국가라기보다는 오히려 말썽 많은 종씨 문중을 가지게 되기 때문이다.) 그러기에 성 본능은 더욱더 타인에 대한 일반적 관심을 향해, 사랑을 향해, 적어도 우애를 향해, 사회 집단 동료 구성원을 향해 승화되지 않으면 안 된다. 이러한 사랑의 실천적 표현은 문명화 과업(예술, 과학, 그리고 기술 공학), 그들의 조건을 개선하는 과업이 될 것이다. 그러나 이러한 종류의 사랑은 성격상 근본적으로 에로틱하고 '리비도'적이라고 프로이트는 단언한다. 모든 사랑은 리비도적이다. 이것은 우리가 '사랑'이라는 말을 부주의하게 사용하는 데서 입증되는 바이다(F: 102). 에로스와 아가페는 그 근저에서 동일하다. 따라서 모든 사람은 근저에서 이 두 가지 성애를 다 가지고 있다(F: 105).

그러나 이 모두가 사실이라고 해도 왜 우리는 풍족한 성적 쾌락과 문명 활동에의 참여, 이 **두 가지**를 모두 누리면서 충만한 삶을 살 수 없는가라는 문제는 남아 있다. 왜 자연적 섹슈얼리티와 승화된 섹슈얼리티는 평화롭게 공존할 수 없는가? 프로이트의 대답은 그것은 '경제적 필요성'의 문제라는 것이다. 리비도적 '에너지'의 양은 한계가 있을 수밖에 없다. 그리고 문명은 그 모두를 필요로 하기 때문에 문명은 리비도적 에너지를 자연적 성적 행동에 낭비하도록 허용할 수 없다. (이러한 생각이 축구 감독에게 스며들어서 지금도 여전히 선수에게 중대한 경기 하루 전이나 일주일 전에 성적 행동은 금지된다.) 지배 엘리트들이 자신의 목적을 위해 노동 계급의 에너지를 이용해 그들을 억압하듯이 문명도 그렇게 개인의 성적 본능을 억압해 왔다(F: 104).

문명이 이런 일을 하는 방식은 섹슈얼리티를 다수의 터부로 에워싸는 것이다. 이 터부는 아이들의 자연적 섹슈얼리티에 낙인을 찍는 데서 시작한다. 왜냐하면 어린 시절의 훈련은 어른의 성품을 형성하기 때문이다. 성은 '한 남자와 한 여자 사이에서'* 일부일처제의 '생식기'

접촉에 제한되어야 한다. 그럴 시기라고 해도 그것은 자주 일어나서는 안 된다. 그 밖의 다른 모든 것, 가령 프로이트가 거론하는 근친상간과 동성애는 '도착 행위'로 낙인찍힌다. 왜냐하면 성을 재밋거리로 만드는 어떤 것이라도 문명의 관점에서 볼 때 반생산적이기 때문이다. 문명은 가능한 한 성을 권태로운 것으로 만들 필요가 있다(F: 104-5). (내가 생각하기로 이에 대한 역발상이 1960년대 히피 문화 운동의 슬로건 배후에 있다. 즉 '전쟁 말고 섹스를 하라'는 것이다. 사람들이 사랑을 많이 했다면 부패한 문명의 전쟁 기계에 화력을 공급하는 에너지는 하나도 남아 있지 않았을 것이다.)

문명은 리비도 에너지를 자신의 목적으로 전환하는 것에 의존한다는 사실에 의거해서 프로이트는 문명이 남성에 의존한다는 결론을 이끌어 낸다. 그는 여성은 '본능의 승화' 능력을 거의 가지고 있지 않기 때문에 그녀의 사랑은 거의 가족을 넘어가지 못하고 '문명화 과업'은 남성의 영역으로 남는다고 주장한다. 그러나 남자는 성숙해지면서 그 활동('직위')에 더욱더 끌려 들어가게 되므로 시간을 더욱더 다른 사람들과 보내게 되고 가족으로부터 한층 더 멀어지게 된다. 이 때문에 여자는 본능적으로 문명, 사회, 국가에 적대적이게 된다(F: 103-4). 문명화된 결혼은 행복한 상태가 아닌 것이다.

이상의 내용은 비록 일개 성차별주의자의 개인적 편견일 뿐인 것에 근거할지라도 프로이트의 주장은 사실상 그리스 비극에 기초한다. 그는 그리스 비극(따라서 '오이디푸스 콤플렉스')을 정독한 사람이었다. 왜냐하면 그리스 비극, 예를 들어 아이스킬로스의《오레스테이아》, 소포

클레스의 《안티고네》의 지속적 주제는 가족과 국가, **말하자면** 여성과 남성 사이의 갈등이기 때문이다.** 구체적으로 더 말하면 나는 프로이트의 주장은 그리스 문명의 붕괴를 설명하는 헤겔의 《안티고네》 독법에 기초한 것이 아닌가 하는 의혹을 가지고 있다. 7장 헤겔에서 보게 되겠지만 프로이트의 부부 소외에 대한 설명은 헤겔의 그리스 사회 붕괴에 대한 설명을 거울처럼 자세하게 잘 보여 준다.

공격성

문명과 다투는 두 번째 주된 본능은 공격성이다. 인간은 본성적으로 공격적이다.

> 인간은 사랑을 바라는 고상하고 다정한 창조물이 아니다. 그는 공격받으면 그저 방어만 하고 있는 존재가 아니다. 그와는 반대로 인간은 공격성을 본능적 자질로 강력하게 나눠갖고 있는 창조물이다. 결과적으로 그의 이웃은 잠재적 조력자 내지 성적 대상일 뿐만 아니라 이웃에 대한 자신의 공격성을 충족시키도록 부추기는 어떤 존재이기도 하다. 그는 이웃에 아무런 보상도 하지 않고 일하는 능력을 착취하며 동의 없이 성적으로 이용하고, 소유물을 점유하고, 수치스럽게 만들며, 고통을 주고 고문하며 또 죽이도록 부추겨진다. [쇼펜하우어가 관찰한 대로] 인간은 인간에게 늑대이다(F: 111).

프로이트가 이로부터 도출하는 직접적인 결론은 공산주의는 환상이

** Young 2013, ch. 7 참조.

라는 것이다. 공격성은 사적 소유가 하나도 없었던 문명 이전의 세계를 지배했다. 이 점은 유아원에서 노는 아이들에게서 나타난다. 더욱이 공산주의 국가에서 사적 소유가 폐지되더라도 성적 경쟁과 소유성은 여전히 공격성을 유발한다(F: 113-4). (8장 마르크스에서 나는 공산주의에 대한 이러한 비판을 다시 논의할 것이다.)

공격성은 어디에서 오는가? '죽음 본능'(또는 충동)에서 온다. 프로이트를 따르는 일부 사람들이 이름을 지어 준 것처럼 '죽음의 원리'에서 온다. 그리스어 타나토스는 죽음의 신을 일컫는 말이다.

프로이트는 이 원리의 도입에 관해 약간은 방어적인 입장에 있다. 사실, 그는 1920년도의 《쾌락 원칙을 넘어서》를 낼 때까지 모든 인간 충동은 근원적으로 '리비도'라고 오랫동안 주장해 왔다(F: 118). ('리비도적'과 '성적'을 단순하게 동일시함으로써 이러한 가정이 가능하다. 왜냐하면 '리비도'는 단순히 '욕망'에 해당하는 라틴어이고 욕망 일반은 리비도의 하위 종개념이 아니기 때문이다.) 그런데 지금에 와서 그는 새로운 '본능'을 도입하고 그리하여 에로스가 유일한 기초 동인이라는 주장 대신에 인간 삶은 이제 에로스와 타나토스 간의 전투로 그려진다. 에로스는 살아 있는 존재가 보다 큰 통일체로 합치기를 원하는 원리이고 타나토스는 그러한 통일체를 파괴하기를 원하는 원리이다. 에로스는 문명을 창조하고 타나토스는 문명을 공격하고 그 '죽음'을 노린다(F: 118-23).

프로이트로 하여금 죽음 본능을 요청하게 만든 동기는 무엇인가? 그는 사디즘과 마조히즘을 거론하고 이러한 현상을 설명하기 위해 필요한 것으로 에로스 충동에다 '파괴 본능'을 추가한다(F: 119). 그러나 이러한 병리학적 현상은 인간 본성의 **보편적** 요소로서 타나토스의 관념을 지지하기에는 충분하지 않다는 점이 거의 분명하다. 타나토스는 인간의 본성에서 에로스에 주어지는 것과 동등한 부담을 맡지 않는다.

(동일한 논평이 《쾌락 원칙을 넘어서》에 나왔던 요청에 근거를 마련하는 문제, 즉 과거의 상처를 꿈이나 현재의 개인 관계에서 다시 경험하려는 환자의 해로운 성향에 근거를 마련하는 문제에 적용된다.) 나는 죽음 본능을 요청하게 된 진짜 배경은 단순히 프로이트가 인간성에 대해 눈을 뜨고, 쇼펜하우어의 '솔직한'(108쪽) 관점에 이른 것이라고 생각한다. 프로이트 스스로가 사람은 죽음 충동을 받아들이기를 꺼려한다고 말한다. 왜냐하면 그것은 신이 그의 완전성의 형상에 따라 우리 모두를 만들었다는 사상에 어긋나기 때문이다(F: 120). '인간은 사랑을 바라는 고상하고 다정한 창조물이 아니며 그저 방어만 하고 있는 존재가 아니다'라는 점을 알기 위해 사람들이 해야 하는 것이라고는 감상적인 선 개념으로부터 자신의 정신을 풀어 주는 것이다. 프로이트를 예로 들면, 아마 그에게 필요한 것은 대부분의 이론가들이 공통적으로 가지고 있는 것, 즉 만물을 단일한 설명 원리로 환원하려는 충동으로부터 자기 자신을 풀어 주는 것이었을 터이다.

프로이트는 문명이 공격성과 파괴성을 처리하는 방식은 '자아'의 일부를 식민지화하는 것이라고 말한다. 문명은 자아 안에 '정복한 도시의 주둔군'처럼 행동하는 초자아를 심는다(F: 124-5). 프로이트는 선과 악의 선천적 의미는 없다고 주장한다. 오히려 하나를 다른 하나와 구별하는 규칙은 양육에 의해 우리 안에서 훈련되는 것이다. 그리하여 규칙은 우리 행동의 영원한 내적 감시자, 소위 우리가 말하는 '양심'이 되었다. 따라서 아이의 행동이 어머니를 불쾌하게 한다면 그것은 '사랑의 상실'을 경험한다. 마침내 이러한 어머니의 반복되는 처벌은 아이에게 부모의 목소리(물론 대개는 사회의 목소리)를 내면화시키고 불인정의 역할을 스스로 떠안는다.

문명의 관점에서 볼 때 이러한 사회 목소리의 내면화는 두 가지 이점을 지닌다. 첫째로 초자아는 행동만이 아니라 행동을 초래하는 욕망을 감시하고 그리하여 수많은 해로운 행동들을 미연에 방지한다. 둘째로 초자아는 공격적 본능에 **안전한** 만족을 허용한다. 그것은 공격성을 내면화함으로써 타인에 대한 공격성을 **자아**를 향한 공격성으로 변환한다. 어머니가 사랑을 거두어들임으로써 아이에게 벌을 주는 것과 마찬가지로 초자아는 자아로부터 '사랑을 거두어들이고' 이를 통해 자아가 죄의식을 느끼게 만든다(F: 123). 공격성의 완화를 공격성의 내향화로 달성한다는 이러한 사고는 니체의《도덕의 계보》제2논문 〈'죄', '양심의 가책' 그리고 이와 유사한 것들〉로부터 직접 가지고 온 것이다. 그러나 그는 이 기원을 어디에서도 인정하지 않고 있다.*

그러나 개인의 관점에서 볼 때 고액의 대가를 지불해야 한다. 프로이트가 집합적으로 '이드'라고 말하는 시원적 본능은 결코 사라지지 않는다. 그러나 이드를 증오하고 저주하며 사실상 그 '죽음'을 바라는 것은 초자아이다. 이런 초자아는 이드처럼 사라지지 않는다. 이를 표현해 주는 것이 영원한 죄책감이다. 프로이트는 죄책감은 자주 그 자체로 인식되지 않고 오히려 '불안', 일반화된 '불안감'으로 경험된다고 말한다. 프로이트는 자신의 임상적 경험에 의거해서 바로 이것이 문명이 우리에게 부과하는 비용 가운데서 가장 중요한 것이라고 말한다(F: 134-5).

• 니체 사상에 대한 프로이트의 지식은 그가 청년 시절에 참석한 세미나(124쪽)에 국한되지 않는다. 1883년과 1884년에 프로이트의 측근 그룹의 일원인 요제프 파네트 Joseph Paneth 박사는 니체를 방문했고, 그 철학자와의 긴 대화를 방대하게 메모했으며 프로이트에게 다시 보고했다(Young 2010, 205-6, 365).

대답

그렇다면 문명은 그만한 가치가 있는가? 문명은 우리의 원시적 성과 공격성의 본능에 대한 문명의 필수적이고 고통스러운 조작보다 더 많은 이득을 주는가? 프로이트는 자기 책의 끝부분에 이르러 이 문제에 즉답하는 것을 피한다. 다만 그는 그렇지 않다고 말하는 사람의 말을 들어도 '분노를 보이지 않을' 수 있다고 말할 뿐이다(F: 144-5). 그러나 그 책의 시작 부분에서 불가지론의 가면이 벗겨진다. 프로이트는 '원시인은 본능의 제약을 모르는 편이 더 나았다'고 까놓고 말한다. 물론 '자신이 그러한 본능의 행복을 언제까지나 누릴 가망은 아주 빈약했다'고 할지라도 말이다. 그러므로 문명화된 인간이 이룬 것은 '행복의 몫'을 '안전의 몫'과 맞바꾼 것이라고 하겠다(F: 115). 그러나 이러한 방식으로 표현된다면, 다시 말해 죄책감과 성적 불만으로 가득한 오랜 삶이냐 자유와 기쁨의 짧은 삶이냐에서 선택하라는 식으로 된다면, 그 대답, 즉 프로이트의 대답은 명백해 보인다. 자기만의 길을 걸음으로써 프로이트는 스스로 쇼펜하우어의 결론에 도달한 것처럼 보인다. 즉 '삶[문명의 삶, 현대인에게 가용한 유일한 삶]은 비용을 감당하지 못하는 사업이다'(WR Ⅱ: 574).

비평

우리는 프로이트의 쇼펜하우어적 결론을 받아들여야 하는가? 나는 많은 의문이 제기될 수 있다고 생각한다.

첫째, 왜 문명화 과업이 사람의 리비도적 에너지 **전체**를 징발해야 한다는 것을 받아들여야 하는가? 사람들은 어떤 종류이든 유한한 양의 리비도적 에너지만을 갖고 있다는 점에서 프로이트는 확실히 옳다. 그러나 대부분의 개인에게 풍족한 성 생활과 리비도적 에너지 일부의 승화, 이 둘 다를 문명화 과업에 허용할 수 있는 충분한 양이 있으면 왜 안 되는가? 니체는 프로이트와 동일한 견해를 견지하는데, 아마도 이 역시 영향을 주었을 수 있다. 그는 예술 창조와 철학함은 '자녀 만들기'의 또 다른 방법일 뿐이라고 쓴다. 따라서 '순결'은 그저 '예술가의 절약' 또는 철학자의 절약일 따름이다. 모든 '운동선수나 기수'가 아는 것처럼 사람들은 큰 일을 목전에 두고 성을 삼갈 필요가 있다.* 그러나 프로이트도 니체도 그들의 '절약'의 원리에 대한 증거를 제시하지 않는다. 그리고 그 이유는 확실히 증거가 하나도 없기 때문이다. 우리는 그 원리가 믿기 힘든 미신(또는 늙은 축구 감독의 미신) 이상인 어떤 것이라고 믿을 이유가 없다.

둘째, 이런저런 문화 활동에서 리비도적 에너지를 승화하고 또 그러한 승화가 일어난다는 생각에 어떤 통찰이 있는 것은 확실하다고 할지라도, 그 승화가 수반하는 '불만족'이란 것은 정확히 무엇을 말하는가? 우리는 프로이트가 성적 쾌락이 모든 쾌락 중 최고이고 '원형'이라는 입장을 견지하는 것을 보았다. 그렇기에 그에 따르면 성적 에너지가 가령 예술로 전환되면 기껏해야 우수한 쾌락을 저급한 쾌락으로 대체하는 것뿐이다. 그러나 이것은 확실히 이상하게 보이는 가치 척도이다. 시스티나 성당 천장 그림을 완성하는 미켈란젤로의 만족은 그가 어떤 젊은 남자와 침대에서 경험할지도 모르는 만족보다 열등한가?

이제 공격성으로 가 보자. 공격성을 전적으로 파괴적인 충동으로 표상하는 것은 오류가 아닌가? 확실히 어떤 공격성은 무의미한 반달리즘

---

* WP: 800; GM Ⅲ: 8.

으로 나타난다. 그러나 그것은 니체가 '힘에의 의지'의 개념에서 인식하는 것처럼 창의적 모습을 훨씬 더 많이 가지고 있다. 확실히 섹슈얼리티가 문명화 과업으로 승화될 수 있는 것처럼 공격성도 마찬가지로 사업, 고층빌딩, 제국, 철학 논증을 세우는 활동으로 승화될 수 있다. 프로이트가 섹슈얼리티의 창조적 승화를 허용하면서도 공격성에 대해서는 동일하게 허용하지 않는 것은 이상하게 보인다. 공격성을 창조적 에너지의 두 번째 원천으로 허용하는 것은 문명이 리비도적 에너지 **전체**를 징발할 필요가 없다는 것을 허용하는 논거를 강화해 준다는 점에 유의하자. 문명은 자기가 이용할 수 있는 다른 원천을 갖기 때문에 그 리비도적 에너지 전체를 징발할 필요가 없다.

마지막으로, '죄책감'에 대해 논평해 보자. 많은 양육, 특히 종교적 양육은 개인에게 심한 손상을 가하는 죄책감을 유입한다는 점에서 프로이트가 물론 옳다. 여기서 죄를 속죄하는 것은 불가능하다. 왜냐하면 죄는 사실상 육체를 지닌 자연적 존재라면 피할 수 없는 욕망에 관한 죄이기 때문이다. 그러나 키르케고르로부터 배울 것이 있다면 그것은 초자아는 순수하게 처벌하는 행위자여서는 안 된다는 것이다. 초자아가 보다 계몽된 문화의 산물이라면 그 주된 기능은 처벌보다는 오히려 격려일 수 있다. 그리고 사람들이 운 나쁘게도 미개한 문화에서 양육을 받는다고 해도 프로이트 자신의 정신분석 혹은 그 수많은 분파 중 하나는 죄책감을 처리할 수 있는 방법을 제공하지 않는가? 문명사회에 머물면서 그것을 처리할 수 있는 방법을 제공하지 않는가?

6장

초기 니체

프리드리히 니체는 1844년에 루터교 목사의 아들로 태어났고 그가 다섯 살 때 아버지가 죽었다. 아마 아버지는 뇌종양으로 죽었을 것이다. 니체는 1865년 중고 서점에서《의지와 표상으로서의 세계》를 발견했고 이 책이 '특별히 나를 위해' 써진 것임을 알았다. 니체는 오페라 작곡가 리하르트 바그너와 공통적으로 쇼펜하우어에 대한 존경심을 갖고 있어 그와는 가까운 사이로 이어졌다. 그들은 쇼펜하우어가 삶에 대한 **진리**를 과감하게 말했다고 서로 확신했다. 그러나 10년 후에 그는 그들 둘 다 '병들었다'는 것을 발견했다고 선언하면서 그들과 결별했다. 니체는 1876년 바그너 오페라 극장의 창립 바이로이트 음악 축제에 영예롭게 초청을 받았지만 반쯤 지나자 역겨워서 퇴장했다.

1869년 니체는 스위스의 바젤대학교 그리스어과 교수가 되었고 그곳에서 1872년 최초의 저서《비극의 탄생》을 출판했다. 이것이 본 장에서 다룰 주제이다. 1879년 니체는 바젤대학교 학과장직을 사임하고 스위스, 이탈리아, 프랑스의 저렴한 숙박 시설에 체류하면서 여러 곳

을 돌아다니는 삶을 시작했다. 1882년 그는 처음으로《즐거운 학문》
에서 '신은 죽었다'고 선언했고 1883년과 1885년 사이에 자신의 가장
유명한 책《차라투스트라는 이렇게 말했다》를 출간했다. 1889년 초에
갑자기 정신 상태가 악화되었고 그는 분명히 정신이 이상해졌다. 그
는 야코프 부르크하르트에게 보낸 편지에서 본인이 신이라고 주장했
고 자신이 잠시 갇혀 있었던 요양병원의 환자들에게 그들이 겪고 있는
나쁜 날씨에 대해 사과하고 '내일을 위한 가장 멋진 날을 준비해 주겠
다'고 약속했다. 그의 광기 증세의 원인은 불확실하다. 그가 매독에 걸
렸다는 전통적 견해는 수많은 의학 전문가들에 의해 의문시되었다. 더
최근의 견해는 그가 극단적 형태의 조울증을 앓았다는 것이다. 1900
년에 니체는 그간에 한 번도 맑은 정신을 회복한 적이 없이 사망했다.

헬레니즘과 비관주의

니체는 쇼펜하우어의 영향을 받아서 그에게 강렬한 존경심을 가지고
있었을 때《비극의 탄생》을 저술했다. 이 책의 대안적 표제라고 할 '헬
레니즘과 비관주의'는 니체의 마음에 쇼펜하우어가 얼마나 큰 자리를
차지하는지를 보여 준다. 이 책의 논증 개요는 다음과 같다.

　그리스인들은 '감성이 뛰어난' 민족이고 '감정이 강렬하며' 정교하게
'고통에 잘 준비된' 민족이다. 이들은 존재의 '위협과 공포'를 너무나도
잘 알았다. 그들의 신화는 그것이 그들의 의식 세계에 얼마나 크게 나
타났는지를 드러낸다. 예를 들어 '위대한 인간 박애주의자 프로메테우
스를 쪼아 먹는 독수리, 현명한 오이디푸스가 타고난 끔찍한 운명, 오
레스테스가 자신의 어머니를 살인하게 만든 아트레우스 가문에 내려
진 저주' 등이다(BT 3). 그리스인들은 참혹한 '자연의 잔인성'(쇼펜하

우어의 '만인에 대한 만인의 투쟁')과 '소위 세계 역사의 끔찍한 파괴성'을 알았다(BT 7). (이것은 7장에서 우리가 보게 되는 헤겔의 견해, 즉 역사는 완전을 향한 불가피한 진보라는 견해를 거부한다.) 한마디로 그리스인들은 쇼펜하우어의 비관주의의 진리를 알았다. 그들은 삶은 고통이라는 것을 알았다. 그리고 그들의 신화가 역시 드러내는 것처럼 그들은 비관주의에서 허무주의로, 다시 말해서 삶, 인간의 삶은 살 가치가 없다는 확신으로 옮겨가는 강력한 경향성을 알았다. 가령 반은 신이요 반은 인간이었던 실레누스는 미다스 왕에게 잡혀 지혜를 털어놓으라는 강요를 받았을 때 다음과 같이 말했다. '인간에게 최선은 … 아예 태어나지 않는 것, **존재하지 않는 것**, **아무것도 아닌** 것이 되는 것이다. 그러나 차선은 … 되도록 빨리 죽는 것이다'(BT 3).

그러므로 그리스인들은 행동을 마비시키는 '구토'를 경험하고 '불교[쇼펜하우어]적 의지 부정'의 유혹에 빠지는 것을 알았다(BT 7). 이에 대한 궁극적 표현은 자살이다(BT 15). 그러나 사실을 말하면 그들은 의지 거부로 빠지지 않았다. 그들은 행동했다. 그들은 페르시아인을 격파했고 그 과정에서 말하자면 서구 문명을 창조했다. 그들은 살아남았고 번영했다. 어떻게 그럴 수 있었는가? 그들의 예술을 통해서라고 니체는 주장한다. 보다 구체적으로 말하면 그들의 두 가지 주요 예술 유형을 통해서이다. 즉 호메로스의 '아폴로적' 예술과 위대한 비극 작가 아이스킬로스와 소포클레스의 '디오니소스적' 예술이다.

형식적으로 말하면 니체의 논증은 앞서 서술한 대로 고전에 대한 연구의 일부로서 제공된다. 니체는 그리스문학 교수였을 때《비극의 탄생》을 저술했다. 그러나 그의 근본 관심은 **우리**였다. 즉 그리스적인 것에 의해서 제공된 '광택 나는 거울'에 비친 우리 자신을 이해하는 것이었다. 니체가 취하는 입장은 이렇다. 즉 우리가 그리스인들이 어떻게 '구토'와 '의지 부정'을 극복했는지를 이해할 수 있다면 우리, 말하자면 쇼펜하우어의 독자인 우리는 어떻게 허무주의도 극복할 수 있는지를 이해할 것이다. ('우리는 어떻게 허무주의를 극복할 수 있는가'라는 문제에 대한 니체의 대답은 이것이다. 즉 '리하르트 바그너의 음악 드라마에서 일어나고 있는 그리스 비극의 재탄생을 통해서'이다. 《비극의 탄생》을 저술한 그의 기본 동기는 바이로이트에 건립할 오페라 극장을 주문 설계한 바그너의 계획을 지지하기 위한 것이었다. 그러나 이러한 동기를 지녔기에 그는 창립 바이로이트 음악 축제에서 퇴장하게 되고 이는 그가 생각하기에 바그너에게 음악적 변화가 있었다는 사실을 대변하는 것이다.)

허무주의에 대한 아폴로적 해결

그리스인들은 허무주의를 극복하는 두 가지 유형의 예술을 가지고 있었기 때문에 사실상 그들은 허무주의의 문제에 대한 두 가지 해결을 가지고 있었다고 니체는 주목한다. 하나는 기원전 8세기 호메로스의 아폴로적 예술이고 다른 하나는 기원전 5세기 비극 작가들의 디오니소스적 예술이다. 나는 전자의 해결에서 시작한다.

니체가 사용하는 '아폴로적'이라는 말은 애매하다. 그것은 때로는 단순히 의식 유형을, 때로는 예술을 통한 의식 고양을 기술한다. 첫째 의미에서 '아폴로적'은 세상을 일상적으로 다양하게 살아가는 의식에 적용된다. 이러한 의미에서 아폴로적 의식은 자기 자신을 시공에 위치한 다수의 개인들 속에 있는 개체성으로서 의식하는 의식이다. 이것은 개체성의 원리를 따르는 의식이라고 니체는 말한다(BT 1, 2). (쇼펜하우어의 용어 체계를 이렇게 사용하는 경우라면 이것은 사실상 《비극의 탄생》의 형이상학이 《의지와 표상으로서의 세계》의 형이상학과 동일하다는 것을 암시한다. 우리가 곧 보겠지만 개체성의 세계는 니체에게도 역시 관념적인 것이고 실재는 그 배후, 즉 '물자체'이고 '다수성'을 넘어서 있다.) 니체는 아폴로적 정신의 본질이 다수성, 분리, '경계 설정'이라고 말한다 (BT 9). 너와 나뿐만 아니라 너의 것과 나의 것을 구별하는 것이 아폴로적 정신이다. 분리와 더불어 합법성과 정의는 정신의 아폴로적 측면의 산물이다(BT 2, 9).

아폴로적 예술은 개체성의 원리를 따르는 의식의 미학적 변형이다. 호메로스는《일리아드》와《오디세이》에서 '올림포스 신들의 빛나는 꿈같은 탄생'을 연출했다. 이를 통해 그리스인들은 존재의 위협과 공포를 '극복했거나 … 어쨌든 감추었다'(BT 3). 그리스인들이 말하는 신과 영웅의 이야기에서 호메로스의 그리스인들은 기독교의 이상(예를 들어 예수는 결코 성관계를 갖지 않는다)과 같은 비인간적 내지는 반인간적 이상, 더 정확히 말하면 '변형된'(BT 18) **자기** 초상, **인간** 존재의 영광을 구축했다고 니체는 말한다. 이러한 방식으로 그들은 스스로를 '유혹하여'(BT: 18) 존재를 지속했다. '이러한 신들의 밝은 햇볕 아래 있는 존재는 그 자체로 바람직한 것으로 간주된다'(BT 3).

정확히 말해서 변형이란 무엇인가? 이에 대해 니체는 자주 '환상'과 '거짓말'의 문제라고 말한다(BT 3, 7, 16, 18). 이 말은 니체가 보기에 호메로스가 만든 것은 (콘플레이크 텔레비전 광고나 대선 후보의 부풀린 이미지처럼) 모든 조각이 공중 분해되는 삶의 그림이라는 것을 암시한다. 그렇지만 호메로스에게는 죽음과 파괴가 충만하고 그의 이야기는 **전쟁** 이야기이며 니체는 어쨌든 호메로스에게는 '모든 것은 선하든 **악하든** 신성시된다'(BT 3, 강조는 첨가)고 말한다. 그래서 사실을 말하면 모든 험악한 조각들을 제거함으로써 변형이 다 설명된 것은 아니다.

니체는 아폴로적 예술이란 '한갓된 현상을 기뻐하고 한갓된 현상을 통해 구원함으로써 가장 끔찍한 것들을 변형시키는 것'이라고 말한다 (BT 21). 그러면서 그는 아폴로적 예술가는 과학자와 달리 '덮개가 벗겨졌는데도 남아 있는 가려진 것을 응시해 몰입하며 애착을 갖는'(BT 15) 자라고 말한다. 반면 과학자는 항상 사물의 근저에 도달하기를 원하고 사물의 '덮개를 벗기기'를 원하는 자이다. 불쾌한 진리의 덮개가 벗겨진 이후에도 아폴로적 예술가는 그 '미적인 것', '미적 형태'를 기뻐한다(BT 16).

이것은 호메로스의 서사 예술과 이에 상응하는 삶의 태도가 제거의 문제가 아니라 오히려 초점의 문제라는 것을 말해 준다. 그것은 사람들이 삶을 '끔찍하지만 웅장한 것'이라고 말하고 싶어 하는 태도를 말해 준다. 예를 들어 르네상스 화가 우첼로의 〈산 로마노 전투〉에서(인터넷에서 검색해 보기 바란다) 땅바닥에는 시체들과 그 조각들이 어질러져 있지만 사람들의 주위를 끄는 것은 말의 웅장함, 병사의 신나는 전투 열정, 병기의 번쩍임, 자랑스럽게 펄럭이는 깃발 문장의 강렬한 색깔이다. 〔이것은 아주 적절한 비교이다. 왜냐하면 한때 니체는 인간 존재는 전투 장면을 그린 유화에 나오는 병사의 존재와 같다고(BT 5) 말하기 때문이다.〕 우리가 아폴로적 예술의 현대적 사례를 찾으려고 할 때 마음속에 떠오르는 것은 서구적인 것이다. 죽음과 파괴가 그 모든 것인 서구 말이다. 우리의 초점은 그 같은 영웅들의 미, 용기, 그리고 그들의 오롯한 '스타일'에 맞추어진다. 어느 정도 동일한 현상이 슈퍼마켓 진열대의 잡지 세계에서도 발생한다. 끔찍한 것들, 가령 술 중독, 병, 마약, 이혼 등은 이 세계에 살아가는 신들과 여신들(스타 배우, 왕족, 축구 선수들)에게 일어난다. 그러나 이런 일들을 통해서 그들의 화려한 매력은 잔존하고 그들의 슈퍼스타 유명세는 빛을 발한다. (물론 호메로스는 기원전 8세기 그리스의 **대중** 문화였고 그런 면에서 이러한 비교는 얼핏 보기와는 달리 빗나간 이야기는 아니다.)

* * *

아폴로적 삶의 태도는 니체가 후기 저서《즐거운 학문》(GS 제2판 서문, 4)에서 '심오함에서 나온 피상성'이라고 부르는 것이다. 이러한 삶의 태도는 타인과 자신에 대해 강력한 외적 접근을 요구한다. 이것은 죽음이 서구나 비디오 게임에서 보듯이 피 흘림이 없는, 고통이 없는 죽음일 것을 요구한다. 이것은 일종의 내적 마취를 요구한다. 나는 바로 이것이 니체가 아폴로적 삶의 태도를 '환상'과 연결하는 이유라고 생각한다. 말하자면 그것은 3차원적 대상을 2차원적으로 표상한다. **사실들**을 검열하지 않는다고는 해도 여전히 검열은 존재한다. 즉 그것은 **관점들**을 검열하고 있다. 상실과 외상과 필멸성의 **내면**이 어떻게 느껴지는가 하는 내적 관점은 폭로되도록 허용되지는 않고 있다. 그러나 그리스인들은 사물의 내면을 **알았다**. 그들은 존재의 '위협과 공포'에 대한 아주 정교한 감성을 지니고 있었다. 이것이 니체가 아폴로적 삶의 태도를 (심판하는 방식으로 언급한 말은 결코 아니지만) '거짓말'이라고 부르는 이유이다. 그것은 일종의 자기기만이다.

이러한 연유로 아폴로적 삶의 조망은 허무주의, '구토', 절망에 대한 '예방법'(BT 11)으로서는 다소 허약하게 보이게 된다. 상황이 주는 고통은 사람들이 아무리 '피상적으로' 살아도 그들을 향해 강제적으로 작용하는 방법을 가지고 있다. 아마도 여기서 사람들은 뛰어난 오스카 와일드의 비극적 수감 생활, 퇴락, 죽음에 관한 생각을 할 수 있을 것이다. (오스카 와일드는 니체와 같은 시기에 살았던 동시대인이나 다름없는 사람이다.) 그는 아폴로적 삶의 자세를 구현하는 삶을 시도한 자로 보일 수 있는 '탐미주의자'이다. 아니면 사람들은 자신의 자녀의 죽음에 직면하여 그러한 자세를 유지하는 것은 불가능하다는 생각을 할 수 있을 것이다.

내가 생각하기에, 니체는 아폴로적 허무주의 해결을 명예롭다고 평가하지만 그 허약함 때문에 《비극의 탄생》에 나오는 해법을 선호한다. 그 해법은 그리스 비극에서 구현된 디오니소스적 해결, 즉 그 둘 중

'더욱 심오한'(BT 10) 해결이라고 말한 해법이다. 그는 그리스 비극과 함께 예술은 … '모든 예술의 최고 목표'에 도달한다고 말한다(BT 21, 24). 말하자면 그것은 삶에 대한 최고의 봉사이다(BT 2, 5).

허무주의에 대한 디오니소스적 해결

아폴로적인 것에 관한 니체의 주요 용어는 '꿈'이다. 이것은 이중 과제를 수행한다. 첫째, 그것은 개체성의 원리의 세계는 관념적인 것, 궁극적으로 쇼펜하우어가 말한 대로 단순한 꿈이라는 사실을 지시한다. 둘째, 그것은 그 세계가 아폴로적 예술에서 미의 상태로까지 높아졌다는 사실을 지시한다. 아폴로적 예술은 후자처럼 되는 기능에 이바지한다. 왜냐하면 니체에게 미는 '본질적' 또는 '유의미한' 형태의 경제에서 성립하기 때문이고 '우리는 꿈속에서 형상의 직접적 이해에 기쁨을 느끼기 때문이다. 모든 형태는 우리에게 말하고 중요하지 않거나 필요하지 않은 것은 아무것도 없다'(BT 1). 다시 말해서 꿈은 좋은 문학과 같다. 셰익스피어는 햄릿의 왼팔 밑에 점이 있는지를 우리에게 말하지 않는다. 왜냐하면 그러한 세부 내용은 미학적으로 아무런 상관도 없기 때문이다. 마찬가지로 꿈은 아무런 상관도 없으면 생략한다.

　이와는 대조적으로 디오니소스적인 것에 관한 니체의 주요 용어는 '도취', '탈아성', '황홀경', '광희'이다. (디오니소스, 바쿠스는 물론 술의 신이다.) 디오니소스적 의식은 우리가 개체성의 원리의 세계를 절대성과 궁극적 실재성으로 제시하는 일상의 아폴로적 의식의 '맑은 상태'를 극복하게 되는 형이상학적 도취 상태이다. 디오니소스적 황홀경에서 사람들은 참으로 실재는 다수성을 넘어섬, '보편적 의지'(BT 17), '원초적 통일성'(BT 1)임을 깨닫기 위해 '마야의 장막'(BT 1)을 꿰뚫는다.

디오니소스적 의식은 (문자 그대로 도취 상태처럼) 양날을 지닌 현상이다. 한편으로 그것은 자애로운 표현을 가질 수 있다. 즉 '디오니소스적인 것의 매력하에서라면' 아폴로적 정신이 인간과 인간 사이에, 인간과 자연 사이에 세워놓은 '공고한 적대적 장벽'은 허물어질 수 있다. 고대 세계의 디오니소스적 축제에서 그러한 장벽은 '보편적 조화의 복음'에 의해 교체될 수 있다. 이러한 복음하에서 사람들은

> 통합되어 있고 화해하며 이웃과 융화되어 있다는 것을 비롯해서 더없이 하나가 되어 있다고 느낀다. 마야의 장막은 찢겨져 나가고 이제 신비의 원초적 존재 앞에 한갓 넝마 조각처럼 흩어져 나부끼고 있을 뿐이다(BT 1).

(니체는 베토벤의 9번 교향곡의 마지막 합창에서 표현하는 것이 바로 이러한 '복음'이라고 덧붙인다.)

다른 한편으로, 디오니소스적 의식은 '관능성과 잔인성'의 '마녀 같은 끔찍한 혼합'(BT 2)을 결과할 수 있다. 그것이 이러한 결과를 가질 수 있는 것은 우리가 하나 된 모두라면 사실상 개인은 전혀 가치가 없기 때문이다. 개인이 죽어도 잃어버리는 것은 아무것도 없다. 인간의 희생은 우리의 참된 정체성의 초개인적 본성의 긍정으로서 일어나는 일일 수 있다. (심오한 사냥꾼은 때로는 사냥꾼과 사냥감 사이의 신비한 유대에 대해 말하는데, 심지어 그 사슴이 자신의 죽음을 '의지한다willing'고 까지 말한다. 내가 생각하기에 이러한 말을 할 수 있는 토대는 디오니소스주의의 형이상학, 즉 만물을 원초적 통일성 속에 하나로 보는 동일성의 형이상학이다.)

고대 세계의 '야만인'은 디오니소스주의를 끔찍하게 현시할 수 있

는 가능성에 대한 보호막이 없었다. 그렇지만 디오니소스적 의식을 예술, 특히 비극으로 전환한 일이야말로 바로 그리스인들의 성취였다. 현실적 인간의 희생 대신에 비극 속에서 우리는 상징적 영웅을 희생시킨다. 그리스인들은 디오니소스적 도취를 제거하지 않고 그 도취를 안전하게 만들었다.

* * *

니체가 그리스 비극에 관해 집중한 문제는 아리스토텔레스 이래로 철학자들을 어리둥절하게 만들었던 '비극의 효과'의 본성이다. 우리는 인간의 재앙과 파멸을 보는 일에 기꺼워하고 이뿐만 아니라 인간이 제공하게 되는 사례 중에서 여러 가지 면으로 정교하기 이를 데 없는 재앙과 파멸의 사례 장면까지 기꺼이 보며 그리하여 아마도 그로부터 모종의 만족까지 끌어낸다. 그런데 이는 무엇 때문인가? 니체의 대답은 아폴로적 예술은 우리에게 현상 세계에 기뻐하는 것을 가르치지만 디오니소스적 예술은 '우리에게 현상에서가 아니라 그 배후에서 기쁨을 추구하는 것을 가르친다'(BT 17)는 것이다. 비극적 영웅의 파멸은 우리가 '공포에 경직하지' 않게 되는 방식으로 제시된다. (그리스 비극은 공포 영화와는 다르다.) 오히려 '변화하는 인물들이 떠는 수선으로부터 형이상학적 위안이 나와서 우리 자신을 순간적으로 찢어 놓는다. 우리는 참으로 잠시 동안 원초적 존재 자체가 된다'(BT 17).

쇼펜하우어는 칸트(그리고 궁극적으로 18세기 영국 철학자이자 정치가인 에드먼드 버크)를 따르면서 '미'와 '숭고'를 구별한다. 미의 경험은 현상계의 유의미한 형태의 경험이고 숭고감은 초현상적 자연에 민감해짐, 칸트의 말로 표현하면 '우리의 존재의 초감각적 측면'에 민감해짐이다. 비극은 최고 형태의 '숭고감'(WR I : 253; II 433)이다. 비극의 효과에 관한 니체의 설명은 정확히 이와 거의 동일하다. 과연 그는 동일한 단어를 사용한다. '공포의 예술적 길들이기'가 바로 '숭고'라고 그는 말한다(BT 7). 비극이 주는 기쁨은 적어도 개개인이 인간 존재로서 존재의 위협으로부터 순간적으로 도피하는 것에서 성립한다. 그러므로 그것은 우리의 '보다 높은' 운명, 초인의 운명의 암시이다. 비극은

> 비극적 영웅의 모습을 통해 … 우리를 존재의 탐욕스러운 갈증으로부터 구원하는 법을 안다. 그리고 교훈의 몸짓과 함께 … 우리에게 다른 존재와 보다 높은 즐거움을 상기시킨다. 비극적 영웅은 자신의 승리가 아니라 자신의 파멸로 이러한 것에 준비한다(BT 21).

그리스 비극이 이러한 '형이상학적 위안'을 만들어 낼 수 있었던 것은 합창 덕분이다. 다시 말해서 비극은 원시적 고대 그리스의 디오니소스적 축제, 즉 모든 사람이 참여한 황홀경의 노래 축제에서 자랐다. 배우들이 더해지고 합창단과 청중이 공식적으로 구분된 후라도 청중은 여전히 합창단의 일원이라고 느꼈다. 따라서 부분적으로 비극적 영웅과 동일시되고 그렇게 해서 그의 고통을 경험할지라도 청중은 주로 합창단과 동일시되고 이들의 열광적인 노래로 시원적 일체성에 들어간다(축구 경기 관중의 느낌). 따라서 '야만인들'은 개인을 넘어서고 소진될 수 없는 동일성을 과다하게 긍정하는 가운데 현실 속에서 사람들을 희생시켰지만 그리스인들은 예술 속에서 사람들을 희생시켰다.

니체는 비극은 '심오한 비관주의적 세계관'을 제공한다고 말한다. 그것은 '개체성의 개념[개체성의 원리의 세계]을 악의 시원적 원인'으로 제공한다. 이뿐만 아니라 그것은 '개체성의 주문spell은 회복된 일체성의 징후에서 깨뜨려질지도 모른다는 기쁜 희망'도 제공한다(BT 10). 그러면서 그는 디오니소스적인 것의 갈망은 '우리가 이제 희미하게 개체성의 종말로 인식해야 하는 디오니소스의 재탄생'을 개시한다고 말한다(BT 10). 그러나 **이것이** 비극의 효과의 본성이라면 왜 그리스인

들은 '구토'와 '불교적 의지 부정'에 빠지지 **않았는가**? 왜 그리스인들은 **행동**했는가? 니체는 대답하기를, 그들은 비극은 다만 개체성의 세계를 사는 개인에만, 아폴로적 영역에만 관계한다는 '고상한 기만'(BT 21)의 지배를 받았기 때문이다. 비극 작가들조차도 자신들의 진정한 함의를 이해할 수 없었다. 이러한 방식으로 그리스인들은 그들의 명백한 형이상학적 통찰이 지니는 '짐으로부터의 구제'와 동시에 '형이상학적 위안'을 받았다. 그러므로 디오니소스적 예술의 효과성은 한편으로 우리에게 개체성의 고통과 불안으로부터의 궁극적 구원을 긍정하면서, 다른 한편으로는, 말하자면 '행동은 환상의 장막을 필요로 한다'는 것을 깨닫는다는 것이다(BT 7). 그것은 주인공을 돕는 요정처럼 행동하며 우리가 경험한 것 위에다 망각의 장막을 둘러친다. 이러한 방식으로 우리는 세계로 되돌아가며, 이상하리만큼 위안을 받으면서도 행동할 수 있게 된다.

유럽적 불교

초기 니체가 삶의 의미에 대해 우리에게 해줄 수 있는 말은 무엇일까? 여기서 우리는 그의 방법론이 안고 있는 난점을 직시해야 한다. 니체는 그리스인들을 연구하면서 우리 자신과 우리 자신의 상황을 연구한다고 가정한다. 그는 미출간 원고에서 고전주의자의 임무는 '고전 세계를 통해서 **자기 자신**의 시대를 더 낫게 이해하는 것'이라고 쓴다. 그리스인들은 비극을 통해 구토와 허무주의를 극복했고 우리도 리하르트 바그너의 음악 드라마에 나타난 그리스 비극의 재탄생을 통해서 그렇게 할 수 있다. 그러나 그가 망각하는 것은 비극에 대한 그 자신의 논의의 효과이다. **우리는** 그의 독자로서 '고상한 기만'의 지배를 받을 수 없다. 왜냐하면 니체는 말하자면 비밀을 누설했기 때문이다. 다시 말해서 우리가 그의 형이상학에 설복된다면 그때 우리는 우리의 초개인적 동일성에 대해 안다. 또한 우리가 그의 비관주의에 설복된다면 우리는 개체성의 원리가 지배하는 세상의 삶은 어쩔 수 없이 변함없는 고통이라는 것을 안다. 그렇다면 어째서 우리는 세계에 관여해야 하고 행동해야 하는가? '행동이 환상의 장막을 필요로 한다'면, 행동이 삶과 형이상학에 대한 거짓된 믿음을 필요로 한다면, 진리를 아는 것은 행동을 **포기해야** 한다는 것을 수반한다. 그리스인들과 달리 **니체**와 니체가 설복하고자 하는 독자들은 사실상 스스로 '불교적 의지 부정'에 헌신하는 자들이다. 한마디로 말해서 초기 니체는 비관주의에 대해 약간의 착각을 하고 있을지라도 비관주의에 대한 그의 반응은 본질적으로 그의 스승 쇼펜하우어와 동일하다. 쇼펜하우어처럼 그는 '유럽적 불교 신자'이다.

후기 니체는 이 점을 완벽하게 알고 있었다. 그는 자신의 청년 시절의 자아가 '낭만주의'의 나쁜 사례에 빠져 있었다고 말한다. 여기서 그가 말하는 낭만주의는 '형이상학적 위안'과 결합된 현세적 비관주의, 몽롱한 종류의 내세적 구원의 제안을 의미한다. 니체는 1886년에《비극의 탄생》최근판을 출간할 때 일종의 서론에 해당하는 '자기비평의 시도'를 추가했는데 자신과 같은 '청년 낭만파'에게 형이상학을 포기하고 차라리 '**현세적 위안**'을 추구하라고 충고했다.

미적 현상으로서의 세계

초기 니체에게는 허무주의에 대한 쇼펜하우어의 해결에 보탤 것이 아무것도 없는가? 나는 한 가지 있다고 생각한다. 쇼펜하우어가 한 말 중에 기억해야 할 것은 다음과 같다. 첫째, '구원'은 절대적인 것과의 재통일, 즉 개체성 원리의 초월에서 성립한다는 것이다. 둘째, 절대적인 것, '물자체'는 절대적으로 악하다는 것이다. 그러나 우리가 관찰한 바와 같이 이 명제들은 양립할 수 없다(121쪽). 악과의 통일은 구원으로 간주될 수 없는 것이고 다만 악과 함께하는 공포와 혐오감과 더불어서만 이해될 수 있다.

쇼펜하우어가 절대자를 절대 악으로 보는 시각은 절대자를 절대 선으로 보는 기독교의 시각을 전도한 것에 불과하다. 그러나 니체는 제3의 시각을 시사한다. 모든 존재의 원천은 성자도 사디스트도 아닌 오히려 '전적으로 무모한 초도덕적 예술가-신', '세계를 형성하는 힘'으로 인식되어야 한다(BT '자기비평의 시도', 5). 이는 '어두운 헤라클레이토스를 여기저기에 돌을 쌓고 모래언덕을 만들고는 다시 무너뜨리며 유희하는 아이에 비유하는' 것이다(BT 24). 이 아이-예술가는 자기 자신의 놀이를 위해 개체성의 원리의 세계를 창조한다. 그것만이 자신의 유일한 의도이고 정당화이다. '오로지 **미적 현상으로서**만 존재와 세계는 … 정당화된다'(BT 5, 24). 세계는 일종의 거대한 영화이고 그 의도는 그 세계의 '유일한 저자이자 관객'(1998년 영화 〈트루먼 쇼〉를 기억하자)의 관심을 끌고 즐겁게 해 주는 것이다. 더 정확히 말하면 그것은 일종의 연속 영화이다. 말하자면 늘 동일한 영화를 보는 것은 권태롭기 때문이다. 종종 창조적 힘은 스스로 지은 모래성 세계를 파괴하고 새로운 성을 구축한다. 〔이것은 **우리가** … '세계 역사의 끔찍한 파괴성'으로 간주하는 것에 상응한다(142쪽).〕

니체가 절대자를 이렇게 의인화하는 일은 쇼펜하우어 철학의 비일관성과 어떠한 관계에 있다는 것인가? 시기적으로 훨씬 나중에 니체는 자신의 공책에 다음과 같이 쓴다.

'물자체'는 반드시 선해야 하고 축복받은 것이어야 하며 참된 것이어야 한다는 이론에 대항해서 이를테면 '물자체'를 의지로 해석하는 쇼펜하우어 철학은 그 같은 대항을 위한 본질적 단계였다. 그러나 그는 이 의지를 **신성화하는** 법을 알지 못했다. 그는 도덕적 기독교의 이상에 얽매여 있었고 … 그것을 나쁘고 어리석고 절대적으로 비난 받아야 하는 것으로 이해했다(WP 1005).

이것은 전적으로 옳다. 쇼펜하우어는 기독교의 신을 기독교의 도덕 기준에 따라 판결하고 그 신은 절대적으로 부족한 신임을 발견한다. 니체는 이러한 도덕화는 쇼펜하우어의 입장의 비일관성을 낳는다고 말한다. 다른 한편으로, 우리가 원초적 통일성을 '아이', 다시 말해서 '무구한' 것, 즉 도덕적 판단의 부적합한 대상으로 본다면 그것과의 통합을 '구원'으로 간주하는 데 장애물이 되는 장벽은 제거되는 셈이다.

내가 보기에 바로 이것이 우리 존재는 무가치하다는 지각에 대한 쇼펜하우어의 해결에 니체가 기여하는 공헌이다. '초도덕적'이라고 간주되어야 하는 것이 아이-예술가만은 아니다. **우리** 자신도 초도덕적이 되어야 한다. 우리는 개인이 지니는 삶의 고통을 세계 영화의 저자-창조자와의 동일시를 통해 비껴가기 위해 '선악의 피안에서' 초도덕적이 되어야 한다(BT '자기비평의 시도', 5). 《비극의 탄생》의 주요 의의는 일종의 쇼펜하우어의 각주라는 것이며 그 내용은 그의 비일관성을 '유럽적 불교'*로 제거해 준다는 것이다.

• **전체적으로** 볼 때 니체는 이 비일관성을 제거한다. 그러나 때로는 그는 원초적 통일성 자체는 '늘 고통스럽고 모순적이며 스스로를 구원하기 위해 열광적 비전과 기쁜 환상을 필요로 한다'고 말한다(BT 4). 아이-예술가는 자신의 고통으로부터 주의를 돌리기 위해 세계를 창조한다. 이 때문에 모든 것은 헝클어진다. 그것은 '개체성은 악의 시원적 원인'이라는 주장과 일치하지 않고(BT 10) 누구나 '형이상학적 위안'

유럽적 불교에 대한 비판

유럽적 불교는 외래종 '참된 세계주의'이다. 이 이론에 따르면 삶의 의미는 **니르바나**의 달성이다. 즉 고통의 현세에서 '고통을 넘어서는' 곳(또는 '장소')으로의 이행이다. 우리는 유럽적 불교 신자가 되어야 하는가?

확실히 이에 대한 답은 고통을 넘어서는 장소, 즉 낙원이나 유토피아가 실제로 있을 때 그리고 오직 그때만 (또는 우리는 그런 것이 있는 것이 더 낫다고 생각하는 좋은 이유가 있을 때 그리고 오직 그때만) 우리는 그러한 존재가 되어야 한다는 것이다. 왜 우리는 이것을 믿어야 하는가?

쇼펜하우어에 따르면 신비가의 영정심serenity, 그들의 '정신의 대양 같은 평온'은 '완전하고 확실한 복음'이다(WR I : 411). 그러나 이것은 바보 같은 구석이 있다. 자신들이 외계 존재에 의해 순간 이동될 것이라고 생각하기 때문에 스스로 영정하다고 생각하는 사람들이 있다. 또 다른 영정한 사람들이 있다. 그들은 예수의 재림이 곧 있을 것이라고 생각하기 때문에 영정해진다. 우리는 외계인에 의한 임박한 구원이나 그리스도가 곧 임할 구원을 믿어야 하는가? 영정심에 중요한 것은 지식이 아니라 믿음이다. 망상도 최소한 영정심을 산출할 수 있다. 물론 진리는 말할 것도 없다. ('우리는 진리 때문에 죽으면 안 되니까 예술을 소

을 원초적 통일성과의 동일시에서 발견해야 하는 이유를 이해할 수 없도록 만들어 버린다. 즉 그것은 방금 해결된 쇼펜하우어의 비일관성을 다시 한 번 낳는다. 게다가 원초적 통일성은 **아폴로적** 예술가라는 제언과 더불어 '기쁜 환상'에 대한 언급으로 말미암아 니체는 '아폴로적'에 관한 두 가지 의미를 혼동하고 있음을 나타낸다. 원초적 통일성이 창조할 수 있는 유일한 '예술작품'은 **세속적** 의미에서 말하는 아폴로적 세계이다. 그것이 창조할 수 있는 모든 것은 '꿈'이다. 그러나 아폴로적 예술은 영광의 반열에 오른 세계이다. 그것은 **인간** 예술가들만이 가질 수 있는 꿈 **안에** 있는 꿈이다. 사실상 예술가로서 간주되어도 원초적 통일성은 아폴로적 예술가도 **아니고** 디오니소스적 예술가도 **아니다**. 니체의 범주들은 이러한 경우를 다루지 못한다.

유한다'라고 니체는 나중에 어디선가 말한다.) 그리고 어느 길이든 간에 신비가의 영정심은 당연히 어떤 특수한 시각에 의해서가 아니라 금욕적 실천에 의한 엔돌핀 폭발로 일어난다.

현상 세계를 넘어서 고통 없는 장소가 실제로 있다는 데 대한 참된 논증은 쇼펜하우어의 경우에는 암시적인 것으로 그쳤지만 니체에 의해 최초로 명시화된다. 그 과정은 이렇다. 우리가 칸트로부터 알게 된 것은 시공 세계는 관념적이라는 것이고 '실재 자체'는 모르고 다만 현상만 안다는 것이다. 그리고 우리가 쇼펜하우어로부터 알게 된 것은 다수성과 개체성은 다만 시공 안에서만 존재할 수 있다는 것이다. 이로부터 귀결되는 것은 궁극적 실재는 '다수성을 넘어서' 있고 개체성을 넘어서 있다는 것이다. 그러나 '개체성은 … 모든 고통의 원천[이다]'(BT 10). 그러므로 궁극적 실재는 고통을 넘어서 있음에 틀림없다.

개체성을 고통의 원천으로 취급하는 이유는 내가 생각하기에 다음과 같다. 즉 가장 일반적인 수준에서 분석해 볼 때 우리가 쇼펜하우어로부터 아는 바와 같이 고통은 주관과 객관 사이의 괴리이다. 즉 세계가 내가 원하는 대로 있는 방식과 세계가 존재하는 대로 있는 방식 사이의 괴리이다. 그렇기에 고통은 주관과 객관 사이의 괴리를 전제하고 분리성, 차이성, 다수성, 개체성을 전제한다. 따라서 어떠한 고통도 시공을 넘어서, 다수성을 넘어서 결코 존재할 수 없다.

이러한 논증의 문제점은 우리가 칸트로부터 아는 것이 있다고 해도 실재 자체가 시공을 넘어서 있다는 것만은 알지 **못한다**는 것이다. 번거롭지만 다시 한 번 선글라스 유비로 돌아가 도움을 받아보자. 녹색 선글라스를 끼면 모든 것은 녹색으로 보인다. 그래서 우리는 그 선글라스를 통해 나타나는 실재상은 실재가 실제로 존재하는 방식이 아니라고 가정한다. 그러나 어쩌면 우리가 존재하는 그 모든 곳은 사실상 녹색일 수도 있다. 칸트에 대해서도 마찬가지로 말할 수 있다. 즉 인간 정신은 세계를 자기 식대로 구성한다는 사실로부터 이러한 구성 방식이 세계가 실제로 존재하는 방식과 일치하는지 하지 않는지에 관한 어떠한 귀결도 사실상 나오지 않는다는 것이다. 어쩌면 우리가 구성하는 세계는 참으로 공교롭게도 그 세계 '자체'가 실제로 존재하는 방식과 정확히 일치할 수도 있다.

르네 마그리트는 탁월한 초현실주의 화가로서 칸트식의 참된 세계 사고 방식을 재치 있게 비판하는 가운데서 이러한 주장을 펼쳤다. 그의 초현실주의적 그림 중 하나는(〈들판으로 가는 열쇠 The key to the Fields〉를 검색하기 바란다) 방 안에서 창밖으로 들과 언덕이 그려진 풍경을 보여 준다. 이 창은 창유리가 깨져 삐죽삐죽한 모양을 하고 있고 가운데 구멍이 나 있다. 아마 그 방 안에서 튀어나온 투발물에 의해서 깨진 듯하다. 사람들은 그 구멍을 통해서 창밖 너머에 있는 실제의 풍경 일부를 볼 수 있다. 이 실제의 풍경은 창에 그려진 풍경과 정확히 들어맞는다. 그 둘의 윤곽은 연속적으로 완전하게 이어져 있다. 그 그림은 유럽적 불교를 직접 겨냥하는 것으로 보인다. 즉 사람은 오로지 자기 자신을 발견하기 위해서 창문을 통해 세속 세계가 없는 곳으로 도약했지만 세속 세계만 있었다.

이로부터 귀결되는 것은 칸트주의자들, 다시 말해 정신(또는 언어)은 우리의 실재상을 구성한다는 폭넓은 (확실히 올바른) 명제를 받아들이는 사람들은 칸트 스스로가 받아들였던 것보다 더 심각하게, 절대적으로 심각하게 받아들여야 하는 명제가 있다는 것이다. 그것은 그 같은 실재상 너머에 존재하는 것에 관해 우리가 아는 것은 **도대체 아무것도 없다**는 명제이다. 또한 우리가 알지 못하는 것에는 그 세계가 실재상에서 제시되는 세계와는 성격이 근본적으로 다르다는 주장도 **포함된다.**˙

게다가 실재가 사실상 우리가 구성한 세계의 시공 질서를 소유하지 않는다고 해도 그것이 '다수성을 넘어서' 있다는 귀결은 결코 나오지 않는다. 왜냐하면 그것은 여전히 시공을 가질지도 모르기 때문이다. 다시 말해 그 시공은 우리의 것과 다르고 우리의 것과 상이한 수학적 성질을 가질 수 있다는 뜻이다. (이것은 상식의 공간과 아인슈타인의 공간 사이의 차이에 관해서 사실이다. 전자는 유클리드적 공간, 다시 말해서 삼각형의 내각의 합은 180도인 공간이고 아인슈타인의 공간은 그렇지 않다. 중력은 빛을 '굴절시키기' 때문에 세 광선의 교차에 의해 정의되는 아인슈타인 공간의 삼각형의 내각의 합은 180도보다 크다.)

* * *

4장에서 우리는 쇼펜하우어가 우리에게 궁극적 실재에 대한 기독교의 설명을 거부하는 강력한 이유를 제공하는 것을 보았다. 우리의 세계는 모든 가능 세계 중 최선의 세계가 **아님**이 명백하기 때문에 그 세계는 전능하고 전적으로 자비로운 신의 창조물일 수 없다. 이 때문에 '물자체'에 대한 대안적 설명, 구체적으로 말해 유럽적 불교에 의해 제공된 설명은 논의의 장에 들어올 수 있었다. 그러나 이제 우리는 다수성을 넘어서는 영역, 따라서 고통을 넘어서는 영역을 믿을 만한 타당한 이유가 하나도 없다는 점도 이해한다. **니르바나**에 대한 믿음은 전통 기독교의 천국에 대한 믿음**만큼** 비합리적이지는 않지만 여전히 비합리적이다.

* * *

- 칸트 자신은 우리가 비非시공적 물자체에 관한 부정적 인식을 가질 수 있으리라고 생각했다. 2장에서 언급한 바와 같이(47-8쪽) 그는 해결할 수 없는 역설, '이율배반'이 시간과 공간은 정신으로부터 독립한 실재성을 가지고 있다는 가정에서 일어난다고 주장한다. 즉 우리는 시간과 공간이 유한하면서도 동시에 무한하다고 입증할 수 있다. 이러한 논변은 커다란 관심을 불러일으킬 수 있지만 역시 최종적으로는 건전할 수 없다는 점이 아주 명백하다. 현대 과학은 많은 복잡한 문제를 안고 있지만 스스로 가정하고 있는 것처럼 시간과 공간의 실재성을 가정한다고 해서 이로부터 견딜 수 없는 이율배반에 내몰리지 않는다.

유럽적 불교에 대한 상당히 상이한 종류의 반대는 니체 자신에 의해
그의 후기 사상의 단계에서 제기된다. 이 반대는 사실상 플라톤적, 기
독교적 참된 세계 철학에 대한 반론이기도 하다. '낭만적 비관주의'
를 논의하면서 니체는 누구나 이 현세의 삶에 대한 '형이상학적 위안'
을 반드시 **필요로 하는** 이유에 의문을 제기한다. 왜 그들은 **현**세의 허
무주의, 즉 이 세상의 삶을 무가치한 것으로 표상하는 교리에 이끌려
야 하는가? 그러한 사람들은 정신적 에너지와 **건강함**이 부족하기에 삶
의 도전적 과제와 복잡한 문제들을 처리하는 삶의 **실패**를 대표한다(GS
370). 이렇게 결론하는 것이 그럴듯하게 보일 것이다. 무정하게 말하
면 그들은 삶의 실패자들이고 장애자들이다.

　이 장에서 논의한 성찰의 결말은 이렇게 되면 칸트, 키르케고르, 쇼
펜하우어에 대한 검토와 마찬가지로 기독교적 참된 세계도 유럽적 불
교의 참된 세계도 삶의 의미 문제에 대한 답으로서 아무 도움도 안 된
다는 것이다. 사유하는 존재로서 우리는 어떠한 종류의 초자연적 낙원
을 믿을 만한 아무런 근거도 가지고 있지 않다. 그럼에도 불구하고 우
리가 그러한 믿음, 키르케고르의 '도약'에 이끌리게 된다면 그때는 우
리 자신의 심리학적 건강 상태를 개선하도록 노력해야 할 것이다.

　그러나 이것이 참된 세계의 종말은 아니다. 왜냐하면 우리는 다음 장
에서 살펴보겠지만 참된 세계를 비상하게 적용시켜 초자연적 세계의
죽음에 살아남을 수 있는 것을 볼 것이기 때문이다.

7장

—〈•〉—

헤겔

게오르크 빌헬름 프리드리히 헤겔(1770-1831)은 태어나서 글을 쓰고 교수가 되었으며 많은 저서를 남기고 죽었다. 이 외에 흥미를 끌 만한 어떤 것도 그의 생애에서 일어나지 않았다. (실제로 이것은 전혀 진실이 아니다. 그는 혼외의 자식이 있었고 학창 시절에 위대한 시인 프리드리히 휠덜린과 가까운 친구 사이였다.)

그의 엄청난 다작 때문에 '본질적' 헤겔이 어디에서 발견될 수 있는 지에 대해 독자들의 의견은 일치하지 않는다. 나는 마르크스와 사르트르를 따라 헤겔의 본질이 상대적으로 이른 초기의 저서《정신현상학》에서 주로 발견될 수 있다는 입장이다. 이 저서는 진군하는 나폴레옹 부대의 총포 소리가 들리는 1806년 예나에서 완성되었다.《정신현상학》은 우리의 주요 텍스트이다.

600쪽에 이르는《정신현상학》을 읽는 것은 보통 어려운 일이 아니다. 그 부분적인 이유는 헤겔 산문의 진흙탕 같은 모호함에 기인하고 〔쇼펜하우어는 헤겔을 읽는 것은 뇌를 썩히는 일이라고(WR Ⅱ: 442) 주장한다) 다른 부분적인 이유는 아무런 구성의 원칙이 없는 것 같기 때문이다. 그 논의 전개는 주제와 상관없는 논점으로 방향을 홱홱 틀어서 일부 독자들은《정신현상학》이 약물의 영향하에 쓴 게 아닌가 생각하거나 다른 일부 독자들은 이를 제임스 조이스의 저서에 비교하기도 한다. 즉 매개 없는 '의식의 흐름'의 산물이라는 소견이다. 그럼에도 불구하고 이 책은 세계사, 19세기 독일 철학, 그리고 20세기 프랑스 철학에 비상한 영향을 끼친 저술이다. 그러니 논의가 필요하다.

절대적 관념론

헤겔에 따르면,《정신현상학》의 목표는 그가 '절대적 관념론'이라고 부르는 진리를 확립하는 것이다. 그러므로 우리의 최초 과제는 이것이 무엇인지를 발견하는 것이다.

칸트의《순수이성비판》이 출간된 지 25년이 지났을 뿐이고 칸트가 죽은 지 2년밖에 되지 않았을 때 글을 쓰는 일은 자연스럽게 '관념론'을 가정하기 마련이었다. 그에 따라 사람들은 헤겔이 정신에 의지하여 구성된 '현상'이나 '현상들'과 정신에서 독립한 '물자체'를 나누는 이분법 내에서 움직이고 있을 것이라고 추측할 것이다. 그러나 실제로 이것은 사실이 아니다. 그는 자신의 '절대적 관념론'은 자신이 거부하는 칸트의 '주관적 관념론'과 아주 다르다고 말한다.* 헤겔에게 공간과 시간 안에 있는 대상은 전적으로 실재적이다. 쇼펜하우어가 말하는 대로 헤겔은 세계에 관해 '**현상**을 **물자체**로 간주한다'(WR II: 442). 바꾸어

• Hegel 1975, 73.

말하면 그는 시공세계와 궁극적 실재 사이를 구분하지 않는다. 그렇다면 '절대적 관념론'은 무엇인가? 특히 절대적 관념론에서 '관념적인 것'은 무엇인가?

내가 보기에 그 교의는 다음의 다섯 가지 명제 안에 담아낼 수 있다.

① '절대적인 것', 즉 '무제약적인 것' 또는 칸트의 말로 표현하면 '물자체'는 '주관', '나'이다(PS 233). 이것은 특정한 목표를 가지고 있다는 점에서 사람 같은 실재이다. (제임스 러브록은 '가이아 가설'을 통해 지구에 관해 동일한 제안을 한다.) 헤겔은 이 실재를 '가이스트Geist', 즉 '마음'이나 '정신'으로 지칭하는 것은 바로 사람 같은 특성을 보여준다. 이것은 의식적이고 따라서 이것을 종종 그는 단순하게 '의식'이라고 말한다.

② '참된 것은 전체적인 것이다. 그러나 전체적인 것은 발전을 통해 자신을 완성하는 본질이나 다름없다.'(PS 20). 즉 절대적인 것은 말하자면 사물로서가 아니라 과정으로서, '유기적'(PS 2) 자기 발전의 과정으로서 간주된다. 도토리가 참나무의 '본질'을 포함하듯이 이 과정의 목표와 이 목표에 이르는 다양한 단계들은 애초에 현실태entelechy로서, 다시 말해서 자신의 충분한 발전, 자신의 '본질'의 청사진의 일종으로서 절대적인 것 안에 포함된다.

③ 이 과정의 담지자, 행위자는 이 일이 일어나게 되는 통로인데, 말하자면 인간 존재를 일컫는다. 개인은 이렇게 발전하는 과정에서 후속 단계를 일으키는 중요한 존재인데 예컨대 루터나 나폴레옹은 '세계사적' 개인으로 알려진다.*

④ '자연은 **그 자체 내에서 이성적이다.**'** 세계의 역사는 상이한 세계

---

*   Hegel 1955, 82-9, 97-103.

**   Hegel 1991, 12.

관, 시대정신, 소위 헤겔이 '의식의 형태'라 부르는 것으로 구분된다. 하나의 의식 형태에서 다른 의식 형태로의 이행은 '변증법적dialectical', 즉 정신이 자기 자신과 가지는 이성적 비판·'대화'(dialectos는 그리스어로 대화를 의미한다.)의 산물이다. 이 비판(헤겔은 이를 '부정'이라고 부른다)이 가져오는 발전은 삼위적 구조를 지닌다. 현존하는 의식 형태, 즉 '정립'은 부적절한 것으로 보여서 반대되는 형태, 즉 '반립'을 일으킨다. 이 둘은 지나치게 '일방향으로' 치우쳐 있고 따라서 '종합'을 제공하는 제3의 형태가 탄생한다. 이 형태는 각자가 지니는 가치 있는 것을 종합한다. 근자에 와서 헤겔 연구자들은 변증법을 이렇게 설명하는 것을 일반적으로 거부한다. 그 주된 근거는 그러한 설명은 자주 헤겔이 제공하는 발전 서사와 들어맞지 않는다는 것이다. 그러나 이러한 사정이 보여 주는 것은 헤겔이 변증법을 삼위적 방식으로 묘사하지 않았다는 점이 아니라 그가 그 묘사를 현실의 역사에 적용하는 데 어려움을 가졌다는 점이다. 나는 이 논점을 다시 거론할 것이다. 일단 네 번째 명제는 헤겔이 자신의 형이상학을 절대적 **관념론**이라고 부르는 이유를 설명한다는 점에 유의하자. 역사가 위에서 제시된 방식으로 변증법적이라면 역사는 우연이나 물질적 원인에 의해서가 아니라 **관념**의 갈등과 화해에 의해서 추동된다. ('관념적 실재론'이라는 표현이 '절대적 관념론'이라는 표현보다 덜 오도적일 것이다.)

⑤ 이 과정은 유한하다. 이 과정은 의식 형태가 더 이상 비판의 여지가 없는 단계에 도달할 때 종결될 것이다. 이 일이 일어나면 '시간', 즉 역사는 '소멸한다'(PS 801-2). 우리는 '역사의 종말'에 도달하게 될 것이다.

* * *

헤겔은 이렇듯 경탄스럽기 이를 데 없는 형이상학을 우리에게 어떻게 설득하는가? 그의 방법은 세계의 역사(실제로는 서구의 역사이고 그런 즉 헤겔은 전적으로 '유럽 중심주의자'인 셈이다)를 현실적으로 앞의 네 번째 명제에 일치하는 과정으로 **제시**하는 데서 성립한다. 헤겔은 자신의 목표가, 그러한 제시에서, '의식이 길을 따라 나아가는 일련의 형태들은 실제로 의식이 학의 입장standpoint of science에 이르는 의식 **교육**의 세부 역사라는 것'(PS 78)을 보여주는 것이라고 말한다. 여기서 '학의 입장'이라 함은 다섯 번째 명제에서 언급한 역사를 종결하는 형태를 말한다. 바꾸어 말하면 헤겔의 방법은 '세계' 역사를 **교양소설**로 전개하는 것이다. (교양소설은 영웅이 일련의 '학습 경험', 때로는 고통스러운 경험을 통해 소박한 생각에서 벗어나서 지혜를 얻어 가는 과정으로 발전한다는 '교육소설'이다.) 헤겔의 소설 중 여러 가지 점에서 가장 성공적인 부분은 학의 역사이다. 이는 자연의 비밀을 푸는 우리의 시도가 진행되는 과정에서 작용하는 변증법의 역사이고, 선사 시대 조상들의 초기 학문에서 시작하여 근대 (뉴턴) 과학에서 끝나는 역사이다. 그러나《정신현상학》의 주된 부분은 그 초점이 이론적 삶이 아니라 실천적 삶, 즉 사회적 삶의 만족스러운 조직화를 발견하기 위한 인류의 노력에 있다. 나는 사회적 삶에 작용하는 변증법의 가장 유명한 예증으로 헤겔이 제시한 두 가지 사례를 논의할 것이다. 하나는 그리스 국가에 관한 것이고 다른 하나는 주인과 노예의 관계에 관한 것이다.

《안티고네》와 그리스 도시 국가

정치에 관한 한 헤겔에 있어서 세계 역사는 그가 '윤리적' 또는 '행복한' 국가라고 부르는 것에서 시작한다(그리고 거의 끝난다)(PS 444-83). 여기서 그는 그 참조점으로 '고대' 국가를 지목한다(PS 390). 우리가 보게 될 것이지만 상당히 분명하게 그는 소포클레스가 글을 썼던 시간과 장소, 즉 기원전 5세기 아테네를 특정한다.

행복한 국가는 모든 사람들이 저마다 사람들의 '윤리적 실체'에서 자신의 최고 헌신을 인식한다는 사실에 기반을 두는 조화와 협조의 국가이다. 이 윤리적 실체는 사회의 '살아 있는 정신'으로서 그 **에토스**나 '관습'(인륜성), 윤리적 전통에 의해 구성된다. 다른 표현을 빌리자면 그것은 '우리'가 일을 어떻게 하는지에 관해 직관적으로 공유한 양식으로 구성된다. 모든 사람은 기반이 되는 일련의 동일한 윤리적 표준을 받아들이기 때문에 그 같은 윤리적 국가 내에서 윤리에 관한 근본적 충돌은 존재할 수 없는 것처럼 보인다. 더욱이 관습은 어떤 개인이나 엘리트의 의지와는 독립해 있기 때문에 어떤 사람이 관습적 규약이 억압적임을 발견하고서 던지는 질문은 있을 수 없다고 헤겔은 생각한다. 관습에 기초한 사회의 조화로운 질서는 독재자나 비밀경찰에 의해 조성된 그런 종류의 질서와는 전적으로 다르다. 여기서 질서는 부과되지 않는다. 그것은 개인 스스로의 의지로부터 자유롭게 흘러나오는 것이다.

그렇다면 왜 '행복한' 국가는 더 이상 우리와 함께 하지 않는가? 왜 행복한 국가는 붕괴했는가? 해결되지 않은 긴장이 그 윤리적 실체 내에 감추어져 있기 때문이다. 소포클레스의 《안티고네》를 따라가면서 헤겔은 윤리적 실체를 구성하는 '관습'을 '신의 법'과 '인간의 법'으로 구분한다(PS 445). 전자는 가족의 법이고 후자는 국가의 법이다. 일반적으로 전자는 언어로 명료하게 표현되기보다는 직관적으로 느껴지고(안티고네는 '명문화되지 않은 신의 법'에 호소한다) 후자는 개념에 의해 명료하게 표현된다. 헤겔은 이를 다르게 표현해 말한다. 즉 남자는 보편자에 집중하는 분명하고 정확한 개념적 지성을 가지고 있는 반면 여자는 특수자에 집중하는 막연한 직관적 지성을 가지고 있기 때문에, 가족의 가치는 여자의 우선적 가치가 되는 반면 국가의 가치는 남자의 우선적 가치가 된다. 〔여자들은 '문명화' 과업에 대한 관심과 능력이 부족하다는 프로이트의 주장을 상기하자(132쪽).〕헤겔은《안티고네》를 그리스 에토스의 해결되지 않은 긴장을 표현하는 문학의 출현으로 취급하는데 이 작품에서 두 가지의 가치 체계는 전면적으로 충돌하여 비극에 빠진다. 크레온 왕은 오이디푸스의 아들 폴리네이케스가 자신의 도시를 공격했기 때문에 그의 시체를 매장하지 말 것이며 이를 위반하면 사형에 처한다고 명령한다. (폴리네이케스는 테베를 공격했지만 그 이유는 다만 오이디푸스가 죽자 두 형제가 왕위를 공유하기로 합의하고 교대로 다스리기로 했는데 에테오클레스가 왕위 이양을 거부함으로써 합의를 깨뜨렸기 때문이라고 말해야 할 것이다.) 그러나 안티고네는 오빠의 시체를 매장하는 것이 자신의 의무임을 알고 있다. (적절하게 묻지 않으면 사후 세계에 가서도 고통을 당할 것이다.) 그녀는 오빠의 시신을 묻고 사형 선고를 받는다.

헤겔에 따르면 남성적 가치와 여성적 가치 사이의 긴장, 즉 '성의 정치'는 그리스 국가의 몰락으로 이어졌다. 여자는 남자의 근엄한 보편주의, 말하자면 국정과 공동체 전체의 일에 대한 그들의 일념에 분노하고 조롱하며 젊은이들 사이에 있는 무정부적 개인주의(10대의 반란)의 자연적 경향을 고취한다. 드디어 무정부가 장악하고 국가는 붕괴한다.

헤겔은 자신의《미학 강의》에서 비극의 일반 이론을 설명하는 도중에《안티고네》를 아주 상세히 논의한다.* 그는 안티고네와 크레온은 둘 다 '일방향으로' 편향된 광신도들이라고 지적한다. 그들은 국가와 가족의 상대적 중요성에 관해 의견이 다를 뿐만 아니라 서로의 가치에 대해 **아무런** 중요성도 부여하지 않고 서로의 주장도 듣지 않는다. 그

---

* 《안티고네》와 그리스 비극 일반에 관한 헤겔의 입장을 상세하게 논의한 내용을 알려면 다음을 참조. Young 2013, ch. 7.

래서 그들은 둘 다 '옳지만' 그와 동시에 '유죄'이다. 그렇지만 이 점은 우리가 그 드라마에 대해 숙고할 때 이해할 수 있다. 그와 같이 우리는 반성하기 때문에 헤겔이 그 두 입장 사이의 '화해'라고 부르는 것이 필요하다는 것과 그것이 가능하다는 것을 이해할 수 있다. 가족의 '정'과 국가의 '반' 사이의 갈등으로부터 우리는 적절한 정치적 질서는 사회 전체의 선에 커다란 중요성을 부여하는 동시에 개인의 권리도 인지하고 보호할 것이라고 이해할 수 있다. 게다가 우리는 그와 다른 어떤 점을 이해한다. 즉 우리는 개인의 권리와 공통의 의무 사이의 완전한 균형을 아직 성취하지 못했을지라도, (철학을 가르쳤다는 이유만으로 소크라테스를 처형한) 그리스 시대 이래로 적어도 우리가 경합하는 두 요구들 사이의 적절한 합을 발견하는 방향으로 진전을 이루었다는 점을 이해한다. 간단히 말하면 우리는 '이성'이 역사에서 작용했다는 것을 이해한다.

주노 변증법

주인과 노예의 변증법(PS 166-96)은 상대적으로 분량이 적지만 《정신현상학》의 다른 어떤 부분보다도 광범위하게 논의되었다. 그 변증법은 헤겔이 '생사 투쟁'이라고 부르는 것에서 시작한다(PS 187-8). 자기의식적 존재는 오랫동안 다른 자기의식적 존재를 단순한 '대상'('성적 대상'이 아마도 각별하게 두드러진 사례가 될 것이다)으로 간주하다가 갑자기 '타자'가 자기처럼 자기의식적이라는 것을 깨닫는다. (여기서 개인은 상대적으로 말해 일종의 천재적인 '세계사적 개인'을 가리킨다. 아마도 이러한 개인이 깨닫는다고 할 때 의미하는 것은 그가 창에 찔릴 때 **고통스럽기** 때문에 비명을 지르는 것처럼 타자가 창에 찔릴 때 비명을 지르기 때문에 자신과 마찬가지로 고통을 의식한다는 것을 이해한다는 뜻이다.) 물론 우리의 영웅의 직접적 반응은 '그 타자에게서 타자성을 빼앗는 것'(PS 180), 달리 말하면 타자 살해이다.

우리가 유의할 것은 생사 투쟁은, 꽤 분명하게도, 17세기 영국 철학자 토머스 홉스가 '자연 상태'라고 부른 것에 상응한다는 점이다. 자연 상태는 최초의 조직 사회, 최초의 국가 탄생에 앞선 인간의 조건이다. 홉스처럼 헤겔은 이것을 '만인에 대한 만인의 투쟁' 상태로 기술한다. 홉스의 표현에 따르면 인간의 삶은 '고독하고 궁핍하고 험악하고 야수 같고 짧은' 것이다.*

어려운 문제는 헤겔이 원시 인간의 본능적 반응은 타자를 친구, 자기 사람, 고독을 완화해 주는 사람으로 환영하기보다는 적으로서 두려워하는 것이라고 생각하는 이유가 무엇인지 하는 것이다. 그의 대답은 죽음에 이르는 투쟁에서만 '자유는 승리한다'는 것이다(PS 187). 그렇다면 '자유'란 무엇인가? 헤겔이 유아에서 어른으로 성장하는 인간의 성장 소설을 제공하려 한다는 사실을 상기하면서 현재 우리가 유아 단계에 있다고 가정하고 개별적인 유아, 영아를 생각해 보는 것이 우리에게 도움을 줄 수 있다. 유아는 자신이 바라보는 것들이 무엇이든 자신이 주인이다. 유아는 울음소리로 명령하고 으레 복종시킨다. 때때로 복종이 지연될 때가 있다. 하지만 그것은 그 체계의 기능이 일시적으로 중단된 것일 뿐이다. 그것은 유아의 주인됨에 대한 도전이나 경쟁 때문이 아니다. 그러다가 어느 날 새로운 동생이 생긴다. 우리가 아는 대로 이 사태는 '동기 경쟁'을 유발한다. 새로운 동생은 분노의 대상이다. 왜냐하면 그는 희소 자원으로 인한 경쟁을 일으키기 때문이다. 유

---

* Hobbes 1994, ch. 13. para. 9.

아는 자신의 욕구를 만족시킬 제한 없는 '자유'를 가지고 있었던 이전의 상태를 회복하고 싶어 한다.

그러나 타자 살해는 나쁜 조치로 판명된다. 그 이유는 우리는 근본적으로 인정Anerkennung('승인' 또는 '인정'으로 번역될 수 있다)이 필요하기 때문이다. 그리고 이것은 시체가 제공할 수 없는 중요한 어떤 것이다.

무수한 존재들은 어느 날 세계사적 천재가 나타나서 뛰어난 생각을 가질 때까지 인정을 받지 못하고 사라진다. 그는 지금까지 그러한 존재들이 나의 자유, 나의 도전받지 않은 힘을 위협했기 때문에 내가 타자들을 죽였다고 반성한다. 그러나 타자를 죽일 때 나는 내가 갈망하는 인정을 나 자신으로부터 박탈한 것이다. 해법의 백열등이 반짝이기 시작한다. 즉 해법은 타자를 죽이는 것이 아니라 노예화하는 것이다. 노예로서 그는 나의 힘에 도전할 수 없다는 것을 안다. 왜냐하면 그가 그런 시도를 한다면 죽게 될 것이기 때문이다. 이제 그는 시체로서가 아니라 인간 존재로서 나를 인정할 수 있다. (여기서 삼위적 진행 과정이 일어난다는 점에 주목하자. 타자를 죽이는 '정'은 자유를 보존하지만 인정을 배제한다. 타자에게 자유로운 배회를 허용하는 '반'은 인정을 허용하지만 자유를 제한한다. 따라서 노예라는 '합'에 이른다. 즉 이 합은 자유를 보존하는 동시에 인정을 허용해 주는 듯하다.) 따라서 우리는 자연 상태에서 최초 사회로 이행하고 물론 이 사회는 역사적 사실로서 노예 사회였다.

그러나 사실을 말하면 자신의 힘에 대한 도전을 두려워할 필요 없이 인정을 받고자 타자를 노예화한다는 재기 넘치는 생각은 실제로 전혀 뛰어난 생각이 아니었다. 그 이유는 이렇다. 즉 노예는 주인을 두려워하는 공포 속에 살고 있기 때문에 그가 제공하는 '인정'은 역겹고 그런 즉 진정한 인정이 아니며 고통과 죽음을 피해가기 위해서 제공하는 인정이다. 노예가 주인을 진정으로 존중한다고 해도 최소한 주인은 노예가 자신에게 신중하게 입으로만 치켜세우는 겉말 이상의 것을 제공하고 있는지를 전혀 확신할 수 없다. 그가 확신할 수 있다고 하더라도 그 '인정'은 그에게 여전히 무가치할 것이다. 노예는 노예이니까 말이다. 노예는 주인의 눈에 단순히 주인의 욕망의 만족을 위한 도구이고 한갓된 '사물'이므로(PS 89-90) 세탁기와 마찬가지로 '인정다운 인정'을 제공할 수 없다. 그 인정은 '일방향으로 또한 평등하지 않게' 주어진 인정이므로 무가치하다.

*　*　*

이 이야기의 교훈은 무엇인가? 무엇보다도 우리는 '인정'이 결국 무엇인지를 알아낼 수 있어야 한다. 확실히 그것은 **존중**에 해당한다. 칸트가 말하는 그런 종류의 존중이다. 그것은 칸트가 궁극적 도덕법칙, 즉 모든 인간 존재를 단지 수단으로가 아니라 '목적 자체'로 대하라고 명령할 때 뜻하는 존중이다. 그리고 헤겔 이야기의 논지는 내가 볼 때 '고유한' 존중을 얻기 위해서는 나에게 존중을 보내는 그 사람은 **자유**인이어야 하고 나의 힘에서 **자유**로워야 한다는 것이다. 더욱이 그는 어떤 의미에서 나와 **평등**해야 한다. 예를 들어 내가 음악가, 가령 바이올린 연주자로 존중을 받고 싶다면, 그 같은 존중을 나에게 줄 수 있는 유일한 사람은 내가 음악가로 존중하는 또 다른 음악가다. 바이올린 연주에 대해 실질적으로 아무것도 모르는 사람들의 영웅 숭배는 내가 바라는 바가 아니다. 나는 진심으로 그 같은 것을 성가신 일로 여길지도 모른다. 인정은 상호적이다. 다만 내가 나의 동료로서 존중하는 사람들로부터 인정받을 수 있을 뿐이다.

그런데 나는 정말로 왜 인정을 필요로 하는가? 헤겔은 '자기의식은 타자에 대해, 즉자/대자존재로 말하자면, 인정받고 있는 때만 존재한다'(PS 178)고 말한다. '자기의식'은 '사람'을 가리키는 헤겔의 용어이다. 그러나 그의 말은 일견 그가 말하려는 것처럼 보이는 것을 의미하는 것은 아니다. 즉 (핵폭발로 인한 멸망 이후에) 살아 있는 마지막 사람이라고 하는 것은 불가능하다고 말하려는 것이 아니다. 내가 생각하기에 그가 말하려는 것은 '사람'을 본질적으로 법적 의미에서 대하는 것이고 타자가 나를 사람으로 간주하지 않는다면 나도 나 자신을 법적 의미에서 사람으로 간주할 수 없다고 말하는 것이다. 여기서 타자는 나 자신이 사람으로 간주하는 존재를 말한다. 내가 보기에 이것은 외교상의 승인과 비슷하다. 팔레스타인인들은 스스로 팔레스타인을 국가라고 선언할 수 없다. 그들 스스로가 보아도 그들은 다른 나라로부터, 가령 UN 가입이 허락되어 국가로 승인을 받지 않는 한 스스로 팔레스타인을 국가로 간주할 수 없다. 의사가 되는 것도 이와 동일하다. 나는 아무도 나를 의사로 인정해 주지 않는 한 의사일 수 없고 내가 보아도 마찬가지이다. 나는 의사이기 위해 내가 의사로 인정하는 사람들, 가령 의학위원회에 의해 의사로 인정을 받아야 한다.

어떤 이를 법적, 도덕적 의미에서 사람으로 인정한다는 것은 무엇인가? 그 또는 그녀를 한갓된 '사물'에 반대되는 사람으로 인식한다는 것은 무엇인가? 그것은 그들을 권리의 담지자로 인식하고 존중한다는 것이다. 여기서 권리는 한갓된 '사물'이 갖지 못하는 것이고 표현, 양심, 종교의 자유 등과 같은 권리이다.

주노 변증법은 역사에서 이성의 작용을 보여주는 것과 무슨 관계가 있는가? 내가 생각하기에 헤겔의 본질적 논점은 우리 사회 조직의 불완전성에도 불구하고 근대의 우리는 적어도 노예 사회를 넘어서는 진보를 이루었다는 것이다. 우리는 분명히 개인의 권리를 인정한다. 그것이 아마도 충분하지 않거나 올바른 권리가 아닐지도 모르지만 말이다. 그러나 적어도 우리는 시행착오의 '변증법적' 과정처럼 보이는 것으로 과거에 존재했던 그런 종류의 사회를 넘어가는 진보를 이루었다. 물론 앞으로 더 나아가야 할 많은 것들이 있다. 그러나 적어도 우리는 진보를 이루었다. 여기서 우리는 그리스 국가의 불완전성에 대한 논의에서처럼 개인의 인정이 결정적 중요성을 지닌다는 점에 주목해야 한다. 자유주의를 향해 나아가는 진보는 그 말의 고유한 의미를 고려할 때 헤겔이 역사에서 이성의 작용이라고 간주하는 것을 발견하는 작업에서 결정적 요소이다.

소외의 극복

나는 본장의 초두에 《정신현상학》의 의도는 절대적 관념론의 진리를 확립하는 것이라고 말했다. 그러나 실제로 그것은 두 번째 논점일 뿐이다. 궁극적 논점은 '소외'를 극복하는 것이라고 헤겔은 말한다(PS 19). 그는 (그의) 철학의 지도를 받지 않는 지성이 보면 세계는 혼돈의 낯선 공간, 우리의 욕망과 목적에 적대적이거나 아니면 기껏해야 무관심한 공간으로 나타날 수 있다는 것을 관찰한다. 철학의 최종 목표는 자연 속에서 우리 자신의 이성과 일치하는 이성과 질서를 발견함으로써 이러한 절망감을 극복하는 것이다. 그는 이렇게 말한다. '그 목표는 우리에 반대되는 상태의 객관 세계로부터 그 낯섦을 제거하는 것이고 그 글귀대로 이루어져서 그 안에서 편히 있는 것이다.'* 그리고 우리는 세계에서 작용하는 이성, 우리만의 이성을 발견함으로써 이 일을 한다. 왜냐하면 이렇게 함으로써 우리 자신의 목표를 추구하는 것이 가능해지기 때문이다. 우리는 그 목표가 이성적 목표인 한, 성공을 자신하면서 목표를 추구한다. 도로를 잘 아는 트럭 기사에게 길은 '편안하

• Hegel 1975, 216.

고' 이는 트럭 기사가 이 길 저 길을 수월하고 자신 있게 찾아갈 수 있다는 것을 의미하듯이 우리에게도 역시 우리 자신의 합리성을 다시 반영하는 세계는 '편안하고' 니체가 언급한 대로 헤겔 철학에 의해 '의인화된'(PS 109) 세계는 편안한 세계일 수 있다.

이제 나는 헤겔이 극복하려는 소외의 문제가 본질적으로 칸트가 신에 대한 믿음의 필연성을 입증하는 최종 형태의 '도덕적 증명'(49-53쪽)에서 극복하려는 문제와 동일하다는 것을 제안하고 싶다. 우리는 칸트가 고결한 무신론자, '말하자면 스피노자'는 도덕의 희망을 잃어버릴 수밖에 없다고 논증하는 것을 보았다. 왜냐하면 신의 숨은 손이 작용하는 신앙이 없다면 그는 세계의 역사가 도덕의 궁극 목적, 즉 모든 사람이 완전하게 선하고 완전하게 행복한 유토피아를 향해 진전하고 있다고 믿을 아무런 이유도 발견할 수 없기 때문이다. (이와 비슷하게 칸트는 어떤 의사를 예로 들면서 그 의사는 의학이 완전하게 건강한 인간 종을 낳는 목적을 향해 진전하고 있었다는 확신이 없어져 버려 의사이기를 포기할지 모른다고 암시할 것이다.) 칸트의 주장은 도덕적 확신을 가지고 행동하기 위해, 도덕적 과제에서 자신의 의미를 발견하기 위해 사람들은 세계 역사에서 작용하는 능동적 원인으로서의 신을 믿을 필요가 있다는 것이다. 사람들은 자신의 도덕적 노력에서 자신과 함께하는 역사의 흐름이 있다는 것을 믿을 필요가 있다. 즉 역사의 '흐름'이 있고 역사는 '최고선'를 향해 진전하고 있다는 것이다. 한 마디로 말해 사람들은 섭리를 믿을 필요가 있다.

그런데 이것은 헤겔이 바로 우리에게 제공하는 것이다. 즉 궁극선을 향해 움직여 가고 있는 세계라는 것이다. 왜냐하면 세계는 갈수록 이성적으로 되어 가고 있기 때문이다. 그것은 역사 안에 있는 신을 향해 움직여 가고 있다. 게다가 역사의 합리성에 대한 그의 기본 주장이 정확하다면 그는 중요한 면에서 칸트를 넘어선다. 칸트에게 역사가 섭리적이라는 믿음은 단지 **신앙**의 문제이지만 헤겔에게 역사는 **사실**의 문제이다. 그것은 정말이지 사실의 문제이다. 왜냐하면 그는 칸트의 신을 역사의 불변의 논리, 즉 역사의 변증법으로 변환했기 때문이다.

물론 어떤 것은 그 변환 과정에서 상실되었다. 왜냐하면 칸트의 신은 초시간적 초자연에 거주하는 반면 헤겔의 신은 전적으로 자연적이기 때문이다. 말하자면 신은 자연의 내적 본질, 시간의 내적 본질이다. 다르게 표현하면 헤겔의 신은 키르케고르의 '종교성 A'(87쪽)의 대상이다. 반면 칸트와 키르케고르의 신은 '종교성 B'의 대상이다. 그러나 이것은 헤겔이 보기에는 환영할 만한 것이다. 왜냐하면 칸트와 키르케고르가 믿고 있는 것은 실제로 중세의 오래된 신이고 헤겔의 이른바 '불행한 의식'(PS 206-30)의 대상이기 때문이다. 불행한 의식이 불행한 이유는 그러한 의식은 참된 행복, 실로 참된 자아를 초자연적 영역에 투영하기 때문이고 이렇게 해서 이 세계를 무가치한 눈물의 골짜기로 바꾸기 때문이다. 문제로 다루고 있는 것이 소외의 극복이고 세계가 우리에게 '편안한' 것이 되는 것이라면 중세 기독교도 마찬가지로 극복되어야 하는 것이다.

헤겔이 칸트와 다른 길을 가면서도 동시에 칸트에 가까운 길을 가는 방식은 그가 이 책의 주제와 어떤 관계에 있는지를 보여준다. 그는 투철한 실재론자이고 초자연적인 것을 파괴할지라도 여전히 또 다른 '참된 세계'를 주장하는 철학자이다. 삶의 의미는 '참된 세계'의 달성에서 성립한다. 그것은 역사의 종말에 위치한 일종의 유토피아, 더 이상 비판의 여지를 남기지 않을 만큼 완전하게 이성적인 존재 상태이다. 전통 기독교에서도 그랬지만 헤겔주의에서도 삶의 의미는 '신의 도시'의 진보이고 최종 달성이다. 유일한 차이라면 신의 도시는 하늘에 있지 않고 (미래) 지상에 있다는 점이다. 그렇다면 헤겔주의는 '참된 세계'의 포기가 아니라 그저 이전relocation일 뿐이다.

물론 여러분과 나는 개인으로서 역사의 종말에 거기에 있지 않을 것이다. 우리는 신의 도시를 위해 일하지만 그것을 누리지 못할 것이다. 그러나 헤겔은 이것이 우리 마음을 괴롭히게 해서 안 된다고 말한다. 왜냐하면 우리가 그의 철학을 적절하게 이해했다면 유일한 궁극적 '주관', 유일한 참된 '나'는 세계정신이고 그래서 심오하게 바라보면 개인은 '아무런 즉자성도 가지고 있지 않다'(PS 171)는 것 때문이다. 그렇다면 우리는 심오한 의미에서 역사의 종말에 거기에 **있을** 것이다. 세계정신으로서.

나는 헤겔을 '참된 세계'를 지상으로 가져온 '참된 세계' 철학자로 특징지은 나의 규정을 그가 반대하지 않을 것이라고 생각한다. 왜냐하면 그는 아주 명백하게 자신의 의도가 이제는 더 이상 중세 신학의 예스러운 '시각적 사고'를 받아들일 수 없고 받아들여서도 안 되는 시대에 기독교의 본질을 보존하기 위한 것이라고 진술하기 때문이다(PS 374-87). 요컨대 내가 말하려는 바는 헤겔은 다른 무엇보다도 우선 자신이 (사실상 칸트에서 시작하는 사고 계보를 발전시킴으로써) 신학을 자연화하고 통합적 일원론을 통해 중세 이원론의 소외를 극복하려 한 기독교 신학자라는 사실에 동의할 것이라는 점이다.

비평

그렇다면 헤겔의 목표는 역사가 합리성의 논리에 의해 추동된다는 것을 **보여 주는** 데 있다. 그리고 그의 증명 방식은 이 논리를 명백히 드러내고 그것이 작용하고 있음을 보여 주는 방식으로 세계사를 제시하는 것이다. 그러나 문제는, 그가 자신의 사례에 우호적인 역사의 주요 부분을 강조하고 그렇지 않은 부분들을 모호하게 만들지라도, 그가 실제로 말하는 역사들은 증명하기로 되어 있는 바를 증명하는 데 애처로울 정도로 역부족이라는 것이다. 나는 그가 의도하지는 않았지만 역사가 헤겔이 형이상학자 헤겔을 반박한다는 제언을 안 할래야 안 할 수가 없다.

예를 들어 개인의 권리와 국가에 대한 의무 사이의 풀지 못한 갈등으로 유발된 그리스 국가의 붕괴에서 시작하는 이야기로 돌아가 보자. 역사가 헤겔의 변증법을 따른다면 그리스 국가의 붕괴 뒤에 따라올 것은 국가와 개인의 권리의 종합이었을 것이다. 즉 자유 민주주의에 근접하는 어떤 것이 왔을 것이다. 그러나 헤겔은 서사 역사가로서 이 일은 일어나지 않았다는 것을 완벽하게 잘 알고 있다. 그 대신 추후에 따라오는 것은 서구의 정치사에서 로마 공화국, 즉 '합법적 지위'를 갖춘 세계이다(PS 477-83). 개인과 공통 의무의 종합이라기보다는 헤겔이 표상하는 대로 이것은 개인의 권리만이 중시되는 세계이고 안티고네의 관점으로 100퍼센트 선회한 세계이며 크레온의 관점에는 아무런 비중도 두지 않는 세계이다(PS 479). 긴 이야기를 짧게 말하면 이 사회는 원자론적 개인주의 사회이기 때문에 문명이라는 허울을 쓰고 있지만 '만인에 대한 만인의 투쟁' 상태에 있는 사회라고 헤겔은 말한다. 마침내 어떤 사람(아우구스투스)이 전쟁에서 승리하고 독재정을 세운다. 로마 공화국은 로마 제국이 되고 사회는 다시 100퍼센트 크레온의 관점으로 선회했다. 중세 봉건제(PS 488-526)는 절대 권력이 왕의 손에 있는 다른 형태의 크레온주의일 뿐이다. 본질적으로 이런 형태의 독재정은 헤겔의 서사에 따르면 프랑스 혁명(1789), 즉 급속하게 피의 '테러'로 끝나는 무정부적 완전 개인주의(안티고네의 관점)에 이를 때까지 지속한다. 그리고 헤겔의 정치사는 바로 거기서 그친다. 왜냐하면 그는 자신만의 역사적 현재에 도달했기 때문이다. 그 이유는 헤겔이 베를린에 자리를 잡고 앉아서 프로이센의 권위주의 국가, 약간은 자유주의적이고 약간은 민주적인 국가를 보고는 소포클레스에 의해 지적된 개인과 국가 사이의 권리 종합에 대한 필요가 어느 정도 채워진 국가가 프로이센라고 느꼈을지도 모른다는 점 때문이다. 그러나 사실을 말하면 그가 알려주는 정치사는 프로이센의 사회적 질서에 도달하는 과정이 어떤 의미에서도 이성적 과정이었다는 것을 보여 주는 것과는 정반대의 일을 수행한 역사이다.

헤겔이 보여 주어야 하는 것과 실제로 보여 주는 것이 서로 맞는 않는다는 점은 주노 변증법에서도 똑같다. 우리는 자유뿐만 아니라 '인정'도 필요하기 때문에 헤겔 서사의 교훈은 우리가 본 대로 자유 민주주의의 방향으로 진보할 필요가 있다는 것이다. 그렇기에 그가 역사에서 작용하는 이성을 보여 줄 수 있다면 이는 고대 노예 사회에 후속하는 서구 사회 발전의 역사에서 그가 보여 주어야 하는 바로 그것일 수 있다. 그러나 사실을 말하면 헤겔은 노예로부터 진정한 인정을 얻을 수 없다는 것을 보여 주었고 인정의 주제 전체를 빠뜨렸으며 그 대신 노예는 어떤 금욕주의자가 됨으로써 주인의 자유를 가지고 있다고 **느끼는** 시도를 하는 쪽으로 넘어갔다(PS 197-201). 노예는 자신의 생각만이 자신에게 중요한 척하는데, 그 까닭은 자신이 사슬에 매여 있어도 여전히 절대적으로 자유롭기 위해서, 그 모든 문제의 주인이기 위해서이다. 이 서사는 계속해서 다음과 같이 생각할 것을 제안한다. 즉 중세의 '불행한 의식'에서 사람들은 자신의 참된 자아를 신으로 생각하고 그래서 절대적으로 자유롭다고 생각한다. 하지만 그 후에 그러한 생각은 이를 한갓된 '미신'으로 보고 제거하는 계몽주의와 함께 점차 소멸한다(PS 538-73). 이렇게 진행되는 과정에서 우리는 역사적 현상에 대한 매력적인 관점을 제공받는다. 그러나 헤겔은 자신의 과제는 역사에서 작용하는 이성이나 자유 민주주의를 향해 나아가는 이성의 진보를 증명하는 문제였다는 점을 잊은 것 같다. 이러한 반론에 대한 답변으로 내가 헤겔의 이성의 변증법 개념을 이해하지 못했다고 할지도 모른다. 그러나 내가 보기에 그 같은 개념이 **무엇이든** 그가 역사에서 작용하는 이성이라고 제시하는 것은 전혀 합리성이 아니며 그저 (그리고 진솔하게 말해서) 임의성, 혼돈에 불과하다.

헤겔을 변호하는 측에서 우리는 최소한 현재 단계에서 자유 민주주의에 이르렀다고 말할지도 모른다. 따라서 헤겔은 우리가 어떻게 여기에 왔는지를 합리성을 가지고 증명하는 일을 특별히 잘 수행하지 못했을지라도, 어쨌든 우리가 여기에 이른 것은 이성의 숨은 손이 작용했음에 틀림없다고 말이다. 그러나 이것은 부당한 추리이다. B가 A보다 더 이성적 사회 상태라고 해서 이것이 우리를 A에서 B에 이르게 한 것이 이성적 작용임을 함축하는 것은 아니다. 예를 들어 어떤 천국의 비전이 우리를 인도하여 B를 세웠을지도 모르는 일이다. 게다가 서구 사람인 우리가 실제로 자유 민주주의에서 정말 **사는지**에 대해 의문이 제기될 수 있다. 물론 우리는 모두 겉말로 말하기로는 그렇다고 생각한다. 그러나 우리의 모든 대화가 미국의 정보기관 국가안보국NSA과 영국의 정보기관 정부통신본부GCHQ에 의해 감시되는 시대라면 우리가 진정으로 (권리를 존중하는) 자유 사회에 사는지를 알기란 어렵다. 그리고 정치적 결과가 (적어도 미국에서) 거의 전적으로 다수의 억만장자의 익명 자금에 의해 결정되는 시대라면 우리가 민주 사회에 사는지를 아는 것은 어렵다.

우리가 과학과 기술 공학에 초점을 맞추면 지난 2000년간의 발전이 장관을 이룬 것은 의심의 여지가 없다. 그리고 (파울 파이어아벤트 같은 '무정부주의' 과학철학자는 동의하지 않았지만) 이 진보를 주로 이성의 계통을 따라 진행한 것으로 보는 것은 그럴 법한 일이다. 헤겔은 우리의 사회적 존재 형태를 이와 병행적인 발전을 이루는 것으로 묘사하고 싶어 한다. 그러나 실제로 현행 정치적, 사회적 상황을 고려할 때 우리는 고대 그리스에서 시작하여 '이성적' 수단에 의해 지금의 우리가 있는 곳에 도달했다고 믿을 아무런 이유가 없는 것 같다. 이뿐만 아니라 우리가 지금 있는 곳이 사회적, 정치적 관계의 견지에서 볼 때 실제로 우리가 과거에 있던 곳보다 조금이라도 더 '이성적'이라는 것은 심각한 의심의 여지가 있는 것 같다. 과학과 기술 공학 분야에서 보여 주는 화려한 능력에 맞먹는 것이 사회적, 개인적 관계 분야에서 화려한 무능이라고 말하는 것도 무리는 아니다.

헤겔의 교양소설에 대한 마지막 비판은 이렇다. 나는 그의 근본 사명은 초자연적인 것을 거부한 시대에 삶의 의미를 '참된 세계'의 관점에서 제시하는 설명을 구제하는 것이라고 말했다. 그 목표는 그 설명을 과학적 자연주의와 상충하지 않는 방식으로 재현하는 것이다. 그러므로 세계정신이든 인간정신이든 '정신'은 실제로는 신에 대한 헤겔의 설명이다. 그러나 믿을 가치가 있는 신은 확실히 그 능력, 장엄, 권력이 인간 이해를 초월하는 신일 것이다. 진실로 신다운 신은 우리가 그 면전에서 경외로 부복하는 신이고 그 자체로 본질이 신비로운 신이다. 경외의 신은, 헤라클레이토스와 니체가 역사의 신을 놀이하는 아이로 만들 때 이해한 바와 같이(153쪽) 인간의 합리성의 척도로 이해될 수 없고 계산될 수 없으며 통제될 수 없다. 그렇다면 역사에 신이 있다면, 그 신을 헤겔 변증법의 법칙 내에서 길들이려는 시도는 일종의 부르주아지의 신성모독이다. 헤겔은 청년 시절에 위대한 서정시인 프리드리히 횔덜린과 친구 사이였지만 그가 시적 사고의 '황홀해하는 몽롱함'(PS 10)이라고 부른 것은 싫어했다. 그렇지만 모든 것을 우리의 작고 연약한 '이성' 내에 포괄하려는 그의 시도는 일종의 정신적 밀실공포증을 일으킨다. 참된 신은, 우리가 나중에 살펴볼 하이데거가 '철학자의 신'이라고 부르는 것과는 정반대로, 확실히 어느 곳에서든 **오직** 시적 사유로만 접근할 수 있는 신이다.

내가 생각하기에 바로 이것이 '종교성 A'(87쪽)에 대한 키르케고르의 공격의 요체이다. 내가 종국적으로 종교성 A의 형태를 옹호하는 데 관심이 있는 것은 사실이지만 **헤겔적** 형태의 종교성 A에 대한 그의 공격이야말로 내가 보여 주고자 한 요점을 정당화하고 있다고 생각한다. 키르케고르는 헤겔의 신은 우리의 실존적 욕구의 만족을 개시조차 못하는 '교수들'의 혼합 음료라고 단언한다(CUP 509). 그 같은 신은 존재한다고 할지라도 대문자 'G'로 시작하는 신은 아닐 것이고 우리가 경외감으로 머리를 조아릴 수 있는 신은 아닐 것이다.

8장

마르크스

헤겔은 서구의 역사를 교양소설로 보는 유혹적인 꿈을 꾸었다. 그러나 그 꿈이 실재와 일치한다는 것을 보여 주려는 그의 시도는 내가 앞 장에서 논의한 대로 공정하게 볼 때 완전히 실패했다. 그렇지만 그 꿈은 헤겔과 함께 죽은 것은 아니었다. 그와는 정반대로 그 꿈은 '헤겔주의'라는 표어와 함께 19세기 나머지 기간 동안 독일 철학의 지배 이념이 되었다. 이 같은 이념의 유혹을 받지 않으려고 저항한 유일한 주요 철학자는 쇼펜하우어였다. 하지만 헤겔주의자들은 두 분파, 즉 '우파' 또는 '구파' 헤겔주의자와 '좌파' 또는 '신파' 헤겔주의자로 갈렸다. 이들 사이의 불일치는 교양소설이 끝나는 곳, 즉 '역사의 종말'에 관한 것이다.

잠시 주인과 노예의 변증법으로 되돌아가 보면, 그때의 교훈은 우리가 모두 자유롭고 평등해질 때 그리고 오로지 그때만 역사는 종말을 고한다는 것 같았다. 왜냐하면 우리는 모두 '인정'에 대한 근본적인 욕구를 가지고 있고 본래적 인정은 자유롭고 평등한 사람들 사이에서만 일어날 수 있는 것이기 때문이다. 그렇다면 도대체 자유는 무엇인가?

평등은 무엇인가? 감정을 자극하는 극히 추상적인 이 개념은 다양하게 해석될 수 있다.

우파 헤겔주의자, 말하자면 헤겔의 직계 제자와 아마도 헤겔 자신에 따르면 역사는 적어도 개략적으로는 이미 종말에 이르렀다. 적어도 헤겔의 고국이었던 프로이센에는 역사의 종말이 도달했다. 왜냐하면 프로이센(1870년에 독일로 바뀌었고 제2제국이 되었다)은 프로테스탄티즘의 '윤리적 실체'의 공유, 강력한 왕, 그리고 광범위한 관료제로 통합됨과 동시에 역시 제한된 민주주의와 개인의 기본권, 그리고 표현과 양심의 자유, 심지어 종교의 자유를 허용한 국가였기 때문이다. 그러므로 우파 헤겔주의자에게 프로이센은 서구가 안티고네와 크레온의 갈등 및 그리스 국가 붕괴(164-7쪽) 이래 아주 오랜 시간 추구해 온 국가의 가치와 개인의 가치 사이의 '종합'을 대표했다. 역사는 이와 같이 이념의 변증법으로 종말에 다다랐다. 역사의 종말은 프로이센이 제공한 모델 앞에서 시간 문제였을 뿐이다. 프로이센는 인간 존재만큼 완벽한 사회적 유기체로서 보편적인 것이 되었다.

좌파 헤겔주의자는 그들의 맞수 보수주의자들이 나타난 지 한 세대가 지나서 등장했는데 이들에게 역사의 변증법적 행진은 아직도 가야 할 멀고도 먼 길이 더 남아 있었다. 게다가 그들은 역사의 참된 종말이 프로이센 국가가 지닌 결함 있는 제도보다 훨씬 더 유토피아적이어야 할 것이라고 믿었다. 실제로 모든 좌파 헤겔주의자들은 '공산주의자'(그들은 스스로를 그렇게 불렀다)였다. 그들은 참된 '평등'은 경제적 평등이며 따라서 그것은 사적 소유제의 폐지를 요구한다고 믿었다. 그러나 '자유'의 문제에 관해서 좌파들은 다시 두 분파로 갈렸다. 그 일부 사람은 프루동, 바쿠닌, 그리고 작곡가 리하르트 바그너였고 이들은 스스로를 무정부주의자라고 불렀다. 이들은 자본주의를 무너뜨릴 혁명 후에는 개인의 자유에 대한 일체의 제한, 곧 국가 조직 전체를 즉각 폐지해야 한다고 믿었다. 그러나 다른 일부 사람은 최소한 한시적이라도 국가의 보존은 필요한 일이라고 믿었다. 이러한 확신을 지닌 사람들이 칼 마르크스(1818-1883)를 중심으로 연합했다. 칼 마르크스는 자신의 절친이자 협력자 프리드리히 엥겔스(1820-1895)와 함께 좌파 헤겔주의자 중에서 역사적으로 가장 많은 영향력을 행사한 뛰어난 인물이다.

변증법적 유물론

마르크스는 헤겔처럼 '변증법적' 역사관을 가지고 있다. 그는 헤겔처럼 서구의 역사를 분명하게 구별되는 독립적 장으로 나뉜 교양소설이라고 말한다. 그리고 헤겔에서와 같이 한 장, 즉 하나의 역사적 시기에서 다른 장으로의 진보는 불변의 논리에 의해서 지배되는 것으로 받아들인다. 그러나 마르크스와 헤겔 사이의 주된 차이는 이렇다. 즉 헤겔은 역사를 구성하는 '의식 형태'가 온갖 종류의 인간 활동에서 똑같이 똑같이 구현된 반면, 마르크스는 역사가 단 한 종류의 활동, 즉 부의 생산, 소유, 교환에 관계하는 경제적 활동에 의해 추동된다고 보았다. 마르크스가 보기에 돈은 세상을 돌아가게 한다. 결과적으로 마르크스에게 근본적 역사는 경제적 구조의 역사이다. 경제가 역사의 토대를 제공한다. 그 이외의 것, 즉 과학, 예술, 정치, 법, 종교, 도덕은 맥주 위쪽에 있는 거품처럼 한갓된 '상부구조'에 불과하다. 마르크스의 교양소설을 구성하는 광범한 경제 구조들(마르크스주의자들은 이로부터 경제 구조의 범주들을 탁마한다)은 노예제(고대사회), 봉건제(중세사회), 자본주의(근대), 그리고 공산주의(근대 이후)이다. 경제사의 논리는 불변하기 때문에 이 개개의 구조들이 붕괴해서 다음 단계로 이어지는 것은 피할 수 없다. 그리고 이 때문에 자본주의에서 공산주의로의 이행은 빠르거나 늦을 뿐이지 피할 수 없다.

종교에 관한 마르크스의 유명한 독설을 고려할 때 우리는 마르크스가 말하는 '상부구조'의 의미가 무엇인지를 예시할 수 있다. 마르크스는 종교는 참된 행복을 상부구조에 놓는 믿음 체계라고 말한다. (이는 본질적으로 '불행한 의식'에 대한 헤겔 비판의 반복이다.) 그러므로 그것은 우리를 '소외시키고'(이 말은 마르크스의 근대 비판에서 다면성을 지니는 주요 용어이다.) 행복을 이 세상에서 기대해서는 안 된다는 믿음을 초래한다. 이로 말미암아 경제적으로 억압되어 길들여진 사람들은 억압하는 자의 권력을 약화시키는 일을 꺼려한다. 마르크스의 유명한 말대로 종교는 '대중의 아편',* 말하자면 사회 정의에 대한 잠재적 요구를 거역하는 부르주아지의 경제 특권을 보존하는 장치이다.

자본주의

마르크스는 수렵 채집인의 원시 공산주의 이후에 존재한 모든 경제 구조들을 대략적으로 억압과 노예제의 위장 형태로 본다. 특히 우리가 처해 있는 교양소설의 한 장으로서 자본주의는 하나의 **체제**로 노예제의 형태이고 노예제의 형태여야만 한다. 그 이유는 자본주의 사회에서 이윤 요구는 임금이 가능한 한 저임금이어야 한다고 명령하기 때문이다. 일자리에 충분히 적합한 노동을 적절하게 공급한다고 함은 임금이 저임금이어야 한다는 것과 일치한다. 그리스-로마 노예나 봉건제 농노

• Marx 1970, 131.

와 달리 근대의 '임금 노예'는 일자리 제의를 받아들이거나 거절할 수 있는 자유가 있는 것은 사실이다. 그러나 수용하지 않고 거절하게 되면 굶어 죽기 때문에 근대 노예는 실제로 고대 세계의 노예와 다를 바 없다.

정확하게 이 체제에 잘못되어 있는 것은 무엇인가? 이 체제가 치명적 결함을 지니고 있어서 종국에는 붕괴하고 공산주의로 이행해야 하는 것은 어째서인가? 그리고 이 체제는 신중한 고용자들이 노동자들을 먹여 살리고 건강을 유지하도록 결정하는데도 어째서 우리는 이 체제가 제거되기를 바라야 하는가? 나는 마르크스가 네 가지 원칙적 반대를 제기한다고 생각한다.

첫째, 자본주의는 실제로 노동자들을 먹여 살리고 그들이 건강해야 한다는 것을 요구할 필요가 없다. 다만 그들의 음식과 건강은 효율적 노동에 필요한 **최소한의** 요구를 해결하기 위한 것일 뿐이다. 그리고 그 일반적 의미는 노동자에게 수많은 고통, 탈진, 육체적 학대가 가해진다는 것이다. 여기서 마르크스가 염두에 두고 있는 것은 19세기 산업 영국의 어두운 악마 같은 공장들이다. 엥겔스는 맨체스터 섬유 공장 노동자들의 조건들을 상세히 연구했다. 섬유 공장은 사라졌지만 마르크스는 자신의 논점을 확증하기 위한 수많은 근대 사례들을 발견할 수 있을 것이다. 이를테면 서구의 스포츠 신발을 생산하는 인도네시아 아동 노동, 애플 제품을 생산하는 중국 폭스콘 공장이 그 사례들이다. (그 공장에서 수많은 노동자들이 근무 환경 조건 때문에 자살했다. 이 같은 조건에 저항한 노동자들은 공장 소유주가 고용한 폭력배들에게 두들겨 맞았다.)**

** '폭스콘 자살Foxconn Suicides', *Wikipedia*, en.wikipedia.org/wiki/Foxconn_suicides.

둘째, 자본주의 체제에서 노동자들은 자신의 노동에서 '소외된다.' 이를 마르크스는 다음과 같이 설명한다.

> 그렇다면 노동의 소외는 어디서 성립하는가? 첫째, 노동은 노동자에게 외재적이라는 사실에서이다. 다시 말해서 자신의 노동은 자신의 본성에 속하지 않는다는 사실, 따라서 그는 자신의 노동에서 자신을 실현하지 못한다는 사실, 그는 자신의 노동에서 자신을 부정한다는 사실, 그는 자신의 노동에서 마음이 편치 않으며 도리어 불행하다고 느낀다는 사실, 그는 마음대로 할 수 있는 신체적 또는 정신적 에너지를 개발하지 못하고 도리어 자신의 육체를 모멸하고 자신의 정신을 파괴한다는 사실에서이다. 그러므로 노동자가 자신일 수 있는 때는 오직 자신이 노동하지 **않는** 때뿐이다. 그는 자신이 노동할 때도 자신의 외부에 있다고 느낀다. 그가 마음이 편안한 때는 노동하지 않는 때이다. 그는 노동하는 시간이 편치 않다고 느낀다.[*]

다시 말하자면 그는 노동할 때 자신을 '실현하는' 것이 아니다. 왜냐하면 그것은 **창조적**이지 않고 자기 자신의 본성에서 나오는 것이 아니기 때문이다. 그가 하는 것이라고는 컨베이어 벨트를 따라 자기 앞에 나열되는 끝없는 차체의 흐름 속에서 암수나사를 죄는 것뿐이다. 이것이야말로 그를 **자기가 아닌** 다른 사람의 의도를 실현하기 위한 도구로 축소하는 것이다. 이것은 수공예가가 자신의 의도를 실현하는 것과는 다르다. 그 결과는 그가 자신의 노동에서 만족을 발견하지 못한다는 것이고 자신의 노동을 싫어하는 일에 적극적이게 된다는 것이다. 그리고

• Marx 1964, 72. 강조는 첨가.

또 다른 결과는 마르크스가 다른 데서 표현하는 바와 같이 '참된 삶은 노동을 그만두는 때, 이를테면 식탁에서, 바에서, 침대에서 시작한다'는 것이다.** 많은 사람들에게 이러한 '노동 소외'는 '노동'이라는 말이 뜻하는 의미로 내장된다. (이러한 의미에서 내가 자주 듣는 말이 있다. '그것은 **노동**이 아니야, 너는 철학자로 일하는 것을 **즐기고 있는** 거야.')

셋째, 자본주의는 계급 사이를 '소외시킨다'. 노동자는 당연히 부르주아지를 증오하고 질투한다. 자본가는 그들에게 고통과 권태를 안겨주고는 교대로 그 노동자들을 경멸하고 두려움을 느낀다. 사회는 공통 목표를 향해 일하는 협력 사회가 되는 대신에 전투장으로 변한다. 즉 사회는 오늘날 우리가 말하는 표현대로 1%의 부자와 99%의 빈자 사이의 '계급투쟁'의 장이 된다.***

마지막으로, 자본주의는 자본가조차도 행복하게 만들어 주지 않는다. 그것은 그들의 삶을 무디게 만든다. '광물 중개상은 [자신이 거래하는] 보석의 시장 가치만을 보지 그 아름다움을 보지 않는다.'◆ 자본주의적 세계상에서 대상은 노동자만큼이나 자본가들에게도 '상품화된다.' 그 대상들이 가지게 되는 가치라고 해봤자 화폐적 가치 이외에는 없다. 아름다운 풍경은 한갓된 '부동산'으로, 장엄한 높은 알프스산은 도로 건설에 성가신 장애물로 축소된다. 격언에 가로되, 자본가들은 만물의 가격은 알지만 그 가치는 모르는 사람들이다. 따라서 자본주의는 삼중의 소외를 결과한다. 즉 노동자는 노동으로부터 소외되고 계급은 계급으로부터 소외되며 인간은 자연으로부터 소외된다.

••   Marx 1893, 12.
•••   자본주의에서 그러한 게임은 독점이라고 불리기 때문에 부는 점점 극소수의 손에 집중되기 마련이라는 마르크스의 예측은 충분히 확인되었다.
◆   Marx 1964, 89.

혁명 이후

내부 분열이 일어난 집은 존립할 수 없다. 계급 갈등은 자본주의 사회를 생래적으로 불안정하게 만든다. 노동자를 억압함으로써 자본가들은 그들을 궁극적으로 무너뜨릴 힘을 창출한다. (종교의 '아편'은 다만 제한된 효과만 있을 뿐이다.) 사람들은 끓는 물을 뚜껑으로 영원히 덮어 놓을 수 없다. 결국 그 압력은 견딜 수 없게 되고 혁명이 있을 것이다. 이와 같이 해서 '노동자들'은 영웅이 되고 '세계사적' 인물이 되어 역사를 그다음 단계, 즉 후기 자본주의 단계로 추진할 것이다. '인간의 고결함이 고단한 노동에 지친 그들의 육체로부터 빛을 발할 것이다.'*

헤겔의 유명한 말에 따르면 미네르바의 올빼미(지혜의 상징)는 어둠 속에서만 난다. 그 말은 철학은 역사를 회고적으로 이해할 수 있을 뿐이라는 뜻이다. 이 말에 반대하여 마르크스는 런던의 하이게이트 묘지에 있는 자신의 무덤 비석에 다음과 같은 유명한 말을 새겨 놓았다.

> 철학자는 세계를 여러 가지 방식으로 이해하기만 했다. 그러나 문제는 세계를 변혁시키는 것이다.

이것은 부분적으로 자신을 지시하는 것이다. 마르크스는 자신의 연구를 의식 향상을 통해서 노동자의 봉기를 촉진하는 일로 생각한다. 그는 노동자로 하여금 억압하는 조건에 대해 명백하고도 굳건하게 또 극적으로 각성하게 함으로써 억압자를 전복할 것을 고양하고 혁명을 고취하는 일을 수행한다고 스스로 생각한다.

---

* McLellan 1973, 87.

혁명 후에는 무슨 일이 일어나는가? 우선 '프롤레타리아 독재'가 있을 것이다. 이것은 아직 공산주의는 아니고 다만 '국가 사회주의'이다. 노동자들은 (1918년 모스크바에 일어난 것처럼) 정치권력을 장악할 것이고 모든 재산을 국유화할 것이다. 마르크스와 엥겔스가 《공산당 선언》에서 미수에 그친 노동자들의 1848년 혁명을 선동한 것처럼 '공산주의자의 이론은 단 한 문장, 즉 사적 소유제의 폐지로 압축될 것이다.' 이 사유제의 폐지의 결과로 독재 국가는 궁극적으로 사족이 될 것이고 엥겔스의 표현을 빌리면 천천히 '소멸'할 것이다. 엥겔스는 '소멸'이라는 말을 쓰는데 이는 자신과 마르크스의 관점을 '소위 무정부주의자'(바쿠닌 등의 사람들)의 부조리한 요구와 대비하기 위함이다. 이들은 국가는 '하룻밤 사이에 폐지'될 것이라고 주장했다.** 엥겔스의 추리는 명백하게 다음과 같다.

국가가 지체 없이 즉시 폐지되면 오랜 탐욕과 물욕의 성향은 자기주장을 다시 할 것이고 그렇다면 혁명 이후의 사회는 자본주의로 되돌아갈 것이고 아무것도 성취하지 못할 것이다. 그러나 공산주의가 여러 세대에 걸쳐 장기간 동안 집행된다면 (사적) 소유제에 대한 기억과 심지어 그 개념은 사라진 상태에 처할 것이고 그렇다면 인간 본성은 자기 변혁을 이룬 상태에 놓여 있을 것이다. 탐욕을 가질 만한 어떤 것도 없다면 탐욕과 그로 인한 갈등은 인간 본성에서 사라지고 없을 것이다. 경쟁은 협력으로 대체될 것이고 계급 갈등, 계급 그 자체는 사라지고 없을 것이다. 국가는 수행할 기능이 없다는 것을 발견하고 사라져 있을 것이다. 국가 사회주의는 공산주의로 옮겨가 있을 것이고 **자유의** 공산주의 유토피아가 도래해 있을 것이다.

**   Engels 1941, 315.

공산주의 유토피아

마르크스는 국가의 소멸 후에 오는 사회에 대해 공상하는 것은 의미 없다고 생각했다. 하지만 계급투쟁의 소멸 이외에 그 사회의 일부 특징은 자본주의 비판에 의해 암시되는 것으로 보인다. 욕심 본능의 소멸과 함께 자연적인 것과 인간적인 것을 상품화하는 일도 멈출 것이다. 우리는 다시 한 번 자연과 사람의 아름다움에 민감하게 될 것이다. 예를 들어 땅은 '부동산'이기보다는 풍경을 보여주는 것이 될 것이고 우정은 한갓된 '네트워킹'이기를 멈출 것이며 진정한 우정으로 복원될 것이다. 자연과 타인들로부터의 소외는 극복될 것이다. 그러나 마르크스는 산업공학은 계속될 것이고 발전할 것이라고 단언한다. 마르크스주의는 러다이트 운동은 아니다. (우리는 이제 자연의 아름다움에 민감해질 것이기 때문에 마르크스주의는 '청정 녹색' 기술공학이 될 것이다.) 마침내 기계는 화장실 청소, 접시 닦기 등과 같은 즐거운 일이 될 수 없는 종류의 노동을 넘겨받을 것이다. 그래서 우리가 할 수밖에 없을 유일한 노동은 창조와 기쁨으로 하는 일일 것이다. 노동으로부터의 소외도 역시 사라질 것이다.

공산주의 유토피아는 본질적으로 칸트의 역사의 종말, 즉 완전한 덕과 결합한 완전한 행복이다(50쪽). 말하자면 그것은 그런 칸트의 재탄생이다. '탐욕' 그리고 그러한 '모든 악의 뿌리'의 소멸과 함께 우리는 완전한 덕의 사회를 가질 것이고 자본주의의 소멸 및 과학과 기술공학의 진보와 함께 우리는 완전한 행복을 누릴 것이다. 그리고 바로 여기서 우리는 마르크스가 나의 책이 다루는 주제와 연관되어 있다는 것을 본다. 마르크스는 자신이 완전한 자연주의자라고 단언한다. 그는 자신의 서구 교양소설을 '역사적 유물론'이라고 부른다. 종교, 즉 초자연주의 일반은 망상이고 '아편'일 뿐이다. '물질적인 것' 이외에는 아무것도 없다. 그러나 주목할 점은 헤겔과 똑같이 마르크스는 낙원, '참된 세계'를 어슴푸레하게 정립한다는 것이다. 그 세계의 도래는 피할 수 없는 것으로 '역사의 종말'이 될 것이다. 그렇기에 마르크스 역시 드러나지 않은 신학자이고 위장한 '참된 세계' 철학자이다. 왜냐하면 헤겔처럼 마르크스가 가져온 것은 자연적 세계와 초자연적 세계의 이중성을 자연적 세계의 현재와 미래의 이중성으로 번역한 것이기 때문이다. 하늘의 천국은 땅의 미래 천국이 된다. 이와 같이 마르크스는 혁명적일지라도 중요한 의미에서 역시 보수주의자이다. 그는 플라톤적-기독교적 의미가 부여되는 서사를 저 단일한 자연 세계 속에 보존하려고 애쓴다.

알베르 카뮈는 이 때문에 공산주의는 사실상 종교, 새로운 '신앙', '새로운 신비화'(331-2쪽)로 변한다고 주시한다. 그것은 (마르크스 자신의 말을 그에게 돌리면) 새로운 '아편'이다. 이 때문에 카뮈는 마르크스주의를 경멸한다. 그러나 많은 다른 이들에게는 마르크스주의가 초자연적 것에 대한 믿음을 요구하지 않고도 삶의 종교적 차원을 회복했다는 사실 때문에 정말 매력적으로 보였다. 냉전 시대에 이러한 매력적인 요소는 강력해서 특권층 출신 배경의 상당한 미국인들과 (특히) 영국인들(예를 들어 버제스, 맥린, 블런트, 필비)로 하여금 소련을 위한 간첩 활동을 하게 만들었다. '선하고 멋진 어떠한 대의도 남아 있지 않다'는 말은 존 오즈본의 1956년 연극 〈성난 얼굴로 돌아보라〉에 나오는 유명한 대사이다. 히틀러를 물리치는 것이 그러한 대의였던 적도 있었지만 세계 대전 이후의 세계에서 그 대체물을 찾기는 어려웠다. 전쟁 이후 세대에 속하는 많은 사람들에게 서구는 오즈본의 주인공 지미 포터처럼 허무주의와 무의미함 속으로 가라앉는 듯 보였다. 따라서 '사회주의 건설'은 현존했던 것 중에 거의 유일하게 '선하고 멋진 대의'로 나타났다. 그것은 인생에 의미와 헌신을 제공할 수 있었던 유일한 대의였다. 그 대의가 실제로 얼마나 선한 것인지는 이제 살펴볼 문제이다.

바쿠닌의 반대

마르크스주의에는 두 가지 측면이 있다. 즉 자본주의 비판과 유토피아 교양소설이다. 전자는 후자와 별개이다. 교양소설은 실제로 소설, 즉 허구에 지나지 않지만 자본주의 비판은 여전히 믿음직한 것일 수 있다. 그러나 여기서 우리는 교양소설에만 관심을 둘 것이다. 마르크스주의가 저 멀리를 내다보고 요청하는 역사의 유토피아 종말과 같은 것이 가능한가?

여기에 관련되는 한 가지 문제는 소위 '프롤레타리아 독재', 즉 국가사회주의에서 공산주의 자체로 전환하는 이행이다. (마르크스가 1872년 국제노동자협회에서 축출한) 미하일 바쿠닌은 정부는 말 그대로 수백만의 노동자 손안에 있을 수 없기 때문에 소위 '프롤레타리아 독재'는 자기 잇속을 불가피하게 계속적으로 챙기는 엘리트의 독재, 다시 말해서 국가라는 개념을 머릿속에서 '소멸하는' 것을 증진하기보다는 가로막는 엘리트의 독재로 변할 것이라고 지적했다. 그는 국가의 즉각적인 폐지를 명하는 무정부주의자의 요구가 바로 그러한 전제정을 피하는 유일한 수단이라고 단언했다. 바쿠닌을 존경하는 사람으로서 놈 촘스키는 프롤레타리아 독재에 관한 그의 예측이 사회과학자들이 제시한 예측 가운데 (중국과 소련에서) 사실로 판명된, 상대적으로 극히 적은 수의 예측 중 하나였다고 본다.[•]

• Chomsky 2003, 248.

프로이트의 반대

그렇지만 프롤레타리아 독재가 적절한 순간에 권력을 실제로 양도할 각오가 되어 있는, 진정으로 자비로운 독재라고 가정해 보자. 도대체 적절한 순간은 언제라는 것인가? 여기서 우리는 5장 프로이트에서 간결하게 언급된 바 있는(133-4쪽) 프로이트의 비판으로 돌아갈 필요가 있다(F: 113-4).

우리가 아는 바와 같이 프로이트는 공격성은 타고난 근본적인 본능이라고 주장한다. 그것은 사적 소유가 만든 것이 아니고 그래서 사적 소유의 폐지로 제거되지 않는다. 그는 그것이 아무런 사적 소유도 없는 원시 수렵 채집인 사이에 존재한 점과 사적 소유의 개념도 없는 아이들 사이에서 지배력을 행사하는 점에 주목했다. 그는 사적 소유가 없는 상태일지라도 성적 경쟁과 소유는 독립적인 공격 원천을 제공할 것이라고 덧붙인다.

사실, 프로이트는 바로 그 어린 아이들이 사적 소유의 개념을 **가지고 있다**고 생각한다. 그들은 배설물을 소유로 간주하는 '항문'기를 거치고 배변하는 것을 참는다(F: 113). 그리고 성적 소유를 공격 원천으로 제시할 때 그는 사실상 소유의 관념을 성적 관계 속에 도입하고 있는 셈이다. 그렇다면 그의 논점은 실제로 원시 부족과 아이들이 소유의 개념이 **하나도** 없다는 것이 아니라, 오히려 정치적 행동에 의해 폐지될 **수 있는** 종류의 소유, 말하자면 법적 제도로서의 소유는 폐지될 수 있다고 해도 갈등 원천일 수밖에 없을 강력한 소유감은 남아 있을 것이라는 것이다. 따라서 프로이트의 생각은 공격 충동과 소유 의식은 상호 의존적이고 그 둘은 타고난 것 같다는 것이다. 공격성은 사람들의 소유물을 보호하고 더 많이 얻으려고 하는 충동이다.

그러나 소유 충동이 타고난 것이라고 해서 그 자체가 우리가 훈련할 수 있는 것이 아니라는 뜻은 아니다. 그것이 훈련될 수 있다는 점이야 말로 바로 유토피아적 마르크스주의의 주장이다. 이 주장은 사회적 훈련은 **인간 본성을 변화시킬 수 있다**는 것이고 여기서 변화는 충동은 타고난 것이면서도 타고난 것이 아니라는 뜻이다. 사실상 이 주장은 경험적 검사가 가능하다. 왜냐하면 중세 이후 특히 19세기 말에서 1960년대에 사람들은 세속적이든 종교적이든 공동 소유 재산에 기초한 공동체 생활을 시도했기 때문이다. 그러나 이 시도는 프로이트를 압도적으로 지지하는 증거를 보여 준다. 왜냐하면 거의 대부분의 시도들은 기껏해야 몇십 년밖에 가지 못하고 붕괴했기 때문이다. 예외가 있다면 그것은 이스라엘의 키부츠 운동이다. 타마 할핀Tama Halfin의 관찰에 따르면 이 운동은 원래 '사회주의의 정신으로 협동과 평등의 가치를 실현하는 "새로운 인간"과 "개혁된 사회"의 창조를 [추구하는] 유토피아적 공산주의의 개념'에 기초한 운동이었다.* 그러나 키부츠는 이스라엘 농업의 42%를 차지하지만 원래의 공산주의적 이념을 포기해야만 생존이 가능했다. 이들 중 4분의 3은 공동으로 소유하는 재산이 없거나 아니면 그 구성원들은 자신의 수입의 소량만 공유자원으로 넘겨준다.

무정부와 동료 집단 압력

궁극적으로 유토피아적 마르크스주의자들은 아나키스트이다(그리스어 anarchos는 an+archos인데 '지배자가 없다'는 뜻이다). 그 목표는 국

---

* 'The Kibbutz ⋯ a Communist establishment?', 3, https://wiki.brown.edu/confluence/download/attachments/73106098/Halfin_Moral+Economies+.pdf.

가 없는 삶이다. 엥겔스와 바쿠닌 사이의 불일치는 목적이 아니라 수단에 관한 불일치이다. 온갖 종류의 무정부주의자들이 있어도 질서의 필요에 대해서는 하나같이 인정한다. 피에르 조제프 프루동(1809-1865)은 마르크스가 무척 존경한 인물로 스스로를 무정부주의자라고 부른 최초의 사람이었다. 그의 가장 유명한 경구 '소유는 도둑질이다'에 따르면 '무정부Anarchy는 질서Order이다.' (무정부주의자를 상징하는 'O' 안에 새겨진 대문자 'A'는 이 슬로건에서 나왔다고 전해진다.) 질서 없이는, 인간 행동의 예측 가능성 없이는 어떤 종류의 사회적 삶도 불가능하다. (운전을 생각해 보라.) 그러므로 반마르크스주의자이든 마르크스주의 무정부주의자이든 국가와 국가 기관(경찰, 법정 등등)이 없을 때 질서가 어떻게 보존되는지의 문제에 직면한다. 그 대답은 '여론'이거나 약간 씁쓸하지만 '동료 집단의 압력'이다. 종종 일반 공동체와 키부츠 같은 특수 공동체에 대해, 이들 사회에서는 지배적 의견을 따르라는 압력이 통상적인 사회보다 훨씬 더 강력하다고 언급된다. 따르지 않는 사람들은 냉대를 받는다. 더 안 좋은 경우로 사람들은 아미시 공동체에서처럼 턱수염을 강제적으로 자르는 일,** 근본주의 모르몬교에서 여성에게 결혼을 강제하는 일을 생각할 수 있다.*** 니체가 주시하는 바와 같이 초기의 전사 무리들(예를 들어, 고트족, 반달족, 바이킹족)은 그들 외부에 있는 사람들을 거리낌 없이 무조건 살해하고 강간하고 약탈했지만 내부에서는 '상호 감시와 동료 집단의 질시를 통해서 … 억제되었다.'♦ 그들은 억제되지 않으면 안 되었다. 왜냐하면 그렇지

** 다음을 참조. 'Amish Sect Leader Sentenced to 15 Years in Hair-Cutting Attacks', *New York Times*, 8 February 2013, www.nytimes.com/2013/02/09/us/amish-sect-leader-gets-15-years-in-beard-cutting-attacks.html?_r=0.

*** 다음을 참조. 'Warren Jeffs', *Wikipedia*, http://en.wikipedia.org/wiki/Warren_Jeffs.

않았다면 그들은 응집력 있는 전투력을 지닌 채로 살아남을 수 없었을 것이기 때문이다.

그러므로 사실로 보이는 것은 외견상 국가 없는 사회조차도 언제나 자기 자신의 질서 원칙, 말하자면 제재를 동반함으로써 강제적으로 집행하는, 따라서 많든 적든 개인의 자유를 구속하는 일련의 사회적 규범을 설립한다는 것이다. 이것을 간결하게 요약해서 말하면 국가 없는 사회조차도 이름만 그렇다 뿐이지 실질적으로는 국가를 가지고 있다는 것이다. 정말 그렇다. 우리는 '국가'를 '제재로 강제 집행하는 정부'라고 규정한다면 무정부주의자나 마르크스주의자나 양자 모두가 꿈꾸는 국가 없는 사회는 사실상 불가능해 보인다.

◆　GM I, II.

제2부

신의 죽음
이후

9장

·

후기 니체

나는 서론에서 '대륙 철학'은 기독교 신의 죽음에 대응하는 철학이라고 말한 바 있다. '보수적' 대륙 철학은 이 책의 1부에서 연구한 중심 주제로서 신을 다른 형태로 부활시키려고 애쓰는 것이었다고 말했다. 다른 한편 '급진적' 대륙 철학은 2부의 주제로서 그런 부활은 불가능하다는 것을 받아들인다. 또 삶의 의미에 관해 도움이 될 만한 것을 말할 수 있다면 급진적 대륙 철학은 거대 서사, 즉 참된 세계의 서사, 역사 목적의 서사와는 다른 어떤 형태를 취해야 한다는 것을 받아들인다.

니체가 1882년에 '신은 죽었다'고 선언한 것(GS 125)은 단순히 전통 기독교의 신만을 의미한 것은 아니었다. 오히려 그는 한때 그 신에 의해 수행된 무언가, 말하자면 인간의 삶에서 의미부여의 기능을 수행한 무언가를 뜻한 것이었다. 바꾸어 말하면 '종교'는 참된 세계를 요청하거나 전제하는 어떤 것이다. 따라서 쇼펜하우어의 '유럽적 불교'는 헤겔주의와 마르크스주의가 그러하듯이 종교로 간주된다. 니체는 후자들을 묶어서 더 이상 믿을 수 없는 교의들에 속하는 것으로 명백히 포함시킨다.

> 세계의 전체적 특징은 … 창세전부터 영원토록 혼돈이다. 필연성의
> 결여라는 의미에서가 아니라 질서, 배열, 형식, 미, 지혜의 결여라는
> 의미에서이다. 우리의 미적 신인동형론을 일컫는 다른 이름이 무엇이
> 든 간에 그렇다(GS 109).

니체는 어떤 의미에서 세계는 혼돈과는 정반대라고 말한다. 다시 말해
서 그것은 과학에 의해서 발견된 '필연성', 법칙적인 인과적 일반성을
보여 준다. 그러나 다른 의미에서 그것은 역사적 '배열, 형식, 미'를 결
하고 있고 헤겔이나 마르크스의 교양소설이 세계에 귀속시킨 점진적
인 '지혜'를 결하고 있다.

바로 이것이 내가 부르는 급진 대륙 철학의 시작이다. 즉 급진 대륙
철학은 기독교 신뿐만 아니라 이 모든 '신의 그림자'(GS 108)까지도
신기루이고 '신인동형론적' 투사이며 소망적 사고이고 실재에 전혀 기
초하고 있지 않다는 인식에서 시작한다. 급진 대륙 철학은 니체의 의
미에서 실재는 '혼돈'이라는 인식에서 시작한다.* 그렇다면 이제 급진
대륙 철학은 묻는다. 즉 이와 같은 '혼돈'의 우주에서 삶은 (의미가 있다
면) 어떻게 의미가 있을 수 있는가, 삶은 어떻게 살 가치가 있는가?

유의할 점이 하나 있다. 니체는 최초의 급진 대륙 철학자, 즉 모든 참
된 세계의 죽음을 고하고 이제 무엇을 할지를 물은 최초의 사람이지만
동시에 (주요 인물들 중의 한 사람으로서) 최후의 보수 대륙 철학자였다
는 점이다. 왜냐하면 그는 우리가 6장 초기 니체에서 본 바와 같이 쇼

• 니체는 또한 [쇼펜하우어를 따라] '무정함과 비이성'을 세계의 속성으로 돌리는 것
  은 그 반대와 마찬가지로 신인동형론적 투사라고 주장한다.

펜하우어와 바그너를 따랐던 젊은 시절에 스스로 예술을 통해 접근할 수 있는 초자연적 세계의 '형이상학적 위안'을 우리에게 제공했기 때문이다. 따라서 니체의 보수 대륙 철학과 급진 대륙 철학 사이의 선은 초기 니체와 후기 니체를 나누는 연구를 통해 그어진다. 후기 니체가 본 장의 연구 주제이다.

내가 6장의 초두에서 언급한 바와 같이 니체가 바그너 및 쇼펜하우어와 칸트의 형이상학과 결별하는 결정적 표지는 1876년에 니체가 바이로이트 음악 축제에서 퇴장한 사건이다. 이 말이 맞다면 이 사건은 개인적 사건이기도 했지만 세계사적 사건이기도 했다. 그 이후에 나온 니체의 첫 저서는 《인간적인 너무나 인간적인》(1878)이었는데 나는 이 책을 '후기 니체'의 시작이라고 간주한다. 그리고 그의 마지막 출간 도서는 《이 사람을 보라》(1888)였는데 나는 이 책을 그 종결로 간주한다. (그리고 우리는 곧 보게 되겠지만 '유고 니체'가 있고 이를 추후에 논의할 것이다.) 그렇지만 나는 다음 두 권의 책에만 주로 집중할 것이다. 즉 니체가 자신의 가장 위대한 책이라고 생각한 (실은 지금까지 누군가가 쓴 책 중에서 가장 위대한 책이라고 생각한) 《차라투스트라는 이렇게 말했다》(1883-1885)와 내가 그의 가장 위대한 책이라고 생각하는 《즐거운 학문》(1882-1887)이다.

* * *

잠시 우리가 지금까지 고찰한 삶의 의미 문제에 대한 모든 대답을 회고해 보자. 그것은 전통 기독교와 같은 초자연주의적 대답이든 마르크스주의와 같은 자연주의적 대답이든 온갖 형태의 참된 세계 철학이었다. 이 모든 대답에 관해 유의할 한 가지는 삶의 의미는 첫째, 모든 사람에게 동일한 **보편적인 것**으로, 둘째, **선택과는 독립해 있는 것**으로 받아들여진다는 것이다. 우리가 말하고 있는 것은 이렇다. 즉 플라톤의 경우에는 '천국의 가장자리'로의 복귀이다. 키르케고르의 경우에는 영원한 축복의 달성이다. 쇼펜하우어의 경우에는 니르바나의 '무'로의 침잠이다. 헤겔의 경우에는 완전한 합리성의 실현이다. 마르크스와 엥겔스의 경우에는 '국가의 소멸'이다. 어느 경우이든 나의 삶을 의미 있게 만드는 것은 너의 삶을 의미 있게 만드는 것과 정확하게 동일하다. 게다가 이 의미는 어느 누구의 **선택**과는 아무런 상관이 없다. 예를 들어 기독교인의 경우 삶에 의미를 주는 것은 실재의 형이상학적 구조에 새겨진 어떤 것으로 주어질 뿐이다. 즉 에베레스트산의 고도, 열역학 제2의 법칙, DNA의 구조가 주어지는 방식처럼 주어진다는 말이다. 말하자면 전통 사상가들에게 삶의 의미는 우리가 **발견하는** 어떤 것이다. 우리는 그것을 **선택하지** 않는다. 우리는 그것을 사실로 **만들지** 않는다. 이 두 가지 특성, 즉 보편성과 소여성은 모든 거대 서사 철학의 특징이다. 온갖 참된 세계 철학자들은 그 형태와 유형이 어떠하든 이 두 가지 특성이 삶의 의미 문제에 대한 진정한 대답을 특징지어야 한다고 전제한다.

그러나 이제 우리가 그 두 가지 모두를 거부한다고 가정해 보자. 참된 세계는 전혀 없고 모든 거대 서사는 허구이고 실재는 니체의 의미에서 '혼돈'이라는 것을 우리가 인정한다고 가정해 보자. 그리고 나아가서 삶의 그 의미, 즉 보편적 의미 같은 것은 전혀 없고 어떤 의미도 실재의 형이상학적 구조 안에 새겨져 있지 않다는 것이 (적어도 잠시만이라도) 우리의 결론이라고 가정해 보자. 그럼에도 불구하고 사람들은 그렇다고 해서 **나의** 삶이 의미를 가질 수 없다는 뜻은 아니라는 것을 성찰할 수 있을지 모른다. 즉 그렇다고 해서 내가 나의 삶에 있는 의미, 나 자신의 **개별적** 의미를 **창조할 수** 없다는 뜻은 아니라는 것이다.

표류

군발드 라르손은 더 늙고 싶지 않았다. 그는 거의 쉰 살이 되었고 훨씬 자주 자신의 삶이 어떤 의미를 띠는지를 자문했다. 그는 가능한 한 빨리 자신이 물려받은 많은 재산을 소비하는 즐거움을 누렸다. 그는 수병이었을 때, 특히 상선 선원이었을 때 그것을 아주 즐겼다. 그러나 …*

군발드 라르손을 괴롭히는 것은 무엇인가? 내가 생각하기에 (적어도 명시적으로는 아니지만) 신의 죽음은 아니다. 오히려 그 자신의 삶에 관한 두 가지가 그를 괴롭힌다. 첫째, 그것은 우연적 삶이라는 것, 즉 **표류**의 문제였다. 그 문제는 예방적인 것이라기보다는 반응적인 것이었다. 아마 그가 표현하자면 그것은 인간 존재의 삶이라기보다는 미로에 갇힌 쥐의 삶에 관한 것이었을 것이다. 둘째, 그것은 그 삶에는 삶의 전체적인 논점이 전혀 없다는 것이다. 물론 이 특성들은 서로 연관된다. 군발드가 예방적으로 대처하기보다는 반응적으로 대처할 수밖에 없는 이유는 자신의 삶이 헌신하는 전체적인 목적이 도대체 존재하지 않기 때문이다. 그는 자신의 삶을 가지고 무엇을 해야 하는가?

우리가 이 책의 1부에서 두루 살펴보았듯이, 온갖 거대 서사 철학자들이 파악한 바에 따르면 이들은 **이야기가 의미를 창조한다**는 것을 통찰했다. 모든 참된 세계 철학자들은 이런저런 방식으로 이야기꾼이다. 플라톤부터 시작해서 모든 참된 세계 철학자들은 이런저런 방식으로 '영혼의 여정' 이야기를 들려준다. 그렇다면 사람들이 자신의 삶이 무의미하다고 불평하는 것은 이야기의 결핍을 말하는 것이 된다. 나의

• Sjöwall and Wahlöö 1977, 150. 마이 셰발Maj Sjöwall, 페르 발로Per Wahlöö의 형사 소설 《테러리스트Die Terroristen》.

과거를 돌아다볼 때 내가 보는 모든 삶은 '이어지는 것' 이상의 것일 수 없는 연속적인 사건들일 뿐이다. 나는 태어났고 이어서 학교에 갔고 이어서 애정 어린 아내와 어머니가 되었고 이어서 자녀들은 집을 떠났으며 … 이어서 미래를 전망해 보니 수두룩한 선택지밖에 보이지 않는다. 이를테면 결혼 생활을 하는 것, 이혼을 하는 것, 여성주의자가 되는 것, 세계 여행을 하는 것, 일을 시작하는 것, 뜨개질을 하는 것 등등. 이 모든 것은 똑같이 가능하고 적절한 것이지만 역시 바로 그 때문에 똑같이 의미 없는 것들이다. 요점을 간단히 말하면 의미 없다는 나의 느낌을 극복하고자 내가 할 일은 나의 인생 이야기를 구축하는 것, 나의 '개인적 서사'를 구성하는 것이다. **거대한** 서사가 부재하더라도 우리가 **개인적** 서사를 구성하지 못할 어떤 이유도 없다는 사실에 주목하라.

예술가의 교훈

나는 이러한 반성이 후기 니체에게 일어났다고 믿는다. 그는 삶에서 의미를 창조하기 위해 우리는 삶의 '영웅'이어야 한다고 말한다. 여기서 '영웅'은 '슈퍼맨'이나 '영웅적 행동을 하는 자'를 의미하지 않는다. 물론 영웅주의가 나의 특별한 이야기의 특징이 될 수도 있겠지만 말이다. 다만 그 의미는 '소설의 주인공hero'이 의미하는 것처럼 중심인물이라는 것뿐이다.

삶의 주인공이 되기 위해 우리는 제일 먼저 우리 자신이 주인공이라는 것을 **볼** 수 있어야 하고 '일상적 인물 속에 숨겨져 있는 주인공을 볼' 수 있어야 한다(GS 78). 그러기 위해 우리는

예술가들로부터 배워야 한다. 다른 한편, 우리는 그들이 다른 문제들

에 대해 현명한 것보다 더 현명해져야 한다. 왜냐하면 그들의 경우 그 기이한 능력은 대개 예술이 끝나고 삶이 시작하는 곳에서 끝나기 때문이다. 그렇지만 우리는 **우리 삶의** 시인이 되기를 원한다(GS 299, 강조는 첨가).

말하자면 위대한 예술가들은 적어도 정형화된 방식으로 위대한 예술을 만들지만 지저분한 삶을 살았다. (바그너는 반유대주의적 자기중심적 인물이었고 도스토옙스키는 강박적 도박꾼이었으며 콜리지는 마약중독자였고 딜런 토머스는 술을 먹다가 죽었다. 실비아 플라스, 마크 로스코, 커트 코베인, 반 고흐, 어니스트 헤밍웨이, 데이비드 월리스, 버지니아 울프는 자살을 했다. 필립 라킨은 파시스트적 의견과 변태 성 행위를 가졌다 등등.) 그러나 '우리'가 하고 싶은 일은 우리의 기술을 **삶에** 바치는 것, 삶 자체를 우리의 주된 '예술작품'으로 만드는 것이다.

우리가 우리의 삶의 '주인공'이 되기 위해 예술가들로부터 배워야 하는 것은

> 우리 자신을 … 거리를 두고 보는 기술이다. 말하자면 우리 자신을 단순화하고 변형해서 보는 기술, 즉 '자신 앞에 자신을 무대 위에 올려 놓는' 기술이다. 이렇게 함으로써만 우리는 우리 자신의 어떤 저급한 세부 내용을 넘어설 수 있다. 그렇지 않다면 우리는 전경에 지나지 않을 것이고, 목전에 바로 닥치는 것을 대단한 것인 양 보이게 하고 실재 자체로 만드는 시각의 주문 속에서만 살게 될 것이다(GS 78).

니체는 여기서 우리가 시각적으로 생각하기를 원한다. 사람들은 어떤 대상, 예컨대 산에 매우 가까이 바짝 다가갈 때 그 세부적인 것 외에는 아무것도 보지 않는다. 니체가 표현하는 대로 모든 것은 '전경'일 뿐이

다. 그 형태 전체를 보기 위해, 그 산을 전경과 배경으로 분석하기 위해 사람들에게 필요한 것은 '거리두기'이다. (사람들은 배경 없이 전경을 볼 수 없다는 사실에 유의하자.) 우리의 삶에 관해서도 마찬가지이다. 흡사 그 사정은 이렇다. 즉 우리는 우리의 삶에 너무 가까이 다가가 있기에 우리가 보는 것이라고는 외견상으로만 긴박해 보이는 자잘한 것밖에 없다. 이를테면 대학의 교과목 이수를 위해 다음 보고서를 써야 하는 것, 5시 기차를 타고자 서둘러 뛰어가야 하는 것, 사야 할 물건이 있는 것, 요리해서 저녁 식사를 준비하는 것, 어떻게든 수리해야 하는 욕실을 누가 청소할 차례인지에 관해 아침부터 파트너와 옥신각신하는 것 등등. 일상의 삶에서 우리는 세부적인 일에 너무 빡빡하게 몰두해 있으므로 그 나무 때문에 숲을 보지 못한다. 우리는 스스로 묻는 데 실패한다. 예컨대 우리는 대학 생활에서 발표 논문을 완성하여 끝내는 것이 중요한지, 그렇다면 왜 중요한지, 대학에 다니는 것이 정말로 중요한지, 그렇다면 왜 중요한지, 파트너와의 다툼을 수습하는 것이 중요한지, 그렇다면 왜 중요한지를 스스로 묻는 데 실패한다.

현대의 전자 기술공학은 니체가 상상할 수 있었던 것을 넘어 오로지 '전경'일 뿐인 삶을 향유하는 성향을 증대시켰다. 인터넷과 무엇보다도 핸드폰의 사용은 우리의 삶의 소소한 세부 영역의 수와 즉각적 반응을 **요구하는** 것 같은 자극의 수를 대량으로 증폭시켰다. 그리고 우리는 쉽사리 이러한 자극을 수용하고 반응하는 데 중독되고 어떤 이의 표현대로 '전경 중독자'가 되기 일쑤이다. 사려 깊은 아미시 공동체 같은 집단들은 대부분의 현대 기술공학에 대해 조심하고 심지어 적대적이기까지 한 태도를 보여 준다. 이러한 태도는 충분한 이유가 있는 의심에 의해 조성된다. 이를 풀어 말하면, 사소한 것이 우리를 포격하는 바람에 본질적인 것을 파악하지 못하게 되기 때문이다. 그렇다면 사람들은 자신의 삶의 본질적 형태를 어떻게 파악하는가, 삶의 주인공이 누구인지를 어떻게 이해하는가?

우리에게 필요한 것은 일상생활에의 몰입을 '잠시 중지'하는 일이다. 이것이 기독교의 주일 성수의 기능이었다. 사람들이 기독교 교리를 어떻게 생각하든 자신의 삶의 전체적 형태에 대한 거리두기와 성찰 공간을 위한 시간으로서 노동하지 않는 날을 가진다는 관념에는 지혜가 들어 있었다. 내가 보기에 교부들은 삶의 형태를 전반적으로 살피는 것은 건강하고 '중심을 잡은' 삶, 즉 사소한 것들로 볼품없어지지 않는 삶에 필수적이라는 점을 이해했다. 이슬람교인이 하루에 다섯 번 기도하도록 되어 있는 것은 이러한 거리두기와 형태 부여의 효과를 얻는 또 다른 기술이다. 니체는 종교가 가지는 이러한 치유 기능을 인정한다. 비록 그는 기독교를 이 세상을 '감옥'으로 바꾸고 우리를 그 감옥에 거주하는 '범죄자'로 바꾸는 종교라고 증오했지만 기독교에 대해서 적어도 다음과 같이 말할 수 있는 것은 인정한다. 기독교는

> 인간을 두고 영원[참된 세계]의 관점에서 기술함으로써 인간에게 거리를 두고 그 전체를 과거의 일로 보게 하는 것을 가르쳤다(GS 78).

자신의 삶의 주인공을 이해하는 것은 자신의 인생 이야기를 전체로, 즉 완성된 것인 양 '지나간 전체'로 파악하는 문제이다. 기독교 사상에서 이러한 파악의 관념은 최후의 심판, 즉 자신의 삶 전체가 저울에 달리는 순간이 온다는 관념이다. 〔이와 동일한 사상, 즉 삶의 마지막에 자신의 삶을 상상 속에서 회고한다는 생각은 민속적 지혜 속에 구현되어 있다. 이 지혜는 사람들에게 (본인의 부고가 이랬으면 **좋겠다**는 내용으로) 자기 자신의 죽음을 알리는 부고를 쓰라고 하면서 그 부고에 따라 삶을 부끄럽지 않게 살라고 충고한다.〕

기독교의 주일은 하루 24시간 일주일 내내 휴식 없는 삶을 사는 이

세속 시대에 더 이상 우리와 함께하지 않는다. 그렇다면 한때 맡았던 그 역할을 감당할 다른 어떤 것이 우리에게 필요하다. 즉 우리에게 '잠시 중지'의 삶을 제공해 줄 어떤 것이 필요하다. 이 점을 염두에 두고 뉴질랜드 남섬에 있는 서던알프스산맥으로 트래킹 휴가를 가보자.* 여기서 아마도 우리는 일상적 삶의 계곡보다 더 높은 곳에서 우리의 삶에 대한 거리두기(우리가 말하기로는 '관점')를 할 수 있을 것이다. 그렇게 해서 다행스럽게도 우리에게 누가 우리의 삶의 주인공일 수 있는지가 나타날지도 모른다. 우리는 잘 짜인 소설의 주인공처럼 우리 스스로를 우리 삶의 주인공으로 바라보는 일을 시작할 수 있을지 모른다. 니체는 이것을 '우리 삶의 시인 되기'라고 부른다. 이것은 마치 사람들이 멋진 문학작품을 구성하는 과정에 있는 것처럼 삶을 사는 것을 의미 있는 삶이라고 보는 관념에 주의가 쏠리게 하는 것과 같다.

사람들이 '예술가의 거리두기'를 통해 누가 자신의 삶의 주인공일 수 있는지를 파악한다면 그때 얻는 것은 정확하게 무엇인가? 사람들이 파악하는 것은 자신의 삶의 전체적인 대본, 즉 '큰 그림'이요, 개인적 서사이다. 이 서사는 바로 **이** 점에서 플라톤이나 기독교의 거대 서사와 똑같고 사람들에게 세 가지를 알려준다. 첫째는 지금까지의 자기 자신의 역사이고, 둘째는 자기 자신의 현재 상태이며, 셋째는 이 두 가지가 합쳐져 미래를 향해 **적절한 계속성**을 가지는 자기 자신의 삶의 윤곽이다. 다시 말해서 자기 자신의 과거와 현재 이야기를 아는 것은 자기 자

---

* 헨리 소로는 이보다 더한 급진적 길을 택했다. 그는 2년 동안 숲에서 생활하려고 월든 호숫가에 갔다. '나는 숲으로 갔다'고 그는 설명했다. '왜냐하면 나는 삶을 신중하게 살고 싶었고 삶의 본질적 사실들만 똑바로 보고 싶었기 때문이다.' 그는 매사추세츠의 콩코드에서 살았던 여러 가지 잡다한 사소한 삶으로부터 물러서는 일을 해 보지 않은 채 침대에서 임종을 맞이할 때 '내가 삶을 살지 않았다는 것을 발견할지도' 모른다고 두려워했다.

신의 '동일성'을 아는 것이다. 그리고 자기 자신의 동일성을 아는 것은 자기 자신의 삶에 목적과 의미를 부여하는 것이다. 이것은 **어떻게 계속해 가는지**, 고상하게 표현하면, 어떻게 자기 자신의 '운명'을 실현하는지를 아는 것이다.

자기 창조

니체의 생각을 가능한 한 명료화하기 위해 그가 마음속에 품고 있는 과정을 구체적으로 예시해 보자. 나는 진부하다고 생각될 정도로 단순화했다. (자신의 삶을 문학작품으로 보는 것을 충분하게 구현한 사례를 제공하려면 스스로 자기 자신의 문학작품을 생산해야만 할 것이다.)

이렇게 가정해 보자. 나는 수년 동안 공부를 해 왔고 그리하여 마침내 회계사가 되었다. 그러나 틈날 때마다 시를 썼다. 수년 동안 이러한 이중생활을 해 오고 있다. 하지만 나는 내 삶이 비참하고 무의미하다는 것을 발견한다. 어느 날 서던알프스산맥 종단 트래킹에 나서서 나의 삶을 전체로서, 과거와 현재와 미래를 끝까지 살아가는 이야기로서 파악해 보려고 한다. 이 이야기는 무엇인가? 답변으로 나는 적어도 두 가지(실생활에서는 특정할 수 없이 많다)를 결정해야 할지도 모른다.

첫 번째 결정은 이렇다. 나는 인접 국가와 세계 각국을 여행할 기회가 많은 다국적 회계법인 동업자가 되려고 하는 한편 시를 쓰지만 재능은 없는 시인이다. 이 시인은 실제로 자기 자신에게 도무지 어울리지 않는 삶의 양식에 대한 감상적인 동경 (이 동경은 시인이고자 했던 자기 아버지의 좌절된 욕망에 의해 발생한 것이다) 때문에 자기 자신을 비참하게 만드는 중이다. 나는 나의 연작시들을 태워 버려야 한다.

두 번째 결정은 이렇다. 나는 재능과 열정을 갖춘 시인인 한편 안전한 삶을 살고는 있지만 근본적으로 자신의 가장 깊은 욕구와 필요와는 상충하는 삶을 살고 있는 탓에 자기 자신을 비참하게 만드는 중이다. 나는 지금까지 피했지만 이제 용기 있는 행동을 보여 줄 필요가 있다.

이러한 결정의 순간에 관한 세 가지 사항을 유의할 필요가 있다. 첫째로, 개개의 서사는 나에게 내가 누구인지, 누가 나의 삶의 '주인공'인지를 말해 준다. 첫 번째 결정에서 '주인공'은 세부 내용이 섞여 있어서 '감추어져' 있지만 회계사이고 두 번째 결정에서 '주인공'은 시인이다. 둘째로, 내가 들려주는 이야기가 어느 쪽이든 상관없이 그 이야기는 나의 삶에 방향, 목적, 의미를 부여하고 나에게 어떻게 계속할지를 말해 준다. 내가 결정에 실패할 때만 나의 삶은 방향을 결한다. 셋째로, 내가 내리는 결정이 무엇이든 상관없이 그 결정은 **나의 책임**이다. 나는 나의 삶의 의미를 **발견하는** 것이 아니다. 오히려 **창조하는** 것이다. 니체는 이 마지막 논점을 강조한다. 그는 다음과 같이 말한다. '우리는 … 새롭고 유일하고 비교 불가능한 존재, 스스로 입법하고 스스로 창조하는 존재가 되기를 원한다'(GS 335). 우리는 '사건들을 해석하고 배치하는 실천적 이론적 기술'을 통해서 스스로를 창조하는 존재가 되기를 원한다(GS 277). (나는 '이론적 기술'을 자신의 삶의 이야기를 쓰는 데 필요한 기술로, '실천적 기술'을 자신의 이야기에 따라 사는 것을 훈련하는 기술로 받아들인다.)

물론 자기 창조는 그 자료와 한계를 가지고 있다. 니체는 계속해서 말하기를 창조자가 되려면

> 우리는 세계의 합법적이고 필연적인 모든 것을 발견하는 사람, 즉 **물리학자**가 되어야 한다. 지금까지 모든 가치와 이상은 물리학의 무지 위에, 물리학과의 **모순** 속에 세워졌다(GS 335).

여기서의 논점이 우리 모두 물리학physics 박사 학위를 따야 하는 게 아니라는 것은 명백하다. 그 뜻은 다만 우리 자신의 본성을 중점적으로 포함해서 자연(그리스어 피지스physis는 원래 '자연'을 의미한다)을 알고 존중해야 한다는 것이다. 내 키가 약 160센티미터라면, 나의 삶을 프로 농구선수의 삶처럼 서사화하는 것은 아무런 소용이 없다. 내가 아무리 자기 훈련이 되어 있을지라도 이야기를 그런 식으로 실현하려고 하지 않을 것이고 결국 그렇게 되면 우울하게 실패로 끝날 것이다. 지금까지의 '이상'을 '물리학'과 모순된 것으로 언급할 때 니체는 말할 것도 없이 기독교를 염두에 두고 있다. 우리 중 누구도 분노, 탐욕, 정욕을 피할 수 없다. 우리 중 누구도 걸을 때마다 수백만의 미생물체를 죽이는 것을 피할 수 없다. 그리스도를 닮아가는 삶을 사는 이상은 '물리학' 때문에, 우리의 육체성 때문에 우리가 따라 살아가는 데 실패할 **수밖에 없는** 이상이다. 따라서 스스로에게 **그러한** 이야기를 말해 준다면 우리는 다시 한 번 우울하게 실패로 끝날 것이다. 예컨대 그 끝은 키르케고르의 '나약함의 절망'(83쪽)일 것이고 이상과 현실 사이의 간격에서 오는 절망일 것이다. 물론 키르케고르는 우리가 절망을 피하고자 신에게로 '도약'하도록 절망에 이르기를 **바란다**. 그러나 니체는 절망을 피하려면 제일 먼저 스스로 불가능한 이상을 선택하지 않는 것이 더 낫다고 제안한다. 이것은 비이성적인 것은 아니다. 기독교는 우리에게 치유를 제공할지 모르지만 역시 제일 먼저 질병을 안겨 준다.

자신이 누구인지를 분명히 하기

나의 단순화된 사례에서 드러나듯이, 니체는 사람들이 자신이 누구인지에 대해 분명함을 획득하는 일이야말로 번영하는 삶에 절대적으로 필요하다는 주장을 견지한다. 내가 생각하기에 이것이 '우리 자신을 무대에 올려놓는' 기술을 일반 예술가가 아니라 '특별히 그리스 극작가들'로부터 배워야 한다고 니체가 말하는 이유이다(GS 78). 그가 그리스문학 교수였다는 사실을 기억할 때 여기서 그가 염두에 두는 연극은 그리스 연극, 무엇보다도 그리스 비극임이 거의 확실하다. 그리스인과 현대의 비극적 영웅을 서로 구별해주는 것, 예컨대 안티고네와 햄릿이 서로 구별되는 것은 심리학적 복잡성의 유무이다. 안티고네에게는 가족에 충실한 원칙만 있을 뿐이다. 크레온에게는 국가에 충실한 원칙만 있을 뿐이다. 그들은 말하자면 살아 있는 원칙이다.* 이와는 대조적으로 햄릿은 도무지 이해할 수 없는 복잡한 심리학적 난제이고(어느 누구도 그가 왜 자기 아버지의 살해를 복수하는 일에 실패하는 것을 보여주는 데 거의 모든 역할을 소비하는지를 모른다) 의미의 혼동과 결여를 보여주는 근대성의 패러다임이다. 니체가 '나의 행복 공식은 예, 아니요, 직진, 목표'라고 쓴 것은 우리가 그리스 비극의 영웅처럼 살아야 한다고 생각하기 때문이다(TI Ⅰ 44).

동일자의 영원회귀

1881년에, 니체의 표현을 빌리면, '사람과 시간보다 1800미터 위에' 있는 스위스의 알프스에 위치한 실스 마리아 근처에서 니체에게 그가 가장 중요하다고 간주한 사상, 즉 '동일자의 영원회귀'** 사상이 나

---

* 이것은 지나치게 단순화된 것이다. 자세한 논의를 위해서는 다음을 참조. Young 2013, ch. 7.
** 우리가 4장 104쪽 각주에서 본 것처럼 영원회귀의 관념은 쇼펜하우어에 나타난

타났다. 이 사상에 대한 최초의 진술은 다음과 같다. (이 진술은 니체가
《이 사람을 보라》에서 《차라투스트라는 이렇게 말했다》의 기본 사상'을
표현한다고 서술한 것이다.)

어느 날이나 밤에 어떤 악마가 고독할 대로 고독해진 당신의 뒤로 슬
그머니 다가와 다음과 같이 말한다고 하면 어떻게 되는가. '당신이 지
금 살고 있는 이 삶은 지금 당신이 살고 있는 삶인 것은 물론이고 그
삶을 과거에도 살았고 앞으로도 가없이 살아야 할 것이다. 그러면서
도 그 삶 속에 새로운 것은 아무것도 없을 것이다. 그렇지만 당신이
그 삶을 살아갈 때 온갖 고통이라는 고통, 온갖 기쁨이라는 기쁨, 온갖
생각이라는 생각, 온갖 슬픔이라는 슬픔, 온갖 말할 수 없는 대소사라
는 대소사는 당신에게 되돌아오게 되어 있을 것이다. 만사가 같은 연
속과 순서 속에서 일어난다. 심지어 나무들 사이에 비치는 이 거미도,
이 달빛도 그러하고 이 순간조차도 그리고 나 자신까지도 그러하다.'
… 당신은 땅에 주저앉아 이를 악물고 그렇게 말한 악마를 저주하지
않을 것인가? 아니면 '당신은 신이다. 나는 이것보다 신적인 그 어떤
음성도 들어본 적이 없다'고 대답하면서 한순간 엄청난 경험을 하게
될 것인가? … 이 최종적이고 영원한 확증과 봉인 **이외에 더 이상 아무
것도 강렬하게 갈망하지 않기 위해** 당신은 당신 자신과 삶을 어떻게 잘
처리해야 할 것인가?(GS 341)

다. 하지만 그는 이 관념이 자신의 독창적인 생각이라고 말하지는 않는다. 우리는
니체에 떠오른 생각이 그 관념 자체가 아니라 정확히 말해서 그 관념 자체의 특수
한 사용이라는 점을 가정해야 한다. 나는 이제 그 특수한 사용에 대해 기술하려고
한다.

여기서 제시된 바와 같이, 자기 자신의 삶과 세계*의 영원회귀라는 관념은 정확히 바로 그 마지막 세부 사항까지 지시하는 점을 고려할 때 형이상학적 명제, 시간의 순환이라는 형이상학적 주장이 아님은 분명하다. 그것은 정말로 명제는 아니다. 그것이 진리인지 아닌지는 여기서 전혀 문제가 아니다. 오히려 그것은 '~라면 어떻게 되는가what if'라는 상황이다. 그것은 사고 실험이다. 그 핵심은 사람들이 가능한 한 가장 성공적으로 삶을 살고 있는지를 가늠하는 시금석을 제공하는 것이다.

철학자를 '문화 의사'라고 말하는 니체는 의학적 비유를 중요하게 여긴다. 인간의 유형은 세 가지로 분류된다. '병자', '회복자', '건강자'. 사람의 건강 정도는 '삶을 긍정하는', '긍정적으로 말하는' 사람의 능력에 따라 측정된다(GS 276). 쇼펜하우어나 기독교 금욕주의자(또는 청년 니체) 같은 사람은 이 세상의 삶이 빨리 벗어났으면 하는 눈물의 골짜기에 불과하다고 생각하는 완전히 병든 사람들이다. 니체의 판단으로 이들이 병든 것은 삶에 대한 '원한'에 사로잡히기 때문이다. 예를 들어 참된 세계를 믿는 성향을 극복하고 영원회귀를 '심연 사고'(Z III 13)로 아는 차라투스트라는 회복하는 자이지만 아직 적절하게 건강하지 않다. 그가 영원회귀를 의욕할 수 없다는 것은 그의 영혼은 아직도 그의 기독교 유산의 가르침으로 남아 있는 원한과 죄(자기 원한)로 부패해 있다는 것을 보여 준다. 충분하게 건강하고 충분하게 번성하는 인간 존재로 간주되려면, '위대한 건강'(GS 382)을 소유하려면 사람들은 원한으로부터 온전히 자유로워야 한다. 사람들은 악마에게 '나는 이것보다 신적인 말을 들어본 적이 없다'고 말할 수 있는 그 같은 완전성에

• 나의 삶은 내 주위의 세계에 대한 나의 경험과 지식을 포함한다. 나의 삶은 내가 경험하는 대로의 세계를 포함한다. 나는 이것이 달빛에 있는 거미가 가리키는 논점이라고 생각한다.

속하는 것으로 자신의 삶을 경험해야 한다. 바꾸어 말하면, 사람들은 정확히 자기 자신의 삶이나 다름없는 삶의 영원회귀 이외에 아무것도 받아들이지 않고 수락하지 않으며 '더 이상 아무것도 강렬하게 갈망하지' 않아야 한다. (물론 나는 이 세상의 삶이 **정확히** 이전의 삶 그대로 일어난다고 해도 이전에 살았던 삶을 알지 못하기 때문에 계속 이전에 동일한 삶을 살았는지는 모를 것이다. 따라서 권태는 문젯거리가 아니다.)

운명애

영원회귀의 시금석은 사람의 삶이 잘 짜인 문학작품인 것처럼 사는 삶의 관념과 어떻게 어울리는가?

모든 거대 서사의 철학이 지닌 본질적 요소는 구원이다. 역사를 끝내는 최종 상태는 항상 구원 상태이다. 구원은 구원에 앞선 고통과 불완전성을 의미 있게 만들고 보상하는 것이다. 적어도 '구원'은 니체보다 앞서는 거대 서사의 선배들에게 중요한 만큼 그에게도 똑같이 중요한 개념이다. 말하자면 개인적 서사가 구원적이어야 하는 것은 거대 서사가 그러해야 하는 것만큼 똑같이 중요하다(Z Ⅱ 20).

그러나 개인적 서사라고 해서 모두가 구원**적이지는** 않다. 왜냐하면 사람들은 예술가들로부터 배운 기술을 사용해서 자신의 삶을 자기 시각에서 피해자나 악당으로 형상화하는 삶의 이야기로 구성하는 것이 완전하게 가능하기 때문이다. 비행 청소년들이 종종 이렇게 한다. 그들은 자신의 삶을 구성할 때 열악한 양육의 피해자요, 그 결과 어쩔 수 없이 이토록 나쁜 사람이 되었다고 설명한다. 그러나 그 길 위에 있는 것은 자기혐오와 절망과 죽음이다. 따라서 니체가 강조하는 것은 사람들이 말하는 이야기는 사람이 '바라고' '존중하는' 자아를 구성하는 이야기여야 한다는 점이다. 즉 그 말은 사람들이 자신도 그 이야기의 '주인공'이기를 **좋아하는** 이야기여야 한다는 것이다. 자신이 결정한 삶은 스스로 좋아하게 되어 있다.

그러나 좋아함에도 정도가 있다. 나의 인생 이야기에 대해, 나는 내가 이끈 삶을 전반적으로 좋아하지만 일어나지 않았으면 하는 일들이 몇 가지 있으며 또한 행한 것을 후회하는 일들이 몇 가지 있다는 식으로 말할 수 있다. 이렇게 조건을 다는 삶의 긍정은 우리가 바랄 수 있는 최선일지 모르지만 니체와 니체식 '건강'의 견지에서는 충분하지 않다.

니체의 중심 좌우명 중 하나는 아모르 파티amor fati, 즉 **'운명애'** 또는 필연성의 사랑이다. 이것은 '사물의 필연성을 아름다움으로 보는' 능력을 말한다(GS 276). 과거 전체는 '필연적'이므로, 즉 그것은 변경될 수 없으므로 '운명을 사랑하기'는 과거 **전체**, 일어난 **만사**를 용인하는 것은 말할 것도 없고 사랑하는 것을 말한다. 바꾸어 말하면 그것은 일어난 **만사**의 영원회귀를 의욕하는 것이고 '그 이외에 더 이상 아무것도 강렬하게 갈망하지 않는 것'이다. '운명을 사랑'할 수 있어야 한다는 것과 '영원회귀를 의욕'해야 한다는 것은 언어만 다를 뿐 동일한 관념이다.

개인의 섭리

그러나 나는 내가 좋아할 뿐만 아니라 영원히 언제까지나 마지막 세부 사항까지 되풀이하지 않으면 안 된다는 것 '이외에 더 이상 아무것도 강렬하게 갈망하지 않는' 정도까지 좋아할 수 있는 방식으로 나의 삶을 쓸 수 있는가? 니체는 그렇게 하려면 우리는 사물 속에서 '개인의

섭리'를 볼 수 있어야 하고 '고점'에 도달할 수 있어야 한다고 말한다. 여기서 우리는

> 우리에게 일어나는 만사가 어떻게 항상 명백하게 가장 좋은 것으로 판명되는지를 본다. 매일 매 시간 삶은 이 명제를 되풀이해서 입증하는 것 이외의 다른 희망을 가지고 있는 것처럼 보이지 않는다. 삶이 어떻든 간에 이를테면 나쁜 날씨, 좋은 날씨, 친구의 죽음, 발병, 살인, 배달 편지의 실종, 발목 접질림, 꿈, 사기 등등, 어느 쪽이든 즉시 또는 곧장 그것은 '놓쳐서는 안 되는' 어떤 것으로 입증된다. 그것은 **우리**에게 심오하게 중요하고 쓰임새가 있다(GS 277).

그렇다면 이제, 예를 들어, 나의 시인-회계사 예시로 돌아가보자. 나의 삶 이야기인 이 교양소설에서 회계사로 사는 수년 동안 내가 겪었던 비참함과 좌절은 나를 시인의 방향이라는 나의 참된 소명으로 이끄는 데 필요한 어떤 것의 위치를 차지하고 정당성을 발견해야 한다. '나를 죽이지 않는 것은 나를 더욱 강하게 만든다'(TI Ⅰ 8)는 것은 니체의 아주 유명한 경구 중의 하나이다.

초인

니체는 영원회귀를 의욕하는 것은 매우 어렵다고 생각한다. 그리고 그런 그가 옳다. 이를 이해하려면 영원회귀를 의욕하는 것은 여타의 모든 선택지보다 **정확히** 자신의 삶의 반복을 선호하는 것이라는 점을 명심하는 것이 필요하다. 일반적으로 말하면 많은 사람들은 자신의 삶을 다시 한 번 사는 일에 대비할 것이다. 다시 말해서 자신

의 삶에서 어떤 상처를 입힌 사건들은 현명하게 삭제한 형태로 그 삶을 살기를 선호하지, 자신의 삶 그대로를 정확히 다시 살기를 **선호하지** 않을 것이다. 이를테면 실패한 새혼, 사녀의 죽음, 홀로코스드, 9·11 테러 사건, 시리아(213쪽 각주에서 주의한 대로 이러한 세계 사건들에 대한 나의 **지식**은 나의 삶의 일부이다) 등의 일로 겪은 트라우마는 빠져 있는 삶을 선호할 것이다. 물론 이에 대한 이유는 누구라도 자신의 삶을 이야기하는 교양소설에서 마주친 모든 일들에 적응할 수 있다는 것은 실제로 의심스럽기 때문이다. 그리고 사건들이 그처럼 '구원'을 받을 수 있을 때라도, 사람들이 어떤 사건에 대해 그 후속적 결과의 견지에서 정당성을 발견할 때라도 사람들은 그와 동일한 사건이 결과할 고통이 더 적어지는 방식이 무엇인지를 의식하지 않을 수 없다. 예를 들면, 회계사로서의 비참한 삶이 7년이라면 6년이었으면 하고 생각할 수밖에 없다.

니체는 끊임없이 노력해 보라고 스스로에게 말했지만 스스로 영원회귀를 의욕할 수 없었음은 확실하다. 예를 들어, 니체는 루 살로메에게 청혼을 했지만 거부당했고 그 후 자신과 마찬가지로 루를 사랑한 절친 파울 레를 표리부동한 짓을 한 자로 여기며 다른 친구에게 보내는 편지에서 다음과 같이 썼다.

> 쓰레기 같은 감정을 금으로 만드는 연금술사의 비결을 발견하지 못한다면 이 때문에 역시 나는 헤매고 말겠지. [여기서 니체는 소년 시절부터 존경했던 미국 작가 랄프 왈도 에머슨을 인용한다] '모든 경험은 유용하고 모든 날은 거룩하며 모든 사람은 신성하다'네. 나는 이제 이 말을 나에게 입증해 보일 수 있는 가장 멋진 기회를 가진 것과 다름없네.*

니체는 초인(Z I 4)만이 영원회귀를 할 수 있다고 말하는데 이것이 영원회귀를 의욕하는 어려움을 표현해 준다. 초인Übermensch은 영어로 '슈퍼맨superman' 또는 좀 덜 정확하지만 '오버맨overman'으로 번역된다. 다시 말해 현재의 인간 상태를 초월하는 사람만, 즉 역사가 여태껏 '아무런 확실한 사례'(GS 288)도 제시하지 못하는 유형의 인간 존재만이 '위대한 건강'을 소유할 수 있다. 그렇다면 누가 초인인가? 그는 우리에게 없는 그 무엇을 가졌는가?

한마디로 그 대답은 '디오니소스적 신과 인간'의 '광기' '도취' '탈아경'이다(GS 370).[**] 니체의 말에 따르면 '광기에서 본질적인 것은'

> 증대하는 강력감과 충만감이다. 이 느낌으로부터 사람들은 사물을 융통하고 우리 쪽에서 사물을 받아들이게끔 **강제하고** 사물을 거스른다. 이 과정을 **이념화**라고 부른다. 여기서 선입견을 배제하도록 하자. 이념화는 일반적으로 갖고 있는 견해처럼 하찮고 사소한 것을 빼거나 무시하는 데서 성립하지 않는다. 오히려 결정적인 것은 주요 특성을 드러내는 추동력이고 그렇게 해서 여타의 것은 그 과정에서 사라지게 하는 것이다(TI IX 8).

바꾸어 말하면 초인과 우리 사이의 차이는 그가 '똥을 금으로' 바꾸는 것에 관련된 문제를 가지고 있지 않다는 것이다. 그는 문제를 가지고 있지 않다. 왜냐하면 그는 다만 자신의 삶의 이야기에 관계없는 삶, 자신의 삶의 견지에서 정당화될 수 없는 삶의 세부 사항을 보지 않기 때

• '살로메 사건'에 대한 충분한 설명을 위해서 다음을 참조. Young 2010, ch. 18. 인용문은 355쪽에서 찾을 수 있다.

•• 이에 대한 해석은 칸트-쇼펜하우어 형이상학의 견지에서는 길을 잃었지만 디오니소스의 '도취'는 초기 니체와 똑같이 후기 니체에서도 중요하다.

문이다. 그 이유는 너무 나약해서 그런 세부 사항들을 직면할 수 없어 그것들을 억압하기 때문이 아니다. 자신의 인생 이야기에 의해서 자신을 위해 결정되고 창조자의 절박함으로 가득 찬 창조적 과제, '미래를 잉태하는 흘러넘치는 에너지'(GS 370)로 가득 찬 창조적 과제에 열정적으로 헌신하기에 그 일들을 처리하느라 너무 바빠서 그런 세부 사항들에 하루라도 시간을 할애할 수 없기 때문이다.

> 자신의 적, 불행, 심지어 악행도 아주 오랫동안 진지하게 가지고 갈 수 없다는 것은 강하고 충만한 본성의 기호이고 여기에는 형성하고 주조하고 회복하고 망각하는 힘의 과잉이 있다. (그 좋은 예는 미라보***인데 그는 자신에게 행해진 모욕과 용납할 수 없는 행동들을 전혀 기억하지 않았고 용서라는 일을 할 수조차 없었던 인물이었다. 왜냐하면 그에게 그것들은 그저 망각되어 있었던 것이었기 때문이다.) (GM I 10).

그렇다면 초인이 영원회귀를 의욕하는 것과 관련된 문제를 가지고 있지 않은 이유는 그가 사람들이 창조적 기억상실이라 부를지도 모르는 것을 겪고 있기 때문이다. [이것이 '철학자가 삶의 가치에 관해 문제가 있다고 본다면 그 자체가 그를 반대하는 것'(TI II 2)이라는 니체의 논평을 설명하는 배경이다.]

*** 오노레 가브리엘 리케티, 미라보 백작Honoré Gabriel Riqueti, comte de Mirabeau (1749-1791)은 프랑스의 혁명적 정치인이자 연설가로서 그의 웅변과 진정성 때문에 많은 사랑을 받았다.

비평

후기 니체의 사상은 심오하고 자극적이며 자신의 실존적 관심을 대놓고 말한다. 그러나 문제가 남아 있다.

니체는 사람들이 어떻게 자신의 삶을 의미 있게 만드는가라는 문제를 던지고 이에 대답했다. 그 대답은 우리가 본 바와 같이 다음과 같은 것으로 보인다. 즉 사람들은 자신의 삶을 마치 자신을 그 삶의 '주인공'으로 삼은 잘 쓰인 문학작품처럼 구성해야 한다. **초인의** 에너지, 초인의 도취된 '삶의 충만'(GS 370)을 부여받는 일이 생기면 사람들은 영원회귀를 의욕하는 단계로 전진할 수 있을 것이다. 사람들은 자신이 선택한 삶의 절박함에 열정적으로 헌신하게 되어 자신의 인생 서사의 유기적 전체에 어울리지 않는 세부 사항들을 단순하게 '망각할' 것이다. 이를테면 차라투스트라는 '나는 **행복**에 관심이 있는가? 나는 내 **일**에 관심이 있다'(Z Ⅳ 20)라고 조바심 내며 말한다. 다른 한편 사람들은 자기 자신을 주인공으로 구성하지만 영원회귀를 의욕할 수 없다면, 즉 자신의 인생 이야기가 초인보다 잘 구성되지 않고 완전성이 떨어지는 예술작품이 되면, 다시 말해서 전체에 유기적으로 어울리지 않을 부분들이 있다면, 그때는 사람들은 아마도 니체가 '보다 높은 유형'(Z Ⅳ 30)으로 간주하는 존재가 될 것이다. 즉 사람들은 초인의 '위대한 건강'은 소유하지 못하지만 다른 한편으로 아무런 삶의 서사도 없는 군발드 라르손 같은 사람보다는 성공적인 존재의 삶은 산다.

그러나 초인의 삶과 보다 높은 유형의 삶에 공통적인 한 가지는 그들의 인생 이야기는 그 이야기가 '잉태하는'(GS 370) '미래'와 함께 '물리학'에 의해서 부과되는 한계 내에 있다는 사실이다. 이 한계는 정확히 말하면 **발견되는** 것이 아니라 **선택되는** 것이다. 그 두 삶의 경우에 자신의 인생 이야기와 과제는 자신이 처한 세계의 미래의 일부로 주어지는 것이 결코 아니다. 정확하게 말하면, 물론 반복적으로 하는 말이기도 하지만, 그것은 항상 '사건들을 해석하고 배치하는 우리 자신의 실천적 이론적 기술'(209쪽)의 산물이다. 즉 어느 경우에도 자신의 인생 이야기는 '주어진 것'으로 결정되지 않는다. 정확하게 말하면 그것은 항상 자유로운 '해석' 행위이다. 초인이든 단순하게 보다 높은 유형이든 사람들은 자신의 해석을 자신이 선택하고 따라서 '스스로 누구인지'를 선택한다.

이것은 두 가지 문제를 일으킨다. 첫째 문제는 내가 '부도덕한 대본의 문제'라고 부르고 싶은 것이다. 그 문제는 이렇다. 중요한 것이 내가 되고 싶다고 선택한 사람을 **좋아한다**는 것뿐이라면 그 사람이 성자인지 죄인인지의 여부는 중요하지 않다는 귀결이 나오지 않는가? 니체의 언어를 빌려 표현하면 번영하는 삶은 '선과 악의 피안'에 있다는 귀결이 나오지 않는가? 나 자신을 좋아하기 위해 나는 내 눈에 존경할 만한 사람으로 나타나야 한다고 해도 역시 존경할 만한 사람으로 간주되는 것에 관한 어떤 외적 점검이 있어야 하는 것이 아닌가? 마피아 두목은 그 자신의 시각에서 보면 아마도 멋진 남자(가족한테 좋은 남자, 아내와 자녀와 친구와 개에게 관대한 남자)로 간주될 것이다. 그렇지만 실제로 우리는 그를 번영하고 '건강한' 인간의 주도적 사례로 간주할 수 있도록 허용하고 싶은가?

둘째 문제는 키르케고르를 따라(68-71쪽) 내가 '진정성의 문제'라고 부르고 싶은 것이다. 내가 선택한 삶은 항상 나에 의해서 선택되지 않은 것일 수 있고 이 때문에 키르케고르가 표현하는 대로 '실험적' 삶일 수 있다. 왜냐하면 나의 인생 과제의 유일한 근거가 나 자신의 선택이라면 그때는 그 과제는 나를 **다스리는 권위**를 가질 수 없는 것처럼 보일 수 있기 때문이다. 반복해서 말하지만 권위는 '타자성'을 전제한다. (만족을 주는 유일한 '타자'가 키르케고르의 신인가의 여부는 알아볼 필요가 있는 문제이다.) 나는 내 삶의 과제에 나를 다스리는 권위를 부여할 수 없다. 그리고 그 과제가 나를 다스리는 권위를 하나도 가지고 있지 않다면 그때는 그것은 참된 **헌신**의 대상일 수 없다. 따라서 앞서 든 시인-회계사 예시로 돌아가서, 내가 시인 되는 것을 더 좋아하기에 회계직을 거부한다고 가정해 보자. 그 뒤 내가 지은 시는 하나도 책으로 출판되지 않고 은행 잔고는 절망적이고 아내가 헤어지자는 말을 하기 시작한다고 가정해 보자. 이런 일이 일어난다면 나는 '시를 제대로 선택했지만 일이 잘 풀리지 않았고 그래서 회계직으로 돌아가야 하겠어'라는 생각에 저항할 아무런 근거도 나에게는 없다는 것을 발견할 것이다.

반복해서 말하지만, 니체는 우리가 "연극 예술가들로부터 자신 앞에 '자신을 무대 위에 올려놓는' 기술"을 특별히 배워야 한다고 말한다. 그러나 사실 니체가 추천하는 삶을 살 때 우리는 연극 예술가들로부터 실제로 **너무 많이** 배우지 않는가? 즉 우리는 역경과 실망을 통해 우리의 프로젝트를 추구할 수 있는 열정적이고 헌신적인 인간이 되는 것이 아니라 도리어 역설적이게도 우리가 '실험하는' 역할들로부터 벗어나서 우리의 필요나 심지어 변덕에 의해 그 역할들을 바꿀 준비를 하는 **배우**가 되지 않는가? 한마디로 니체의 의미에서 선택되는 삶은 의미 있는 것이 아니라 도리어 의미 없는 것이 아닌가?

내가 보기에 예술가적 영혼, 보다 일반적으로 말하면, 창조적 영혼을 넘쳐나는 에너지를 지닌 영혼으로 보는 니체의 설명은 깊은 통찰력이 있다. 예를 들어 아이리스 머독은 친구에게 보내는 편지에서 이렇게 썼다. '나는 최악의 순간에도 나의 내면에 있는 끝없는 활력을 느낀다.' 그녀는 이 활력을 '기쁨'*이라고 언급했다. 그러나 나는 머독이 니체의 의미에서 소설가가 되기로 **선택한** 것은 아니었다고 확실히 느낀다. 그녀는 선의 본성을 옥스퍼드 철학의 건조한 언어로는 전할 수 없다(그녀는 한동안 옥스퍼드 세인트 앤 대학의 철학 강사였다)는 것을 발견하고는 소설가가 되기로 하는 것 말고는 달리 선택할 것이 없었다. 그녀는 자신의 소명을 '창조하지' 않았다. 정확하게 말하면 **발견했다.** 정말로 소명은 사람들이 자기 창조를 **할 수 없는** 그 무엇이다. 반복해서 말하지만 전화기가 그런 것처럼 사람들은 스스로 부름받을 수 없다.

   요약해 보자. 우리는 우리의 삶의 '주인공'이 되어야 한다는 니체의 추천은 탁월하고 피할 수 없는 사상이다. 그러나 우리가 되고 싶은 주인공을 우리가 **선택하는** 것이어야 한다는 개념은 그렇지 않다. 11장 초기 하이데거에서 우리는 하이데거가 어떻게 니체의 사상을 개량하려고 하는지를 살펴볼 것이다. 다시 말해서 우리는 그가 어떻게 니체의 사상을 보유하면서 이 사상을 자아의 설명에 통합하는지를, 그리하여 어떻게 단순히 의미를 선택하는 대신 의미를 발견하는 것이 가능한 것처럼 보이게 하는지를 살펴볼 것이다.

• 이 인용은 피터 콘라디의 책 *Iris Murdoch: A Life*에 대한 스튜어트 햄프셔의 서평에서 가져왔다.

10장

‹ • ›

유고 니체

‘나는 나의 우산을 잊어버렸다’와 같은 언급들과 함께 니체의 공책은 머지않아 나올 《힘에의 의지》라는 책의 목차에 대해 다양하게 윤곽을 잡은 개략적인 글들을 담고 있다. 어떤 글들은 ‘모든 가치의 재평가 시도’라는 부제를 암시한다.

니체가 죽은 후 그의 여동생 엘리자베트 푀르스터 니체(철저한 나치였으며 히틀러의 친구였다)는 1883~1888년 사이에 쓰인 니체의 (미출판 원고인) 《유고》에서 글 뭉치를 하나로 모아 《힘에의 의지》로 출판했다. 적잖이 하이데거 덕분에 이 유고집은 니체의 최대 걸작으로 여겨지게 되었다. 이러한 소견은 하이데거가 1930년대와 1940년대 초반에 내놓은 네 권의 방대한 니체 연구에서 확립되었다.

> 니체 고유의 철학, 다시 말하면 니체가 이미 자신이 출판한 모든 저술에서 … 기반으로 삼아 말하는 근본 입장은 최종 형태를 갖추지 않았고 어떤 책으로도 출판되지 않았다. … 니체 자신이 창조적 삶을 영위

하는 동안 출판한 것은 언제나 전경에 드러난 부분이었고 … 그의 고
유의 철학은 출판되지 않은 유고집에 남아 있었다(N Ⅰ: 8-9).

그러나 이제 우리가 알게 된 사실이 있다. 즉 니체는 1888년에 《힘에
의 의지》 프로젝트를 포기했다는 사실뿐만 아니라 현재 《힘에의 의
지》로 출간된 책의 1,067개의 항목 글들 중 4분의 3 이상은 어떤 형
태나 형식으로든 결코 출판을 목적으로 의도된 것은 아니었다는 사실
말이다.* (이후 진행되는 논의에서 나는 니체가 이 사색을 출판하지 않기를
바랐던 극히 타당한 이유가 있었다는 것을 제시할 것이다. 이것은 실로 그
프로젝트 전체를 포기하는 충분한 이유에 해당한다.)

이로부터 귀결되는 것은, 니체의 최종 발언을 들어보려면 《힘에의
의지》의 사유, 끄적임, 몽상과 (대개 실패한) 사고실험들의 쓰레기통을
고려하기보다는 오히려 이전의 장에서 논의한, 그의 생전에 출판된 저
서를 고려해야 한다는 점이다.

그럼에도 불구하고 소위 '유고 니체'('하이데거의 니체' 또는 '결코 존
재하지 않았던 니체'라고도 말할 수 있을지 모른다)는 흥미롭고 중요하며
(특히 포스트모던 프랑스 철학에 대한 그의 영향 때문에 그렇다) 이 책의
주제와도 유관하다. 따라서 그런 그에게 한 장을 할애하는 것은 그럴
만한 가치가 있다.

• 다음 논문을 참조. Magnus 1988. 더욱 자세한 논의를 위해서는 다음 책을 참조.
  Young 2010, ch. 26.

힘에의 의지로서의 세계

유고 니체가 '참된 세계'는 '한갓 허구'라는 입장을 견지하는 것은 말할 필요도 없다(WP 568). 그러나 그는 또한 우리의 일상 경험의 세계, 일부 철학자들이 '명백한 것', '생활 세계'라고 부르는 것이 허구, 즉 유용성에 대한 고려에 의해서나 실질적 동인인 우리의 필요와 욕망에 의해서 조형된 구성물이라는 입장도 견지한다. 그렇다면 무용하든 유용하든 모든 허구를 제쳐놓을 때 세계는 도대체 어떤 것이라는 말인가?

철학자들이 명백한 세계(대개는 명백하다는 그 점 때문에 격하의 대상이다)에 관해 항상 관찰해 오고 있던 한 가지는 그것이 '변화, 생성, 다수, 반대, 모순'의 세계라는 것이다. 니체는 여기에 '전쟁'을 추가한다(WP 584). 더욱이 그는 세계의 '생성'은 전적으로 아무런 '목표나 목적'도 없다고 주장한다(WP 12 A). 세계는 아직 창조된 것이 아니므로 (세계를 창조하는 어떤 신도 없다) 니체는 세계가 무한한 시간 동안 존재해 왔다고 추론한다. 무한한 시간이 경과하는 동안 온갖 가능성이 실현되기에, 만약 세계에 목표가 있고 '역사의 목적'이란 것이 있을 수 있다면 그것은 이미 당도했을 것이다. 그런데 일단 역사가 멈춘다면 그것은 결코 다시 시작할 수 없다. 니체는 이것으로 증명이 끝났다고 생각한다(WP 1062). 이러한 논증에 의혹이 이는 것은 분명하다. (그 한 가지 이유는 니체 자신이 이 논증을 확신하고 있다는 생각에 맞서기 위해 그것을 가지고 유희를 벌인 것 이상은 아니지 않은가 하는 의구심이다)*

---

* 물론 말할 것도 없이 세계는 '혼돈'이라고 하는 논증의 **결론**은 우리가 본 바와 같이 그가 받아들이는 결론이다(199쪽). 그러나 그 결론은 그러한 논증을 필요로 하지 않는다. 그 결론은 오직 역사의 실제 과정에 대한 반성과 인간의 소망적 사고 성향에만 근거할 수 있을 뿐이다.

이 끝없는 생성의 흐름에서 중요한 요소는 무엇인가? '존재들'은 아니다. 우리가 매일 경험하는 일상 속 보통 크기의 대상들은 아니다. 이것들은 그냥 유용한 허구들이고 이것들을 가지고 인간은 편하게 행동하는 방식에 따라 세계를 사고한다(WP 517). 정확하게 말하면 실재의 궁극적 구성소는 '양', 무엇보다도 '힘'의 양, 역장의 양이다. 과학의 궁극적 개념인 '힘'은, 그러나 여기서는 불충분한 개념이다. 두 가지 점에서 불충분하다. 첫째로, 니체는 여기서 정확하게 쇼펜하우어의 추론(104-6쪽)을 따라간다. 즉 우리가 경험하는 유일한 힘, 다시 말해 '의지'라는 표현으로 우리가 그 의미를 명시하지 않으면 그 말은 우리에게 아무 의미도 없다. '우리가 상상할 수 없는 힘이라면 그 힘은 공허한 말이고 과학계의 시민권이 허용되어서는 안 된다'(WP 621). 이로부터 나오는 귀결은 '우리의 물리학자들이 세계를 창조해 온 수단인 "힘"의 개념은 승리를 얻고 계속해서 이 개념은 완전해질 필요가 있다는 것이다. 즉 내적 의지가 그 개념에 부과되어야 한다'(WP 619). 둘째로, 단순한 역장은 그저 서로 조화의 평형 상태에서 존재할 것이므로 실재를 힘으로 사고한다고 해도 이로써 비유적으로 표현된 '모순', '전쟁'과 같은 관찰 가능한 사실이 설명되지는 않을 것이다. 이로부터 귀결되는 것은 세계를 구성하는 양의 본성은 단순히 의지로서가 아니라 더 구체적으로 말해서 '힘에의 의지'로서 특징지어지지 않으면 안 된다는 것이다(WP 619). 이것이 바로 실재의 궁극적 본성이다. **'이 세계는 힘에의 의지이다. 그 외에는 아무것도 아니다. 그리고 당신도 역시 이 힘에의 의지이다. 그 외에는 아무것도 아니다'**(WP 1067).

왜 쇼펜하우어의 생존 의지, '삶에의 의지'가 아니고 도리어 '힘에의 의지'인가? 가장 오래 존속하는 것은 항상 가장 단순한 것이기 때문에 일개 삶에의 의지만으로 복잡한 체계의 존재를 설명할 수 없다(WP 684). 물론 생존은 힘에 필요한 것이다. 그러나 니체의 요점은 그 생존이 결코 목적으로서의 의지가 아니라 수단으로서의 의지가 된다는 것이다. (보편성에서 이 논증의 전제는 너무나 명백히 의문스러워서, 니체가 그것을 매우 진지하게 대하고 있는지 다시금 의심하게 된다.)

힘에의 의지는 '정복'(WP 636)에의 의지, '지배'(WP 715)에의 의지이다. 온갖 '힘에의 의지의 양'(WP 715)은 온갖 여타의 양을 지배하고 통합하고 인수하려고 노력한다. (여기서 정치적 그리고 아마 상업적 지배 모델인 제국주의와 식민화는 니체 사상의 근본임이 확실하다.) 그러나 그것은 저항에 부딪힌다. 이러한 힘 투쟁의 결과로 조직화된 양의 체계가 생성된다는 것이다. 즉 일상적인 관점에서는 '조직(신체)들'이 생성되며 그것들은 다른 조직화된 체계를 지배하려 애쓴다(WP 636). 이런 까닭에 힘 투쟁을 거시적 수준에서 알아볼 수 있게 된다. 즉 삶은 동물 수준의 것이든 인간 수준의 것이든 '보다 약한 사람에게 돌진하는 것', '보다 강한 사람들에 맞서 방어하는 것'(WP 655), '위반하려는 의지이자 위반에 스스로 방어하려는 의지'(WP 634)에 다름없다.

힘에의 의지와 영원회귀

두 가지 논점이 더 있다. 첫째로 힘에의 의지는 항상 더 많은 힘에의 의지라는 것이다(WP 689). 힘에의 의지는 항상 '만족할 수 없는' 것이다(WP 619). 둘째로 양의 체계는 커지면 커질수록 잠재적으로 더욱 불안정하게 된다는 것이다. 그 이유는 힘은 힘의 양일 뿐만 아니라 조직의 기능이기 때문이고 크기가 커지면 체계의 조직에 대한 중압도 커지기 때문이다. (로마 제국이 한 사례이다. 다른 사례는 소규모의 효율적 조직에 집중하는 사업체가 수많은 회사를 인수하며 수라장이 되는 경우이다.) 이로부터 귀결되는 것은 우리가 이전 장에서 만났던 영원회귀 같은 것은 결코 아니다. 하지만 적어도 그것은 모호한 형태의 영원회귀이기는 하다. 말하자면 그 체계는 점점 커지다가 어느 날 붕괴하여 만사가 거의 원점으로 되돌아간다(WP 1067).

세계를 힘에의 의지로서 보는 사상은 모호한 형태의 영원회귀를 수반한다는 사실 때문에, 유고 니체는 이전 장에서 논의된 바와 같은 영원회귀가 **정확한** 형태로 돌아오는 것, 즉 세계 역사가 **세부사항까지 하나도 남김없이** 무한하게 돌아오는 것이 심리적 건강의 유용한 시금석이고 또한 형이상학적 진리일까 하는 생각에 미치게 된다. 그는 그렇다고 제언한다. 온갖 가능성은 무한한 시간의 경과 속에서 실현되기 때문에 현재 사태와 다름없는 **똑같은** 형태가 회귀하는 것은 보증된다는 결론이 나온다(WP 1066). 〔이 같은 논증은 우리가 본 대로(104쪽) 쇼펜하우어에 의해서 '인류가 보다 높은 완전성을 향해 진보한다는 자주 반복된 교의', 즉 헤겔주의를 논박하기 위해 의해 사용되었다. 쇼펜하우어와 유고 니체는 역사는 직선적이지 않고 순환적이라는 것에 동의한다.〕 그러나 사실상 이 논증은 견고하지 못하다. 왜냐하면 게오르크 짐멜이 1907년에 (《쇼펜하우어와 니체》라는 책에서) 보여준 바와 같이 온갖 가능성이 무한한 시간의 경과 속에서 실현되어야 한다는 사상은 수학적으로 반증될 수 있기 때문이다.

힘은 삶의 의미

니체의 (자연주의적) 형이상학을 받아들일 때, 세계와 우리 자신은 '힘에의 의지이고 그 외에는 아무것도 아니'라고 한다면 삶의 의미에 관해서 어떤 결론이 나오는가? '삶이 힘에의 의지라고 가정한다면 삶에는 힘의 정도를 제외하고 가치를 가지는 것은 아무것도 없다'는 것이 니체의 대답이다(WP 55). 그러므로 삶의 의미는 힘이다. 즉 인간적인 것이든 비인간적인 것이든 다른 것들을 '위반하는'(WP 634) 힘, 달리 말하면 그것들을 이용하는 힘이다. 어떤 목적으로? 아마도 보다 더 많은 힘을 목적으로.

물론 서둘러 덧붙이지 않을 수 없는 사실은 힘은 여러 형태로 온다는 것이다. 그것이 행사되는 다소 기이한 방식들이 있다. 일반 대중의 힘이 있는가 하면 예술가의 '변형된' 힘(WP 1051)도 있다. 나는 이 문제를 곧 다룰 것이다.

* * *

니체는 신의 죽음이 지금까지의 '최고 가치'에 대한 '가치 박탈'로 끝난다고 주장한다(WP 2). 그것은 더 이상 우리를 장악하는 것이 아니며 우리의 삶에 방향과 의미를 줄 수 있는 것이 아니다. 니체가 허무주의라고 부르는 것(WP 2), 즉 가치 공백이 탄생한다. 필요한 것은 '모든 가치의 재평가', 새로운 근본적인 가치 원칙밖에 없다. 이것이 힘에의 의지이다. '가치의 관점은 복잡한 형태의 상대적 삶의 지속', 즉 복잡한 '형태'의 '지배'를 위한 '보존과 고양을 위한 조건의 관점이다'(WP 715). 바꾸어 말하면 최고 가치는 단지 자체적으로 가치 있는 것, 힘이 점증하는 것뿐이다. 그 외의 것은 힘의 성장을 도와주는 정도까지만 가치 있다.

나는 힘에의 의지를 '새로운' 가치 평가 원칙이라고 불렀지만 니체에게 그것은 다만 상대적으로 새로운 것일 뿐이다. 니체는 기독교의 시대에는 철저하게 가치(긍휼, 무욕, 왼쪽 뺨도 대어주기)가 '탈자연화된' 가치였다고 말한다. 그러므로 그의 가치 재평가가 하는 일은 '지금까지 ["참된"] 존재의 세계에 낭비된 가치감'을 '다시 자유롭게 하기'이다 (WP 585 C). 바꾸어 말하면 '도덕의 자연화'(WP 462)는 기독교라 부르는 저 이상한 '병든' 사고 구성의 마법에 걸리기 전에 가졌던 가치를 우리에게 회복시켜 주는 것에 불과하다.

이러한 해방과 회복의 과정이 목표로 삼는 것은 새로운 '종'의 인간 창조, '보다 높은 형태'의 인간 창조이다. '이러한 유형을 표현하는 나의 비유는 사람들이 아는 바와 같이 "초인"이라는 단어이다'(WP 866). (그러므로 삶의 의미에 대한 유고 니체의 설명을 다른 방식으로 표현하면 삶의 의미는 초인이라고 말하는 것이다.) 즉 가치의 재평가의 목표는 헤겔의 언어로 말하면 새로운 (그러나 또한 오래되기도 한) '의식 형태'인 것이다. 이 의식 형태에서 인간 존재는 '이 세계는 힘에의 의지이고 그 외에는 아무것도 아니고 당신도 역시 이 힘에의 의지이고 그 외에는 아무것도 아니'라는 명제를 충분하게 수락하고 긍정한다. 그 목표는 '삶은 힘에의 의지'(WP 254)이고 그 외에는 아무것도 아니라는 충분하고 명백한 인식에서 삶을 조건 없이 '긍정'한다고 말하는 인간이다.

비평

우리는 존재와 가치에 대해 이토록 강렬하고 역한 묘사를 접하고 어떻게 대응할 것인가? 나의 생각으로 첫 번째로 말해야 할 것은 이 묘사에는 불편하게 친숙한 그 무엇이 있다는 것이다. 어쩐지 우리는 이 묘사가 누구를 그리는지를 알 수 있을 것도 같다. 하이데거는 니체 주해서에서 이 친숙함을 자신이 취하는 일반적 명제의 관점에서 설명한다. 다시 말해서 그는 위대한 형이상학자들, '본질적 사상가'들은 자신들의 형이상학에서 자신들이 사는 역사적 시기를 규정하는 헤겔적 형태의 의식을 명료히 표현한다고 설명한다.˙ (따라서 서구 형이상학의 역사는 서구의 역사이다.) 하이데거는 힘에의 의지라는 니체의 형이상학은 근대성의 형이상학을 명료하게 표현한다고 주장한다. 우리 문화 전체의 지배적 특성을 일반화해서 말할 때 하이데거는 어느 정도는 명백하게, 어느 정도는 진심으로 다음과 같이 말한다. 즉 우리는 힘에의 의지를 가치 평가의 원칙으로 받아들이고 사물을 그 사물이 우리의 힘을 고양해주는 정도에 따라서만 가치 있는 것으로 간주한다는 것이다. 그는 이것이 실제로 사실이라고 말한다. 근대성의 형이상학은 인간과 자연을 지배하는 무제약적 힘의 투쟁이다. 그리고 이 사실은 종으로서의 우리가 초인이라는 점을 보여 준다.

더 정확히 말하면 초인은 삶을 힘에의 의지로서 받아들이는 것뿐만 아니라 **도취적으로 긍정하는** 자이기 때문에 초인은 우리 가운데서 '힘에의 의지이고 그 외에는 아무것도 아'라는 사실을 기뻐하는 자이다. 1943년의 글에서 힘에의 의지를 탁월하게 예찬하는 자가 누구였는지는 하이데거에게 명백했는데, 바로 나치 친위대였다.[**]

니체를 원형적인 나치로 읽는 이러한 독법을 전적으로 미숙한 오해라고 거부하는 학자들은 그가 예술가를 존경하고 승화를 강조했다는 사실을 지적한다. 《우상의 황혼》은 모든 정열은 '우둔한' 단계를 지니고 있다고 말한다. 이것이 교회가 모든 정열을 '거세하려고' 노력한 이

• 하이데거의 방대한 니체 연구서 《니체》의 주요 결론을 유용하게 요약한 것을 보려면 다음 책을 참조. Heidegger 2002.

•• 하이데거가 이 사실을 말한 것은 나치를 미화하며 찬양하기 위해서가 아니라 오히려 니체의 형이상학에 잠재한 공포를 지적하기 위해서였다. 하이데거는 나치즘의 초기 지지자였을지라도 1943년쯤에 나치즘이 본모습으로 드러냈던 것을 철저하게 거부했다. 적어도 2차 세계 대전 후 10년 동안 니체는 탁월한 나치즘 철학자로 지각된 탓에 앵글로-색슨계열 대학에서 (니체의 철학을-옮긴이) 가르칠 수 없었다. 모종의 복잡한 역설이 하나 있는데 그것은 '나치' 하이데거는 니체를 나치로 독해하는 데 주된 책임이 있는 반면, '나치' 니체를 향한 그의 자세는 공감이 아니라 극도의 반감이었다는 사실이다. 나는 이 문제를 다음 책에서 전부 다루었다. Young 1997, ch. 5.

유이다. 그러나 우리는 정열에서 나오는 에너지와 충동이 필요하기 때문에 우리가 해야 하는 일은 그것을 '정신화하는'(프로이트의 언어로는 '승화하는') 것이다(TI V 1). 다시 한 번 차라투스트라가 말하는 바와 같이 '한동안 당신은 정열을 앓았고 그것을 악이라고 불렀다.' 그러나 비결은 '당신의 세포 안에 있는 거친 개'를 '새와 사랑스러운 가수'(Z I 5)로 바꾸는 것이다. 그러면서 그들은 니체가 '해방을 얻은 맹수', '금발의 … 야수'(GM I 11)를 명백히 저주했다는 사실을 지적한다. 따라서 초인은 열정적 가슴과 냉철한 자기 훈련의 머리를 소유하는 자로 나타난다. 힘에의 의지는 타자를 지배하기보다는 **자신**을 지배하는 그런 종류의 힘, 자신의 야생적 충동 에너지를 생산적 문화적 성취로 돌려놓는 그런 종류의 힘에의 의지인 것으로 보인다. 이는, 《비극의 탄생》에 따르면, 그리스인이 야생의 디오니소스주의를 그리스 비극의 예술로 돌려놓았던 것과 매우 흡사하다(147-8쪽).

그러나 힘에의 의지의 형이상학이 《힘에의 의지》에서 전개된 바에 따라 우리가 살펴본 것처럼 힘이 타자(즉 다른 '양의 체계')의 '위반', '돌진', '지배'의 견지에서 구체화되는 것은 의심의 여지가 없다. 우리가 끝없는 '힘에의 의지이고 그 외에는 아무것도 아니'라면 전심을 다하는 자기 긍정은 타자를 지배하는 가능한 한 많은 힘을 추구하고 **있는** 것이 된다. 우리가 육체적 기술보다는 정신적 기술로 힘을 얻는 일에 더욱 능숙해질지라도 우리는 육체보다는 마음과 의지를 통해서 타자를 통제하는 것을 추구하고, 놈 촘스키의 언어를 빌려 표현하면, 동의를 강제하는 것보다는 동의를 '제조하는' 것을 추구하고 있을지도 모른다. 나의 이해에 한도가 있을 수밖에 없지만 그래도 '금발의 야수'를 유고 니체의 철학이 개념적으로 사고하는 초인의 진정한 사례로 보지 않고 배제하는 것은 불가능하다. 이것이 **니체**가 유고 니체와는 다른 사람이라는 것을 반복적으로 주장하는 각별하고도 강력한 이유이다. 《즐거운 학문》,《우상의 황혼》,《차라투스트라는 이렇게 말했다》를 쓴 니체는, 진정한 모습의 후기 니체인데 이 니체는 삶은 타자를 지배하는 힘에의 의지이고 그 외에는 아무것도 아니라고 생각하는 자로서의 니체와는 다른 니체이다. 타자를 지배하는 힘에의 의지의 형이상학을 승화라는 주제와 통합하는 불가능한 과제는 자신의 사색, 끄적임, 사고실험, 몽상, 악몽을 아무도 보지 않기를 바랐던 니체가 창조한 것이 아니다. 그 과제는 니체의 만문을 캐내서 자신들이 찾아낸 것을 니체 '고유의 철학'을 구성하는 것이라고 제시하고자 애쓰는 사람들에 의해서 만들어진 것이다.

* * *

하이데거는 자신의 니체 읽기를 '금발의 야수'와 관련해 최종적으로 요약하면서 이렇게 말한다. '[니체] 형이상학의 결말에는 인간은 짐승이다, 야수 같은 동물이다(N IV: 148)라고 하는 진술이 도사리고 있다.' 나는 이것은 니체가 아니라고 제안했다. 그러나 그것은 여전히 **사실**일지도 모른다. 더 정확히 말해서 두 가지 다 사실일지도 모른다. 첫째, 세계는 정말로 힘에의 의지이고 그 외에는 아무것도 아니다. 둘째, 첫째가 사실이라면 우리는 힘을 최고 가치, 삶의 의미로 받아들일 수밖에 없다. 이 둘 중 어느 쪽이 사실인가? 나는 둘째 주장에서 시작한다.

유고 니체는 왜 삶은 힘에의 의지라는 가정에 의거해서 힘은 최고 가치라는 **귀결이 나온다**고 생각하는가? 이 가정은 바라는 것과 바람**직한** 것, 즉 가치 있는 것을 혼동하는, 널리 알려진 오류의 고전적 사례가 아닌지를 말할 수 있을지도 모른다. (정오까지 침대에 누워 있는 것은 바라는 것일지 모르지만 바람직한 것, 바랄 **가치**가 있는 것은 아니다.) 나는 그렇게 생각하지 않는다. 유고 니체가 첫째 주장에서 둘째 주장으로 옮겨가게 되는 것은 이 기초적인 오류에 기반하는 것이 아니라 나의 생각으로는 오히려 다음과 같은 추론에 기반해 있다. 삶은 힘에의 의지이다. 이것은 지금 여기에서만 그런 것이 아니라 모든 장소와 시간에서 그렇다. 그러므로 힘은 가치 있는 유일한 것이고 항상 그럴 것이다. 힘에의 의지를 극복할 수 있는 희망은 도무지 없다. 이런 까닭에 그 선택은 냉혹하다. 다시 말해서 힘에의 의지를 긍정하느냐, 힘의 게임에 참여하느냐 아니면 삶 자체를 거부하느냐인 것이다. 후자의 선택은 '허무주의'인데 그 궁극적 표현은 '구토와 자살'이다.•

그러나 이는 실제로 그 문제에 대한 답이 아니다. 니체의 그림에 따르면 모든 것을 포용하는 힘에의 의지는 진실로 사람들이 힘을 최고 가치로 포용하든지 아니면 삶을 거부하고 자살을 해야 하든지 이 **둘 중의 하나**를 수반한다. 그러나 그것은 이 두 대안 중 **어느 것**을 포용해야 하는지를 우리에게 말해 주지 않는다. 카뮈의 주장에 따라 자살의 문제는 철학에서 참으로 하나밖에 없는 심각한 문제라고 한다면(329-30쪽) 우리는 이 중심 문제에 대해 유고 니체는 사실상 아무런 대답도 가지고 있지 않다고 결론 내려야 한다. 그는 자살은 선택이 아니라고 **가정한다**. 하지만 실제로 그 이유를 전혀 우리에게 말해 주지 않는다. 요컨대 니체는 삶이 힘에의 의지라고 할지라도 힘이 최고 가치라는 것 또는 힘이 조금이라도 가치있다는 것을 입증하는 데 실패한다.

그렇다면 이제 첫째 주장으로 돌아가 보자. 즉 삶은 힘에의 의지**인가**? 실제로 유고 니체의 실재관의 뿌리에 놓여 있는 것은 무엇인가? 그것은 의지로서의 세계라는 쇼펜하우어의 세계관과 그의 역사관이다. 물론 쇼펜하우어의 세계관은 '전쟁은 만물의 아버지'(단편 53)라는 헤라클레이토스의 어두운 주장에 비추어 수정되었다. 그의 역사관

• 다른 대안은 《비극의 탄생》에 나오는 아폴로적인 것으로 복귀하는 선택인데 이는 존재의 '위협과 공포'를 환상으로 가리는 것이 될지도 모른다. 하지만 이것은 성공적인 장기 전략이 될 수 없다고 우리는 6장 초기 니체에서 논의했다.

은 역사가 주기적으로 '종말'을 맞이하고 다시 시작한다는 것이다(153 쪽). 그러나 이 관점들은 니체의 관점을 위한 **원천**일 뿐이다. 니체의 관 점을 지지하는 **증거**로 무엇이 있는가?

정말이지 거의 없다. 내가 이해할 수 있는 한 그가 계속 진행할 수 있는 것이라고 해 봤자 명백한 세계는 '전쟁'이라는 것밖에 없다(WP 584). 구체적으로 말하면 제국주의 전쟁, 정복 전쟁, 식민화 전쟁이다. (우리가 보게 되겠지만 이러한 사물상은 푸코가 공유하고 있는 것이다.) 그 렇지만 왜 우리는 이것을 믿어야 하는가?

한 가지 문제는 니체 자신의 사상에 고유한 내부적인 문제로서 그가 명백한 세계에 관한 모든 믿음을 '조망주의적'이라고 주장한다는 것이 다(WP 567). 말하자면 믿음의 소유는 유용한 허구들로서 '힘을 중심' 으로 돌아가는 힘의 성장에 이바지하기 위한 것이다. 그렇다면 왜 니 체의 **이** 주장만 초조망주의이어야 하는가? 왜 이 주장은 니체가 사물 에 대해 취하는 개인적 '견해' 이상의 것이어야 하는가? 그러나 일관성 에 관한 이러한 문제 제기를 제쳐 놓더라도 왜 우리는 삶은 대체적으 로 공공연한 전쟁이라고 믿어야 하는가?

삶은 전쟁이라는 것이 사실이라면 특히 비인간의 삶, 동물의 삶이 전 쟁이라는 것은 사실이어야 한다. 그리고 우리가 쇼펜하우어를 논의할 때 본 것처럼 전쟁의 관념, '만인에 대한 만인의 전쟁'의 관념은 동물 세계에 아주 성공적으로 적용될 수 있다. 그러나 이 '전쟁'은 제국 지향 의 충동이나 단순한 생존에의 투쟁에 의해서 발생하는가? '자연에 의 지'가 있다고 가정할 때 그것은 니체의 '힘에의 의지'인가, 쇼펜하우어 의 '삶에의 의지'인가?

확실히 그것은 후자이다. 또한 확실히 일부 인간 행동(나는 전부라 고 말하고 싶지 않다)과 동물 행동 사이의 엄청난 명백한 대조는 전자 는 지배를 추구하는 데 반해 후자는 그렇지 않다는 것이다. 그러나 벌,

개미, 새는 세계를 인수하기 위해 분투하지 않는다. 그들은 다만 살아 남고자 분투한다. (히치콕의 영화《새》가 보여주는 악몽 같은 특색은 정확히 바로 동물들이 그렇지 않다고 상상하는 것이다.) 니체는 다윈을 다음과 같이 비판한다.

> '외적 환경'의 영향은 다윈에 의해 우스울 정도로 과대하게 평가된다. 삶의 과정에서 본질적인 것은 내부에서 작용해 '외적 환경'을 **사용하고 이용하는** 거대한 모양과 형태를 창조하는 힘[즉 힘에의 의지]이다 (WP 647).

여기서 니체는 종은 그 자신의 환경에 단순하게 반응하지 않는다는 점을 시사하고 있다. 왜냐하면 그렇게 되면 삶은 단지 생존 투쟁에 불과하다는 사실을 함의하게 되기 때문이다. 오히려 종은 자신의 힘을 증대하기 위해 그러한 환경을 능동적으로 '이용한다.' 그러나 나는 이것이 완전히 허구라는 것을 모든 현대 생물학자가 동의할 것이라고 생각한다.

*　*　*

나는 다음과 같이 결론을 내린다. 첫째, 삶은 힘에의 의지라고 해도 우리는 힘에의 의지를 가치 평가의 원칙으로 만들 수 있는 결정적인 이유를 가지지 못하리라는 것이다. 둘째, 삶은 실제로 힘에의 의지가 아니라는 것이다. 힘에의 의지, 다시 말해서 타자의 지배로서의 힘에의 의지는 **자주** 위장된 방식으로 나타나는 인간 행동의 **우세한** 동기임은 확실하다. 유고 이전의 니체는 이를 능수능란하게 폭로하는 달인이다. 그러나 하이데거가 제시하는 바와 같이 그것이 근대 인간의 지배적 동기임은 사실일지 몰라도 인간 존재가 행동하는 **유일한** 동기는 아니다. 나는 마지막 장인 17장 후기 하이데거에서 이것이 근대 인간에게 사실이기는 하지만 그렇게 된 것은 근대 인간이 그 정도로 **병리적** 상태라는 것을 보여 준다고 말할 것이다. 달리 말하면 힘에의 의지는 보편적 규범이 아니라 오히려 인간 행동의 병리학을 대표한다는 것이다.

이 모두는 참으로 상당히 **명백하게** 사실이기 때문에 우리는 더 나아가서 니체가《힘에의 의지》라는 책을 쓰는 프로젝트를 포기한 타당한 이유를 가졌다는 것과 사실상 힘에의 의지의 형이상학을 **거부한** 이유가 있었다는 것을 알게 된다. 〔출판된 저서들은 종종 '힘에의 의지'를 특수한 형태의 인간 행동을 논의하기 위한 진단 도구로 사용하고 있긴 하지만, 8,000쪽의 분량을 넘는 본문에서 오직 두 구절(GM Ⅱ 12,《선악의 피안》 36)만이 '세계는 힘에의 의지이고 그 외에는 아무것도 아니'라는 사상을 제안하는 정도이고 그 두 구절조차도 '~라면 어떻게 되는가'라는 특징을 강하게 띠고 있는 것들이다.〕

유고 니체는 그 사상을 입증하는 데 실패했지만 그렇다고 해서 힘, 즉 타자의 지배가 실제로 삶의 의미라는 것은 현실적으로 여전히 참일 수 없을까? 참일 수 없다. 내가 마지막 장에서 제시하는 주장과는 전혀 별개로 우리는 이 점을 헤겔로부터 이미 알고 있다고 생각한다. 다시 말하면 우리가 헤겔로부터 아는 사실은 인간의 기본적 필요는 타자의 '인정'이라는 것이다. 그러나 우리가 본 바와 같이(167-72쪽) 노예는 본래적 인정을 제공할 수 없다. 그 인정은 자유로운 존재, 즉 우리가 힘을 행사해서 지배하지 않는 존재, 우리가 힘을 행사하는 것을 삼가는 존재에 의해서만 제공될 수 있다.

11장

―――――――――――――――――‹•›―――――――――――――――――

초기 하이데거

하이데거는 긴장을 내포한 주제이다. 아주 최근의 서구 철학사에는 '하이데거에 대해 저술하는 책임이 있는 어떠한 주체든 세계에 사과해야 한다'*는 문장이 들어가 있다. 이러한 긴장의 원천은 하이데거의 자서전적 이야기 때문이다.

　마르틴 하이데거는 1889년 독일 남동부 흑림 지대의 메스키르히에서 농부 가족의 일원으로 태어났다. (1889년은 니체의 저술 생활이 정신이상으로 종결된 해이기 때문에 사람들은 좋든 싫든 독일 철학의 횃불이 니체에서 하이데거에게로 넘어간 해라고 생각하고 싶어 할지도 모른다.) 그는 1976년 사망한 후 자기 아버지가 관리인이었던 적이 있는 메스키르히 가톨릭성당의 묘지에 묻혔다. 그는 1950년대와 60년대에 매년 '제2의 고향'으로 간주하게 된 프랑스 남부 프로방스를 방문한 것을 제

―――――――

* 　Gottlieb 2000, ix.

외하면 생애 거의 전부를 출생지에서 보냈다. 그의 주된 교수 활동 거점은 프라이부르크 대학이었고 다른 곳에서 일류급 직위를 거듭 제공했지만 그 대학에 머물렀다.

하이데거는 신의 죽음 이후의 서구 상태를 '허무주의'로 보는 니체의 분석을 공유했다. 1933년 그는 나치당에 가입했고 그것이 서구가 필사적으로 요구했던 '모든 가치의 재평가'를 대표하는 것이라고 믿었다. 같은 해에 그는 프라이부르크 대학의 총장이 되려는 노력 끝에 총장이 되었고 독일 대학은 전체적으로 나치 운동이 진정한 정신적 갱신 운동이 되었다는 것을 보증할 극히 중요한 힘이 되었다. 플라톤이 자신의 철학으로 시라쿠사 폭군의 정치적 삶의 지도력을 형성하고자 했듯이 (22쪽) 하이데거는 자신의 철학으로 독일 폭군의 정치적 지도력을 형성하고자 했다. 그는 히틀러와 국가 사회주의를 지지하는 타협적 연설을 많이 했다. 18개월 후에 그는 나치 운동의 성격을 철저하게 오판했다는 것과 그 운동에 대한 자신의 영향력 행사 가능성을 어리석게도 과대평가했다는 것을 깨닫고는 총장직을 사임하고 일상의 교수직으로 복귀했다. 1935년부터 한 강의에서, 특히 1936년에서 1940년까지 이르는 니체 연속 강의에서 그는 자기 주위에서 형태를 갖추어 가던 나치 독일의 현실적 모습을 예전보다 훨씬 더 비통하게 비판하는 비평가가 되었고 그의 니체 연속 강의는 앞 장에서 언급한 대로《니체》가 되었다. 이런 일은 1936년부터 그의 강의가 나치 비밀경찰 정보원의 잦은 감시하에서 이루어졌기 때문에 어느 정도 용기가 필요한 일이었다.

하이데거는 처음에 행복감에 젖었다가 나치즘의 실상을 상대적으로 신속하게 깨닫게 되었지만 나치 운동에 대한 그의 개입은 자신의 죄책을 공개적으로 인정하는 것을 완고하게 거부하는 일과 함께 그의 철학적 평판에 재앙인 것으로 드러났다. 이것은 본 장의 초두에 인용된 문장이 예시하는 바와 같다. (똑같이 개입한 적이 있는 사람들, 예를 들면 칼

구스타프 융, 한스게오르크 가다머, 베르너 하이젠베르크, 빌헬름 푸르트벵글러, 빌란트 바그너는 아무 탈 없이 빠져나갔다.) 종전 이후, 하이데거가 나치인 것은 그의 철학 **때문**이었다는 것을 증명하는 데 몰두한 방대한 문헌들이 미친 듯이 쏟아져 나왔다. 바꾸어 말하면 그의 철학은 '나치 철학'이었다는 것이다. 이러한 시도들 중 어느 것도 성공적이지 않았다고 나는 믿는다. 사람들은 기본 인권과 민주적 정부 형태에 충실하면서도 하이데거 철학의 주요 주장 일부 혹은 전부를 받아들일 수 있다.*

실제로 '하이데거 철학'은 부정확한 명칭이다. 왜냐하면 그는 '유턴', 즉 전회, 급진적 '역전'을 말했기 때문이다. 그의 사상의 전회는 1930년대 초반에 일어났다. 이러한 이유로 그의 '초기' 철학, 즉 **전회** 이전의 철학과 그의 '후기' 철학을 구별할 필요가 있다. 초기 철학은 이 장에서 다루어지고 후기 철학은 17장에서 다루어질 주제이다. 초기 철학은 원칙적으로《존재와 시간》에서 표현되고 이 책은 1927년에 출간되었다.

세계-내-존재

그렇다면《존재와 시간》은 무엇에 관한 것인가? 이 연구는 사람이란 무엇인가를 고찰하는 데서 시작한다. 그는 사람을 '현존재'라고 부른다. (현존재는 '존재'를 가리키는 일상적 독일어이지만 그 의미는 문자적으로 '거기 있음'이다. 현존재라는 것이 무엇인지를 물으면서 하이데거는 거기 있음, 세계에 있음, 인간 존재를 특징짓는 방식으로 있음이 무엇인지를 묻고 있다.) 예를 들면 사람이라 함은 플라톤적 또는 기독교적 '영혼',

---

* 전체적으로 이러한 결론을 입증하려는 목적을 가진 다음 책을 참조. Young 1997.

'영혼적 실체'라는 문제인가? 하이데거는 이를 다음과 같이 표현한다. 그것은 물리적 세계에 위치하는 육체에 한시적으로 거주하다가 비물리적 세계에 존재할지도 모르는, 그리하여 언젠가는 비물리적 세계에 존재하게 될 비물리적 실재라는 것인가?

전혀 그렇지 않다고 하이데거는 말한다. 우리가 진정으로 사람이 무엇인지를 이해하기를 원한다면 (플라톤적, 기독교적 형이상학의 요구에 어울리는 이야기를 가공하기보다는) 그 출발점은 사람이 본질적으로 **행위자**, 즉 일들을 하는, **행동을 하는** 존재라는 인식에 있다. 더욱이 당신이 어떤 종류의 사람인지는 당신이 어떤 종류의 행동을 수행하는지에 달려 있다. 친절하다, 관대하다. 진실하다, 공손하다, 또는 엄정하다는 것은 '영혼'이나 '정신'이라 부르는 어떤 신비로운 비가시적 내적 실재에서 일어나고 있는 무언가의 문제가 아니다. 그것은 단지 어떤 특정한 방식으로 **행동하는** 문제, 습관적으로 행동하는 문제일 수밖에 없다. 엄정한 사람은 규칙적으로 시간을 어기지 않고 정시에 나타나는 사람**이다**. 공손한 사람은 규칙적으로 '부탁합니다', '감사합니다'를 말하는 사람이다. 진실한 사람은 어김없이 진리를 말하는 사람이다. '사람은 사람이 행하는 바로 그것'이라고 하이데거는 말한다(B&T: 239).

이제 당신이 상연할 무대가 없다면 (극장) 배우를 가질 수 없듯이 행동할 세계가 없다면 행위자를 가질 수 없다. 세계가 존재하지 않는데도 사람이 존재한다는 생각은 이제 아무런 의미도 없다.

* * *

이쯤에서 약간의 배경적 지식을 제공할 필요가 있다. 근대에 와서 플라톤적-기독교적 자아관을 가장 훌륭하게 표현한 이는 프랑스 철학자이자 수학자인 르네 데카르트(1596-1650)였다. 데카르트에 의하면 본질적 자아는 육체에 한시적으로 거주하는 '사고하는 것' 또는 사고하는 정신이다. 마치 콩깍지에 들어 있는 콩알 같다. (기계 껍질 안에 들어 있는 보이지 않는 콩과 같다. 뉴턴처럼 데카르트는 물리 세계를 거대한 기계로 받아들이고 보편적이고 예외 없는 기계 법칙에 따라 기능하는 것으로 보았다. 따라서 데카르트주의를 풍자적으로 설명하면 사람은 '기계 속의 유령'이다.)

데카르트의 탐구는 절대적 확실성을 찾는 탐구였다. 따라서 그는 《성찰》에서 의심할 수 있는 모든 것을 의심하는 일에 착수한다. 그러나 그는 자기 자신의 존재와 자신이 사고하고 경험한다는 사실을 의심할 수 없다. 아무리 자신이 사고하는 모든 것이 틀리고 자신이 경험하는 모든 것이 기만적이라고 해도 이 사고들과 경험들은 틀리기 위해서 여전히 존재하지 않으면 안 되고 이것들을 가지기 위해 그는 존재하지 않으면 안 된다. 그런데 자신의 정신 밖에 있는 세계, 일상적인 것들이 존재하는 세계는 어떠한가? 확실히 그는 그러한 세계에 속하는 것 같은 **경험들**을 한다. 그러나 그는 꿈을 꿀 때도 세계에 속하는 것 같은 경험들을 한다. 그렇다면 그는 자신이 꿈을 늘 꾸고 있는 것은 아니라는 것을 어떻게 아는가?

마침내 데카르트는 세계가 존재한다는 것을 확실히 안다고 결론을 내린다. 그는 (유난히 건전성이 의심스러운 논증으로) 신의 존재를 '증명하고' 외부 세계가 실제로 없다면 정신 밖에 외부 세계가 존재한다고 믿는 강한 경향을 주는 것은 신의 선함과 불일치할 것이라고 결론을 내린다. 이 가운데 어느 것도 확신을 주는 것은 아니다. 사람들은 데카르트 자신이 확신을 가지고 그렇게 믿었다는 것을 의심한다. 결과적으로 데카르트의 관점을 따르가면 '외부' 세계의 존재는 영원한 이론적 문제로 남는다.

《존재와 시간》의 주된 부정적 야심은 데카르트의 자아관을 그 모든 점에서 무너뜨리려는 것이다. 세계의 존재와 관련해서 하이데거가 꿈의 논증에 의해 제기된 이론적 의심을 **논박한다**고 말한다면 그것은 잘못된 처사일 것이다. 사람들이 원한다면 '자아'라고 부를 수 있는 비물질적인 어떤 것이 존재할지도 **모르며**, 이 비물질적 자아에게 세계 경험은 실제로 순수 환상일 수 있다고 주장하는 것은 하이데거가 말하는 모든 것과 일치한다. 하이데거가 지적하는 오류는 '자아'를 **사람**이라고 가정하는 것이다. 또 '자아'는 세계 없이 존재할 수 있기 때문에 '사람'은 '세계'와의 관계성 없이 설명될 수 있고 사람의 품성, 즉 관대함, 친절함 등은 행동과의 관계성 없이 설명될 수 있다고 결론하는 것이 오류라는 것이다. 거듭 말하지만 사람은 행동하는 존재이고 행동은 세계를 필요로 한다. 사람과 세계는 불가분의 관계이다. 바로 이것이 하이데거가 현존재는 '세계-내-존재'(B&T: 113)라고 말함으로써 주장하는 요점이다. 그리고 하이픈의 기능은 이 불가분리성을 강조하는 목적으로 쓰인 것이다. 사람이 무엇인지는 세계와의 관계성 속에서 그리고 그 안에서 하는 행동과의 관계성 속에서 설명될 수 있을 뿐이다.

* * *

그렇다면 세계는 무엇인가? 그 한 가지는 세계는 기계 법칙에 따라 물리적 공간을 떠다니는 물질 덩어리가 아니라는 것이다. (다시 한 번 말하지만 하이데거는 여기서 데카르트를 염두에 두고 있다. 즉 '기계 속의 유령' 이야기에서 말하는 '기계'를 마음에 두고 있다.) 그렇다고 해서 세계를 기계로 기술하는 것이 반드시 실재를 **잘못** 기술한다는 뜻은 아니다. 반대로 그것(또는 그와 같은 유의 것)은 우리가 하고 있는 일이 자연과학이라면 완전하게 적절한 기술이다. 그러나 다른 한편으로 우리가 사람이 무엇인지를 이해하려고 한다면 그것은 절대적으로 부적절하다.

그렇다면 무엇이 적절한 것인가? 이 문제에서 하이데거의 중심 개념은 '손안에 있음'(B&T: 69)이라는 개념이고 보다 넓은 의미에서 말하면 '도구'이다(B&T: 68).

'도구'란 무엇인가? 차는 컴퓨터, 망치처럼 도구이다. 바람도 역시

'항해할 때 부는 바람'이라면 도구이다. 말하자면 요트에 동력을 제공하는 용도라면 도구이다. 강은 전기를 만들어 내는 용도라면 도구이다. 구름은 기상을 예보하는 용도라면 도구이다.

망치를 생각해 보자. 무엇이 망치를 **그러한** 종류의 도구로 만들어 주는가? 그것이 지니는 물리적 외모가 아님은 확실하다. 어떤 사람은 종이 반죽을 가지고 구조물을 만들었는데 꼭 망치처럼 **보였다**. 어떤 행성의 외계인들은 꼭 망치처럼 보인 물건을 제조했는데 실제로 종교적 상징물이었다. 어떤 사물은 꼭 망치처럼 보였을 수 있고 실제로 과거에 망치**였을지도 모른다**. 그러나 사실상 그것은 '기성' 예술작품의 헤아릴 수 없는 가치를 지닌 부품이었을 수 있다. 어떤 존재를 망치로 만들어주는 것은 그 용도이다. 즉 그것은 못을 두드려 박는 데 사용된다. 누구에 의해서? 목수에 의해서. 무엇을 위해서? 이를테면 집을 짓기 위해서. 또 무엇을 위해서? 사람들이 그 집을 구입해서 살기 위해서. 그러므로 현존재의 세계는 본질적으로 도구만이 아니라 다른 현존재, 즉 타인도 포함한다.

다시 한 번 말하지만 여기서 제시되는 주장의 요점은 데카르트를 반대하기 위한 것이다. 데카르트의 사물관(여기서 세계를 보증하는 신의 존재는 제외한다. 물론 그는 신의 존재를 실제로 증명할 수 없다)이 당면한 가능성들 중의 하나는 우리가 본 바와 같이 아무것도 의식 밖에는 존재하지 않는다는 것이고 세계는 실제로 전혀 존재하지 않는다는 것이다. 그러나 우리는 이 같은 최초의 의심을 그럭저럭 잠재울 수 있었다고 가정해 보자. 여전히 다른 의심이 남아 있다. 이 의심은 실제로 세계가 있다고 해도 나는 그 세계 속에 **홀로** 있다는 가능성에서 성립한다. 확실히 데카르트는 제4성찰에서 이렇게 말한다. 나의 주위에는 꼭 나처럼 모자를 쓰고 외투를 입은 채 눈에 띄게 닮은 방식으로 행동하는 존재들이 있다. 그중 한 명에게 핀을 찌르면 얼굴을 찡그리고 팔짝

뛰면서 '어우, 아파요' 하고 소리를 지른다. 그러나 나는 그들이 의식과 느낌이 전혀 없는 교묘하게 제조된 로봇이 정말로 아니라는 것을 어떻게 아는가? 다시 말하면 나는 내가 존재한다는 것을 확실히 알지만 다른 누군가가 존재한다는 것은 의심할 여지가 있다고 성찰한다. 이러한 성찰 때문에 사람들이 내가 나라는 것이 무엇인지, 사람이 사람이라는 것이 무엇인지를 타인과의 아무런 관계성이 없이 설명할 수 있고 설명해야 하는 것처럼 본다. 그러나 다시 한 번 하이데거는 홀로 고독하게 존재할 수밖에 없는 육체 없는 의식이라는 관념과 사람이라는 관념을 데카르트가 혼동하고 있다고 지적한다. 이러한 혼동에는 심각한 결과가 뒤따른다. 왜냐하면 이로 인해 타인과 함께하는 존재being-among-other-people는 사람이라는 것이 무엇인지를 **설명**해주는 일부라는 결정적 사실이 모호해져버리기 때문이다.

　사람으로서 살아가는 자신의 삶에 타인이 어떻게 깊이 연루되어 있는지를 알아보기 위해 하이데거는 배나 밭을 살펴보라고 말한다. 당신은 강을 건너가고 싶을지라도 강둑의 배에 손대지 않는다. 당신은 밭의 저편으로 가야하지만 그 중간을 가로지르지 않고 오히려 밭 밖의 가장자리 길을 걷는다. 왜 그럴까? 배와 밭은 **사유 재산**이기 때문이다. 즉 그것들은 **다른 사람**에게 속해 있다. (우리는 소유권을 로봇에게 속하는 것으로 생각하지 않는다는 점에 주의하자.) 세계 속에 홀로 있기는커녕 우리의 세계는 타자성에 **포화된** 상태이다. 다른 사람이 우리 주위에 없을 때라도 그렇다. 데카르트의 경우 고독한 '자아'로부터 타인에게로 '넘어가는' 과정에서 심각한 문제가 있다. 그러나 하이데거의 경우 그 문제는, 우리가 보게 되겠지만, 정반대이다. 즉 앞에서 말한 문제들로부터 벗어난다.

비본래성

이렇다고 할 때 현존재는 본질적으로 세계에 거주한다. 여기서 세계는 도구와 다른 현존재가 상호 연관된 일종의 네트워크이다. 그렇다면 이 것이 현존재라는 것, 사람이라는 것에 관해 말할 수 있는 전부인가? 그 렇지 않다.

하이데거에 따르면, 현존재를 정의하는 또 다른 특징은 현존재는 본질적으로 유일하게 자기 자신의 존재가 '문제'인 존재라는 것이다 (B&T: 12). 다시 말해서 현존재는 자신이 이끌어 가야 하는 삶의 근본 성질에 관해 어쩔 수 없이 **선택**에 직면할 수밖에 없다는 것이다. 개나 수선화는 결코 그러한 선택에 직면하지 않는다. 오로지 사람이라는 존 재만이 그렇다.

이러한 선택을 이해하는 문제에서 주요한 단어는 본래성이다. 독일 어 Eigentlichkeit('eigen'은 'own', 'lich'는 'ly', 'keit'는 'ness'를 의미한다) 는 보다 계시적인 번역으로는 '자기 자신됨ownliness'이라고 할 수 있지 만 통상적으로 영어 'authenticity'로 번역된다. **본래성**을 가지는 사람은 **자기 자신**인 그런 사람이고 자기를 **소유하는** 그런 사람이다.

본래성('자기 자신됨'은 적절한 단어가 아니기에 나는 표준 번역을 고수 할 것이다)을 설명하기 위해 우리는 그 반대, 즉 비본래성에서 출발할 필요가 있다. 비본래성이란 무엇인가?

다시 목수에게로 돌아가 보자. 목수라는 것은 **사회적 역할**이다. 사회 적 역할은 사람의 행동을 결정한다. 해리가 집을 짓는 것은 그가 목수 이기 때문이고 집을 짓는 것은 목수가 하는 일이기 때문이다.

사람의 직업을 기술하는 것은 사회적 역할을 보여 주는 일례이다. 우 리는 각자 무수하게 다양한 역할을 하며 살아간다. 이를테면 공화당원, 민주당원, 아버지, 아들, 개신교도, 가톨릭교도, 맨체스터 유나이티드팀

지지자, 맨체스터 시티팀 지지자, 게이, 입바른 소리 하는 사람, 중간 계급, 노동 계급, 지식인, 시골 사람 등 끝도 없다. 개개의 역할은 그 역할에 적합한 행동의 범위를 결정한다.

우리가 누구인지를 정의하는 사회적 역할을 선택해서 살아가는 방식은 대부분 강한 의미에서 **비선택적**이다. 그 이유는 우리가 '여론의 압력'에 복종하고(B&T: 174-5, 403) 우리가 속해 있는 집단이나 하위문화가 동의한 규범에 순응하기 때문이다. 우리는 하이데거가 '**세인**('그들' 또는 양해가 된다면 '세상 사람들')의 독재'라고 칭하는 것, '사람'이 하는 대로 하라는 압력에 복종한다. 여기서 '사람'은 '빌리, 사람은 입을 벌리고 음식을 먹지 않는다'고 말할 때의 사람이다. 이러한 압력을 받으면 집단의 평균 수준으로 '우리는 평준화한다.' 하이데거는 전형적으로 다음과 같이 말한다.

> 우리는 **사람**이 즐거움을 취하는 대로 즐거움을 취하고 즐긴다. 우리는 **사람**이 보고 판단하는 대로 문학을 읽고 보고 판단한다. 마찬가지로 우리는 **사람**이 꺼리는 대로 많은 대중을 피한다. 우리는 사람이 충격을 받는 것을 보고 충격적이라고 한다(B&T: 126-7).

하이데거는 전형적으로 개인의 삶은 세인의 작용, 여론의 작용, '동료 압력'의 작용에 불과하다고 말한다. 말하자면 전형적으로 개인들은 세인의 자신 있는 단 하나의 목소리를 밀어주는 수많은 확성기, 즉 큰 소리로 말하는 다수의 사람들에 지나지 않는다. 이 사람들은 같은 의견, 같은 취미, 같은 판단을 수차례 반복적으로 표현한다. 다시 정확히 말하면 전형적으로 개인들은 개인이 아닌 셈이다. 오히려 그들은 서로를 끝없이 반복하는 복제품들이고 그들의 삶은 지루한 상투적인 생각의 반복적 삶이다. 당신이 이러한 상투성의 몇 가지 특징을 알기만 한다면 그 나머지는 모두 예측할 수 있는 것들이다. 니체는 이러한 현상을 알아채고 몰인정하게 이 대다수의 사람들을 '떼동물'이라고 말했다. 〔이러한 사람들과 대조를 이루는 맥락에서 니체는 설레는 말로 사기 독자들에게 용기를 주고자 '그러나 우리는' '새롭고, 유일하고 비교 불가능한' 존재가 되기를 원하고 '스스로 입법하며 스스로 창조하기'를 원한다고 말한다 (209쪽). 그러나 하이데거의 본래성 개념은 우리가 보게 되겠지만 이것보다 더욱 깊이 세심하게 사고된 것이다.〕

* * *

　비본래적 삶은 어떤 불리한 단점을 가지고 있다. 하이데거는 어떤 의미에서 잘못된 것, 어둠이 드리운 자기 배반이 있다는 것을 시사한다. 사실상 사람은 자신의 삶을 적절하게 지키는 유일한 사람이 자기 자신인 사람이지만, 다른 한편으로 사람들은 자신의 삶을 자신 아닌 다른 사람에게 넘겨주었다는 점을 감지한다. 사람들은 '양심의 소리'에 의해 불편해진다(B&T: 268).

　하이데거는 가톨릭교도로 자랐고 원래는 가톨릭 사제가 되도록 훈련을 받았지만 개신교도와 결혼했다. 그는 가까운 관계에서 협력한 개신교 신학자 루돌프 불트만의 영향하에서 《존재와 시간》을 썼다. 이 영향으로 그의 연구는 '신 없는 신학'이라고 언급될 수 있는 특성을 부여받는다. ['신 없는'이라고 불리는 이유는 《존재와 시간》에 따르면 이 세계에 있는 존재의 기초는 '무'(B&T: 308)이기 때문이고, '신학'이라고 불리는 이유는 하이데거의 '본래성'을 읽는 그럴듯한 방식은 본래성을 신의 죽음**에도 불구하고** 개신교도의 삶의 본질을 보존하는 것이라고 보는 것이기 때문이다.] 자신의 삶을 적절하게 지키는 유일한 사람이 자기 자신이라는 근본적 의미를 우리 모두가 가지고 있다는 하이데거의 확언은 종교 개혁의 토대가 되는 주장을 명료하게 밝히는 것이라고 해도 과언은 아니다. 옳은 것과 선한 것을 결정하는 궁극적 권위는 교황이 아니라 결국에는 언제나 자기 자신의 양심이라는 마르틴 루터의 확언 말이다.

* * *

그렇다면 비본래성의 불리한 단점은 '상실'(B&T: 268), 자기 소유의 결핍을 의미한다. 반면에 여기에는 어떤 긍정적 면이 있다. 하이데거에 따르면, 비본래적 삶은 정확히 '평정하다'고 말할 수 없다. 모호한 의미의 자기 배반 때문에 그 근저에는 초조함이 있고 이는 동양 종교에 손을 대거나 정신분석에 의해 '과장된 자기 해부'(B&T: 178)를 하는 것으로 종종 그 모습을 드러낸다. 그렇지만 정확히 평정하지는 않을지라도 비본래적 삶은 적어도 '평정해질' 수는 있다(B&T: 177). 신경 안정제, 술, 배경 음악이 우리가 정말 생각하고 싶지 않은 일들을 누그러뜨리는 것처럼, 비본래적 삶은 우리가 극도로 마주하기 싫어하는 일들을 덮어 버리는 면에서 이점을 가지고 있다.

이 불쾌한 일이라고 하는 것은 무엇인가? 우리가 순응주의에 몸을 실어서 피하려고 하는 그것은 도대체 무엇인가? 우리는 무엇**으로부터** 달아나 피하려고 하는가? 바로 여기서 하이데거는 놀라운 극적인 주장을 편다. 즉 비본래성에서 우리가 피하려고 하는 것은 바로 **죽음**이라는 것이다.

죽음을-향한-비본래적 존재

결국 하이데거는 왜 우리는 순응하라는 세인의 압력에 복종하는가를 묻고 있는 셈이다. 이러한 현상을 놀라운 것으로 만드는 것은 현실의 독재와 달리 '세인'의 독재는 이 독재를 정상적으로 지원하기 위해 순응하지 않는 사람들을 처벌하는 명백한 위협이 전혀 없다는 사실이다. 예를 들어 어느 누구도 헐렁한 반바지가 유행인 시기에 스피도 제품을 입거나 나팔바지를 입을 나이에 조이는 청바지를 입는다고 해서 고문을 받지 않는다.

하이데거는 그가 '거리성'(B&T: 126)이라고 부르는 것에 비추어서 순응주의를 설명한다. 인간은 그런 것으로 구성되어 있으므로 사회 규범에서 조금 벗어나 있다고 생각하면 극도의 불편함을 느끼기 시작한다.

우선 거리성은 인간 정신에 관해 기본적이고 냉혹한 사실인 것 같다. 이는 이보다 기본적인 어떤 것에 비추어서 설명될 수 없는 일인 것 같다. 그러나 하이데거는 추후에 《존재와 시간》에서 사회 규범을 감당할 수 있기 위해 옹기종기 모이는 강한 성향에 대한 설명을 제공한다. 그 설명은 말하자면 바깥에 있으면 춥다는 것이다. 이 추위는 어디에서 성립하는가? 하이데거는 그것은 **죽음**에서 성립한다고 말한다. 집단에서 벗어나 밖에 있을 때 당신이 느끼는 것은 죽음의 차가운 바람이다.

요컨대 개인은 외부인이 되면 죽는다. 그러나 집단, 즉 세인은 죽지 않는다. 그렇기에 나 자신을 집단과 동일시하는 정도까지 죽음을 피하는 것으로 보인다. 나는 나 자신을 어떤 삶을 이끌어 가야 하는가의 '문제'를 묻는 개인으로서가 아니라 오히려 세인이 그 주위 안으로 끌어들여 함께 하는 단순한 도구로 생각하는 그 정도까지 죽음에서 살아나는 것처럼 보인다. 나의 유일한 '자아'를 세인이 되는 그림 안에서 받아들이는 그 정도까지 그렇다. 죽음은 더 이상 **나의 것**이 아니다. 사정이 이러하다면 본래성을 피하는 것, 자기 자신의 개체성을 소유하는 것을 피하는 것은 자기 자신의 죽음을 소유하는 것을 피하는 것, 자기 자신의 죽음까지 소유하는 것을 피하는 것이다.

* * *

'평균적인 일상의' 현존재가 이렇듯 자아를 기만하면서 죽음을 피하는 일에 아주 많이 열중한다는 것을 고려하면 죽음, 특히 '나의 죽음'이 우리가 피하고 싶은 화제라는 점은 결코 놀랍지 않다. 우리, 특히 서구에 사는 우리는 노인 가정이나 화장장에서 임종과 죽음을 보이지 않는 시야에다 밀어 넣는다. 즉 우리는 완곡어법을 사용한다. 이를테면 '가셨다', '잠들었다'는 말을 사용한다. 그리고 우리는 과민한 우디 앨런의 농담('내가 죽음을 겁낸다는 것이 아니야. 오히려 나는 다만 그 일이 일어날 때 거기에 있고 싶지 않다는 거지')을 사용한다. 하이데거가 지적하듯이(B&T: 258), 가장 중요한 것은 우리가 회피하고 싶은 사고 패턴을 사용한다는 점이다. 예를 들어 나는 죽음을 다른 사람에게 일어나는 일로 생각한다('건강이 무너지는' 바로 그 순간에도 그렇게 생각한다). 그리고 죽음이 나에게 일어나는 사실을 마주하지 않을 수 없는 순간에도 여전히 나는 그 일을 어떻게 해서든 실제로 다른 누군가의 문제로 만들어 버린다. 나는 자신에게 이렇게 말하는 것이다. '물론 나는 언젠가 죽겠지. 그러나 지금은 아니야.' 여기서 회피성 구절은 '지금은 아니야'이다. 내가 지금 실제로 생각하고 있는 것은 이것이다. 즉 죽음은 늙은이나 애늙은이에게 일어나는 일이다. 그러나 나는 젊은 청년이다(또는 아직 젊다). 그래서 죽음은 나의 관심사가 전혀 아니고 다만 나의 현재적 자아의 '후손' 일로서 내가 관계하지 않는 저 먼 미래의 일이다. (시험에 대해 학생들이 이와 동일한 방식으로 생각한다. 기말에 있을 시험은 먼 미래의 자기 자신과 관계된 일에 불과하고 따라서 나의 현재적 자아는 마약을 하거나 스키를 타거나 하는 일 이외에 아무것도 할 필요가 없다.) 당연히 나이가 더 많이 들게 되어도 죽음은 **아주** 나이가 많은 사람들에게만 일어나는 일이라고 생각할 뿐이다, 기타 등등. 이와 같은 전략으로 우리는 우리 자신에게 **불멸성의 환상**을 부여하고 그 영향으로 우리의 삶을 살아간다. 이 환상으로 우리는 죽음의 세 가지 특징을 피할 수 있게 되는데 하이데거는 이 세 가지를 죽음의 '존재론적' (규정적) 특징이라고 칭한다. 죽음은 **나의 것**이다. 즉 죽음은 다른 사람뿐만 아니라 **나**에게도 일어난다. 죽음은 피할 수 없다. 즉 죽음은 반드시 일어난다. 가장 중요한 것으로, 죽음은 **언제라도** 일어날 수 있다. 이 마지막 특징은 결정적 중요성을 지니는데 그 이유는 그 순간을 피할 수 있다는 것이야말로 죽음의 책임을 자신의 현재적 자아로부터 미래의 먼 자아로 떠넘길 수 있게 하기 때문이다.

죽음을-향한-본래적 존재

죽음의 회피가 비본래적으로 사는 삶의 실제적 동기라면 비본래성으로부터 벗어나서 본래적으로 사는 열쇠는 자기 자신의 죽음의 사실을 진정으로 직면하는 것, 죽음의 세 가지 존재론적 특징을 진정으로 직면하는 것이다. 하이데거는 이렇게 자기 자신의 죽음까지 소유하는 것을 '죽음을-향한-본래적 존재'라고 부르고 때때로 죽음에의 '선구적 각오'라고 부른다. 선구적 각오는 문자적으로는 죽음을 향해 '앞서 달려감'이다(B&T: §§52-53).

사람들이 자기 자신의 죽음을 진정으로 소유한다면, 말로만 그렇게 하는 것이 아니라 자신의 필멸성에 비추어 삶 전체를 살아낸다면 무슨 일이 일어나는가?

이 문제를 보다 실감할 수 있도록 당신이 방금 에이즈 양성 판정을 받았다고 상상해 보자. (물론 형이상학적으로 말하면 우리는 모두 예컨대 에이즈 환자라는 말이다. 혹자가 재치 있게 말한 것처럼 삶은 성병으로 인한 말기 상태이다.)

하이데거는 죽음에 직면하면서 '현존재는 세인과 찢어진다'고 말한다. 사람들은 [죽음이] … 문제가 되면 '모든 공존재는 우리에게 실망을 준다'는 것을 깨닫기 때문이다(B&T: 263). 다시 말해서 세인의 요구에 순응하는 사람들의 동기가 자신이 죽음의 소유가 되는 것을 피하려는 시도라는 점에서 (선택적으로든 필연적으로든) 죽음과 본래적으로 대결하는 자세는 그러한 회피 방식을 실패한 전략으로 폭로할 수밖에 없다. 아무것도 죽음을 제거할 수 없다. 죽음은 피할 수 없는 것이고 언제라도 일어날 수 있고 나에게 일어난다.

이러한 통찰은 물론 순간적으로만 지속될 것이다. 사람들은 이 점을 으레 그렇듯이 서둘러 숨길 것이다. 그러나 사람들이 그 점을 견디어 지킨다고 가정해 보자. 그렇게 되면 현존재는 '자기 자신이 되기까지 개체화되기'에 이른다고 하이데거는 말한다(B&T: 263). 즉 그는 개신교도와 같은 고립에 돌입한다. 죽음에 뛰어드는 것은 각자 홀로 하는 일이라는 것, 나의 사회 집단은 죽음의 순간에 내가 뒤로 하는 것이라는 것을 이해할 때 나는 나 자신의 각자성을 생생하게 파악하는 데 이른다. 이것을 이해할 때 나는 나의 삶을 결정하는 선택을 **나 스스로** 해야 한다는 것을 이해한다. 아무 생각 없이 순응주의자가 되는 것을 포기하고 여론의 규범에 찬성하는 순응의 압력에 면역력을 가지게 된다. 더 이상 세인의 지시에도 타인의 지시에도 따르지 않는다. 사람들은, 내가 말하는 표현을 빌리면, '자율적'이고 자기 통치적이게 된다.

본래성

자율성, 즉 당신 자신의 삶을 스스로 선택하는 것, **자기** 방식대로 하는 것은 본래성, 즉 당신 자신의 사람됨을 구성하는 부분은 될 수 있지만 전체는 아니다. 마침내 사람들은 일군의 세인을 피할 수 있지만 (말하자면 적어도 겉으로만 그렇게 보일 뿐이고) 섹스를 하고 술을 마시고 마약을 하는 놀라운 생활로 빠질 수밖에 없다. 이는 마치 늙어 가는 록스타의 마지막 날들과 같다. 당신의 선택이 이러한 무의미한 혼돈에

쌓여 간다면 당신은 본래적 사람이기는커녕 참으로 사람으로도 여겨
지지 않을 것이고 '사람 조각'이라고 부르는 것이 뒤죽박죽 섞인 혼재
물로만 여겨질 것이라고 하이데거는 말할 것이다. 우리가 9장에서 본
것처럼 니체는 우리의 삶의 '주인공'이 되는 법, 삶의 모든 것을 단 하
나의 '예술가적 계획'에 속하는 것으로 파악하는 법을 예술가들로부터
배울 필요가 있다고 말한다(GS 290). 하이데거 역시 이것을 믿는다.
어떤 종류의 사람이 되기 위해 삶은 이를 향한 통일성이 있어야 하고
자신의 삶을 통일적인 계획을 갖춘 것으로 파악하는 데서 오는 연속성
과 일관성이 있어야 한다. 문제의 이 통일성을 지칭하기 위해 내가 지
금 사용하고 싶은 단어는 '초점'이다. 그래서 나 자신의 용어를 사용해
서 내가 제안하고 싶은 것은 하이데거의 본래성의 개념은 실제로 자율
성과 초점의 결합이라는 것이다. 사람들은 본래성은 초점이 잡힌 자율
성이라고 말할지도 모르겠다.

  그러나 하이데거는 죽음을 직면하는 것은 자율성만이 아니라 초점
을 위한 열쇠이기도 하다고 생각한다. (충분히 존재론적으로 풍부하게
정의된 세 가지 규정적 특징을 지니는 죽음이라는) 필멸성의 인식을 직면
하고 견지하는 것은 우리에게 자율성과 초점을 **동시에** 안겨 준다.

* * *

죽음의 직면은 왜 우리의 삶에 초점을 주어야 한다는 것인가? 자신이
에이즈 양성으로 판정되는 경우로 돌아가 보자. 에이즈는 결코 당신에
게 죽음을 가져오지 않을지도 모른다. 에이즈가 '완전히 진행된' 상태
라고 해도 현대의 약으로 수십 년 동안 충분한 삶을 누릴 수 있을지도
모른다. 그렇지만 진단을 받고 있는 동안 당신은 으레 회피하는 사실,
즉 당신 자신의 필멸성, 당신 존재의 유한성을 어쩔 수 없이 마주한다.
이 인식을 붙잡고 놓아 주지 않는다면, 지금의 상황을 생산적으로 사
용한다면 (나는 암 환자가 '암에 걸린 것은 특권'이라고 말하는 것을 들은

적이 있다) 당신은 '우연히 그중 한 가지만은 떠안을 수밖에 없을지도 모르는 가능성들 가운데서 길을 잃은 상태'로부터 '자유롭게' 된다고 하이데거는 말한다. 자유롭다는 것은 '사람들이 [죽음] … 앞에 놓여 있는 가능성들이 실제로 주어진 가운데 이 가능성들을 처음으로 본래 적으로 이해하고 선택할 수 있는 방식으로' 자유롭다는 말이다(B&T: 264).

여기에 나타나는 사상은 특별히 어려운 것도 특별히 독창적인 것도 아니다. 존슨 박사는 18세기에 그러한 사상을 가졌다. 그는 정신을 집 중하는 데는 교수형에 처해지는 미래를 내다보는 전망 만한 것은 존 재하지 않는다고 논평했다. 그 요점은 당신의 유한성을 적절하게 아는 것, 즉 죽음은 **당신**에게 일어난다, 죽음은 **틀림없이** 일어난다, 죽음은 **언 제라도** 일어날 수 있다는 것을 깨닫는 일은 삶이 당신 앞에 제시하는 모든 다양한 선택지를 탐구할 **시간을 가지고 있지 않다**고 깨닫는 일이 나 다름없다는 것이다. 그러므로 사람들이 할 수밖에 없는 일은 어떤 삶의 선택지가 중요하고 '본질적인' 것인지, 어떤 삶의 선택지가 하찮 은 방해자인지를 결정하는 것이다. 하이데거는 이 방해자를 삶이 자신 의 길을 내치는 '우연적' 시간 낭비라고 부른다.

자신의 유한성을 파악하는 것은 잃을 시간이 없다는 단순한 깨달음 그 이상이다. 본질적 삶의 선택과 부적절한 삶의 선택 사이를 구별할 수 있기 위해 사람들은 자신의 삶을 '총체성', '전체'(B&T: 232)로서 파악하지 않으면 안 된다. 〔정확히 이와 똑같은 말을 니체가 한다는 것을 기억하자. 즉 자신의 삶을 문학작품으로 서사화하기 위해 사람들은 그것을 이미 '지나간 전체'(GS 78)인 것처럼 파악해야 된다.〕 그러나 사람들은 그 러기 위해 죽음을 향해 앞서 **달려가 보아야** 하고 '예기해야' 하며 상상 속에서 삶의 종말을 향해 '달려가 보아야' 한다. 사람들은 오직 자기 자 신을 삶의 종말에 놓고 그것을 완료된 과거인 것처럼 파악함으로써만 삶을 전체로서 파악할 수 있다. 내가 제안한 바 있지만 기독교의 최후의 심판의 개념은 이처럼 자기의 삶을 총체화하고 요약하는 데 도움을 준다. 이는 자기 자신의 부고를 써 보고 그렇게 쓴 것에 비추어서 삶을 살라는 권면이 그러한 것과 마찬가지이다.

또 다른 적절한 현상은 자동차 충돌 사고의 경험이다. 사고 생존자들은 가끔 이렇게 말한다. '나의 삶 전체가 내 눈앞에서 번쩍 스쳤다.' 충돌 사고의 직전 찰나에 과거의 모든 일을 되돌아볼 시간은 분명히 없다. 오히려 충돌 사고 직전의 그 순간에 나타나는 것은 서너 번의 결정적 순간이나 사람으로 축약되어 단순화된 '사람의 전체적 삶'이다. (서둘러 덧붙여 쓴다. 자동차 충돌은 삶이 그 초점을 개시할 수 있는 **한 가지** 방식이지만 그렇다고 본래적이기 위해 과속할 **필요**는 없다.)

자신의 삶을 '예기한다'고 할 때, 사람들은 자신의 삶을 단순화된 전체로 파악하고 어떤 선택지가 본질적이고 어떤 선택지가 사소한 방해물인지를 안다. 예를 들어 9장 후기 니체(208-9쪽)에 나오는 시인-회계사는 자신이 시인 또는 회계사 중 어느 쪽인지를 알 것이다.[*] 그것만이 아니다. 그는 또 부적절한 것에 귀중한 시간을 많이 낭비했다는 것과 자신이 되기 원하는 사람이 되기 위해 **잃을 시간이 더 이상 없다**는 것을 알 것이다.

요약해 보자. 본래적 삶은 자율적이다. 그러나 그것은 또한 초점이 잡힌 삶이다. 그 삶은 초점이 잡히면 긴급성, 에너지(초점이 잡히면 엄청나게 많이 분산된 이전의 에너지가 집중된다), 헌신의 표지를 가진다. 바꾸어 말하면 본래적 삶은 강렬하게 **의미 있는** 삶이다. 본래성은 의미

- 주의할 점이 있다. 니체는 시인 또는 회계사가 자신이 어떤 사람이기를 원하는지에 대한 자유로운 선택의 문제라고 가정하는 반면 하이데거는 자신이 누구인지를 스스로 **발견한다**고 가정한다. 하이데거가 왜 그렇게 가정하는지는 곧 밝혀질 것이다.

있는 삶을 산다는 것이 무엇인지를 설명하는 하이데거의 개념이다.

* * *

말이 나온 김에 주목할 점은 하이데거의 설명에 따르면 불멸의 삶은
의미 없는 삶이 될 것이라는 것이다. 온갖 삶의 가능성들은 유한한 시
간이 경과하면서 실현될 수 있는 것이기 때문에 나에게 영원의 삶이
선고되면 중요한 선택이란 전혀 있을 수 없다. 그렇게 되면, 예를 들어,
시인은 회계사가 되는 것을 **거부**할 필요가 없다. 그는 그것이 당연히
추후 백 년쯤 지나서 택할지도 모르는 선택지임을 충분히 잘 알고 있
지만 다만 **지금으로서는** 그것을 거부해야 하는 것일 뿐이다. 이것은 그
가 현재 사는 삶은 지금 이 순간에 맡고 있는 역할에 지나지 않는다는
것을 의미한다. 그것은 그가 누구인지를 말해 줄 수 없다. 왜냐하면 그
는 곧 이어서 아주 다른 사람이 될 것이라는 것을 알기 때문이다. 그리
고 그것은 그렇기 때문에 그의 삶에 의미를 줄 수 없다. 〔아마도 이것이
(그리스) 신들이 너무 자주 필멸 존재 사이에 문제를 일으키는 이유일 것이
다. 신들이 인간을 대하는 것은 '마치 잔인한 아이들이 파리를 갖고 노는 것'
과 같다. 그들의 영원의 삶에는 아무런 정열도 헌신도 없기 때문에 그들은
근본적으로 지루해하고 따라서 스스로 일탈하기 위해 문제를 부추기는 것
이 필요하다.〕

유산

나는 앞서 니체를 논의의 장으로 데려와서 몇 쪽에 걸쳐서 언급한 바
있다. 그 이유는 내가 보기에 하이데거의 본래성의 개념은 마치 잘 쓰
인 문학작품처럼 산 삶을 의미 있는 삶이라고 보는 니체의 개념과 매
우 가깝기 때문이다. 그러나 이제 나는 의미 있는 삶에 대한 그 두 설

명 사이의 차이점을 살펴보고자 한다.

니체는, 우리가 본대로, 의미 있게 살기 위해 우리 자신이라고 할 '주인공'을 보여주는 방식으로 삶을 유기적 전체로 서사화해야 한다고 수장한다. 그러나 니체의 경우 이용 가능한 많은 이야기들 중 어느 것을 **나의** 이야기로 선택해야 하는지는 물리학의 한계 내에서(209쪽) 절대적으로 **나에게 달려** 있다. 이것은 겉으로 보면 (특별히 자신의 현재적 삶에 불만을 갖고 있는 사람들에게) 매력적인 데가 있지만 자신이 되고 싶은 사람이 누구이든 간에 그 사람이 되고자 하는 이러한 자유는 자세히 검토해 보면 문제를 안고 있다. 여기에는 두 가지 이유가 있다.

첫째, 반복적인 말이지만 모든 삶의 선택지가 똑같이 이용 가능하다면, 다른 것이 아니라 이것이라는 나의 선택에 대한 유일한 근거는 나자신의 자유로운 선택이고 실로 자의적인 선택이 되고 만다. 그러나이것은 내가 선택한 삶의 선택지가 나에 대해 진정한 권위를 소유하고 있지 않다는 것을 의미한다. 그러므로 그것은 진정한 헌신의 대상일 수 없고 나에게 역경과 실망을 거쳐서 보전해야 하는 근거를 제공할 수 없다. 이것은 결과적으로 내 선택이 나의 삶을 진정으로 의미 있게 만들 수 없다는 것을 의미한다. 이것은 바로 내가 키르케고르의 '진정성의 문제'라고 언급한 것이다.

둘째, 우리가 니체의 입장에 충격을 가하는 문제라고 본 것이 있다. 즉 내가 '부도덕한 대본의 문제'라고 부른 것이다. 중요한 것이라고는 나 자신을 위해 대본으로 쓴 삶을 내가 **좋아한다**는 것뿐이라면 나 스스로 대본을 작성할 때 마피아 두목의 삶은 아프리카에서 말라리아를 치료하는 일을 하는 의사의 삶보다 더 수월한 것이 되지 않겠는가? 니체는 전자의 삶이 후자의 삶만큼 좋은 선택이라는 입장에 충실한 것이 되지 않는가? 즉 그는 의미를 도덕보다 우위에 놓는 잘못을 범하지 않는가?

이제 나는 하이데거로 돌아가서 니체의 사상이 안고 있는 이 두 가지 문제의 특성에 관해 그가 어떻게 하고 있는지를 살피고자 한다.

* * *

지금까지 설명된 바와 같이 본래성은 순전히 **형식적** 개념이다. 다시 말해서 본래성에 대해 '자율성'과 '초점'에 비추어 내린 정의는 우리에게 본래적 삶의 형식에 대해 말해 주지만 그 **내용**에 관해서는 아무것도 말해 주는 것이 없다. 달리 말하면 본래성은 지금까지 이해된 바와 같이 삶의 내용이 **어떠해도** 모두 그 삶의 내용과 양립 가능하다. 당신은 자율성과 초점을 지니고 있는 공산주의자, 파시스트, 자유 민주주의자, 테러리스트, 마피아 두목, 말라리아 의사, 회계사 또는 의사일 수 있다. 이것은 니체가 안고 있는 문제 중 두 번째에 해당하는 것이다.

그러나 하이데거는 니체보다 더 멀리 진전된 생각을 펼친다. 그는 자율성과 초점의 형식적 특성에 주목하면서 다음과 같은 문제를 제기한다. '현존재는 … 자기 스스로 사실적으로 기투하는 이러한 가능성들을 어디로부터 끌어낼 수 있는가'(B&T: 383), 그는 자신의 삶의 내용을 어디로부터 도출할 수 있는가. 그의 대답은 '유산으로부터'이다(B&T: §§ 74-5).

유산은 투박하게 말하면 공동체의 윤리적 전통이다. 유산이 큰 규정집에 적혀 있는 일은 거의 없다. 오히려 그것은 신화, 민간 설화, 예술 작품, 성전, 문화 등등에서 보존되고 대대로 전승되는 어떤 '영웅' 인물 속에서 체현된다. 영웅(하이데거의 용법은 우리가 지금까지 익숙했던 니체의 용법과는 다르다는 점에 유의해야 한다)은 매우 투박하게 말해서 '역할 모델', 즉 어떻게 살 것인지를 우리에게 말해 주는 본보기 인물이다. 그리스인에게 헤라는 가정의 덕목을, 제우스는 리더십의 덕목을 체현한다. 미국인에게 워싱턴은 신실함의 덕목을, 링컨은 명민한 인간성의 덕목을 체현한다. 스코틀랜드인에게 로버트 브루스와 거미는 인내의 덕목을 체현한다. 네덜란드인에게 손가락으로 둑 구멍을 막은 작은 소년은 공동 책임의 덕목을 체현한다. 영국인에게 오츠 대장('제가 지금 밖에 나갔다가 오겠습니다, 조금 시간이 걸릴지 모릅니다')은 절제된 용기의 덕목을 체현한다. 뉴질랜드인에게 에드먼드 힐러리는 대단한 업적을 남긴 자의 겸손한 덕목을 체현한다. '영웅'은 생존 인물일 수도 있다는 점에 유의할 필요가 있다. 그러나 살아 있는 존재라면 문제의 그 인물은 어느 정도는 신화화될 수 있을 것이다. 그 또는 그녀가 문화유산의 일부가 됨에 따라 역할 모델로서의 효과를 강화하기 위해 '결점'은 제거될 것이다.

하이데거의 생각에서 결정적인 점은 **유산은 우리가 선택하는 무엇이 아니**라는 점이다. 오히려 우리는 그 속에서 태어난다. 우리는 어른으로 성장해 감에 따라, 물론 항상 특정한 문화 안에서 성장해감에 따라, 영웅 인물의 신전과 인격화한 가치에 **이미 소유되어 있는** 처지에 있게 된다. 그것은 언어를 체득하는 행위의 일부이다. 우리는 **모국어**를 교실에서가 아니라 우리의 부모와 또래가 하는 말을 듣고서 체득한다. 그들은 가치가 담겨져 있고 유산이 보존되어 있는 우리 문화의 이야기와 신화에 엮여 있는 존재들이다. 우리가 언어를 체득해 있을 때쯤이면, 말 그대로 충분한 의미에서 인간이 되어 있을 때쯤이면, 우리의 유산도 역시 체득해 있을 것이다.

우리의 영웅에 의해 체현된 가치들, 유산의 헌신들이야말로 **모든 사람이 자신의 본래적 자아에 속한다**는 것을 알아보는 데 중요하다. 크게 보아 당신은 당신됨이다. 왜냐하면 당신은 특정 문화 안에서 자라서 성인이 됨, 즉 '현존재임'에 이르렀기 때문이다. 유산의 헌신은 **당신의** 헌신이라고, 당신이 가지는 가장 심오한 가치라고 하이데거는 주장한다.* 이로부터 본래성, 그리고 특히 자율성은 여론이 당신에게 무엇을 할 것인지를 말해 주는 것이 아니라는 결론이 나온다. 그것은 **당신이**

무엇을 할 것인지를 결정하는 일로서, 유산의 가치로부터 행동하는 것이다. **유산에 충실한 것은 당신 자신의 자아, 당신의 본래적 자아에 충실한 것이다.**

* * *

그렇다면 유산은 어떻게 본래적 삶의 내용 선택을 통치하는가? 사람들은 특별한 '사실성'에 처해진다고 하이데거는 말한다. (우리는 사실성의 개념이 사르트르에게도 나타나는 것을 볼 것이다.) 사실성은 두 가지로 이루어진다. 하나는 사람의 개인적 환경이고, 다른 하나는 하이데거가 말하는 대로 사람의 '역사적' 상황이다. 여기서 말하는 '개인적 환경'은 사람에게 부여된 특정한 능력과, 무능력(예를 들어 누군가는 작가로서는 뛰어나지만 수학자로서는 끔찍할 수 있다)과 함께, 사람이 처해 있는 사회적 맥락(예를 들어 사람들은 공산주의 사회보다는 오히려 자본주의 사회에 있다)이다. 사람의 역사적 상황은 현재의 여론과 실제가 유산의 가치를 결하고 있는 특별한 방식에 의해 구성된다.^{**}

이러한 불일치는 거의 항상 존재할 것이라는 사실에 주목하는 것이 중요하다. 그 이유는 적어도 두 가지이다. 첫째, 유산의 가치가 실제에 적용되는 방식은 끊임없이 새로운 지식에 비추어 갱신될 필요가 있다. 예를 들어 우리가 남자들만 할 수 있다고 생각하고는 했던 일, 예컨대

• 1930년대에 하이데거는 《안티고네》를 읽고 영향을 받아서 유산을 소포클레스의 '불문 신법', 즉 안티고네가 정의롭지 못한 국가법에 저항할 때 호소한 법에 비유한다. 이것은 헤겔이 《정신현상학》에서 신법을 가족법에 한정하는 것보다 훨씬 더 많이 그럴듯하게 보이는 것이다(165쪽).

•• 유산과 현재의 여론은 둘 다 어떤 의미에서 '사람'이 하는 것(또는 '우리'가 하는 것)에 의해서 이루어진다. 이 둘은 모두 사실상 '세상 사람들'의 면면이다. 그러므로 세인은 내부적으로 복잡하고 거의 항상 자기와 분리되어 있다. 이것은 모호한 현상이고 비본래성의 원천이지만 또한 본래성의 가능성의 원천이기도 하다.

프랑스 호른 연주자가 되는 일, 전투 비행사가 되는 일을 여자가 현실적으로 **할 수 있다**고 확신하게 된다면 실제로 평등의 가치가 어떻게 되는지를 재평가해야 할지도 모른다. 둘째, 유산의 가치의 의미는 우리가 우리의 영웅 인물을 이해하는 방식을 말하지만 그런 의미가 현대적 맥락에서 타당하기 위해 끊임없는 재해석을 필요로 한다. 예를 들어 자유는 나치 점령하의 유럽에서라면 한 가지만을 의미했지만 미디어가 개인들을 교묘하게 대중적인 의견으로 몰아가는 이 시대에서 타당하려면 그것 말고 다른 의미도 가져야 한다.

이렇게 해서 현존재의 처지는 일군의 특정한 능력과 무능력을 가진 채, 유산 그리고 현재의 여론 및 실제 사이에 있는 어떤 간격이 부각되면서 구성되는 특정한 역사적 상황에 놓이게 된다. 이 두 가지가 함께 본래적 삶의 내용을 결정한다고 하이데거는 주장한다.

예를 들어 당신은 평등을 당신 사회의 유산에 소중히 간직된 근본 가치라고 인식하지만 한편으로는 그러한 사회적 유산, 다른 한편으로는 남성과 비교해 볼 때 여성이 현실적으로 받는 대우 사이의 불일치와 부딪칠지도 모른다. 이러한 불일치는 작가의 재능이라고 하는 당신의 특출난 능력과 결합하게 되면 당신의 삶을 규정하고 의미를 부여하는 것이 무엇인지, 예컨대 페미니스트 저널리스트가 되는 것을 드러내 줄지도 모른다. 본래성은 유산과 현재적 실제 사이의 간격을 해소하는 문제이다.***

*** 그러나 유산과 현재의 여론에 의해 동의된 실제 사이에 간격이 **전혀 없다**는 이론적 가능성은 적어도 존재하지 않을까? 아마도 카타콤에 숨어 살았던 초기 교회의 그리스도인 공동체가 그러한 사회가 아니었을까? 이러한 가능성에 관해 하이데거가 말해야 하는 것은 현재의 실제가 정말로 가치의 유산에 충분히 부합한다고 사람들이 **확인했다**고 하면, 그때는 사람들은 자신의 본래성을 의심하지 않고 여론을 따를 수 있다는 것이다. 이러한 경우에 사람들은 순응**주의자**이지 않고도 순응할 수 있다.

본래적, 즉 의미 있는 삶의 내용은 당신이 **선택하는** 것이 아니라는 점을 강조하고자 한다. 정확히 말해서 당신은 유산과 사실성의 결합에서 이러한 사실을 **발견한다**. 물론 어떤 신문에 기사를 쓸 것인가와 같은 어떤 선택적 요소가 남아 있기는 하다. 그러나 여기서도 답을 시사하는 것은 사실성인 듯하다.

*　*　*

이제 나는 의미 있는 삶에 관한 니체의 설명을 괴롭히는 두 가지 문제로 돌아가고 싶다. 하이데거는 이 문제에 관해서 니체보다 더 잘 처리하는가?

첫째로 진정성의 문제이다. 하이데거의 설명에 따르면 이 문제는 사라지는 것 같다. 본래적 삶의 내용은 자의적으로 선택되기보다 사실성과 유산의 결합에서 **발견되기** 때문에 자의적 선택은 진정한 헌신의 기초를 제공할 수 없다는 문제점은 사라지는 것으로 보인다. 물론 한 페미니스트 기자의 글이 출판되지 못한다면 사람들은 급기야 작가로서의 그의 재능 문제를 재평가해야 할지도 모른다. 그러나 이것이 의미하는 것이라고 해 봤자 사람들이 자신의 사실성에 관해 **실수**를 했을지도 모른다는 것이지, 유산과 사실성의 결합이 의미 있는 삶의 내용을 결정한다는 생각이 잘못되었다는 것은 아니다. 이것이 의미하는 바는 사람들이 그 같은 결합을 더욱 샅샅이 들여다볼 필요가 있다는 것뿐이다.

부도덕한 대본의 문제가 있다. 이 문제도 역시 사라지는 것 같다. 문화유산은 문화의 도덕성**이기** 때문에 본래적 삶, 즉 자신의 공동체의 근본 가치의 지도를 받은 삶은 역시 도덕적 삶이어야 한다는 결론이 따라 나온다.

비평

그럼에도 불구하고 하이데거에 대한 의심은 남아 있다. 진정성의 문제에 관해 그는 유산의 가치가 반드시 우리 자신의 근본 가치를 구성하고 그래서 우리 자신의 문화의 윤리적 (도덕적) 전통을 의심하는 것은 불가능하다고 가정한다. 그러나 이것은 실제로 사실인가? 예를 들어 어떤 사람이 이민을 가서 철저하게 다른 문화 안에서, 이를테면 이란이나 중국에서 오랫동안 살았다고 생각해 보자. 그렇게 해서 그는 철저하게 다른 사물을 다루는 방식, **근본적으로** 다른 윤리적 전통이 있다는 것을 깨닫는다. 이렇게 될 때 이것은 선택의 자의성을 다시 도입하는 것이지 않을까? 이것은 사람들이 어떤 근본 유산 안에서 살려고 하는지를 선택해야만 한다는 것을 의미하지 않는가? 그리고 이것은 하이데거의 설명에 무언가가 빠져 있다는 것, 즉 자신의 삶의 근본 가치를 **참으로 틀림없이** 의문의 여지가 없게끔 하는 그 무엇이 빠져 있다는 것을 말해 주지 않는가?

부도덕한 대본의 문제에 관해 말할 수 있는 사실은 하이데거는 그 문제를 실제로 해결하지 못했다는 것이다. 이것은 진실이다. 본래적 삶은 단순히 나에게 즐거운 무엇이어서는 안 되고 오히려 나의 공동체의 근본 가치와 일치하는 무엇이어야 하는 것으로 드러난다. 그러나 이것은 그러한 근본 가치가 스스로 부도덕하지 않다는 것인데 또는 다른 도덕 공동체의 근본 가치의 시각에서 볼 때 적어도 부도덕하지 않다고 판단될 수 있다는 것인데 이렇다고 말해 주는 것은 무엇인가? 부도덕한 대본의 문제를 실제로 해결하기 위해 우리에게 필요한 것은 일련의 보편적 가치, 즉 자신이 속한 특정 문화에 관계없이 모든 사람에게 유효한 일련의 가치이다.

이러한 논평은 다른 문제로 이어진다. 니체의 경우 삶의 의미는 **개인**

적이라고 말할 수 있다. 즉 삶의 의미는 나에 대한 삶의 의미이다. 내가 선택한 나의 서사라는 것이다. 당신에 대한 삶의 의미는 당신의 것이다. 이 둘 사이에 어떠한 고리도 연결도 없다. 어쩌면 그 둘은 실로 상호 근본 갈등 속에 있을지도 모른다. (우리는 시칠리아에서 같이 자랐지만 나는 마피아를 떨게 만드는 판사가 되는 반면 당신은 마피아 두목이 되는 것을 선택한다.)

하이데거의 경우 사정이 다르다. 삶의 의미는 **공동적**이 되었다. 다르게 말하면 현실의 실제가 유산에 미치지 못하는 특별한 방식이나 일련의 방식들이 있다. 공동체의 모든 구성원들에게 주어지는 본래적 삶은 유산과 현실의 실제 사이의 간격을 해소하는 데 충실한 삶이다. 물론 그 간격을 해소하는 나만의 특별한 방식이 있다. 반면 그 공동체의 다른 구성원들은 그들 자신의 것을 가지고 있다. 우리가 말하듯이, 공동체의 모든 본래적 구성원은 자기 자신의 삶의 하위 의미를 가지고 있다. 그러나 이것들은 모두 (축구팀원들처럼) 공동 목표의 실현에 의해 서로 연결되어 있다. 하이데거는 이를 '사람'의 '운명'이라고 부른다 (B&T: 384-5). 이러한 하이데거와 함께 하는 한 삶의 의미는 **공동체**에 대한 삶의 의미라고 말할 수 있다. 그러나 이것은 그 삶의 의미, 즉 공동체 독립적인 삶의 의미를 확립하기에는 미흡하다. 하이데거는 니체에 못지않게 그 삶의 의미, 즉 보편적 삶의 의미를 발견하는 것을 포기한다.

물론 이러한 의미는 전혀 없을지도 모른다. 그러나 일련의 **보편적** 근본 가치가 있고 우리가 이것을 발견할 수 있다고 가정해 보자. 그러면 우리는 **모든** 본래적 인간 존재가 각자 자신의 방식으로 기여할 수 있는 보편적 과제를 발견했을 것이다. 이 경우 우리는 **바로 그** 인간적 과제, **바로 그** 삶의 의미를 발견하는 플라톤적 과제를 완수했을 것이다.

이러한 논평은 윤곽만 그린 것이고 아마도 따르기 힘들 것이다. 그러나 이것은 후기 하이데거를 논의하기 위한 사전 발언으로 의도된 것이다. 나는 17장에서 이에 관해 보다 분명하게 밝힐 것이다.

12장

─◦►─

사르트르 I

1905년 파리 중산층 가정에서 태어난 장 폴 사르트르는 거의 전 생애를 자신이 태어난 도시에서 보냈다. 그는 파리의 5층 아파트 건물이 아닌 어떤 곳도 편안하지 않았으며 특히 시골을 싫어한다고 말했다. 못생기고 눈이 퉁방울 같고 줄담배를 피워댔던 (겉모습과, 자연을 싫어하는 면이 약간은 소크라테스 같은) 그는 그럼에도 불구하고 여자들에게 인기가 매우 많았다. 소설가로서 성공하면서 대학 교수를 포기할 수 있었고 대부분의 시간을 카페에서 보냈다. 카페는 그의 수많은 주요한 통찰을 낳은 곳이었다. 1929년 그는 시몬 드 보부아르를 만났다. 그녀는 사르트르의 여생 동안 성적으로 개방된 동반자 관계를 유지했다. 1950년대 초반에 사르트르는 마르크스를 진지하게 다시 읽는 데 힘을 썼고 좌파 입장에서 많은 정치 운동에 참여한 자유로운 마르크스주의자의 한 사람이 되었다. 1964년 그는 노벨 문학상 수상자로 지명되었지만 제도권에 속하는 것을 바라지 않는다는 이유로 수상을 거부했다. 즉 그는 자신이 평생 동안 싫어한 부르주아지의 일원이 되는 것을 바라지 않았다. 1980년 그는 사망했다.

　이 장에서 나의 관심은 전적으로 1943년 나치 점령하의 파리에서 출판된 사르트르의 철학적 고전《존재와 무》, 이 한 저서에만 있다. 마르크스는 우리가 이미 논의한 인물이고 이러한 이유로 독창성이 덜한 후기 사르트르의 사상은 무시할 작정이다. 내가 생각하기에 후기 사르트르의 사상은 덜 흥미롭다. 나의 초점은 전적으로 그의 '실존주의'와 《존재와 무》에서 포괄적으로 언급된 실존주의에 대한 진술에 있다.

대자존재와 즉자존재

《존재와 무》는 하이데거의 《존재와 시간》을 본뜬 거대하고 정교한 철학적 건축물이다. 사르트르는 하이데거의 그 책에 대해 무비판적이지는 않았지만 커다란 존경심을 가지고 있었다. 《존재와 무》는 《존재와 시간》처럼 인간의 '존재론'을 기술하는 연구로서 제시된다(BN: 625). 그것은 인간이 한 사람으로서 반드시 정주하는inhabit 구조를 규정하는 시도, 사람이라는 것이 무엇인지 정의하는 구조를 규정하는 시도이다. 그런데 하이데거가 그랬듯, 사르트르에게는 '사람'을 지칭하는 자신만의 특별한 용어가 있다. 하이데거는 '현존재'라고 말하고 사르트르는 '대자존재'라고 말한다.

　대자존재는 즉자존재와 대조를 이룬다. (이 용어는 헤겔로부터 오는데, 헤겔은 쇼펜하우어, 니체, 후설과 더불어 사르트르의 사상에 주요한 영향을 끼쳤다. 모든 프랑스 사상가의 배후에서는 항상 불친절하게 언급되는 어떤 독일인을 발견할 수 있다.) 그 둘 사이의 대조가 무엇을 의도하는지를 적당하게 말한다면 이렇다. 즉 한편으로 사람이 있고 다른 한편으로 '사물'이 있다. 여기서 '사물'은 매우 넓은(어쩌면 비난받을지도 모르는) 의미로 쓰인 말인데 여기에는 바위, 잉크통, 로봇뿐만 아니라 나무, 벌레, 거미까지도 포함된다.

그러나 고양이, 개, 원숭이, 침팬지, 돌고래, 고래는 어떤가? 이것들은 대자존재인가, 즉자존재인가?

사르트르가 이러한 용어를 선택한 근거는 자기의식과 관계가 있다. 대자존재는 의식 속에서 자기 앞에 나타난다. 즉 자기에 '대한' 존재로서 존재한다. 반면 즉자존재는 그렇지 않다. 그러면 자기의식이란 무엇을 말하는 것인가?

사르트르가 사용하는 유용한 구별이 있다. 명시적('반성적', '정립적') 자기의식과 잠재적('비반성적', '비정립적') 자기의식 사이의 구별이다. 첫 번째 의식은 내가 나 자신을 의식의 직접적 표적으로 삼을 때 일어난다. 예를 들어 내가 나의 사고, 감정, 습관, 품성, 행동을 감시할 때이다('나는 편집증이 있는가?', '나는 쉬이 화를 내는가', '나는 "당신"이라는 존댓말을 사용해야 할 때 "너"라는 반말을 사용하는가?'). 사르트르가 드는 두 번째 종류의 자기의식의 사례는 셈과 관계가 있다(실제로는 궐련의 수를 헤아리지만(BN: liii) 이 책은 금연 책이므로 사례를 바꾸었다). 어떤 교사가 견학 후에 사라진 학생이 없는지를 확인하기 위해 버스로 돌아오는 아이들 수를 불안한 마음으로 헤아린다. 그녀의 주의는 전적으로 아이들에게 맞춰져 있다. 하지만 당신이 그녀를 가로막고 뭐하고 있느냐고 물으면 그녀는 당연히 곧바로 '아이들 수를 헤아리고 있어요'라고 답할 것이다. 이 헤아림은 아이들을 명시적으로 의식하는 것뿐만 아니라 그녀 자신과 그녀 자신의 행동을 잠재적으로 의식하고 있다는 것을 보여준다.

사르트르는 모든 의식이 자기의식적이라고 주장한다(BN: lii). 모든 의식이 명시적으로 자기의식적이지 않은 것은 분명하지만 모든 의식은 항상 적어도 잠재적으로 자기의식적이다. 나는 이 점에서 그가 옳다고 생각한다(비록 그가 실제로 제공하는 빈약한 이유(BN: lii)에 설득되어 그런 것은 아니지만 말이다). 그 이유는 쇼펜하우어가 오래전에 제시했다.

나는 사물이 세계 어느 곳에 있는지를 어떻게 아는가? 예를 들어 산은 어디에 있는가? 글쎄, 강 뒤에 있다고 해 보자. 그러나 강은 어디에 있는가? 강은 숲의 동쪽에서 흐르고 있다. 그러나 숲은 어디에 있는가? 내가 이 물음에 답을 할 수 없다면 그 외 다른 것이 어디에 있는지는 모르게 된다. 그 답은 숲은 **이 장소**의 좌측 방향으로 50미터 되는 지점에 있다는 것이다. 바꾸어 말하면 **내**가 있는 곳에서부터이다. 그렇다면 우리가 알게 되는 것은 연쇄적인 지시 관계가 궁극적으로 우리 자신에게로 거슬러 올라갈 수 없을 경우, 우리는 사물의 공간적 위치를 지정할 수 없다는 점이다. 궁극적으로 모든 공간적 위치는 일종의 공간적 중심, 공간적 고정 지시점으로서 나 자신과 관련되어 있다. 그리고 시간에 대해서도 마찬가지이다. 노르만족은 언제 영국을 침공했는가? 1066년이다. 그러나 그때는 언제였는가? 2014년으로부터 948년 전이다. 그러나 2014년은 언제인가? 2014년 **현재**이다. 바꾸어 말하면 내가 지금 있는 시간이다. 궁극적으로 내가 그 연도를 시간적 중심, 시간적 고정 지시점으로서 나와 관련시킬 수 없다면 그 어느 것의 시간적 위치도 지정할 수 없다.

이로부터 개, 고양이, 돌고래 등등은 명시적 자기의식을 거의 확실하게 가지고 있지 않지만, 예컨대 자신들의 음식 그릇이 어디에 놓여 있는지, 자신들이 먹는 뼈가 어디에 묻혀 있는지를 알기 위해 잠재적 자기의식을 가지고 있어야 한다는 결론이 나온다. 이것은 자신의 행동을 이끌기 위해 자신의 환경에 대한 의식적 표상을 사용할 수 있는 어떠한 존재에게도 마찬가지이다.

그렇다면 사르트르는 많은 고등동물을 대자존재로서 인식해야 하는 것처럼 보인다. 그러나 그는 그렇게 해서는 안 된다. 그의 위대한 선임자(숨겨진 영웅)였던 데카르트만큼 엄격하게 그는 인간 존재와 여타 존재를 구분하기 위해 대자와 즉자의 이분법을 사용한다. 데카르트는 동물은 모두 기계이고 인간만이 의식을 가지고 있다고 생각한 사람이었다.

사르트르가 그렇게 하는 이유는, 이 이분법이 형식적으로는 자기의식 그 자체에 의존하는 것으로 되어 있지만 실질적으로는 사르트르가 유일하게 인간에게 귀속시키는 다른 속성, 즉 자유에 의존한다는 것 때문이다. '즉자'존재는 고정 불변하는 본성, 다시 말해 사르트르가 말하는 이른바 '본질'을 가지고 있다. 반면에 '대자'존재는 자신의 본질이 무엇이 될지를 결정하는 힘, 그렇게 선택하는 대로 본질을 변화시킬 수 있는 힘을 가지고 있다.

내가 생각하기에 이 힘은 자신의 '본질', 자신의 동일성을 반성하고 아마도 바꿀 수 있는 힘인데, 사르트르는 이 힘을 **명시적** '반성적' 자기의식을 전제하는 것으로 받아들이는 것 같다. 그렇다면 내가 보기에 대자와 즉자를 구별하는 것이 문제 될 때 손을 들어주는 것은 바로 이 능력인 것 같다.

그러나 우리는 조금 앞서 가고 있다. 지금부터《존재와 무》의 웅장한 계획, 근본 목표로 돌아가 보자.

사르트르 I

이 저서가 발견하고자 하는 것은 인간 실존, 즉 대자의 '존재론적' 구조라고 우리는 말했다. 그러나 불행하게도 자신이 하고 있는 일이 무엇인지를 제대로 깨닫지 못한 채, 내가 보기에, 그가 실제로 제공하는 것은 그 구조에 대한 양립 불가한 **두** 가지 다른 설명인 것 같다. 그래서 그 결과는 《존재와 무》가 실제로 제공하는 것이 하나의 표지 안에 들어 있는 두 권의 책, 말하자면 하나의 건축물 정면 뒤에 있는 두 개의 건물이라고 주장할 것이다. 굉장한 문학적 기예와 '우연성', '부조리', '고뇌', '즉자대자존재'와 같은 주요 용어들의 가소성에 힘입어 사르트르는 그 두 건물의 결합을 매끄럽게 처리할 수 있다. 이 용어들은 그 두 가지 설명에서 중요한 역할을 수행한다. 그리하여 그 자신에게 조차 그 두 건물은 하나로 보인다. 그러나 사실은 그렇지 않다. 그리하여 그것들을 분리하는 것은 《존재와 무》를 헷갈리지 않고 이해하는 일에 필수적이다. 그 두 가지 설명 중 첫 번째는 《존재와 무》의 1부와 4부에서 지배적인 경향을 보여주는 설명이다. 이러한 설명을 하는 저자를 사르트르 I 이라고 부를 것이다. 두 번째는 2부와 3부에서 지배적인 경향을 보여주는 설명이다. 이러한 설명을 하는 저자를 사르트르 II 라고 부를 것이다.

사실성과 자유

사르트르 I 에 따르면 (별도의 언급이 있을 때까지 그냥 '사르트르'라고만 표기한다) 인간 존재에 대한 최초의 불가피한 사실, 즉 대자존재를 구성하는 '존재론적' 구조의 최초의 요소는 우리의 사실성이다(BN: pt II, ch. 1, §2). 인간 존재로 사는 삶의 어느 순간에서든 나는 주어진 '상황'에 **이미** 처해 있다. 이 상황은 내가 만든 것에 속하는 것이 아니다. 내가 거주하는 역사적 시기, 나의 모국어, 나의 국적, 나의 사회 계급, 나의 성, 나의 생물학적 능력과 무능력(나는 100미터를 30초 안에는 달릴 수 있지만 10초 안에는 달릴 수 없다)은 내가 가지는 욕망이나 선택과는 완전히 무관한 나의 사실들이다. 나의 다른 사실들은, 이를테면 나는 민주당원이고 프로 축구 선수가 되려고 훈련을 받고 있다는 사실들은 그와는 다른 사실들로 보일지도 모른다.

그러나 나의 사실성의 이러한 모습들조차도 내가 만든 것은 아니라고 사르트르는 말하고 싶어 한다. 이것들이 나 자신의 어떤 **지나간 육화**에 의해서 실행된 결정이나 헌신에 의존한다는 것은 확실하다. 그러나 우리가 '나'라는 단어를 **여기 지금 이렇게 현존하는 존재**를 지칭하기 위해 사용한다면(사르트르는 우리가 '나'라는 단어에 대해 이런 식으로 생각하기를 바란다), 나의 사실성의 이러한 모습들은 내가 만든 것은 아니다. 그렇다면 나의 사실성은 나의 과거에 의존하는 나의 사실들의 총체성이고 그 과거는 나의 과거 자아의 선택에서 성립하든 또는 나의 통제를 전적으로 벗어난 요인에서 성립하든 간에 관계가 없다. 나의 사실성은 과거의 유물이고 내가 특수한 과거를 가진 데서 오는 결과로서 지니고 다니는 '짐'이다.

* * *

사르트르가 '심리학적 결정론'(BN: 31)이라고 부르는 논지는 내가 지금 행동을 선택하는 방식은 전적으로 불가피하게 (아마도 내가 지금 처해 있는 특별한 상황과 함께) 나의 사실성의 결과라고 주장한다. 나의 됨됨이, 나의 '본질'은 나의 과거의 피할 수 없고 변할 수 없는 작용이다. '본질은 과거에 있었던 것이다'(BN: 35 곳곳). 사르트르는 심리학적 결정론을 요약할 때 이 헤겔의 인용문을 주기적으로 사용한다.

정확하게 심리학적 결정론은 무엇인가? 이 논지는 개개의 **모든** 선택은 사실성에 의해 결정된다고 주장하기 때문에 내가 언젠가 했던 **최초의** 선택에도 이것이 적용되어야 한다는 점에 유의해야 한다. 그렇다면 우리가 나의 현재적 사실성을 의지적(선택적), 비의지적 요소로 나눈다면 심리학적 결정론이 주장하는 것은 나의 모든 선택과 행동은 완전히 나의 사실성의 **비의지적** 부분에 의해 미리 정해져 있다는 것이다.

심리학적 결정론은 나의 어떤 종류의 됨됨이, 따라서 나의 모든 미래 선택과 행동은 완전히 나에 관한 물리적 문화적 총체성에 의해서 결정된다는 논지이다. 누군가가 예를 들어 신이 나의 생물학직 문화직 성황에 관해 알아야 할 모든 것을 안다면, 그는 나의 모든 미래 행동을 완전히 확실하게 예측할 수 있을 것이다.

사르트르는 심리학적 결정론을 절대적으로 거부한다. 무엇보다도 그는 우리 모두가 때때로 그것을 지칭하는 바와 같이 '자유의 느낌'을 가지고 있다는 사실을 지적한다. 종종 이것은 불쾌한 느낌이다. 도박꾼은 어제 자신의 파괴적 습관을 단념하기로 굳게 결심했지만 오늘 일어나자마자 그 모든 습관은 여전하다는 것을 안다. 즉 그는 불행하게도 여전히 자유롭게 도박판으로 돌아갈 수 있다. 그가 그렇게 하기로 선택한다면 말이다. 도박꾼(이 사람을 도스토옙스키라고 하자)이 어제의 도스토옙스키에 대해 아는 그 어떤 것도 오늘의 도스토옙스키의 자유를 결정할 수 없고 없앨 수 없다(BN: 32). 사르트르가 제공하는 또 다른 섬뜩한 사례가 있다. 산에서 등산로를 따라 하이킹을 하고 있는데 갑자기 나는 심리적 현기증을 느낀다. 나는 나의 대단히 행복한 생활과 미래에 대한 가슴 뛰는 야망과 희망에도 불구하고 지금 이 순간 벼랑 아래로 스스로 몸을 던질 **수도 있다**고 확실하게 느낀다(BN: 31). 우리는 과거에 일어난 그 어떤 것도 지금 우리가 하는 행동을 속박할 수 없다고 느낀다.

사르트르가 심리학적 결정론을 거부하는 보다 심층적인 이유는 '의심하기'라는 현상과 관계가 있다(BN: 33-4). 사르트르가 여기서 말하는 내용은 데카르트의 영향을 크게 받은 것으로, 즉 의심에 대한 데카르트의 논의에 영향을 많이 받았다.

데카르트는 세계에 대한 나의 진리 인식은 신과는 달리 심각하게 제한되어 있긴 하지만 한 가지 측면에서 여전히 나는 신을 닮았다는 점을 시사한다. 즉 의심의 여지가 있는 명제에 동의하는 것을 보류하는 나의 능력은 절대적으로 제한이 없다는 점이다. 나는 나의 정신 밖에 있는 물리적 자연 세계에 대한 경험을 가지고 있다. 그러나 나는 꿈속에서 경험하고 있는지도 모른다. (이 생각은 우리가 앞 장에서 언급한 적이 있다.) 결정적 증거가 부재한 가운데 정신 밖에 세계가 있다는 것을 **강제로** 믿게 할 수 있는 그 어떤 것도 없다. 마찬가지로 2+2=4의 절대적 확실성을 믿을 수 없도록 만드는 그 어떤 것도 없다.

자신의 프랑스인다운 지적 선배에 충실하게 사르트르는 자아를 정확하게 이와 동일한 방식으로 생각한다. 나, 즉 이 현재적 존재라는 것은 오직 자유, 즉 찬성하거나 반대할 수 있는 힘일 따름이다. 따라서 특히 나라는 것은 나의 사실성과 과거 자아에 대해 찬성하거나 반대하는 힘이며, 이 자아를 **나의** (현재적 미래적) 자아로 선택하거나 다른 어떤 것을 위해 그것을 거부하는 힘이다. 결정적으로 말해서 나는 반대의 힘이다. '나는 과거에 있었던 방식으로 나였던 것을 부정하는 영원한 가능성이다'라고 사르트르는 말한다(BN: 439).

그러므로 나는 항상 나의 본질 밖에, '너머에' 있기 때문에 '초월'(사르트르에게 이 단어는 '자유'와 동의어이다)이라고 사르트르는 말한다(BN: 42). 그러나 다른 한편, 이 초월적 '나'는 사물이 아니기 때문에, 즉 그것은 그 자신의 내재적 본성을 갖고 있지 않기 때문에 사물이 아닌 것, 즉 '무'라고 사르트르는 말한다(BN: 34). 사르트르가 사용하는 전문용어를 빌려 극적이고 역설적인 언어로 표현하면 대자는 자신의 사실성을 초월하는 무이다.

《국가론》의 말미에서 플라톤은 이른바 그의 '에르 신화'를 제시한다. 이 신화는 사람의 미래 삶이 자유로운 선택에 의해 결정되는 환생을 설명한다. 삶을 끝내면 영혼은 (사람들이 양복을 고르듯이) 다양한 미래의 삶을 살펴보고 자신이 가장 좋아하는 삶을 선택한다. 그러나 플라톤은 《파이드로스》에서 카르마의 원리(30쪽), 즉 사람의 미래 삶의 수준은 일반적으로 생전에 보여준 덕의 정도에 의해 결정된다고 선언하기 때문에 아마도 선택 범위는 카르마에 의해서 제한될 것이다. 이 그림을 유념하는 것이 중요하다. 왜냐하면 그것은 대자의 자유와 그 사실성 사이의 관계를 논구하는 사르트르의 설명에 아주 잘 부합하는 이미지를 생생하게 제공하기 때문이다. 사르트르는 플라톤처럼 우리의 됨됨이, 우리의 동일성이나 '본질'은 자유로운 선택 행위의 결과라고 믿는다. 그리고 사르트르는 플라톤처럼 그 선택은 제한되어 있다고 주장한다. 비록 그 제한은 카르마가 아니라 사실성에 의해서이지만 말이다. 나는 (현재) 팔을 세 개 가지는 일을 선택할 수 없다(BN: 481). 내가 13세기에 산다면 비행하는 일을 선택할 수 없다(BN: 522). 내가 일본인이 아니라면 할복하는 일을 선택할 수 없다. 물론 나는 자살하는 일은 선택할 수 있다.

*   *   *

이렇게 해서 우리는 자유의 느낌을 가지고 있기 때문에 자유롭다. 그러나 보다 심층적인 수준에서 보면 우리가 자유로운 것은 자아의 본성이 '자아를 의심하는' 존재이기 때문이다. 즉 지금까지 지녔던 동일성을 의심할 줄 알고, 원해야 한다면 그 동일성을 거부할 줄 아는 절대적 힘을 가진 존재이기 때문이다.

여기서 반론이 제기될지도 모른다. 즉 느낌은 증명이 아니라는 것이다. 우리가 뜻대로 우리의 동일성을 자유롭게 바꿀 수 있고, 그에 대해 자유롭게 찬성하거나 반대할 수 있다고 **느낀다**고 해서 이것이 우리가 **정말로** 자유롭다는 것을 의미하는 것은 아니다. 어쩌면 자유롭다는 우리의 느낌은 그 기저에 있는 원인이 무엇인지를 모르는 무지를 반영하여 보여주는 것일 수도 있다. 한 거물 사업가는 100층짜리 높은 건물을 짓기로 하는 결정을 자유롭게 선택한다고 느낄지도 모르지만 정신

분석가가 보기에는 사실상 그가 발기 부전 불안의 나쁜 사례를 보여주는 희생양이라는 점을 극명하게 드러내는 일일 뿐이다. 또는 물리학자가 보면 그는 수백만 년 전에 일어난 원자적 사건에 의해서 완전하게 결정되는 원자의 소용돌이 운동에 불과한 것으로 드러나게 될지도 모른다. 그러나 내가 생각하기에 이러한 반론은 사르트르의 기획의 본성을 오해하는 것이다.

《존재와 무》의 부제는 '현상학적 존재론 논고'라고 불린다. '현상학'은 기술의 학문이고 세계를 우리의 직접적, 자연적, 일상적 인간 경험에 나타나는 대로 기술하는 학문이다. 우리는 그러한 세계를 '명백한 세계'라고 부를 수 있다. 그러므로 사르트르가 자임하는 과제는 이 명백한 세계를 기술하는 것(그리고 그 세계의 '존재론적' 구조적 특징을 드러내는 방식으로 그렇게 하는 것)에 국한되기 때문에, 내가 생각하기로, 그는 세계에 대한 과학적 설명이 인간 존재를 결정된 존재로, 따라서 전적으로 자유롭지 않은 존재로 표현하는지의 여부는 그의 관심사와는 무관하다고 말할 것이다. 그는 자신의 과제가 결정론적 과학에 반대하여 인간이 자유롭다고 입증하는 것이 아니라 단지 자유는 명백한 세계의 구조적이고 핵심적이며 불가피한 특성이라는 것을 보여줄 뿐이라고 말할 것이다. 이것은 인간이 '과학적 세계'에서 어떻게 나타나는지와는 관계가 없다. (그는 또한 과학은 실재에 관한 다른 이야기일 뿐이고 실제적 목적에 유용하지만 결코 진리에 대한 유일한 권리를 주장할 수는 없다고 제언할 수도 있다. 그러나 이것은 현상학자로서의 그의 과제에 비해 주변적인 문제로 남아 있다.)

* * *

그렇기에 현상학적 존재론의 시각에서 말하면 사르트르의 주장은 나는 어떤 순간에라도 지금까지 나였던 것을 '부정하는' 것, 나의 동일성을 급진적으로 바꾸는 것이 가능하다는 것이다. 확실히 나는 나의 부모님이 그러했듯, 보험회사 직원으로 35년의 근무를 마지막으로 생을 마감할지도 모른다. 확실히 나의 삶은 칸트의 삶처럼 다른 사람들에게 예측 가능한 삶으로 보일지도 모른다. 칸트의 삶은 오후 산책 시간이 정해져 있어 쾨니히스베르크 시민들에게 시각을 알려 준다는 점에서 예측 가능한 삶이었다. 그러나 나는 그렇게 선택해야만 한다면, 바로 지금 이 순간, 오늘에 이르기까지의 내 삶과 나를 연결하는 모든 다리를 불태워 버릴 수도 있다. 말하자면 존 워커 린드가 더 이상 중산층의 삶을 견딜 수 없는 것처럼 캘리포니아 가톨릭교도인 나는 나의 과거 삶에서 사라질 수 있고 아프가니스탄 탈레반을 위해 싸우는 이슬람교도로 재탄생할 수 있다. 즉 나는 매순간마다 다른 종류의 사람이 되는 것을 선택하는 힘, 나 스스로 새로운 본질을 선택하는 힘을 가지고 있다. 이 힘은 나에게서 떨어질 수 없는 힘이다. 더욱이 곰곰히 생각해 보면 나는 이 힘을 가지고 있는 것을 안다. 이런 까닭에 미국 중산층으로서의 나의 삶을 포기하지 않는 것, 다시 말해 새롭고 겁나는 것을 택하지 않고 억압적이지만 여전히 익숙한 것을 택하는 것도 역시 하나의 선택이다. 내가 할 수 없는 유일한 선택은 선택하지 않는다는 선택이다. 선택은 불가피하다. 자유는 우리가 '저주 받은'(BN: 439) 그 무엇이라고 사르트르는 말한다. (이 불길한 단어 선택의 이유는 머지않아 드러날 것이다.)

가치는 선택된다

나는 우리 각자의 '본질'이나 동일성(각자성)의 선택에 대해 말했지만 사르트르는 자주 '가치'의 견지에서 말한다. 그러나 이것들은 동일한 것에 대해 말하는 두 가지 방식이다. 그 이유는 다음과 같다.

사르트르는 나 자신이 누구인지는 '세계에서 나 자신의 선택으로 존립하는 나 자신의 원래적 기투'라고 말한다(BN: 39). 그는 이것을 다른 곳에서 '근본 기투'라고 부른다(BN: 565, 479-80). 각자의 근본 기투는 이보다 덜 중요한 각자의 모든 기투에 통일성과 의미를 부여하는 기투이다. 이것은 각자가 가장 근본적으로 욕망하고 겨냥하는, 바꾸어 말하면 **가치 있게** 여기는 일련의 것들에서 성립한다. 예를 들어 나의 인생을 한 줄로 꿰는 실이 사랑의 추구라면 그것이 내가 누구인지를 정의한다. 그것이 권력이나 지위의 추구라면 그때의 나는 다른 사람이다. (모든 사람은 각자 근본 기투를 **가진다**는 가정은 그들의 삶의 저변에 깔린 모종의 일관성이 있다는 것을 뜻한다는 점에 유의하자. 다른 한편, 니체나 하이데거의 경우 그러한 일관성을 획득한다는 것은 하나의 적극적인 **성취**이다.)

가치의 견지에서 말할 때 사르트르의 자유에 관한 논지는 다음과 같다. 내가 뉴질랜드의 자그마한 농촌 마을 공동체에서 자라났다고 가정해 보자. 상대적으로 젊지만 재능이 있어서 아버지가 코치로 있는 지방팀을 위해 일급 '축구'(럭비 경기)에 임하려고 한다. 해리엇과 나는 함께 자랐고 그녀가 나의 약혼반지를 낀 지는 이제 몇 해째 된다. 우리 가족들은 대대로 친구로 지냈다. 나는 나의 근본 기투로서 신을 경외하고 럭비 경기를 하는 다정한 남편이자 아버지가 될 것으로 촉망받고 있다.* 아마 나는 그렇게 할지도 모른다. 만일 내가 그렇게 하지 않는다면 그 대가는 지옥일 것이다. 이 중 어느 것도 내가 그 팀을 위해 경기에 **나설** 것이나 해리엇과 **결혼할** 것을 결정해주지 않는다. 나의 공동체의 근본 가치, 내가 지금까지 가졌던 근본 가치를 다시 수긍할 때만 이런 일들은 일어날 것이다. 그리고 나는 그것을 원하지 않을지도 모른

---

* 이 이야기는 다음 소설에 대한 기억에 기초하고 있다. Maurice Gee, *Going West*.

다. 아마도 작은 동네의 럭비 경기의 가치는 나에게 배제되고 바보 취급을 당한 것처럼 여겨질 것이다. 아마도 '정체성 위기'가 시작되어 나는 그 동네를 떠날 것이다.

*　*　*

모든 가치는 내가 그렇게 선택하기만 하면 나의 현재적 가치가 되는가? 선택의 대상이 아닌 가치, 더욱이 가질 것인지 말 것인지를 선택하는 데 나의 힘이 요구되지 않는 가치는 정녕 **없는가?** 예를 들어 음식, 온기, 쉴 곳에 대한 신체적 기본 욕구는 어떠한가? 이것들은 불가피하게 내 것인 가치가 아닌가?

사르트르에 따르면 그렇지 않다. 가치는 항상 목표와 관련되고, 목표는 오직 선택될 때만 존재할 수 있다. 19세기 산업 노동자들(예를 들어 디킨스나 졸라의 소설에서 형상화된 인물들)은 음식과 주거지가 충분하지 못한 절망의 고통을 겪었다. 그러나 많은 이들은 이것이 **사물이 존재하는 방식 그대로**라는 것을 알았고 그래서 음식과 쉴 곳이 보다 충분한 수준에 이르기를 바라는 아무런 열망도 가지지 않았다. 일반적으로 말해서 '어떠한 사실적 상태도 의식이 그것을 부족으로 이해하도록 결정할 수 없다'(BN: 435-6)고 사르트르는 주장한다. 바꾸어 말하면 어떠한 사실도 그 부족 상태를 제거하는 것을 가치 있는 일이라고 여기도록 결정할 수 없다. 이러한 주장을 지지하는 데 사르트르가 사용할 수도 있었던 다른 예가 있는데 금욕과 자살이다. 참회하는 종교인에게 음식이나 쉴 곳은 소중히 여기는 가치가 아니다. 자살을 작정하고 있는 사람들도 마찬가지이다. 그렇다면 나는 음식과 쉴 곳을 소중한 가치로 여기므로, 다른 형태의 삶을 선호하는 입장에서 금욕 생활이나 자살 기도자의 삶을 **거부하기**로 선택한다.

나의 감정은 어떠한가? 확실히 감정은, 맨 먼저, 가치를 세계 속으로 가져오는 조건이다. (내가 해리엇과 사랑하는 중이라면 그녀 가까이 있거나 그녀의 눈을 바라보는 것을 가치가 높은 것으로 놓을 것이다 등등.) 그러나 둘째로, 감정은 사람이 선택하거나 선택할 수 있는 것들이 아니라 사람에게 **일어나는** 일들이다. 이를테면, 나는 사랑에 **빠지게** 된다. 나는 다른 사람의 곤경에 분노나 공감을 **일으키게 된다**. 나는 사랑에 빠지는 것을 선택하지 않는다. 나는 분노하거나 인간적이 되는 것을 선택하지 않는다. 이것이 감정에 해당하는 전통적 낱말이 '정념passion'인 이유이다. 감정은 사람들이 사물에 능동적이기보다는 '수동적passive'인 것에 해당한다. 즉 행위자적이기보다는 수용자적이다.

사르트르는 이것을 간단히 부정한다. 예를 들어 사랑에 빠지는 것은 하나의 선택**이다**. 실로 그것은 사랑받는 사람과는 아무 특별한 관계도 없는 우리의 다양한 목표들을 추구하는 책략 중 하나이다. 그런데 우리는 확실히 사랑이 우리에 의해서 선택된다기보다는 우리에게 일어나는 일인 것처럼 **말들을 한다**. 그러나 그것은 사랑의 참된 본성을 우리 자신에게 감추는 방식일 뿐이다. 사랑에 대한 이러한 설명을 지지하는 논증은 다음 13장에서 사르트르 II를 논의할 때까지 기다려야 할 것이다.

* * *

그렇다면 결정론자들은 틀렸다. 나의 사실성, 나의 과거는 내가 누구인지를 결정하지 않는다. 나의 자유로운 선택만이 그렇게 한다. 나의 과거는 내가 그러지 않는 한 결코 나를 생포하지 못한다. 나는 항상 그 범위를 '넘어서' 있다. 그러나 나의 동일성이 나의 과거에서 오지 않는다면 그것은 어디서 오는가? 나 자신의 자유로운 선택에서 온다. 동일성, '본질'을 나의 것으로 만드는 것은 나 자신의 선택이다. 이것이 실존주의를 요약적으로 말해 주던 그 유명한 구호의 요점이다. '실존은 본질에 선행하고 본질을 명령한다'(BN: 438). 실존은 본질에 앞선다. 나는 오직 자유로운 선택의 힘으로서만 존재할 뿐 그밖의 다른 내재적 본성은 하나도 없다. 항상 수정 가능한 그 힘의 행사 **이후에만**, 그리고

그 힘에 의존해서만 본질은 **나의** 본질이 된다.[*]

변명은 있을 수 없다

자유의 범위에 대해 한 가지를 추가하자면, 우리 자신, 즉 우리의 동일
성을 선택할 때 우리는 또한 우리의 '세계'를 선택한다고 사르트르는
말한다. 왜냐하면 우리의 세계는 다만 '나 자신에 관한 나의 자유로운
선택의 이미지'(BN: 554)이기 때문이다. 우리는 우리의 세계의 '저자'
이기 때문에 '어떠한 변명도'(BN: 36) 없다는 귀결이 나온다. '나는 변
명이 있을 수 없는 존재이다. 나는 존재로 솟구치는 순간부터 세계의
무게를 덜어 줄 수 있는 그 어떤 것도 또는 그 어떤 사람도 없이 그 무
게를 나 혼자서 들고 있다'(BN: 555).

　사르트르가 나의 세계를 자유롭게 선택된 자아의 '이미지'라고 칭할
때 무엇을 의미하고자 하는가? 그리고 '어떠한 변명도' 없다는 것은 어
째서 나의 세계가 그러한 이미지라는 사실로부터 따라 나오는가?

- 　사르트르는 '실존은 본질에 앞선다'는 주장을 하이데거에게서 가져왔다고 기록한다
(BN: 438). 이것은 분명히 하이데거의 확고한 주장이다(B&T: 42). 하이데거는 '실
존'을 사람에게만 있는 유일한 것이라는 전문적 의미에서 사용했다고 설명한다. '실
존'한다 함은 본래적인지 비본래적인지가 당신에게 피할 수 없는 '문제'라는 현안에
관한 것이다. 그것은 당신이 할지 말지의 결정을 피할 수 없는 선택이다(B&T: 12).
그러나 **이것이** 선택의 문제라고 할지라도 나의 본래성을 구성하는 것이 무엇인지 하
는 문제, 사르트르의 의미에서 나의 '본질'을 구성하는 것이 무엇인지 하는 문제는
우리가 앞 장에서 본 대로 나의 사실성, 구체적으로 말해 '유산'에 의해 결정되고 선
택과는 아무런 관계가 없다. '실존주의가 나의 본질은 항상 나의 자유로운 선택의 산
물이라는 입장이라면 하이데거는 실존주의자는 아니다. 그리고 사르트르는 하이데
거를 따른다고 주장함으로써 두 사람 사이의 근본 대립을 은폐한다.

사르트르의 논점은 내가 처해 있는 세계나 '상황'은 그저 중립적 객관적 사실들로만 이루어지지 않는다는 것이다. 오히려 그것은 내가 견지하는 가치의 측면에서 그러한 사실들을 해석함으로써 창조된다. 나는 나의 가치를 선택하기 때문에(선택하지 않을 수 없다), 당연히 내가 마음대로 할 수 있는 사실들로부터 나의 세계를 창조한다. 세계의 어느 것도 나의 행동에 대해 '변명'을 제공하고 책임을 면제하는 일은 없다. 왜냐하면 세계는 바로 나 자신의 창조물이기 때문이다.

사르트르는 이를 예해하기 위해 (자신이 처해 있었던 나치 점령하의 프랑스 상황에 적절하게도) 전쟁을(BN: 554-5) 언급한다. (아래의 논의에서 사르트르의 설명이 조금은 혼란스러워서 사례를 조정했다.) 나의 조국(프랑스)은 전쟁 중에 있고 생존을 위해 싸우는 중이다. 나에게는 내 나라를 지키기 위해 참전하는 것 이외에 다른 도덕적 대안이 없는 것 같다. 그러나 실제로 대안은 항상 있다. 예를 들어 나의 근본적인 선택 행위로 평화주의의 가치를 택한다고 가정해 보자. 그러면 그 전쟁은 나에게 야만적 침략에 대응하는 정의롭고 영웅적인 저항의 모습이 아니라 반인륜적 범죄의 모습으로 나타날 것이다. 그에 대한 비난은 (아마도 똑같지는 않겠지만) 그 두 야만적인 적대국가들을 향할 것이다. 이제 '나의 조국은 전쟁 중에 있다'는 사실은 그 싸움에 참여하는 나의 책임, 사르트르의 표현을 빌리면 그 전쟁을 '나의 전쟁'으로 만드는 책임에 대한 변명을 결코 제공할 수 없다는 귀결이 나온다. 왜냐하면 '나의 조국은 전쟁 중에 있다'는 사실이 내 나라를 위해 싸우는 이유인지 아닌지는 전적으로 나에게 달려 있고 내가 근본 가치를 선택하는 것에 달려 있기 때문이다.

절대적 책임에 대한 이러한 확고함은 매력적인 교설로 보인다. 심지어 《존재와 무》가 출판된 지 겨우 3년 뒤에 시작될 뉘른베르크 재판에 철학적 토대를 제공하는 것으로 보인다. 그러나 '나는 나의 세계를 창조한다'는 사르트르의 교리가 실제로 얼마나 부담이 큰 요구인지 알아보기 위해 다른 사례를 검토해 보자. 내가 야밤에 노상에서 습격을 받아 강간을 당했다고 가정해 보자. 명백한 피해가 발생했고 누가 보아도 두려운 일이었다. 그리고 이러한 까닭에 사르트르와는 반대로 가치는 세계 안에 있는 것처럼 보인다. 이 경우에 이 가치는 부정적 가치이고 전적으로 나의 선택으로부터 독립해 있다. 내가 창작하지 않은 것이 분명한 불행한 사건이 일어났고 현재의 내 심한 우울증에 대한 완전한 '변명'이 가능한 것처럼 보인다.

그러나 사르트르는 이것을 부인한다. 모든 경우와 마찬가지로 이 경우에도 '나는 … 나 자신을 결정함으로써 사물 속에 들어 있는 역경 계수를 결정한다'(BN: 554). 물론 삶의 형태를 규정하기 위한 나의 궁극적 기투는 '희생양 되기'(BN: 471-5)와 같은 마조히스트의 것일지도 모른다. 그리 되면 사건을 해석할 때마다 그것을 삶이 여전히 나에게 떠넘기는 또 다른 불행이라고 파악할 것이다. 그리고 이와 동일한 선상에서 그 강간은 나의 희생양 의식을 확증하는 또 다른 사건으로 해석될 것이다. 그러나 다른 한편 내가 선택한 삶의 기투는 '나를 죽이지 않는 것은 나를 더욱 강하게 한다'는 니체의 말을 깨닫는 사람, 아무리 무서운 것으로 보일지라도 모든 삶의 사건을 생산적인 경험으로 바꾸는 사람의 것일지도 모른다. 우리는 이러한 사람을 '건립자'라고 부를 수 있을 것이다. 이것이 나의 근본 선택이라면 아마도 그 강간은 전혀 불행이 아니라 오히려 강간에 반대하는 여성들WAR, Women Against Rape을 조직하기로 결정한 중대한 순간이고 이후 나는 나의 삶의 의미가 된 그 운동에 전념하며 헌신할 것이다.

사르트르의 경우 결정적 논점은 강간 사례에서도 나는 결정적 선택을 피할 수 없다는 것이다. 사르트르는 강간조차도 부정적 가치를 소유하는 것으로, 불행한 사건인 것으로 평가되어서는 **안 된다**고 말하기에 이른다. 강간이 그렇게 평가된다고 하면 내가 그것이 그렇다고 **선택한** 것이다. 그러므로 어떤 경우에도 나는 나 자신의 불행의 작자이고 그 결과에 오로지 혼자 책임을 진다. 세계는 나의 책임이기 때문에 나의 책임은 세계로 변명되지 않는다.

사르트르의 자유와 책임 교리는 (니체의 자기 창조와 자기 존중에 크게 빚지고 있는 것이 분명하다) 적어도 표면적으로는 극히 매력적인 것처럼 보인다. 그의 입장이 표명하는 '어떠한 변명도 없다'는 주장에는 확실히 억센 면이 있다. 그러나 그것은 또한 힘을 북돋우는 면도 있다. 그리고 긍정적 활력을 불어넣어 주는 것처럼 보이는 것은 그가 우리에게 제공하는 자기 창조의 절대적 자유이다. 저 모든 '부르주아지' 가치들은 부모와 양육을 통해 우리를 밀치고 들어온다. 사르트르는 저 모든 부르주아지 가치들은 타인들이 우리에게 떠넘긴 '짐' 그 이상은 아니라는 것을 보여주는 듯하다. 자유로운 삶, 신명나는 삶, 본래성의 삶을 살기 위해 우리가 해야 하는 일은 그것들을 빼버리는 것뿐이다. 사르트르는 **반란**의 철학자이자 궁극적 검증자인 것 같다.

자유의 고뇌

그러나 놀라운 사실은, 사르트르에 따르면, 우리는 자신이 누구인지를 창조하기 위한 외견상 반가운 기회를 환영하기보다는 오히려 그 기회를 **피하기** 위해 최선을 다한다는 점이다. 바로 여기가 사르트르 실존주의의 근본적인 어둠이 시작하는 곳으로 보인다. 게다가 다음과 같은 결론을 피하는 것은 더욱 어렵다. 즉 그가 정말로 하려는 말은 우리가 그러는 것이 **정상이라는** 것이다. 사르트르에 따르면 우리는 사실성의 '초월'을 **부인**하기 위해, 우리의 자유를 부인하기 위해, 우리는 그런 것을 소유하고 있지 않다는 것을 확신하기 위해 최선을 다하는 셈이다. 우리는 자신에게 '본질'은 실제로 '과거에 있다'는 것, 우리가 누구인지는 우리의 과거에 의해 절대적으로 고정되어 있다는 것, 이것이 그 문제의 결말이라는 것을 스스로에게 말하는 셈이다. 바꾸어 말하면 우리는 '심리학적 결정론'이 맞다고 스스로에게 말하는 셈이다. 이제 두 가지 문제가 나타난다. 첫째, 우리는 **왜** 이렇게 하는가? 둘째, 우리는 **어떻게** 사르트르의 관점에서 볼 때는 거짓인 것을 스스로 확신하는가? 먼저 '왜'의 문제이다.

* * *

이 자유는 처음에 그렇게 보였던 바와 같이 반가운 속성은 아니다. 그것은 이미 사르트르가 주시하고 언급한 바와 같이 자유는 우리가 '저주 받은'(BN: 439) 무엇이라는 발언이 지시하는 내용이다. 자유는 그 신학적 함축으로 미루어 판단하건대 지옥, 즉 고뇌의 상태이다. 자신의 자유를 의식하는 것은 사르트르가 '불안' 또는 '고뇌'(BN: 29)라고 부르는 상태를 환영하기보다는 그런 상태로 존재한다는 것이다. 이것은 왜 그러해야 하는가? 왜 자유는 축복이 아니라 오히려 저주인가?

사르트르는 도박을 단념하기로 결심한 도박꾼(275쪽)은 고뇌한다고 말한다. 왜냐하면 그는 어제의 결정이 '효과 없는'(BN: 32) 것일지 모른다는 것을 깨닫기 때문이다. 산길을 따라 하이킹하고 있는 등산객은 흥미로운 미래 계획과 희망에 가득 차 있음에도 고뇌 중이다. 왜냐하면 그는 벼랑 아래로 뛰어내리기로 결정**할 수 있다**는 것을 깨닫기 때문이다(BN: 31). 이러한 사례들은 자유 의식, 즉 그것을 결코 피해갈 수 없다는 의식, 근본 선택을 완전히 끝난 일로서의 과거로 몰아넣을 수 없다는 의식이 곧 고뇌라고 주장한다. 그러나 그것들은 그것이 왜 그러해야 하는지를 설명해 주지 않는다.

이 문제에 답을 주는 신호는 '일상 도덕은 … 고뇌를 배제한다'(BN:

38)는 발언에 의해 제공된다. 고뇌는 **가치**에 초점을 맞춘다. 우리가 '일상적' 인간으로 도덕적으로 멍하고 잠에 취한 상태로 생활한다면 그 점을 거의 의식하지 못할 것이다. 그러나 우리가 명시적으로 우리가 우리 자신의 가치의 원천이라는 것을 알게 된다면 그 점을 의식하게 된다. 그러나 **그것**이 왜 우리에게 고뇌를 야기하는가?

사르트르는 나의 자유, 나의 자유로운 선택은 '가치의 유일한 토대'이기 때문에 다음과 같은 귀결이 나온다고 답변한다.

> 아무것도 내가 이런저런 특수한 가치나 이런저런 가치 척도를 택하는 것을 정당화해 주지 못한다. 가치가 존재하는 것은 나의 존재에 의해서이고 이런 존재로서 나는 정당화가 불가능하다. 나의 자유는 그 자체가 토대 없는 자유이지만 동시에 가치의 토대이기에 고뇌한다(BN: 38).

이것은 무엇을 의미하는가?

* * *

사르트르는 나의 삶이 정상적이라면 그것은 '참여'의 삶이라고 말한다. 나는 일련의 근본 가치, 나 자신인 근본 '기투'에 의해 조형되고 채색되며 창조되는 세계에 충만하고 분주하게 참여한다. 정상적 삶을 사는 한, 나는 이러한 기투 **내에서** 움직인다. 그 결과는 삶은 의미 있다는 것이다. 아니면 적어도 그것은 의미 있는 것으로 보인다는 것이다. 알람 시계, 교통 신호, 세금 신고서조차도 '긴급' 주의를 요구하는 의미 있는 것들로서 나타난다. 왜냐하면 그것들은 나의 근본 기투 내에서 나타나기 때문이다. 그러나 때로는 참여는 중단되고 나는 세계로부터 '떨어져 나온다'(BN: 39). 이제 반성적 의식으로 나는 나의 동일성을 규정하는 근본 기투와 마주치고 **외부**로부터 나의 삶에 긴박성과 의미를 부여한다. 나는 내(선택 능력을 제외하고는 한 오라기도 걸치지 않은 민낯의 자아)가 나의 (추정적 또는 지금까지의) '본질'을 '넘어서' 있다는 것을 깨닫는다.

그러나 그래서 도대체 어떻다는 것인가? 정확하게 무엇이 자신의 넘어서 있음, 자신의 '초월'에 관해, 또한 지금까지의 동일성에 대해 '예' 또는 '아니요'라고 말해야 하는 불가피한 필연성에 관해 그토록 대단한 충격을 준다는 말인가? 플라톤의 에르 신화로 돌아가 보자. 이 신화는 정말로 떨어져 나오는 이탈의 순간을 비유적으로 묘사한 것이다. 내가 나의 현세의 삶을 살펴보고 내가 보는 것을 좋아한다면 (니체를 따라) 이렇게 말한다. '예, 좋아요. 그와 똑같은 것이 더 많았으면 좋겠어요.' 바꾸어 말하면 나는 나의 원래 선택을 다시 선택할 뿐이며 다시 수긍할 뿐이다. 다른 한편 내가 보는 것을 좋아하지 않는다면 그때는 이렇게 말한다. '아니요, 됐습니다.' 그리고 새로운 다른 종류의 삶을 선택한다. 이렇게 된다면 고뇌는 어디에 있는가 하고 사람들은 묻고 싶을 것이다.

사르트르의 대답은 나 자신과 나의 자유로운 선택이 나의 삶의 토대라는 사실을 내가 떨어져 나와 관망자적 자세로 마주한다는 것이다. 그러나 나는 또한 이 토대를 '그 자체로는 토대 없는 토대'라는 사실로 마주한다. 나는 내가 나의 가치, 기투, 본질의 '토대 없는 토대'라는 사실, 나 자신을 '무로부터' 창조한다는 사실을 마주한다(BN: 33). 어떤 의미에서 나는 '무의 불안'을 인지한다(BN: 29).

나의 가치 선택은 근거가 없기 때문에 나는 그것이 '모든 이유를 넘어서' 있고 '무상적'(BN: 479)이라는 것을 깨닫는다고 사르트르는 말한다. 이것을 깨닫자 나는 '선택의 부조리와 거기에 따라 나오는 나의 존재의 **부조리**'를 깨닫는다(BN: 480).

부조리

여기서 '부조리'는 무엇을 의미하는가? 사르트르는 나의 삶을 따로 떨어져 나온 외적 관점에서 마주하게 되면 '정당화가 불가능한 느낌'이 주어진다고 말한다(BN: 480). 다시 말해서 내가 어떤 선택을 했거나 할 수 있었던 간에 그 선택이 다른 대안적 선택보다 더 정당화되지 않는다는 것(또는 정당하지 않다는 것)을 깨닫는다. 스페인 내전을 고려해 보자. 파시스트 우파에 대항해서 공산주의 좌파 편에서 싸우기로 하고 이것이 삶을 결정하는 근본적인 선택 행위라고 가정해 보자. 이때 사르트르가 옳다면 나의 선택은 파시스트가 똑같이 삶을 결정해서 내린 선택보다 더 낫다고, 즉 더 좋다고 말할 아무런 근거가 없다. 그렇다면 이것은 내가 내리는 어떤 선택은 **중요하고** 어떤 선택은 중요하지 **않다**고 말해주는 것은 아무것도 없다는 의미가 된다. 말하자면 나의 선택은 고작해야 우측통행하지 않고 좌측통행하는 습관을 들이기로 하는 선택만큼만 중요한 일이 될 뿐이다. 이렇듯 공산주의자로서 나의 삶은 대단한 일이 못 되며 전적으로 중요하지도 않고 하찮은 일이다. 이것이 '부조리'가 무엇을 의미하는지를 말해 주는 것 같다. 누군가가 항상 인도의 좌측으로 걷거나 깨진 곳을 결코 디디지 않는 일에 전념하는 것이 부조리하듯이 그와 동일한 방식으로 우리의 삶은 부조리하다. 우리의 삶이 부조리한 이유는 우리가 그 자체로는 아무런 중요성도 없는 목표를 지독히도 심각하게 추구하기 때문이다. 관망자의 입장에서 볼 때 삶은 희비극이다.

그러나 곧바로 사람들은 이러한 인식이 왜 고뇌의 이유여야 하는지를 계속해서 물을지도 모른다. 내가 생각하기에는, 당신의 삶을 결정하는 목표가 중요하지 않다는 것은 당신이 그것을 심각하게 취할 수 없고 진정하게 **헌신**할 수 없다는 것을 의미하기 때문이다.* (나는 다음 장 마지막 부분에 가서 이 문제를 다시 취급할 것이다.) 그리고 당신이 목표에 헌신하지 않는다면 당신은 정녕 그 목표를 **가지는** 것이 아니다. 그 결과는 삶이 무의미한 것으로 드러난다는 것이다. 이것이 사람들의 부조리 인식이 고뇌를 유발하는 이유이다. 나는 사르트르의 주장을 이렇게 받아들인다. 즉 그러한 인식은 인간 존재의 의미에 대한 근본적인 필요를 좌절시킨다. 쇼펜하우어의 말로 표현하면 그것은 '의지에의 의지'를 좌절시킨다(112쪽).

나쁜 믿음

사정이 이러하다면 우리가 우리 자신에 대해 가지는 관망자적 인식, 우리의 자유 존재와 본성에 대한 인식을 억누르고자 애를 쓰는 것은 놀라운 일이 아니다. 우리는 우리 자신으로부터 그것을 '가리려고' 시도한다(BN: 43). 우리는 사르트르가 '나쁜 믿음'[mauvaise foi]이라고 부르는 것에 빠짐으로써 이렇게 한다. (여기서 우리는 **어떻게** 우리의 자유를 부인하는가에 대해 앞서 제기한 문제에 당도한다.) 우리는 본질을 부

• 사르트르는 《존재와 무》와 동일한 시기에 소설 《자유의 길》을 썼는데 그 4분의 1을 진정한 헌신이 없는 행동의 문제에 대해 탐구한다. 셰익스피어의 《햄릿》에서 주인 공은 '양심은 [사물에 대해 심각하게 생각하면서] 우리 모두를 겁쟁이로 만들고' 행동할 수 없게 만든다고 발언한다. 그가 행동할 수 있는 유일한 길은 충동적으로, 다시 말해서 이성의 회동 없이 순간의 충동으로 행동하는 것뿐이다. 결국 그는 결투의 열기 속에서만 클라우디우스를 죽일 수 있다. 이것은 사르트르의 등장인물에게도 마찬가지이다. 이들이 행동할 수 있는, 이를테면 결혼, 공산당 가입, 군인의 영웅적 죽음, 손등에 칼을 찌르는 행동을 할 수 유일한 길은 **근거 없는** 행동을 수행하는 것뿐이다. 그들은 이유 없이 충동적으로 행동한다. 왜냐하면 그들은 이유의 추구가 행동 마비를 가져오는 부조리로 끝난다는 것을 내밀하게 알고 있기 때문이다.

조리하게 선택한다는 것을 인정하는 대신에 우리가 우리의 본질인 척한다. 어떤 종류의 사람인지는 사실성에서 정해지는 척하고 이에 대해할 수 있는 일은 아무것도 없는 척한다.

이 장을 시작할 때 언급한 것처럼 사르트르의 중요한 존재론적 구분은 대자와 즉자의 분리이다. 대자존재는 항상 그 본질을 '넘어서' 있고 그와 분리되며 그에 '앞서'지만 즉자존재는 자신이 그 본질**이다**. 우리가 본 바와 같이 즉자존재는 넓은 의미에서 **사물**, 바로 그것이다. 그리고 사물에 관한 것, 다시 말해서 사물을 사물로서 **정의하는** 것은 사물은 자유가 없다는 것이고 자신이 그저 그 본질이라는 것**이다**. 수선화라는 것, 벌레라는 것, 호랑이라는 것은 본성이 이미 주어진 상태이고 당신의 삶은 그 속에서 그저 펼쳐질 뿐인 그러한 본성에 구속되어 탄생한다는 것이다. 수선화 같은, 벌레 같은, 호랑이 같은 종류의 삶을 살지 말지 선택하는 문제 같은 것은 전혀 없다. ('채식주의자가 된 호랑이'라는 제목의 어린이 책은 인간 소비에 관한 우화이거나 부적절한 표제이다. 그것은 비본질적인 말장난이다.)

자신의 자유를 부인하는 시도는 한 존재론적 범주에서 다른 존재론적 범주로 건너가려는 시도이고 자신이 대자존재이기보다는 즉자존재라는 것을 확신하려는 시도라는 결론이 따라 나온다. 사르트르는 우리가 나쁜 믿음에서 한낱 사물의 '불침투성과 밀도'를 추구한다고 말한다(BN: 566). (사르트르의 소설 《이성의 시대》에서 그의 영웅 다니엘은 '떡갈나무가 떡갈나무이듯 자신이 남색꾼이기를 바란다.') 우리는 바위가 그 본성을 선택하지 않듯 자신의 본성을 선택하지 않는 존재이기를 확신하고자 한다. 우리는 바위의 반응이 그 본성의 결과이듯 환경에 대한 우리의 반응이 가차 없이 우리의 본성의 결과라고 확신하고자 한다. 이러한 연유에서 사르트르가 예로 드는 파리 카페 종업원 이야기는 유명하다. 그 종업원이 보여주는 몸짓은 항상 완벽했는데, 약간은

너무 완벽해 보여서 그 과장됨이 몸짓에 로봇 같은 특징을 부여할 정도였다. 바로 이것이 그 종업원이 자신이 무엇인지를 확신하고자 추구하는 것이다(BN: 59-60). 즉 그는 로봇임을 추구한다.

자기기만

사르트르는 나쁜 믿음은 항상 **자기기만적**이라고 설명한다. (그가 사용하는 이런 단어들은 사실상 동의어들이다.) 나쁜 믿음으로 나는 나의 '초월'에서 도피한다.* 그러나 무엇을 회피하려면 나는 그것을 끊임없이 마음속에 두고 있어야 한다. '나는 그것을 생각하지 않도록 하려면 그것을 끊임없이 생각해야 한다'(BN: 43). 그렇다면 나는 실제로 나의 삶이 자유이고 이런 까닭에 부조리하다는 것을 항상 알고 있다. 나쁜 믿음은 자기 자신에게 거짓말을 하고 있는 것과 다를 바 없다.

　사르트르가 인지하는 바와 같이, 이 때문에 나쁜 믿음, 즉 자기 자신에게 성공적으로 거짓말하는 것은 실제로 가능한가의 문제가 발생한

---

* 　여기에 관계되는 종류의 나쁜 믿음을 예로 들어 보겠다. 파리 종업원과 마찬가지로 사르트르가 제시하는 나쁜 믿음의 또 다른 사례로 뚜렷이 남아 있는 것은 정부 이야기이다. 이 정부는 어떤 육체적 성관계가 머지않아 있을 것이라 점을 전혀 또는 아직까지는 인정하지 않은 채 자기를 흠모하는 남자가 자기에게 주의를 기울여 보여주는 추켜올리는 말만을 즐기고 싶어 한다(BN: 55-6). 여기서 사르트르는 나쁜 믿음은 자유의 부인에서가 아니라 육체적 사실성의 부인에서 성립한다고 지적한다. 즉 그 여자는 스스로에게 자신이 순수하게 정신적 존재이고 그 남자가 자신의 손을 잡는 것, 즉 육체적인 것은 자신과는 아무런 관계가 없는 척한다. 대단히 통찰력 있고 흥미롭지만 내가 보기에 이러한 사례는 사르트르의 논증의 기조와는 아무런 관계가 없다. 그리고 사실상 '나쁜 믿음'이 그저 '자기기만'을 의미한다면서, 사르트르는 우리가 다음 장에서 보게 될 여러 가지 형태의 나쁜 믿음을 논의했지만, 이러한 나쁜 믿음들은 자유의 '고뇌'를 피하는 것과는 아무런 상관도 없다.

다. 타인에게 거짓말을 문제 없이 할 수 있게 만들어주는 것은 거짓말 하는 사람과 속는 사람을 구별하는 것이다. 그러나 이들이 동일인이라 면 사람들은 그 시도가 성공할 수 없다고 생각할지도 모른다. 이것은 혼자 체스를 둘 때 자신을 함정에 빠뜨리는 데 성공할 수 없는 것과 같 은 이치이다. 그것이 P가 아니라는 것을 너무나 잘 알고 있을 때 어떻 게 그것이 P라고 확신할 수 있겠는가?

자기기만의 가능성을 설명하는 가장 명백한 방법은 자기에게 거짓 말하는 것은 타인에게 거짓말하는 것과 **같다**고 생각하는 것이다. 말하 자면 자아의 통일성 안에 포함된 다수의 주체들에게 말하는 것과 같다 는 것이다. 이러한 전략은 쇼펜하우어 그리고 심지어는 플라톤까지 거 슬러 올라가지만, 특별히 프로이트에 관련되거니와 이는 사르트르에 의한 것이다(BN: 50-4). 사르트르가 자신의 관심을 끄는 그 이론의 일 부를 제시하는 바대로 프로이트는 의식적 자아 또는 '자아', 무의식적 자아 또는 '이드'를 요청하고 그 둘 사이의 관문을 지키는 '검열자'를 요청한다. 불쾌한 인식에 직면하여, 예를 들어 삶은 자유이고 부조리 하다는 인식에 이르면 검열자는 그것을 '억압하기'로 결정하고 의식으 로부터 덜어내며 의식적 자아로부터 가리어지도록 무의식의 지하층에 억류하기로 결정한다.

그러나 사르트르는 이러한 자기기만 설명을 **거부한다**. 그의 초점은 검열자를 향한다. 억압을 하려면 분명히 검열자는 억압되어야 할 진 리를 의식해야 한다. 그는 정확히 **'그것을 의식하지 않기 위해서'** 그것을 의식해야 한다(BN: 53). 그렇다면 검열자는 문제의 그 진리를 알면서 도 동시에 모르는 셈이고 그러므로 그것은 그 자체로 나쁜 믿음이다. 나쁜 믿음의 문제는 해결되지 않았고 다만 자리만 바꾸었다는 결론이 따라 나온다(BN: 53).

이것은 빈약한 비판이다. 검열자는 왜 불쾌한 앎의 일부에 대해 무의식적이어야 하는가? 빌이 메리가 해리를 속이고 있다는 것을 알지만 해리를 위해서 그에게 말하지 않기로 결정한다면 알면서도 모른다는 역설은 빌의 입장에는 전혀 해당되지 않는다. 그는 그냥 알고 있다. 그 뿐이다.

사르트르는 분명한 대안을 아무것도 내놓지 않고 또 그런 대안을 제공하는 것이 현재 자신이 전념하고 있는 일이라는 것을 망각하고 있다. 그런 상태에서 프로이트의 전략에 대한 사르트르의 비판이 무용하다는 것은 실제로 다행스러운 일이다. 나쁜 믿음이 그의 인간 존재에 대한 설명에서 중심적 역할을 하는데 그것이 실제로 가능하다는 것을 스스로 증명할 수 없다면, 그는 현실적으로 적어도 프로이트 전략의 대체적인 틀이라도 채택할 필요가 있다. 말하자면 그는 억압이라는 일반적 개념을 받아들일 필요가 있다. 이 개념은 두 가지 의식 사이에 구분이 있다는 개념이다. 즉 한편에 투명하고 명시적인 의식이 있고, 다른 한편에 흐릿하고 불투명한 의식이 있다. 그리고 이 개념은 전자의 의식이 우리가 앎을 명시적으로 인식하면 불쾌한 경험이 될 것임을 알고 이 앎을 후자의 의식 영역으로 이관한다는 개념과 함께한다. 〔사르트르는 이미 명시적 자기의식과 잠재적 자기의식을 구분했기 때문에 (270쪽) 이렇게 해도 그의 체계에 과도한 충격이 되는 것은 아닐 것이다.〕

* * *

요약해 보자. 사르트르 I 은 다음과 같이 단언한다. 우리에 관한 근본적인 '존재론적' 사실은 토대 없는 자유이다. 그러나 이것을 인식하게 되면 우리는 고뇌한다. 즉 우리 삶의 부조리, 달리 말하면 무의미성을 인정하는 고뇌이다. 그래서 우리의 근본적인 충동은 우리의 자유를 부인하는 것, 우리의 자유 인식을 회피하는 것이다. 종업원 이야기에서처럼 우리의 근본적인 충동은 우리가 한낱 자유롭지 않은 '사물'인 척하는 것, 고정 불변하는 동일성을 가진 존재인 척하는 것, 즉 그런 척하는 나쁜 믿음에 빠지는 것이다. 그렇다면 사르트르Ⅰ이 우리의 삶을 설명하는 방식에서 중심이 되는 것은 고뇌와 부조리이다. 우리의 삶은 부조리를 인식하는 고뇌를 피하는 시도에 의해 지배된다. 다음 장에서 내가 논의하는 것은 부조리와 고뇌는 사르트르Ⅱ가 우리의 존재를 설명할 때도 역시 중심적 역할을 하지만 여기에 관련된 부조리와 고뇌는 사실상 철저하게 다른 종류의 고뇌와 부조리라는 점이다.

13장

┤ • ├

사르트르 II

고뇌와 부조리는 《존재와 무》의 핵심에 놓여 있다. 이 개념들은 그 시기에 사르트르가 쓴 소설 중의 하나인 《구토》의 핵심에도 놓여 있다. 《구토》는 인간 조건에 대한 사르트르의 평가를 상당히 명확하게 보여준다. 이전 장에서 우리는 우리의 조건을 분명하게 인식하게 되면서 구토가 생길 수밖에 없는 이유를 설명했고 그 한 가지를 살펴보았다.

그러나 그러면서도 나는, 사르트르 자신은 제대로 깨닫지 못했지만, 그 한 가지 설명과 이번 두 번째 설명은 사실상 양립 불가능한 설명이라고 주장했다. 그는 인간 조건이 '구토를 유발하는' 특성에 관해 양립 불가능한 설명을 제공한다. 이러한 두 번째 설명을 하는 사르트르를 나는 '사르트르 II'라고 명명했다. 이제 이에 대한 설명으로 들어가 보자.

무용한 정열

사르트르 I 처럼 사르트르 II 는 인간적 현실성으로부터 출발한다. (별도의 언급이 있을 때까지 사르트르 II 를 '사르트르'라고만 표기한다.) 우리는 사실적 상황에 처해 있다. 말하자면 특정한 역사적 시기, 특정한 생활사가 있는 특정한 계층에 속하는 등등의 상황에 있다. 이러한 사실성은 우리의 선택에 속하는 것이 아니다. 우리는 유아기를 거쳐 적절한 자기의식을 지닌 사람으로 성장해 갈 때 **이미** 우리의 사실성에 처해 있다. 〔우리가 본 대로 하이데거는 이를 '피투되어 있음'(B&T: 135)이라고 부른다. 그 목적은 우리가 우리 자신을 선택하는 것이 아니라 오히려 우리 자신이 삶의 사실적 운명**에 피투되어** 있다는 점을 강조하기 위해서이다. 이는 마치 태어나자마자 기숙사 학교에 보내지는, 박정한 부모의 아이와 같다.〕 우리는 자신을 스스로 선택하지 않는 유형의 사람이라고 여길 뿐만 아니라 우리 자신을 그런 유형의 사람으로 지속시키는 책임을 지도록 되어 있다. 예를 들어 우리가 중산층 백인 농부의 고유한 방식으로 처신하지 않는다면 우리 자신이 처해 있는 중산층 백인 농장 사회(하이데거가 말하는 '세인')로부터 다소 명백한 여러 가지 처벌을 받도록 되어 있다.

이 모든 것에 대해 우리는 분하게 여긴다. 우리는 우리의 '우연성', 우리 자신이 아닌 어떤 것에 의지하는 우리의 의존성, 우리가 '우리 자신의 존재 원천'이 아님을 분하게 여긴다. 우리는 우리 자신에게 '정당화될 수 없는 사실'(BN: 80)로서 나타난다. (사르트르 I 에 의해 사용된 많은 **언어**들이 동일하게 다시 나타나고 있음에 주의하기 바란다. 그러나 그 의미는 곧 드러나겠지만 이제 많이 달라진다.) 이것은 우리의 삶의 근본 목표가 우리의 '우연성'을 극복하는 것이고 '우리 자신의 원천'이 되는 것임을 의미한다. 우리는 우리의 존재를 **선택하기**를 원하고 우리의 존

298

재, 본성, 혹은 본질이 참으로 **우리의** 존재라는 것을 정당한 주장으로
내세우기를 원한다.

사르트르는 모든 인간 존재의 근본 목표를 이렇게 설명하고 이 설명
을 다음과 같이 드라마틱하게 표현한다. 즉 우리의 목표는 신이 되는
것이다(BN: 80-3).

* * *

중세철학자의 신 존재 '증명' 방법 중 하나로 '제일 원인 논증'이라고
부르는 것이 있다. 우리가 아는 바와 같이 모든 사건은 원인을 가진다.
그러나 역사적으로 연속하는 원인과 결과 그 전체를 먼저 진행하게 한
것은 무엇인가? 신이다. 그러나 신의 원인은 무엇인가? 아무것도 아니
다. 만일 신이 원인을 가진다면 우리는 원인의 연속을 먼저 진행하게
한 것이 무엇인가 하는 질문에 대답할 수 없을 것이다. 그렇다면 신은
정의상 제일 원인이다. 그 의미는 자신이 자신의 원인이라는, 사르트르
가 사용하는 라틴어 문구로, **자기 원인**causa sui이라는 말이다. 사르트르
에 따르면 이것은 우리 모두가 되기 원하는 것이다. 우리는 세계에 존
재하려면 모종의 동일성을 가져야 한다. 세계에 있는 존재로서 우리는
특정한 종류의 존재일 수밖에 없고 특정한 본성이나 본질을 가질 수밖
에 없다. 그러나 우리는 이러한 본질에 '피투되는' 것은 원하지 않는다.
오히려 우리는 본질을 **선택했기**를 바란다. 우리는 신처럼 자기 원인적
존재이기를 원한다.

그러나 사르트르는 이것은 결코 우리일 수가 없다고 주장한다. '자
기 원인'이 되기, 우리 스스로가 자유롭게 선택한 동일성을 가지기라는
우리의 근본 목표는 우리가 결코 성취할 수 없는 목표이다.' 우리는 곧

• 사르트르는 이 목표를 기술하기 위해 '즉자대자존재 되기'(BN: 90, 362)라는 용어
를 사용한다. 그러나 이 말은 그가 이 말로 무슨 말을 하려는지를 이해하기 어렵게

그 이유들을 알게 될 것이다. 이런 까닭에 '인간적 현실성의 존재는 고통이다.' 인간 의식은 '본성상 자신의 불행한 상태를 초극할 수 없는 불행한 의식'(BN: 90)이다. 〔'불행한 의식'이라는 말은, 사르트르가 다른 의미를 부여한다고 해도, 당연히 헤겔에게서 빌려온 것(174쪽)이다.〕 우리는 성취할 수도 포기할 수도 없는 목표를 추구하는 '무용한 정열'에 붙잡혀 있는 셈이다.

* * *

이 목표를 성취하는 것이 불가능한 이유를 묻기 전에 사르트르 I 과 사르트르 II 사이의 커다란 차이에 대해 잠시 살펴보자. 사르트르 I 에 따르면 우리의 삶은 부조리하고 따라서 우리의 불가피한 자유 때문에 고뇌스럽다는 것을 기억하자. 이것은 우리가 우리 존재의 '토대 없는 토대'라는 점을 피할 수 없기 때문이다. 달리 말하면 우리는 우리가 누구인지를 선택하지 **않을 수 없기** 때문이다. 우리는 '정당화 되지 않는다'고 느낀다. 왜냐하면 이것을 선택하는 것보다 저것을 선택하는 것을 정당화시켜 주는 것은 아무것도 없기 때문이다. 그러나 사르트르 II 에 따르면 우리는 정확하게 **정반대의** 이유로 정당화되지 않는다고 느낀다. 즉 우리는 '우리 존재의 토대'가 될 **수 없기** 때문에 우리가 누구인지를 선택할 수 없다. '신 되기'라는 비유를 써서 말하면 사르트르 I 은 우

만드는 애매모호하고 가변적인 전문 용어 가운데 하나이다. 어떤 의미에서 그것은, 예를 들어, 고뇌를 일으키는 자유로운 선택을 과거로 날려 보내는 도박꾼이나 종업원의 욕망을 표현하기 위해 사용될 수 있다. 그래서 지금부터 자신의 본성은 참나무의 본성처럼 절대적으로 고정된다(BN: 165). 그러나 다른 한편 그것은 종종 자기원인 되기 프로젝트를 표현하기 위해 사용될 수도 있다. 이 경우에 그 말은 고정된 본성이 아니라 오히려 자유롭게 선택된 본성에 대한 욕망을 표현하기 위해 사용된다. 이렇게 이 말은 혼동을 주는 용어이기 때문에 나는 이 말을 사용하는 것을 피할 것이다.

리는 우리 자신을 '무로부터'(BN: 33) 창조할 수밖에 없기 때문에, 달리 말하면 '신', '자기 원인'일 수밖에 없기 때문에 고뇌스럽다는 입장이다. 반면에 사르트르Ⅱ는 우리는 신이 **결코 될 수 없기** 때문에 고뇌스럽다는 입장이다.

그렇다면 사르트르Ⅰ과 Ⅱ는 단순히 다르기만 한 것이 아니다. 즉 그들은 서로 모순된다. 바로 이것이 그 둘을 구별하지 못하면 끔찍이도 혼란스러워지는 이유이다. 두 사르트르 모두 인간 존재는 부조리하고 따라서 고뇌스럽다고 묘사하는 것은 확실하다. 하지만 '부조리'의 의미, 그리고 따라서 고뇌의 원천은 당신이 사르트르Ⅰ을 읽느냐 Ⅱ를 읽느냐에 따라 달라진다.

사르트르Ⅰ에 따르면 삶은 우리가 매우 심각하게 받아들이는 그 목표(그것이 무엇이든 간에)가 전혀 중요하지 않기 때문에 부조리하다. 여기서 '부조리'는 **무의미하다**는 말이다. 반면에 사르트르Ⅱ에 따르면 우리의 삶이 부조리한 것은 연금술이 부조리한 것과 마찬가지로 부조리하다. 말하자면 신발끈을 잡아당겨 우리 자신을 지상 위로 들어 올리려 하거나 체스게임에서 우리 자신을 속여 넘기려고 하는 것은 부조리하다. 여기서 '부조리'는 **무용하다**는 말이다. 보게 되겠지만 확실히 사르트르Ⅰ뿐만 아니라 사르트르Ⅱ 역시 인간 존재를 삶의 부조리로부터 벗어나기 위해 체계적인 나쁜 믿음에 참여하는 것으로 묘사한다. 그러나 그들이 벗어나기 위해 취하는 것이 무엇인지는 근본적으로 사람들이 어느 사르트르를 읽느냐에 따라서 달라진다.

* * *

사르트르(Ⅱ)를 따를 때 **왜** 우리는 우리 자신의 본성을 선택할 수 없고 우리가 원하는 사람이 될 수 없는가? 무엇이 문제인가? 먼저 사르트르에게 그 문제는 **실천적** 문제가 아니라는 점을 분명히 해 두자. 그의 논점은 우리의 사실성으로부터 우리 자신을 벗어나게 하는 데 필요한 힘, 우리 자신을 우리가 선택한 본성 안에 유지하는 데 필요한 자기 훈련이 우리의 범위를 넘는다는 점이 아니다. 정확하게 말하면 그 문제는 **논리적** 또는 **개념적** 문제이다. 그가 주장하는 것은 '선택'과 '본질'의 결합은 '사각형'과 '원형'의 결합, 즉 '양립 불가능한 성격'의 결합, '불가능한 종합'(BN: 90), 요컨대 모순어법이라는 것이다.

이것은 명확하지 않은 주장이다. ① 스스로 선택한 ② 동일성(원한다면 성품이라고 해도 좋다)을 가진다는 관념이 개념적으로 일관성이 없다는 것은 명확하지 않다. 사르트르 I 은 그 관념의 일관성을 수용하는 것처럼 보인다. 그리고 그것이 삶을 문학으로 보는 니체의 관념의 기초이다. 우리가 그의 관념을 살펴볼 때 그것은 개념적으로 일관성이 없어 보이지 않았다. 이것 역시 (잠시 논의의 궤도에서 벗어나기는 하지만)《순수이성비판》('순수이성의 이율배반' §9)에서 자유와 결정론의 화해의 기초였다.

칸트의 경우 자연의 현상계에서 사람이 수행하는 모든 행동은 사람의 성품과 사람이 사는 환경의 결합에 의해 전적으로 결정된다. 과학이 개개인의 본성에 대한 완전한 인식을 성취하는 것은 시간 문제일뿐더러, 이 인식은 심리학적 법칙과 함께 개인이 수행하는 모든 행동을 완전히 확실하게 예측할 수 있도록 만들어 줄 것이다. 그러나 사람의 성품이 무엇인지는 자신의 실재적 또는 '예지적' 자아*의 자유로운 선택(본질적으로 플라톤의 에르 신화에서 나오는 환생하기 전에 하는 선택)에 의해서 결정된다. 이러한 선택으로, 비록 결정된 것이었다고 해도 자신의 행동은 자유로운 행동이고 따라서 자신이 책임을 지는 행동이

---

* 여기서 예지적 자아는 자아 '자체'이다. 칸트의 경우 대상이나 사물은 사물의 '현상'과 '물자체'로 나뉘듯이(48쪽) 마찬가지로 자아는 '현상'으로서의 자아와 자아 '자체'로서의 자아로 나뉜다.

라는 주장을 정당하게 내세울 수 있게 된다. 이것은 기차를 타는 것과 같다. 기차의 시간표와 종착역은 사람들이 통제하지 못하는 힘에 의해 결정된다. 하지만 사람들이 어느 기차를 탈지는 자신의 자유로운 선택에 달려 있다. 이런 까닭에 사람들은 자신들이 도착하는 종착역에 스스로 책임을 진다. 사르트르는 자신의 논의가 칸트의 영역을 건드린다는 점을 알고 있다. 그는 칸트의 독특한 용어 체계를 사용해 자신이 논의하는 문제를 '예지적 성품을 가지는 선택'이라고 말한다(BN: 563).

그렇다면 사르트르의 주장은 완전히 예지적인 **것 같은** 어떤 것, 그러면서도 철학자들이 오랜 역사에 걸쳐서 토론해 온 명백히 예지적인 어떤 것이 사실상 예지적이지 않고 완전히 불가능하며 자기 모순적 관념이라고 주장하는 것과 다를 바 없다. 분명히 사르트르는 이러한 결론을 확립하기 위해 아주 만만치 않은 논증을 필요로 할 것이다. 이제 그것이 무엇인지를 알아보자.

불가능한 종합

이 논증의 본질은 다음과 같다. 모든 인간적 분투의 목표, 그 근본 목표는 우리가 본 대로 자기 원인, 자기 자신의 본성이나 동일성의 원인이고자 하는 것이다. (다시 말해서 '즉자대자존재'(BN: 362) 되기라는 것인데 나는 사르트르의 애매한 용어론 때문에 이 말을 쓰지 않을 것이다.) 그런데 사르트르는 나의 동일성은 나에 의해서가 아니라 **타인**에 의해서 확립된다(이것이 논증의 핵심 논점이다)고 주장한다. 실로 나의 동일성은 나의 '대타존재'**이다**. '나의 존재의 비밀을 쥐고 있는' 자는 타인이다(BN: 363). 예를 들면 나는 타인이, 즉 사람들이 일반적으로 나를 종업원이나 회계사로 취급하지 않는 한 그런 사람일 수 없다. 나는 타인들이 나를 그렇게 취급하지 않는 한 **나** 자신을 종업원이나 회계사로 받아들일 수 없다. 그렇다면 나의 본질은 내가 타인들에게 어떻게 보이는지의 문제다. 여기서 나의 본질을 나의 외부성이라고 말해도 좋다. '철수는 X이다'는 '타인들이 철수를 X로 취급한다'는 뜻이다. (물론 여기서 **어떤** 타인이 적절한지를 특정하는 문제는 다소 까다로운 측면이 있다. '철수는 스파이다'가 '사람들이 일반적으로 철수를 스파이로 취급한다'는 말이 아님은 명백하다. 잠시 후에 나는 이 문제로 돌아갈 것이다.)

그러나 지금으로서는, 나의 본성이나 본질을 결정하는 것이 타인의 '시선'(BN: 363)이라면 그것을 결정하는 것이 분명히 나는 아니다. 이어지는 귀결은 자유와 동일성을 결합한다는 목표는 성취하기가 불가능하다는 것이다(BN: 362). 나의 자유나 자율(여기에서 이 용어를 도입하겠다)의 정도만큼 그렇게 나는 자기 선택적이고 **자기** 결정적 존재임에 틀림없다. 그러나 본성이나 본질을 가지는 정도만큼 그렇게 나는 **타인** 결정적인 존재이다.

그렇게 되면 우리는 근본적으로 자기 모순적 목표에 헌신하게 된다. 이제 사르트르는 모든 인간관계를, 특별히 성적 관계를 이 자기 모순을 처리하는 시도로서 해석한다.

사랑을 예로 들어 보자. 자기 자신의 본성을 확립하는 것이 불가능하다는 것을 보여주는, 방금 언급한 논증에는 여러 가지 논점이 나오는데 그중의 하나는 이것이다. 즉 나의 즉자존재를 결정하는 것이 타인의 응시라는 주장으로부터 그렇게 결정하는 것이 나는 아니라는 결론으로 이행해 가는 추론이다. 확립하려는 자기 자신의 본성이 하나의 도전이 될 것임은 말할 나위가 없다. 사르트르에 따르면 '사랑'은 실제로 그러한 도전이다.

아마도 현명하고 위트가 있는 연상의 남자인 한 연인이 사랑하는 사람에게, 말하자면 젊고 감수성이 예민한 여자에게 자신을 너무나 유혹적이고 '매혹적'(BN: 372)이게 보이도록 만들어서 그녀의 '전부'(BN: 367)가 된다. (아마도 우리가 이러한 방식으로 세부적으로 묘사하면 그 연인은 바로 사르트르처럼 보이기 시작할 것이다. 그리고 사실상 그의 성적 관계를 전부 논하는 것은 거의 당혹스러울 정도로 개인을 들추어내는 일이 될 것이다.)* 그녀는 그토록 눈이 멀어서 그가 '[그녀의] 모든 가치의 토대'(BN: 369)가 된다. 결과적으로 그 연인은 … '[그의] 존재가 아주 사소한 부분조차도 소유되고 욕망된다고 느낀다'(BN: 371). 한마디로, 그는 그녀의 눈을 완전히 장악하고 있기 때문에, 자신의 동일성이 실로 사랑하는 사람의 눈에 어떻게 보이는지에 따라 좌우될지라도, 원형을 사각형으로 만들고 자신의 선택된 본성을 성취한다. 바로 그 본성이 그녀의 시선에 달려 있다고 해도 말이다.

또는 그는 그럴 것이라고 생각한다. 사실을 말하면, 사르트르가 세세하게 서술하는 모든 성적 전술이 그런 것처럼 '사랑'은 참패이다. 그 이유는 이렇다(BN: 377). 첫째, 그가 그녀의 사랑을 받으면 받을수록, 또 그녀가 그의 세계관과 그에게 전적으로 흡수되면 될수록, 그는 진정한 외부성을 빼앗기게 되기 때문이다. 예를 들어 내가 나의 지위를 뛰어난 작가로서 확립하기 위해 필요한 것은 당신이 '당신은 정말로 뛰어난 작가'라고 말하는 것뿐이다. 그러나 내가 듣는 것이 실제로 나 자신의 목소리로 녹음된 테이프에 지나지 않는다면 내가 찾는 다른 사람에 의해 확증되는 나의 선택된 본성은 얻을 수 없다. 요컨대 나는 사랑 프로젝트를 성공적으로 수행하면 할수록 실패하는 것이다. [이쯤에서 명백해져야 하는 것은 사르트르의 성 담론은 본질적으로 사르트르가 언급하는(BN: 370) 헤겔의 주인-노예 변증법(167-72쪽)의 재생이라는 점

---

* 말할 필요도 없이, 이러한 자전적 풍취로 인해 사르트르가 주장한 것이라고들 말하는 성차별주의를 드러내고 비판하는 논문들이 과다하게 쏟아지는 일이 발생했다.

이다)[*]

사르트르는 사랑의 술수가 지니는 결함을 두 가지 더 상론한다(BN: 377). 첫째, 사랑은 바람기와 같다. 그녀는 지금은 내가 보는 식으로 사물을 보지만 그녀가 계속 그런 식으로 볼 것이라는 보장이 없기 때문에 나의 조건은 '불안정'이 지속되는 상태이다. 둘째, 사랑하는 사람은 또 다른 많은 타자들 가운데 한 사람에 불과하기 때문에 내가 바라는 방식으로 그녀가 나를 본다는 것이 타인들이 일반적으로 나를 그렇게 볼 것이라는 보장은 아니다. 사랑의 술수가 성공하려면 '나와 사랑하는 사람 말고는 세상에 아무도 없어야 할 것이다.' (이 점은 사랑의 술수가 지니는 매우 **명백한** 결함인 것처럼 보일 것이다. 그러나 나는 사르트르가 옳다고 생각한다. 즉 그는 우리가 때때로 사랑하는 사람을 타자의 세계 전체로 바꾸어 놓는다는 점을 암시한다. 내 생각에, 사르트르가 우리에게 확실하게 깨달음을 주는 한 가지가 있다. 즉 우리가 성적 관계 그리고 여타의 인간관계에서 보통 얼마나 **어리석게** 행동하는가 하는 점이다. 사르트르뿐만 아니라 쇼펜하우어도 이 테제를 공유한다.)

* * *

사르트르는 나쁜 믿음이 지속되는 한 사랑은 지속된다고 말한다. 다시 말해서 나는 타자가 나의 존재를 '붙잡는' 것이 이 경우처럼 실제로 미묘한 힘으로 내가 그녀에게 강제한 것이라기보다는 진정으로 그녀가 그랬다고 나 자신을 속여 생각할 수 있는 한에서만 사랑을 지속할 수 있다는 것이다. 그러나 이것은 사랑의 '태도'가 내재적으로 불안정하

- 페이스북과 같은 사회관계망 웹사이트에서 나타나는 주의 깊게 가공된 자기 표출이 본질적으로 사르트르식 '사랑'인지를 궁금하게 생각하는 것은 그만한 가치가 있는 일이다. 만일 그렇다면 적어도 현재와 같은 형태의 페이스북은 궁극적으로 소멸될 것이라는 예측이 가능하다.

며, 자기 원인이 되기 위해 다른 종류의 대타 자세, 다른 종류의 술수로 항상 빠지기 쉽다는 것을 뜻한다.

환상에서 깨어난 연인이 취할지도 모르는 한 가지 태도는 사르트르가 '무관심'이라고 부르는 것이다. 이것을 그는 타인을 사람으로서가 아니라 한낱 기능적 대상(하이데거적 의미에서 도구적 사물, 245쪽)으로 보고 대하는 일종의 '맹목성'이라고 말한다(BN: 381). 모든 사람은 입장권 수거기, 종업원 따위의 한갓된 기능적 지위로 축소된다(BN: 380-1). 무관심 속에서 나는 '일종의 사실적 유아론'(BN: 380)에 빠지게 된다. 말하자면 나는 세계를 데카르트가 꾸는 악몽의 견지에서 경험한다. 저 모든 모자와 외투는 **딱** 모자와 외투 그대로이고 나는 홀로 있으며 로봇 세상에서 유일한 진짜 인간이다.**

'무관심한' 사람이 성취하거나 성취하는 것처럼 보이는 것은 그의 자율성, 그의 자기 결정성을 위협하는 타인의 결정을 폐지한다는 것이다. 그러나 그가 잃는 것은 모종의 본성이나 동일성을 성취하는 데 필요한 타인의 시선임은 말할 나위가 없다. 그가 혼자인 정도만큼, 그의 삶을 증언하는 신마저도 거기에 없는 정도만큼 그에게는 외부성도 동일성도 없다. 따라서 무관심은 실패이다. 게다가 그는 자신이 한낱 기계가 아닌 사람들에 둘러싸여 있고, 사람들이 그를 응시하고 판단한다는 것을 사실은 **알고** 있기 때문에 지속적으로 '불안'하다(BN: 382). 그는 자신이 억누르고 있는 어떤 것(가방 속의 쥐)이 있다는 것을 안다. 그러나 그 억누름이 성공적이라면 그는 그것이 무엇인지를 명시적으로 의식하지 않고 있을지도 모른다. 하지만 그는 거기에 즐겁지 않은 **무언가가**

** 사랑하는 사람을 제외한 모든 사람에게 보여 주는 '무관심'은 틀림없이 그 연인이 자신을 '나와 사랑하는 사람 말고는 세상에 아무도 없어야 할 것'으로 만드는 방식이라는 점에 유의하기 바란다.

있다는 것을 알고 그것이 어느 순간에 튀어나올지 모른다는 것을 안다. 무관심(그리고 사르트르가 논의하고 있는 타인에 대한 여타의 모든 태도)이 기초하고 있는 억압, 나쁜 믿음에 대한 벌은 불안이고 '고뇌'이다.

* * *

무관심을 성적인 버전으로 구체화해서 말해보면 그것은 타인을 한갓된 '육체', 우리의 표현에 따르면 한갓된 '성적 대상'으로 보는 일이 될 것이다. 그러나 사르트르가 실제로 논의하는 주제는 흥미롭게도 이 주제를 변주한 것이고 그가 '성적 욕망'이라고 부르는 것이다. 이 욕망에서 여자에 대한 나의 **외견상의** 단순한 태도 이면에 있는 은폐된 전략은 이렇다. 즉 그것은 그녀가 나에게 '육체'로서 나타나는 것뿐만 아니고 무아경에 빠지는 순간에 그녀가 **그녀 자신의 눈에도**(BN: 395) 역시 그렇게 나타나야 한다는 것이다. 나는 그녀가 오로지 그녀의 육체이기를 원하고 그저 일종의 쾌락 기계이기를 원한다. 그래서 그녀는 나의 자율성을 위협하는 시선일 수 없다.

일종의 무관심으로서 그 전략은 물론 실패하지 않을 수 없다. 왜냐하면 나는 나의 동일성을 확립하기 위해 타인의 시선이 필요하기 때문에 그 기투는 성공하는 정도만큼 실패한다. 다시 한 번 말하지만 사실 나는 그녀가 응시하고 판단하고 있다는 것을 알고 있기 때문에 그 전략이 의존하는 자기기만은 언제든지 실패하기 마련이다.

* * *

사르트르는 '사디즘'을 제안한다(BN: 399 곳곳). 사디즘은 환상에서 깨어난 사람이 성적 욕망의 전략으로 던지는 마지막 주사위를 대표한다. 성적 욕망이 안고 있는 그 (하나의) 문제는 그녀가 늘 응시하고 있었다는 것을 참으로 내가 알고 있다는 점이다. 하지만 사디즘에서 나는 그녀로 하여금 고통을 통해서 순전한 육체가 되도록 **강요**하려고 애쓴다.

사디스트가 특별히 혐오하는 것은 '품위'이다. 즉 그는 자율적으로 존재하고 응시하며 판단하는 타자 존재의 현존을 확실하게 말해 주는 신체적 몸놀림의 예측 불가능한 자발성을 혐오한다. 따라서 그가 고문 행위를 통해서 추구하는 것은 타자의 '외설적' 몸놀림을 완전히 '기계적'이게 만드는 것이다.

그 전략이 또 한 번 실패할 수밖에 없다는 것은 말할 필요가 없다. 그것이 성공한다면 성공하는 대로 실패한다. 그러나 사실을 말하면 그것은 성공하기가 극히 어려울 것 같다. 사디스트는 항상 타자의 시선을 고문을 당하는 신체로부터 마주하기 마련이다. (그리고 이 때문에 불안하다.) 윌리엄 포크너의 《8월의 빛》에서처럼 백인 우월주의자인 '선량한 시민들'은 크리스마스의 꿰뚫어 보는 듯한 시선을 피할 수 없을 때 그 검둥이를 거세해 버렸다(BN: 405-6). (물론 그 기독교적 이름은 소멸되지 않은 시선의 또 다른 예, 즉 십자가의 예수를 상기하게 한다.)

* * *

사르트르가 마지막으로 고찰하는 '태도'는 '증오'이다(BN: 410-2). 여기서 드디어 혈투가 벌어진다. 앞서의 모든 전략이 불충분해지자, 즉 타자의 '주체성'(인격성)이 이 주체성을 없애려고 하는 나의 모든 시도에도 살아남게 되자 나는 그를 죽여 버리고 만다. 나는 나의 자율성을 위협하는 시선을 죽여 버린다. 타자를 문자 그대로 소멸시키는 것이 무관심, 욕망, 사디즘 등의 소멸인 '척'하는 것을 대신한다. 그러나 다시 한 번 말하지만 나의 성공은 나의 실패이다.

사르트르가 여러 가지 전략을 순서대로 언급한 것, 즉 사랑, 무관심, 욕망, 사디즘, 증오의 순으로 배열한 것은 선호도가 줄어드는 순서에 따라 배치한 것이 아니다. 그 전략들 중 아무것도 성공하지 못하며(실패와 다름없고), 다른 전략들도 마찬가지이다. 그 요점은 정확하게 말하면 모든 태도는 나쁜 믿음에 기초하고 있기 때문에, 다시 말해서 사람들이 참으로 불가능하다고 알고 있는 목표를 달성하고자 하는 시도이기 때문에 원래 모두가 불안정하다는 것이다. 그들 사이에는 쉼 없이 오가는 운동 성향이 있고 우리는 이 태도에서 저 태도로 '끊임없이 보내진다'(BN: 408). [삶을 스트레스와 권태 사이를 '시계추처럼' 오가는 것으로 설명하는 쇼펜하우어(111쪽)와 비교해 보라.] 한 가지 태도를 유지하는 능력은 얼마나 오랫동안 특정 형태의 나쁜 믿음을 유지할 수 있는가에 달려 있다(BN: 408). 나쁜 믿음은 평생토록 지속할 수 있지만 아무리 못해도 한 번은 더 빠질 수 있는 것임이 거의 확실하다.

*   *   *

사르트르의 1944년 희곡 《닫힌 방》에는 '타자는 지옥이다'라는 유명한 경구가 나온다. 이 희곡 제목이 적격인 이유는 그 시기의 사르트르 철학에 따르면, 방금 우리가 본 대로, 스스로 선택하는 존재가 되는 목표가 불가능하다는 점에서 탈출할 수 있는 아무런 출구가 없기 때문이다. 인간 존재에 대한 《존재와 무》의 분석에서 볼 때 그 이유를 사람들은 이해할 수 있다. 그 분석에 따르면, 타인들이 내가 추구하는 동일성을 제공하기 때문에 나는 타인을 절대적으로 필요로 하는 동시에 다른 한편으로는 그들의 존재는 내가 추구하는 자기 결정성, 자율성을 빼앗아간다. 그러므로 나는 그들 없이 존재할 필요가 있다. 이 두 목표를 동시에 성취하면서 나는 그들의 시선을 통제하거나 아니면 거의 말 그대로 그들을 죽임으로써 타인들을 지배하려 한다. 그러나 타자도 나에 대해 정확하게 동일한 것을 추구하려 한다. 이런 까닭에 인간 관계는 항상, 적어도 수면 아래에는, 갈등, 권력 투쟁, 전쟁 상태에 있다. 인간은 인간에게 늑대이다. 이 점에 관해 사르트르와 시몬 드 보부아르의 평생 관계는 기념비적인 것일지도 모른다. 그러나 그의 철학(그리고 사실상 보부아르의 보고)에 따르면 그것 역시도 본질적으로 갈등이었다.

이어서 사르트르II에서도 타자는 지옥이다. 게다가 삶은 타자이므로 **삶**은 지옥이다. 인간 아닌 자연은 소크라테스에서와 마찬가지로 사르트르의 철저한 도시 중심 철학에서 중요성을 차지하지 않는다.* 이러한 결론은 쇼펜하우어의 그 어떤 것보다도 인간의 삶에 관해 파괴적이고 허무주의적이라서 우리가 사르트르 II 의 인간 조건론을 확신해야 하는지를 긴급한 물음으로 제기하지 않을 수 없다. 우리는 과연 그것을 확신해야 하는가?

시선

삶은 지옥이라는 결론에 이르는 근본 논증을 보다 분명히 파악하는 데서 시작해 보자. 나는 이 논증을 가능한 한 보다 분명한 형태로 제시해 보고자 한다.

이 논증은 인간 존재의 근본 목표는 인간 존재가 스스로 자유롭게 선택한 본질이나 동일성을 가지는 것이라고 단정하는 데서 시작한다. 나는 간단하게 다음과 같이 표현할 것이다.

- 《파이드로스》 230d.

  파이드로스: '나의 출중한 친구여, 당신은 나에게 가장 특이한 사람이라는 느낌을 줍니다. 당신은 변경을 넘어 도시를 떠나지 않으며 내가 믿기로는 [아테네] 담벽 밖에 발을 들여놓지 않을 정도입니다.'

  소크라테스: '친애하는 그대여, 나를 용서해 주게. 나는 배움을 좋아하지만 나무나 트인 시골은 나에게 아무것도 가르쳐 주지 않을 걸세. 그런데 도시 사람들은 가르침을 준다네.'

  기억해야 할 것은 사르트르는 파리의 5층 아파트 건물을 제외하고는 어느 곳에서도 편안함을 느끼지 못한다고 말했다는 사실이다.

① 나의 근본 목표는 자율성과 결합된 동일성을 가지는 것이다.

이제 사르트르Ⅱ는 다음과 같이 지적한다.

② 나의 동일성은 나의 '대타존재'(내가 그들의 눈에 어떻게 보이고 나타나는지)이다.

그래서 그는 다음과 같이 결론한다.

③ 나의 동일성은 내가 그들에게 어떻게 나타나는지에 달려 있다.

그런데 그렇다면 즉,

④ 나의 동일성이 타자에게 달려 있다면 그것은 나에게 달려 있을 수 없다(나에 의해 자유롭게 선택될 수 없다).

그러므로

⑤ 동일성과 자율성의 결합은 '불가능한 종합'이다.

우리는 이러한 논증을 어떻게 생각할 것인가?

프랑스 속담에 이런 말이 있다. 영웅도 그의 몸종에게는 보통 사람이다. 맥 빠지는 말이지만 이 격언에는 좋은 논점이 포함되어 있다. 당신이 당신 눈에 친절하고 사려 깊은 인격(또는 다른 대안을 제시한다면 비열한 상놈)으로 간주되기를 바란다면 당신은 당신을 가장 잘 알고 가장 친밀하게 알고 있는 사람들의 눈에 그렇게 간주되어야 한다.

(나는 이것이 사르트르가 고찰한 거의 모든 대타관계의 **친밀성**이 가리키는 논점이라고 생각한다.) 그래서 사르트르의 확언 ③은 아주 정확하다. 즉 나의 동일성은 실로 내가 그들에게 어떻게 나타나는지에 달려 있다. 일반적으로, 사려 깊다, 친절하다, 용기 있다 등등은 문제가 되는 나의 존재의 면면에 대해서 사려 깊다, 친절하다 등등과 같이 판단하기 위해 나를 가장 잘 알고 있는 (그리고 그들의 판단에 편견이 없는) 사람들과 관련된 **것이**다. (관련된 측면에서 나를 가장 잘 알고 있다는 필수조건은 304쪽에 나오는 스파이 사례를 살필 때 감안해야 할 사항이다. '타자'는 일반적으로 나를 스파이로 취급하지 않지만 나의 직업적 삶을 가장 잘 알고 있는 사람은 그렇게 취급한다.) 관련 지식을 잘 알고 있고 공평무사하게 판단하는 사람을 '이상적 관찰자'라고 명명하도록 해 보자. 그렇다면 우리가 말할 수 있는 것은 다음과 같을 것이다. 내가 친절하고 사려 깊다고 하는 것은 이상적 관찰자(예를 들어 존재하기만 한다면 신이 이상적 관찰자일 것이다)가 나를 친절하고 사려 깊다고 판단하는 것이 될 것이다. 이는 스파이든, 종업원이든 누구이든 마찬가지일 것이다.*

지금까지는 괜찮다. 그러나 문제는, 나의 동일성이 타자에게 내가 어떻게 보이는지에 달려 있다는 것이 나의 동일성이 나에게는 달려 있을 수 없다는 것을 의미하는가이다. 그것은 사르트르 논증의 단계 ④가 주장하는 것처럼 나 자신이 자유롭게 선택한 동일성일 수 없다는 것을 의미하는지의 문제이다. 전혀 그렇지 않다. 이것을 알아보기 위해 색깔, 예컨대 적색을 고찰해 보자. 사물이 보이게 되는 빛의 조건은 그 외현적 색상에 영향을 미친다(적색 사물은 푸른빛 아래서는 자주색으로 보

---

* 물론, 종업원 됨이나 그와 유사한 여러 동일성의 측면에 대해서 전문적 지식을 가진 '내부 집단'은 없다. 실제로 다른 이뿐 아니라 누구라도 종업원을 보고 종업원임을 알 수 있다.

인다)는 점을 명심하고, 어떤 것이 적색**이다**라고 할 때 무슨 의미인지를 살펴보자. 그것은 그 사물이 **이상적** 시각 조건, 즉 표준 일광하에서 적색으로 보인다는 것이다. 그래서 어떤 대상은 이상적 조건하에서, 즉 이상적 관찰자에게 적색으로 보인다면 적색**이다**. 그렇듯이 이러한 측면에서 볼 때 적색은 인간의 동일성과 꼭 같다.

그러나 이것은 내가 나의 셔츠의 색깔을 자유롭게 선택할 수 없다는 것을 의미하는가? 그것은 내가 그 관찰자의 판단을 조작해야 한다거나 그 관찰자를 한낱 '무관심한' 대상으로 만들어야 한다는 것을 의미하는가? 그래서 그것은 그가 셔츠 색깔에 대한 나의 선택에 도전할 수 없다는 것을 의미하는가? 명백히 아니다. 내가 해야 하는 것이라고는 적색 셔츠를 입고 표준 일광 아래 나타나는 것밖에 없다. 마찬가지로 내가 그 이상적 관찰자에게 어떤 특성은 나의 동일성의 측면이라고 설득하기 위해 해야 하는 것이라고는 그 특성이 나의 동일성의 측면**이라고** 선택하는 것밖에 없다. 물론 나는 나의 근본 선택에 맞게 삶을 사는 것을 올바르고 단호한 방식으로 확실히 해야 한다.

한마디로 말해서 사르트르의 오류는 나의 동일성이 '타자의' 판단에 달려 있다는 것이 나 자신의 선택에는 달려 있을 수 없다는 것을 의미한다고 가정한 것이다. 이 문제의 진리는 그것이 양쪽 모두에 달려 있다는 것이다. 그러나 이상적 관찰자의 판단은 나에게 달려 있기 때문에, 즉 그로 하여금 내가 원하는 무엇이든 판단하게 할 수 있기 때문에, 동일성이 나에게 달려 있다고 하는 것이 내가 어떤 사람이고자 하는지를 선택하는 나의 자유에 제약이 되는 것은 아니다.

* * *

사르트르는 왜 오히려 이 명백한 논점을 알아보지 못하는가? 나는 그 대답이 사르트르가 처음으로 '타자'와 그 '시선'을 도입하는 방식에 있다고 생각한다.

나는 덤불 속을 조심스럽게 포복하고 있는 전투병이다. 갑자기 뒤에서 나뭇가지가 부러지는 소리를 듣는다. 또는 갑자기 자그만 언덕 꼭대기에서 보이는, 아마도 적의 저격병이 있을 농가로부터 내가 완전히 훤하게 내려다보인다는 것을 깨닫는다(BN: 257-9). 또는 이렇게 가정해 보자. 나는 침실의 열쇠구멍을 통해서 남녀가 그 안에서 무엇을 하고 있는지에 대해 '악습에서든 질투에서든 호기심에서든' 완전히 몰입해서 엿보고 있다(BN: 259-60). 갑자기 내 뒤의 컴컴한 복도에서 어떤 소리가 나는 것을 듣는다. 이 모든 경우에 사르트르는 두 가지가 일어난다고 제언한다. 첫째, 나는 갑자기 나 자신이 더 이상 보는 자, 즉 보는 **주체**가 아니라 오히려 보이는 자, 즉 시선의 **객체**라고 이해한다. 둘째, 이로부터 나오는 귀결로서 나는 적대적인 것의 현전 속에서 갑자기 위협을 느끼고 약해진다.*

왜 이래야 하는가? 그 이유는 사르트르에 따르면 시선은 '대상화하기' 때문이다. 나는 타자에게 시선을 보낼 때 '내가 보는 사람을 대상으로 고정시킨다.' 그들이 나에게 시선을 보낼 때 나는 나를 사물이라기보다는 인격으로 만드는 나의 '초월', 나의 자유를 빼앗긴다. 나는 그들의 눈에 잉크통과 같은 범주의 존재에 속하는 것으로 나타난다. 즉 '대자존재'라기보다는 '즉자존재'이다(BN: 262). 예를 들어 농가의 적군 병사들에게 나는 위험한 기계, 즉 파괴되어야 할 적군에 불과하다. 내 뒤의 복도에서 보는 자에게 나는 '엿보는 톰', '일탈자', 정신치료와 법정에 설 시간이 무르익은 기능 장애의 인간 기계에 불과하다. 사르트르에 따르면 그러한 대상화는 시선의 **통상적** 성격이다. 나에게 다가오

---

* 유의해야 할 것은 여기서(그리고 또한 자유의 경험에 수반된다는 고뇌와 관련하여) 사르트르가 주어진 감정 반응이 인간 존재에게 보편적이라고 가정한다는 점이다. 이것은 감정이 언제나 자유로운 선택의 산물이라는 그의 공식 입장과 모순된다(279-80쪽).

고 있는 것으로 보이는 이 여자, 거리에서 스쳐 지나가고 있는 이 남자, 창문 앞에서 전화 거는 소리를 내는 이 거지(나한테 들리게 창문 앞에서 전화 거는 소리를 내는 이 거지), 이 모든 사람은 나에게 **대상**이다(BN: 252). 이것이 나 자신과 타자 사이의 '근본 관계'이다(BN: 252).•

그러나 이제 언제나 타자의 시선에서 한낱 대상으로 나타난다면 나는 그 시선에서 **결코** 내가 되고 싶은 인간의 인격성으로 나타나지 않는다. 이것은 내가 인간의 인격성으로 **전혀** 나타나지 않는다는 단순한 이유 때문이다. 이것이 사실이라면 그 귀결로서, 자율성의 옹호를 위해 나는 ('사랑'에서와 같이) 타자의 시선을 조작하려고 애를 써야만 하거나 비유적으로 또는 말 그대로 타자를 죽이려고 애를 쓰지 **않으면 안 된다**.

여기서 제일 먼저 언급되어야 할 것은 시선은 언제나 대상화한다는 사르트르의 주장이 그가 특정하게 선택한 일련의 심술궂은 사례들에 대해서 그럴싸한 개연성을 획득한다는 점이다. 그런데 다른 사례, 달리 말하면 다양한 종류의 **사랑의 시선**을 살펴보자. 즉 어머니가 자녀에게 보내는 시선, 예수가 막달라 마리아에게 보내는 시선, 다윗이 요나단에게 보내는 시선에서 사르트르가 시작했다고 가정해 보자. 이렇게 되었다면 인간관계와 인간의 성에 대해 완전히 다른 설명이 전개되었을 것이다. 사랑, 적어도 '무조건적' 사랑만은 그의 됨됨이가 어떻다 해도 사랑하는 사람을 받아들이기 때문에 타자의 시선은 결코 그의 자율성에 대한 위협으로 판명되지 않을 것이다.

그러나 실제로 나는 사르트르의 가정이 사실상 균형을 잃은 일련의

• 유의해야 할 것은 이것이 본질적으로 '무관심'이라는 점이다. 무관심은 앞서의 논의에서 본 바와 같이 실망한 연인의 태도로 나타난다. 그리하여 실망한 연인이 채택한 특별한 전략은 이제 타자에 대한 표준적 태도의 보편화로 나타난다. 즉 그런 태도에 예외를 두는 것을 거부하는 것이다.

사례들에서 나온 산물이라고 생각하지 않는다. 오히려 그것은 근대 프랑스 철학의 배후 인물, 즉 르네 데카르트가 세운 광장 밖에서 생각할 수 없는 무능력에서 나온 산물이다.

기억해야 할 것은 거리에서 만난 그 여자, 그 남자 그리고 그 거지는, 나의 직접적 경험에서 볼 때, 나에 대한 '대상'에 불과하다고 사르트르가 주장한다는 점이다. 이것은 일반적으로 대타존재에 대한 나의 '근본 관계'의 패러다임이다. 사르트르는 왜 이렇게 생각해야 할까? 그의 설명에 따르면 '타자존재는 순수하게 추정적인 것으로 남기'(BN: 252) 때문이다. 달리 말하면, 우리가 타자를 보는 시선은 언제나 (타자를-옮긴이) 대상화한다는 주장은 모자와 외투를 걸친 그러한 존재들이 정교하게 제작된 로봇 이상의 것이라는 것을 절대 증명할 수 없다는 데카르트의 논지였던 것으로(246쪽) 판명된다. 다시 말하자면 그러한 존재들이 우리 자신과 같은 진정한 사람들이라는 그 '추정', 가설, 가정은 우리가 그들의 행동을 설명하는 데 유용하다고 아는 것에 불과하고 물리학에서 양자와 블랙홀에 대한 가정과 같은 것이다.

앞서(278쪽) 나는 《존재와 무》 전체가 '현상학' 논고, 즉 인간 존재가 세계에서 겪은 자연적, 직접적, 비반성적 경험을 기술한 탐구라는 사실에 주의한 바 있다. 이로부터 나오는 결과는 이렇다. 즉 '타자'에 대한 나의 '근본 관계'에 관한 주장은 내가 무엇을 할 수 있고 없는지에 관한 주장이 아니라 내가 사실적으로 타자에게 취하는 자연적, 직접적, 비반성적 태도를 기술한다는 주장이다. 그러나 (데카르트를 너무 많이 읽은 사람들에 관해서가 아니라면) 우리가 **일반적으로** 타자에게 반응하는 방식이 그들을 한낱 대상으로 보고 또 그렇게 취급하는 것이라고 주장한다면 이것은 분명히 극히 빈약한 현상학적 주장이다. 사르트르가 여기서 하는 일, 그리고 그가 인간관계 일반을 기술하면서 하는 일은 실제로는 타자 경험의 병리학인 것을 타자 경험의 해부학으로서 제공하는 것이다. (이 병리학에 포함된, 의심의 여지가 없는 통찰이 주는 영향력 때문에 사람들은 그것이 술책이라는 점을 놓치게 된다.)

이 점에 관해서는 하이데거가 (《존재와 시간》§26에서) 사르트르보다 훨씬 더 정확한 현상학자이다. '무관심'이 실로 버스와 거리에서 만나는 사람들에 대한 표준적 반응 방식일지라도 하이데거에게 그것은 유일한 방식이 결코 아니며 오히려 '공존재'의 '결핍' 방식이다. 더욱이 이러한 결핍 방식에 관해 한층 중요한 논점은 이 방식이 타자를 한낱 대상으로 취급하는 것과는 다르다는 것이다. 예컨대 우리는 장작개비를 대상으로 보고 우리의 필요에 맞게 쪼갠다. 장작개비는 그 문제에 대해 한마디도 말하지 않는다. 그러나 우리는 '무관심'해하는 어떤 이가 있어도 그에 대해 (테러리스트나 전체주의자가 아니라면) 우리의 길을 막게 되어도 쪼개지 않을 것이다. 우리는 우리가 무관심해하는 사람들이라고 해도 그들에게 어떤 권리를 부여한다. 바로 이것이 이들에 대한 우리의 태도를 대상에 대한 우리의 태도와 근본적으로 다르게 만드는 것이다. 바꾸어 말하면 사람과 사물 사이의 구별, 사르트르의 언어를 빌리면 대자와 즉자 사이의 구별은 인간의 세계-내-존재의 현상학, 우리가 타자를 바라보는 '시선'에 근본적인 것이다. [사실상 이것을 말하는 것으로 사르트르는 시작했지만(269-72쪽) 그 후에 이러한 논점은 어찌 되었든 그에게 더 이상 보이지 않는다.]

그러나 이 모든 것을 한편에 제쳐 놓자. 논증의 목적상 '타자'의 시선은 정말로 언제나 대상화하는 것이라고 가정하자. 그러므로 나를 조금도 인격으로 대하지 않는 타자는 내가 되기를 바라는 인격으로 나를 대하지 않을 것이고 나의 자율성을 거부할 것이라고 가정하자. 그렇다면 주장되어야 할 논점은, 이것이 타자가 보편적으로 존재하는 방식이라면 사르트르의 논증 단계 ③(312쪽), 즉 나의 동일성이 내가 그들에게 어떻게 나타나는지에 달려 있다는 주장은 거짓일 수밖에 없다는 것이다. 왜냐하면 기억하기로, 우리가 입증한 것은 나의 동일성이 **이상적** 관찰자, 즉 이상적으로 잘 알고 공평무사한 관찰자의 판단에 의지한다는 것이기 때문이다. 그러나 이제 내가 나의 세계를 공유하는 타자 중 어느 누구도 이상적**이지** 않고 그들이 나를 인격 그대로라기보다는 대상으로만 본다면 나의 동일성이 **그들의** 판단에 달려 있다는 것은 **거짓**이다. 아마도 우리는 이 문제를 눈길을 끄는 그림처럼 다음과 같이 표현할 수 있다. 나의 세계에 나를 대상화하는 타자밖에 없다면 (그리고 이러한 세계가 상상 가능하다면, 예를 들어 간수를 제외하고는 남들과 거의 접촉하지 않는 외딴 죄수의 세계라든가 의사를 제외하고는 남들과 거의 접촉하지 않는 외딴 환자의 세계가 가능하다면) 나의 동일성이 달려 있는 유일한 관찰자는 신이다. 물론 신은 존재하지 않는다. 따라서 나의 동일성은 결코 어떤 관찰자에게도 달려 있지 않다.

* * *

사르트르Ⅱ는 이미 논평한 대로 극히 우울하다. 삶은 '지옥'이다. 왜냐하면 삶은 타자와의 영속적 갈등, '만인에 대한 만인의 투쟁'이기 때문이다. 그러나 그것은 다른 의미에서도 역시 지옥이다. 즉 무의미하다는 의미에서 지옥이다. 삶은 사르트르Ⅱ가 묘사한 대로 무의미하다. 왜냐하면 그는 자기 원인이 되는 것, 자기 창조적·자기 '본성적' 존재가 되는 것을 목표로 허용하지만 그것은 그가 성취할 수 없는 것으로, 더욱이 우리가 불가능한 목표임을 알고 있는 목표이기 때문이다. 그러나 불가능하다고 알려진 목표는 결코 목표가 아니다. 예를 들어 당신은 핵융합으로 핵무기를 생산하는 연구에 일생을 바쳤는데 어느 날 근본 물리학의 가장 중심부에 웜처럼 똬리를 틀고 있는 어떤 법칙이 핵융합은 불가능하다는 사실을 함의하는 것으로 드러난다고 가정해 보자. 그러면 어떤 새로운 목표를 발견할 때까지 당신의 삶은 무의미하게 된다. 어떤 목표가 진정한 것이고 의미를 부여하는 목표이려면 사람들은 그것이 달성 가능한 것임을 알아야 하거나 적어도 그렇다고 믿어야 한다.

이렇게 되면 사르트르Ⅱ는 이중적으로 우울하다. 그의 '존재론적' 탐구에 따르면 삶은 영원한 갈등인 동시에 무의미한 것이기도 하다. 그렇기에 그가《존재와 무》의 끝부분에서 말한 것은 전혀 놀랍지 않다. 즉 이 연구는 '윤리학'이 아니라 존재론에 관한 것이고 우리가 삶을 어떻게 **당위**적으로 이끌어야 하는지라기보다는 오히려 사실이 **존재**적으로 무엇인지에 관한 것이다. 그는 '존재론'은 '윤리적 원리를 정식화할 수 없다'고 말한다(BN: 625). 일반적 원리로서 이것은 우리가 후기 하이데거를 논의할 때 보게 되겠지만 몹시 거짓된 것이다. 반면에 참된 것은 **사르트르의** 인간 존재론은 선한 삶의 설명을 정초할 수 없다는 것이다. 이것은 선한 삶과 같은 **그런 것**은 그에게 존재하지 않는다는 단순한 이유 때문이다. 이 문제를 달리 표현하면 '올바르게 사는 삶은 어떤 것인가'라는 물음은 삶 자체가 살 가치가 있다는 것 또는 그러할 가능성을 전제한다는 말이다. 그러나 사르트르는 그 전제를 부인하고 이러한 까닭에 그 물음에 답할 수 없다. 참되게 사는 일에 노력을 기울이지 않고 사는 일을 중지하는 것, 다시 말해서 자살은 인간 존재의 삶이 저주라고 하는 사르트르의 지옥 구조 설명에 대한 합리적 반응이다.*

그렇다면 사르트르 Ⅱ는 허무주의자다. 하지만 그는 또한 다행히도 꽤 빈약한 논객이다. 주의 깊게 검토하면, 그의 논증은 그가 인간의 삶에서 떼어낼 수 없다고 주장하는, 지옥 구조를 믿어야 할 어떠한 참된 근거를 제시하지 못한다. 따라서 우리는 사르트르 Ⅱ에 대해서 잊어도 된다.

---

* 《존재와 무》의 말미 부분은, 사르트르의 말로는, 다음 책이 윤리학의 문제를 다룰 것이라고 전망하고 있다. 아니나 다를까 이 책은 결코 쓰이지 않았다.

그러나 아직 우리에게는 사르트르Ⅰ이 남아 있다. 앞 장에서 다룬 주제로 돌아가 보자. 우리는 그에 관해 무엇이라고 말할 것인가?

기억해야 할 것은 사르트르Ⅰ은 사르트르Ⅱ와 달리 우리 삶의 근본 '기투'를 선택함으로써 우리가 되고 싶은 인격을 선택하는 데는 아무런 어려움이 없다고 주장한다는 점이다. 우리는 우리의 기투를 선택할 수 있을 뿐만 아니라 그렇게 **해야 한다**. (심지어 나의 사실성에 의해 확립된 나의 동일성을 반대하지 않는 선택조차도 선택으로부터의 도피가 아니라 오히려 그 이전의 확립된 동일성의 선택이라는 점을 기억해야 한다.) 그러나 이러한 최종 선택에 관한 요점은 그러한 선택이 근거가 없기 때문에 이 선택과 그것으로부터 나오는 삶은 무의미하다는 점이다.

삶이 이렇듯 '부조리'하다는 것을 아는 것은, 우리가 본 대로(286-9쪽), '정당화 불가능성의 느낌unjustifiability'을 주고 우리 자신을 진지하게 받아들이는 능력을 약화시킨다고 사르트르는 말하는 것 같다. (이후부터 나오는 사르트르는 다시 한 번 '사르트르Ⅰ'을 의미한다.) 그것은 **헌신**을 약화시킨다. 내가 나의 삶의 기초를 근본 선택의 근거 없는 행위로 알고 있다면, 일의 진행이 잘 안 될 때 내가 선택한 것을 취소해 버리고 새로운 근본 선택을 다시 해야 한다는 생각에 저항할 근거가 나에게 없는 것이다. 이 논점을 가장 극적으로 표현하자면, 아무도 근거 없는 선택을 위해 죽지 않는다는 것이다. (유의해야 할 점은 이것 때문에 우리는 키르케고르의 '진정성의 문제'로 되돌아간다는 것이다. 물론 이 문제는 우리가 주목한 대로 자신의 동일성은 자기 자신의 창조, 사실을 말하면 자기 자신의 무근거한 창조라는 니체의 관점에 영향을 미친 바 있다.) 그 결과는, 나쁜 믿음의 '장막'으로 우리 자신에 대해 가지는 이러한 자기 인식을 가리지 않는다면, 우리는 삶에 거리를 두고 배우처럼 사는 것이다. 키르케고르의 표현을 빌리면 그것은 '실험적으로' 사는 삶이다.* 우리는 잠시 동안 역할을 연기한다. 그러고 나서 기분이 내키면 다른 역할로 옮겨간다. 그 결과는 **그 역할**이 전부 의미를 가진다고 해도 우리의 삶은 의미가 전혀 없다는 것이다. 말하자면 우리는 '공동 인간'이 된다. 행동의 정면 뒷면에는 속이 비어 있음이 은폐되어 있다. 부조리의 인식은 의미에 대한 우리의 근본적 요구를 좌절시키기 때문에 고뇌를 생성한다.

왜 부조리가 중요한가

인간 삶의 부조리에 대한 사르트르의 논의를 토머스 네이글의 영향력 있는 에세이 '부조리'**와 비교해 보는 것은 흥미로운 일이다. 사르트르처럼 네이글은 우리의 삶은 정말이지 부조리하다고 생각한다. 사르트르와 똑같이 그는 '내부적' 참여의 시각에서 나와 '외부적' 관찰자의 시각으로 삶을 볼 때 이 부조리를 분명히 경험한다고 생각한다. 그러나 사르트르와 달리 네이글은 부조리는 중요하지 않다고 생각한다. 즉, 부조리와 고뇌 사이의 연결을 부인한다. 어떤 근거에서 그런가?

이 점에서 그는 완전하게 투명하지 않다. 한편으로 그는 우리 삶의 부조리는 외부 세계에 대한 우리의 인식을 의심하는 회의주의와 꼭 같

---

* 우리가 앞장에서 본대로(291쪽 각주) 사르트르의 소설《자유의 길》은 명백한 헌신 행위를 허용은 한다. 브루네는 공산주의자가 되고 마티유는 독일인에 저항하는 영웅적 (동시에 무용한) 죽음을 맞이한다. 그러나 사르트르는 우리 모두는 실제로 우리의 삶이 무의미하다는 것을 안다고 주장하기 때문에 그 같은 모든 행위를 나쁜 믿음에서 행해지는 것으로 보는 일에 전념한다. 《존재와 무》의 시각에서 보면 그 모든 행위들은 본래적 헌신 행위라기보다는 **가식** 행동으로 간주되어야 한다.

** Nagel 2000.

다고 말하는 듯하다. 세계가 정신 밖에 있다는 것을 증명할 수 없다(우리는 우리가 꿈을 꾸고 있지 않다는 것을 **증명할** 수 없다)는 우리의 인식이 어쨌든 일상생활에 아무런 영향도 주지 않는 것처럼, 즉 마냥 일상적으로 잘 살아가는 것처럼, 부조리의 인식은 우리의 일상생활과 기투를 감당하는 진정성에 아무런 영향도 미치지 않는다. 그러나 다른 한편으로, 네이글은 부조리와 조우하게 된 후에 '우리의 진정성에 아이러니가 배어 있지'만 아이러니와 같이 살아가야 하는 것은 '중히 여길 일은 아니'****라고 말한다.

첫 번째 답에 대하여, 내가 생각하기로는, 사르트르는 부조리의 인식은 외부 세계에 대한 회의주의와 같지 **않다**고 말할 것이다. 왜냐하면 후자는 철학적 사색의 한가한 순간에 머물지만 전자는 우리와 함께 하기 때문이다. 그것은 우리에게 영속적으로 '정당화 불가능성의 느낌'을 산출한다. 자유는 끊임없이 자유를 '조금씩 갉아먹고'(BN: 480) 우리의 삶을 허물고 있다. 요약해서 말하자면 우리는 부조리의 인식을 절반도 억제하지 못하고 있다.

네이글이 부조리가 중히 여길 일은 아니라고 말한 두 번째 이유를 평가하는 일은 더욱 어렵다. 왜냐하면 그는 자신이 의도하는 '아이러니'의 여러 의미 중 어느 하나를 특정해서 구체적으로 명료화하지 않기 때문이다. 그렇기는 해도 아마 그가 뜻하는 것은 '분리'일 것이다. 말하자면 앞서 말한 것과 같은 종류의 분리인데 여기서 역할을 **맡아서 연기하는 것**과 바로 **그 역할인 것**은 서로 구별되었다. 그런데 이것이 네이글이 의미하는 것이라면 부조리와 조우한 후 생성된, 자기 삶에 대한 아이러니의 자세는 중요하지 않다고 제안하는 것은 잘못이다. 왜냐

••• Nagel 2000, 183, 185.

하면 그것은 내가 논증한 바와 같이 자신의 삶에 대한 액면 그대로의 의미에 헌신하지 않도록 하는 결과, 즉 무의미한 삶을 산출하기 때문이다.

내가 네이글을 제대로 이해했다고 한다면, 그는 틀렸다. 삶의 기초가 궁극적 선택의 근거 없는 행위에 있는 것이 진실이라면 사르트르가 옳다. 즉 우리의 삶은 무의미하고 무의미한 것으로서는 살 가치가 없다. 그런데 사르트르I에 따르면 삶의 기초는 궁극적 선택의 근거 없는 행위**이다**. 그러므로 사르트르I은 사르트르II와 마찬가지로 역시 우울하고 허무주의적이라고 판명된다. 이제 우리가 곧 살펴보려고 하는데, 차이가 있다면 사르트르I이 쉽게 처리될 수 없는 훨씬 더 가공할 인물이라는 것이다.

사르트르 대 하이데거

사르트르I의 우울한 결론을 처리하는 것이 가능한가?

제일 먼저 우리가 돌아가서 다루어야 할 것은 삶이 부조리하지 **않기** 위해 인간 조건은 어떠해야 할 것인지의 문제이다. 우리가 관찰한 바와 같이 진실이어야 하는 것은 우리가 우리의 본질에 '앞선다'기보다는 바로 그 본질**이어야** 한다는 점이다. 다시 말해 본질이 과거에 있었던 것이라면, 나의 사실성에 의해 제시된 본질이 나 **됨**이라면, 나의 본질을 내가 **선택해야** 하는 문제는 있을 수 없고 이런 까닭에 나의 본질을 근거 없이, 따라서 부조리하게 선택해야 하는 문제도 있을 수 없다.

물론 사르트르I에 따르면 본질이 과거에 있었다는 것은 거짓이다. 게다가 우리는 그것이 거짓임을 안다. 즉 우리는 근거 없이 선택해야 하는 불가피성을 안다. 그렇기에 본질이 과거에 있다는 신념, 예컨대 종업원이 믿는 신념은 항상 나쁜 믿음에서 지속된다.

반면에 11장에서 본 바와 같이 하이데거의 경우 나의 본질은 나의 사실성에 의해 결정**된다**. 우리가 본 대로 그가 이 사실을 표현하는 방식은 근본적으로 내가 무엇인지는 나의 '유산'에 의해서 결정된다고 말하는 것이다. **나의** 근본 가치인 그 근본 가치는 자유롭게 선택된 것이 아니라 나 자신이 **이미** 헌신하고 있는 어떤 것을 대표한다. 나는 모국의 문화, 모국어 학습 과정에서 선정된 핵심 부분 안에서 성인으로 성장하는 가운데 이미 헌신하고 있다. 이와 달리 사르트르에게 자아는 고립된 데카르트적 자아이고 선택 능력(그리고 이 능력이 수반하는 사유 능력)을 제외하고는 모든 속성을 잃어버린 자아이다. 한편 하이데거에게 자아는 타자를 포함하는 실재, '사회적으로 구성된' 실재이다. (우리는 사르트르가 '얇은' 자아 개념을 가진 데 반해 하이데거는 '두꺼운' 자아 개념을 가졌다고 말할 수 있다.) 이렇다고 해서 하이데거의 사물 이해에서 자유가 배제되는 것을 의미하는 것은 아니다. 반대로 그는 그것을 강하게 고수한다. 나는 유산에 의거해서 행동하지 못**할 수 있고** 현대 여론의 가치에 동조하기로 선택할 수 있다. 또는 나는 유산에 의거해서 행동하기로, 즉 '본래적'이기로, 나 자신인 존재가 되기로 선택할 수 있다. 그러나 사르트르와의 차이점은 하이데거의 경우 내가 선택하는 것은 나 자신이 아니라 정확히 말해서 나 자신**일지 아닐지**의 여부라는 것이다. 하이데거는 유산이 자유로운 존재가 복종할 수 있는 '단 하나의'의 권위라고 말한다(B&T: 391). 그 이유는 내가 복종할 수 있으면서도 여전히 자유로울 수 있는 유일한 권위는 나 자신의 의지를 따른다는 의미에서 나 자신밖에 없기 때문이다.

그렇다면 초기 하이데거의 견해에 따라 삶은 결코 무의미하지 않다. 항상 의미가 있다. 우리의 자아를 구성하는 안팎의 문화에 의해서 주어지는 의미 말이다. 이 의미(하이데거의 언어로는 '운명')는 **주어지는**

것이고 그것을 선택해야 하는 문제 같은 것은 있을 수 없다. 이런 까닭에 부조리의 가능성은 전혀 존재하지 않는다.

그렇다면 누가 옳은가? 사르트르는 초기 하이데거의 유산 개념이 실제로 장소의 개념이라는 점에 주목한다(BN: 489-96). 나의 유산은 하이데거에 따르면 내가 나 자신이 되는 정신적 장소이다. 하이데거의 자아관은 가장 심오한 수준에서 **나는 나의 장소이다**라는 말로 표현된다.

그러나 사르트르는 이러한 관념을 단순하지만 효과적인 방식으로 비판한다. 즉 그는 **나**만이 나의 장소를 **나의** 장소로 만든다고 주장한다. 예를 들면 사르트르 같은 이에게는 에펠 탑에서 몇 킬로미터 이내에 떨어져 있는 것과 그것이 함의하는 모든 것이 바로 '거기에 있음', 그 자리에 있음을 구성하는 것이다. 그러나 시카고가 바로 '나의 장소가 있는 곳'이라고 결정하는 사람에게는 비록 같은 배경의 장소에서 자랐다고 해도 프랑스 파리는 고국이 아니라 일종의 감옥으로 나타난다. 요컨대 나의 장소가 **나의** 장소인지 아닌지, 나의 유산이 **나의** 유산인지 아닌지는 나의 근본 기투에 달려 있고 따라서 나의 선택에 달려 있다. 즉 그것은 나의 선택이 수반하는 나의 자유와 부조리에 달려 있다.

이것은 피할 수 없는 것 같다. 왜냐하면 내가 주어진 유산 안에서 태어난다고 해서 그 유산이 **나의** 유산이 되는 것은 아니기 때문이다. (이를 265-6쪽에서 논증한 바 있다.) 하이데거는 사람**은** 자신의 유산이라고 주장하지만 진실이라고 말할 수 있는 최대치는 내가 나의 유산**이었던** 것은 지금까지라는 것뿐이다. 내가 **계속해서** 그 유산일 것인지, 즉 그 유산이 구성하는 공동 기투의 일부일 것인지는 전적으로 **나의 책임**이다. 그것은 나의 궁극적 선택의 자유와 부조리에 달려 있다.

그러므로 마침내 사르트르가 옳고 하이데거가 틀린 것 같다. 삶은 근거 없는 선택의 불가피한 부조리에 근거하고 그러므로 무의미하다.

그러나 아마 이 결론은 너무 성급한 결론이다. 아마 우리는 후기 하이데거에서 사르트르의 우울한 결론을 패배시킬 수 있는 자원을 발견할 것이다. 《존재와 무》에 없는 것이 바로 이 자원이다. 나는 이것을 17장에서 탐구할 것이다.

* * *

사르트르의 기본 문제는 무엇인가? 그의 '고뇌'의 진정한 원천은 무엇인가? 내가 생각하기로 그것은 신의 죽음이다. 우리가 스스로 궁극적 선택을 하지 않으면 안 되는 이유는 신은 더 이상 거기에 없고 우리를 대신해 선택해 주지 않기 때문이다. 바로 이것이 사르트르(사르트르 I)를 네 문장으로 대표하는 방식을 암시한다. ① 신은 죽었다. ② 선을 인가해 줄 어떤 신도 존재하지 않기 때문에 우리는 스스로 그것을 해야 한다. 그러나 ③ 우리는 우리 자신에 대하여 인가 권한이 없다. 그러므로 ④ 우리는 선을 인가하는 설명을 하나도 소유하지 못하며 삶은 무의미하다(그래서 무가치하다).*

사르트르는 자신의 논증의 허무주의적 결론을 피하고자 후기에 마르크스주의로 선회한다. 이는 문장 ①을 거부하는 것에 마땅하지만 일종의 자기기만적(?) 시도로 보일 수 있다. 그러나 나는 17장에서 올바른 대응은 문장 ②를 거부하는 것임을 제시할 것이다.

---

* 이러한 사고의 흐름은 실질적으로 사르트르(1957)에게 명백하다. '이것이 그렇다는 점에 대해 나는 아주 골치가 아프다. 그러나 만일 내가 하나님 아버지를 폐기했다면 가치를 고안하는 어떤 이가 있어야 한다'(1957, 47). 그러나 '고안된 것'이라면 그것은 하등 진정한 가치가 아닐 것이다.

14장

카뮈

알베르 카뮈(1913-1960)는 매우 가난한 노동자 계급 가정 출신으로 그 당시 프랑스 식민지 알제리의 수도였던 알제에서 태어났다. 그의 할아버지와 할머니는 글을 읽을 줄 몰랐다. 그는 평생 폐결핵을 앓았는데 그 영향으로 프로 축구 선수가 될 뻔한 경력을 마감했다. (그는 멋진 골키퍼였다.) 파리로 옮겨와서 그는 나치 점령하에 레지스탕스 운동에 참여하여 과감하고 적극적으로 활동했고 그 조직의 지하 소식지 《콩바Combat》를 편집했다. (사르트르와 마찬가지로 그는 실존적 문제에 대해 글을 썼는데 느닷없는 문제가 아니라 진정한 삶의 문제였다.) 그는 직업생활의 대부분을 파리에서 보냈지만 자신의 조국을 열렬히 사랑했고 이는 종종 그의 저작에 반영되었다. 일반적으로 말하면 그는 정치적 좌파에 속했다. 그러나 (그의 어머니가 여전히 살고 있었던) 고국에 대한 유대감으로 인해 그는 알제리 독립 전쟁 동안(1954-1962) 스스로를 알제리의 즉각적인 독립을 요구하는 표준 좌파와 동일시할 수 없었다. (그는 정의와 어머니 사이에서 선택을 하라면 어머니를 택할 것이라고 말했다.) 이렇게 해서 그는 여전히 마르크스주의자였던 사르트르와 결별하게 된다. 사르트르는 카뮈의 입장이 흑백을 명쾌히 가리는 면을 결여하고 있다는 것을 발견했다. 카뮈의 개인적 매력은 뛰어났다. 입술 한쪽에 궐련을 계속 물고 있으면 (그 스스로도 알았듯) 험프리 보가트와 같았다. 확실히 이것은 그의 여성 편력에 대단한 성공을 가져다주었다. 그의 성적 쾌락에 대한 욕망은 만족할 줄 몰랐고 자신의 아내와 당시의 정부에 만족하지 않고 불성실하게 바람을 피웠다. (우리가 보게 되겠지만 그의 생애의 이와 같은 모습과 개성은 그의 철학에 반영되어 있다.) 그는 1957년에 노벨 문학상을 수상했으며 1960년에 그의 친구이자 출판업자인 미셸 갈리마르가 몰던 스포츠카의 교통사고로 사망했다. 카뮈와 갈리마르는 둘 다 과속광이었다.

극작가와 소설가로서 더 유명했던 카뮈는 종종 '문학가'로만 분류되고 철학자로서는 무시된다. 특히 프랑스 사람들은 그의 철학적 지위를 사르트르의 타칭 철학적 '천재성'과 비교함으로써 불쾌감을 유발하고 평가절하하는 경향을 보여준다. 내가 보기에 이것은 과오이다. 카뮈의 주요한 철학적 저술인 《시지프스 신화》(MS)는 1940년 시대의 것으로, 나에게는 적어도 사르트르의 그 어떤 사상만큼이나 중요한 철학적 사상을 포함하고 있는 것으로 보인다.

자살의 문제

카뮈의 《시지프스 신화》의 서두는 이렇게 시작한다. '참으로 심각한 철학적 문제는 오직 하나뿐이다. 그것은 자살이다.' 달리 말하면 '인생이 살 가치가 있느냐 없느냐를 판단하는 문제이다'(MS: 11). 무시무시하지만 이렇게 연결하는 것은 확실히 옳다. 삶이 참으로 살 가치가 없는 것이라면 우리는 자살을 해야 한다. 그러나 물론 살 가치가 있다면 자살해서는 안 된다. 이렇듯 자살의 문제는 삶의 가치나 쓸모의 문제를 제기하는 극적인 방식이다.

자살의 문제question가 '문제problem'를 제기한다고 말하는 것은 자살 문제에 대한 대답이 명백하지도, 간단하지도 않다고 말하는 것이다. 그리고 또 이렇게 말하는 것은 적어도 그 문제에 대해 부정적 답변이 나오도록 위협하는 어떤 것이 있다고 말하는 것이다. 그렇다면 우리는 묻지 않을 수 없다. 이 문제를 위협적인 것으로 만드는 것은 무엇인가? 그리고 그것은 누구에게 위협적인가?

뒤의 질문부터 시작해 보자. 카뮈가 관심을 가지는 것은 당신이나 나의 개인적 삶을 무가치한 것으로 만들지 모르는 어떤 것(사랑했던 사람을 잃는 것, 결코 용서받을 수 없는 범죄를 저지르는 것)이 아니다. 이 점을 알아채는 것이 중요하다. 그러나 그렇다고 해서 다른 극단에서(말하자면 쇼펜하우어도 다른 극단인데 그러나 그와는 다르게), 그가 인류의 삶 일반을 무가치한 것으로 드러내 주는 위협적인 어떤 것이 있다고 생각하지도 않는다. 오히려 그의 관심은 역사적 상황 속에 위치해 있다는 것이 정확한 말이다. 그는 **현대 서구인**의 삶을 무가치한 것으로 드러내 주는 위협적인 어떤 것이 있다고 믿는다. 이것을 그는 '부조리'라고 부른다. 이 용어를 우리는 앞서 만났지만 카뮈가 의미하는 것은 사르트르가 의미하는 것과는 실제로 조금 다르다.

부조리

카뮈는 부조리는 괴리라고 설명한다. 카뮈에 따르면, 그 괴리는 사람이 존재하기를 원하는 모습대로 사물이 존재하는 것과 사물이 되어 있는 모습 또는 될 것 같은 모습 사이의 괴리를 말하는데 그 괴리의 규모가 큰 상태를 '부조리'라고 설명한다. 칼을 쥐고서 기관총 진지를 공격하는 사람은 부조리하다(MS: 33). 찰리 채플린(카뮈가 든 예가 아니라 나의 예다)은 부조리하다. 왜냐하면 중산모를 쓰고 접어 말린 우산을 쥐고서 뽐내는 듯 품위를 갖추는 것과 믿기지 않을 정도로 채신없는 것 사이에는 괴리가 있기 때문이다. 이를테면 담벼락이 무너지는 일이 일어난다거나 바나나 껍질에 미끄러지는 일이 발생한다. (유의해야 할 것이 있다. 어린 아이가 바나나 껍질에 미끄러지는 것은 부조리가 **아니다**.) 카뮈는 부조리는 일반적으로 '인간의 요구와 [우리에게 보이는] 세계의 비합리적 침묵 사이의 대면에서 태어난다'(MS: 32)고 말한다.

그러나 '그 부조리한 것'이 무엇이란 말인가? 현실이 만족시켜 줄 수 없다고 하는 문제의 그 근본 욕망은 무엇인가? 카뮈는 그것이 '삶의 의미'(MS: 12), '[삶을] 초월하는 …, 삶에 의미를 부여하는 위대한 이념'(MS: 15)이 있어야 한다는 욕망이라고 말한다. 달리 말하면 그것은 전통적 참된 세계의 형태로 설명된 것처럼 삶의 의미를 설명해주기를 바라는 욕망이나 '필요'이다. 그것은 그러한 의미에 대한 '요구'이고 내가 명명했던 거대 서사적 의미에 대한 필요이다.

우리가 이렇게 근본적으로 필요로 하는 의미는 어떤 종류의 거대 서사적 의미인가? 《시지프스 신화》를 보면 카뮈는 우리의 '가치' 상실, '의미' 상실을 '신을 믿을 수 없는' 우리의 무능력과 동일시한다(MS: 7). 그래서 그가 염두에 두는 특정한 거대 서사는 기독교 서사인 것 같다. 그러나 그는 1953년 〈예술가와 그의 시대〉에서 내가 8장 끝부분에서 지적한 논점을 제시한다. 즉 마르크스주의는 본질적으로 기독교의 천국을 자연주의적 맥락으로 가져와 변환한 것이다. 왜냐하면 그것은 시간의 종말에 있을 기적의 사건', 즉 공산주의 낙원의 도래를 요청하기 때문이다. 그가 마르크스주의를 새로운 '신앙', '새로운 신비화'(MS:

188-9)로 분류하는 것은 이 때문이다. (여기서 그는 자신을 비판하는 마르크스주의적 비평가인 사르트르에 반대하여 스스로를 변호하고 있다.) 이렇게 되면 카뮈가 가장 많이 숙고해서 다다른 입장에 따를 때 삶의 부조리는 기독교 신의 죽음에서만이 아니라 오히려 모든 종류의 '신'의 죽음, **모든** 참된 세계 서사의 죽음에서 성립한다.*

이제 삶이 부조리하다고 말하는 것은 한편으로 삶이 어떤 거대 서사적 의미를 가져야 한다는 우리의 강렬한 욕망과 다른 한편으로 현실**은 그러한 의미를 제공하지 못한다는 명증적 실패 사이의 괴리를 가리키는 것이 된다.

* * *

다음 문제로 넘어가 보자. 삶이 부조리하다는 각성은 왜 자살을 위협하는 것이 되는가? 카뮈의 대답은 그것은 '부조리의 느낌', 즉 '오늘의 작가[물론 사르트르이다]가 일컫는 바와 같이' '구토'(MS: 21)를 쉽게 낳기 때문이다.

카뮈는 '길모퉁이나 식당 회전문'에서 언제든지 닥칠 수 있는 이러한 느낌을 보여주는 여러 사례를 제시한다(MS: 18-9). 통화 소리를 전

---

* 유의해야 할 점이 있다. 카뮈에게 '부조리'는 '거대 서사적 의미의 부재'를 뜻한다. 바꾸어 말하면 부조리는 삶 또는 적어도 나의 삶은 어떤 다른 형태의 의미를 가질 수 있을지도 모른다는 가능성을 열어 놓는다. 반면에 사르트르에서 '부조리'는 '무의미한' 기간을 뜻한다. 이 때문에 두 철학자가 그 말을 사용하는 의미를 동일시해서는 안 된다. (다른 한편으로 13장 끝부분에서 내가 제안한 것처럼 '신의 죽음'은 사르트르I의 부조리 개념에 뿌리를 내리고 있다면 그 둘은 서로 아무런 관련이 없는 것도 아니다.)

** 여기에 나오는 현실은 달리 말하면 우리가 저마다 이해하는 대로의 현실이라고 할 수 있다. 카뮈에게 부조리는 우리가 원하는 대로 존재하는 세계와 우리가 존재하는 현실 세계를 **받아들이는** 방식 사이의 괴리라고 여겨진다. 내가 보기에, 세계가 **실제로** 존재하는 방식은 삶이 카뮈의 의미에서 부조리한지의 문제와는 아무런 상관도 없는 것 같다.

혀 들을 수 없는 부스 안의 전화통을 붙들고 있는 남자의 의미 없는 무표정에서(MS: 21), 한때 사랑한 적이 있는 여자 앞에 나타난 이방인과 같은 남자에게서, 거울 속 자신의 얼굴을 보는 여자에게서(MS: 21), 기상-아침-승용차-식사-수면-기상-아침과 같이 돌고 도는 일상생활을 돌아볼 때 문득 우리를 엄습하여 '무대 장치를 무너트리는' '왜'라는 대답될 수 없는 물음에서(MS: 19) 등등.

이러한 사례에 공통적인 것은 소외, 고립, 이탈이다. 삶이 '무대 장치'로 드러났기에 그 삶은 더 이상 나를 사로잡지 않는다. 낯선 이가 되어버린 그 여자는 나에게 모든 가치를 잃어버린 여자이다. 나는 교통 신호를 받고 있을 때 내 옆 차에 승차해 있는 남자를 대하듯 그녀에게 무관심하다. 카뮈는 삶은 아무런 (거대 서사적) 의미도 가지고 있지 않다는 강렬한 각성에 끌리게 되면 삶에 무관심해지고 이탈하게 된다고 말하는 듯하다. (그의 유명한 소설 《이방인》은 이러한 이탈을 확대해서 탐구하는 작품이다. 그 소설에서 주인공 이방인은 생애 내내 몽유병자처럼 살고 아무런 동기도 없이 살인을 하고 끝내 사형을 당한다.) 죽음의 '권태로움'(MS: 19)이 틈입하고 삶에 대해 '아니'라고 말하고(MS: 14) '죽음에 대한 열망'(MS: 14)과 더불어 무의미한(여전히 스트레스로 차 있는) 무언극을 통째로 극복하고 싶은 열망이 있다.

삶의 부조리를 경험하고 나서 보여주는 한 가지 반응은 그 논리적 귀결로서 자살로 끝난다는 것이다. 사람들은 구토의 경험을 부조리한 세계의 삶, (거대 서사적) 의미가 없는 삶은 살 가치가 없다는 진실을 결정적으로 통찰하는 순간으로 여긴다.

카뮈의 핵심 과제는 이러한 추론을 **거부하고** '사람들이 신을 믿지 않을지라도 자살은 정당하지 않다'는 것을 보여주는 것이다. 그 이유는 '허무주의의 한계에 있을지라도 사막 한가운데서 살아가고 창조하기 위해 … 허무주의를 넘어서는 수단을 발견하는 것은 가능하기' 때문이다(MS: 7). 이보다 더 야심차게, 카뮈의 목표는 현실적으로 삶이 '아무런 의미가 없다면 훨씬 더 잘 살게 될' 것을 보여주는 것이다(MS: 53). 여기서 결정적인 문제는 '의미'의 의미이다. 카뮈는 삶이 **거대 서사적 의미**가 없을 때 훨씬 더 잘 살 수 있을 것이라고 믿는가? 또는 그는 **하등의 의미**를 가지지 않아도 훨씬 더 잘 살 수 있다고 믿는가? 우리가 카뮈에 대해 예외적으로 흥미를 가지게 되는 연유는 내가 보기에 그가 궁극적으로 변호하기를 원하는 이 두 번째의 보다 급진적 주장 때문이다.

카뮈와 키르케고르

부조리와 구토에 대한 다른 종류의 반응이 있는데 그것은 카뮈가 (신앙에의) '도약'이라고 부르는 것이다. 그는 이 용어를 무엇보다도 키르케고르의 종교적 '실존주의'의 입장이 지니는 특징을 드러내기 위해 사용한다(MS: 35). 그는 키르케고르를 '부조리의 발견자'로 제시한다(MS: 30).

　카뮈가 제시하는 바에 따르면 키르케고르의 본질은 이성의 거부이다. 키르케고르의 도약하는 인간은, 확실히 이성이 신은 결코 없다고, 삶은 결코 의미가 없다고 선언한다고 주장한다. 그렇지만 이성이 그렇게 대단한 것인가? '이성은 의미를 부여하는 어떠한 "초월"도 없다고, 따라서 아무런 초월도 없다고 선언한다'고 말할 수 있다. 그러나 똑같이 우리는 '초월이 있고 따라서 이성은 한계가 있다'고 말할 수 있다. 게다가 우리는 '초월'을 믿을 **필요**가 있다. 그렇지 않으면 삶을 부조리한 것으로 보고 '절망'에 빠질 것이다(MS: 37).

　카뮈는 이러한 도약을 업신여길 수밖에 없다. 그는 두 가지 이유에서 도약을 거부한다. 첫째로 그것은 실제로 일종의 자살, '철학적 자살'에 다름없다는 것이다. 그것은 인간 존재의 근본적이고 뛰어난 부분, 즉 이성의 '살해'와 같은 것이기 때문이다. 그것은 이성을 신성 모독하는 데서 '영혼의 절단', 인간의 존엄성과 '자부심'을 불태우는 모욕(MS: 40-1), 비굴한 병을 구성한다. 실로 중요한 것은 우리의 이성이 우리에게 말하는 것과 **함께 사는 일**이지 인간 자아를 천하게 만들거나 위축되게 만드는 것이 아니다.

둘째로, 이것은 첫째보다 더 중요한데, 즉 문자 그대로도 그렇지만 철학적으로도 자살은 불필요하다. 자살은 그 기초가 오인이다. 문제의 진실은 삶의 부조리가 삶의 무가치를 수반하지 **않는다**는 점이다. 왜 그런가?

* * *

카뮈는 이 문제에 대해 '부조리한 인간'의 모습을 그려 줌으로써 대답한다. 그의 모습은 삶의 부조리를 넉넉하게 받아들이고 그 스스로가 보든 우리가 보든 살 가치가 있는 삶을 분명하게 그리고 정말이지 당당하게 살아가는 것이다. 이러한 문구가 암시하는 바와 같이 카뮈는 스스로를 부조리 앞에서도 잘 사는 것이 무엇인지를 설명해 주는 유일한 독보적 존재로서 나타난다. 그러나 사실을 말하면 그는 부조리의 영웅에 대해 두 가지 아주 다른 설명을 보여준다. 하나는 '반항'이고 다른 하나는 '과잉'이다.

시지프스

'반항'의 삶은 시지프스에 의해 인격화된다. 《시지프스 신화》는 그리스 신화에 나오는 영웅 이름을 본뜬 것이다. 시지프스는 불명확한 이유로 신들의 저주를 받았고 그 저주는 큰 바위를 산꼭대기로 들어 올리면 곧바로 그 바위가 땅바닥으로 굴러 내려오는 형벌을 영원히 반복해야 하는 것이었다. 그는 '신들의 프롤레타리아'이다(MS: 109). 우선 그는 말하자면 근대 산업 사회의 노예 생활을 끝없이 반복해야 하는 삶을 가리키는 비유물이다. 그러나 사실 그는 우리 모두이기도 하다. 우리는 일상생활을 순환적으로 반복하고 따라서 무의미하다고 할 정도로 그렇게 한다. (유의해야 할 것은 시지프스는 불멸이고 우리는 아니지만 그렇다고 이것이 비유를 하는 입장에서 중요한 사실은 아니라는 점이다. 다시 말해서 그 비유는 시지프스의 삶에는 반복 활동 이외에 아무것도 없는 것처럼 우리의 세상살이에도 그것밖에 없다는 점을 보여준다.)

카뮈는 시지프스가 '신을 부정하는' 자이지만 '모든 것이 잘 될 것이라는 결론'을 가지고 있는 자라고 말한다.

> 앞으로 주인이 없는 [즉 신도 없고 따라서 거대 서사적 의미도 없는]
> 이 우주는 그에게 무익하지도 무용하지도 않게 보인다. … 산의 정상
> 고지를 향한 투쟁 자체는 인간의 가슴을 채우기에 충분하다. 사람들
> 은 시지프스가 행복하다고 상상해야 한다(MS: 111).

도대체 왜 그럴까?

* * *

무엇보다도 그리스 신들은, 문자 그대로 보면, 아무 신도 **없고**, 우주는 아무 '주인'도 없다는 카뮈의 중심 가정과 상충한다는 사실을 잊어버리도록 하자. 일단, 시지프스의 삶을 근대 산업 사회 노동자의 삶이라고 상상하도록 하자. 그렇다면 카뮈가 기술하는 모습대로 그를 행복하게 만드는 것은, 그가 비록 의미에 대한 근본적인 **필요**를 자각하고 지루하고 고된 자신의 삶에 대한 모종의 궁극적 위안을 강렬하게 자각

하고 있을지라도 '호소하지 않는' 삶(MS: 53), 다시 말해 위로가 되는 '신화'의 '위안'이 없는 삶(MS: 135)을 산다는 사실이다. 바꾸어 말하면 그는 자신의 합리성을 부정함으로써만 자신의 필요를 충족시킬 수 있다는 사실에 직면했을 때, 이제는 그런 식으로 자신의 필요를 충족시키려고 애쓰는 시도를 하지 않고도 살아갈 수 있는 삶을 산다. 이렇게 할 때 그는 '반항하는' 인간이다. 반항은 '운명을 수행해야 하는 체념 속에 있지 않으면서도 운명이 우리를 짓누를 때 주는 확실성'이다 (MS: 54). 즉 반항은 부조리와 **함께** 사는 삶이다. 이렇게 되면 '지성의 희생'(MS: 40)을 거부하는 것이야말로 키르케고르의 '도약'에 의해 요구되는 것이라고 하겠다.

따라서 시지프스는 막강하고 '정력이 넘친다'(MS: 11). 불만족스러운 실존과 함께 '불굴의 … 인내'(MS: 104) 속에서 그는 도약하는 인간에게 없는 것이 명확한 성품의 힘을 보여준다. 그의 삶에 '지존'과 '존엄'의 품위를 부여하는 것은 바로 이러한 '영혼의 고귀함'(MS: 109)이다. 이보다 '더 멋진 경관은 없다'고 카뮈는 쓴다(MS: 54). 그러므로 우리는 시지프스가 내리는 결론처럼 '모든 것이 잘 될 것'(MS: 109)이라고 결론을 내려야 한다. 우리는 시지프스가 행복하다는 것을 받아들여야 한다. 거대 서사적 의미가 없는 가운데서 그의 삶은 당당하게 빛나는 경관이고 살 가치가 있는 대단한 삶의 광경이다.

* * *

카뮈가 기술하는 대로, 시지프스는 도약하는 인간에게 없는 '용기'(MS: 64)와 '성실'(MS: 50)을 보여준다는 점에서 **존경할** 만하다. 진실로 용기와 성실은 도덕적 덕목이기 때문에 도약하는 인간이 그렇지 않다는 점에서 그는 도덕적으로 존경할 만하다. 그러나 그것은 카뮈가 우리를 설득하기 위해 필요로 하는 것이 아니다. 그가 보여줘야 하는 것은 불만족스러운 삶의 저주를 받았지만 시지프스가 영웅적으로 행동한다는 점이 아니라 시지프스의 삶은 실제로 대단히 만족스러운 삶이라는 점, 그가 영위하는 삶은 '행복한' 삶일 것이라는 점이다. 그러나 우리에게 확실하고도 전적으로 명백한 것은 시지프스의 삶은 행복과는 정반대로 저주를 받은 것이라는 점이다. 그의 상황에 대한 우리의 반응은 선망하는 것이 아니라 오히려 연민을 느끼는 것이다. 나는 카뮈가 두 가지를 혼동했다고 생각한다. 하나는 어떠어떠한 것이 사실이라는 데서 오는 행복이고 다른 하나는 행복한 기간이다. 시지프스가 도약하는 인간의 나약함에 굴복하지 않았다는 **점에서 행복한** 것은 확실하다. 그러나 그의 **삶**은 행복한 삶인가? 그는 그의 삶이 행복하다고 생각하는가? 그의 삶은 또 다른 선택이 주어질 때 [플라톤의 에르 신화(276쪽)와 같이] 다시 살아도 그 삶을 선택할 삶인가? 확실히 아니다.

돈 후안과 배우

그렇다면 부조리의 영웅에 대한 카뮈의 첫 번째 설명은 확신을 주지 못한다. 그 설명과 같이 그가 찬미할 만하게 행동한다고 해서 그의 삶이 무가치하다는 사실이 부정되는 것은 아니다. 그러나 두 번째 설명은 이보다 더 유망하다. 이 설명에 따르면 부조리의 영웅은 삶에 대한 일종의 왕성한 욕구와 엄청난 정욕에 의해서 구별된다. 그들의 삶은 '반항'에 의해서가 아니라 일체의 정상 표준에서 볼 때 '과잉'이다 싶은 삶에 전념하여 자신의 모든 정력을 '소비한다'(MS: 78)는 사실을 뚜렷한 특징으로 삼는다. 그들에게 중요한 것은 '질이 아니라 양이다.' 이 두 번째 설명에 따르면 본래적 영웅의 삶을 정의하는 것은 '양의 윤리'이다(MS: 69). 《시지프스의 신화》 자체에 나오는 이러한 두 번째 유형의 인물은 돈 후안과 '배우'로서 카뮈가 부조리 영웅의 중심 패러다임으로 삼는 인물이다.

우리가 본 대로 키르케고르에서 돈 후안은 '유혹자'로서 '미적' 삶의 패러다임이다. 미적 삶은 참된 가치가 있는 삶과는 정반대의 삶으로 가능한 한 제거되어야 하는 삶이고 '절망'에 가장 깊숙이 뛰어드는 삶(65쪽)이다. 카뮈의 인격적 측면이 무엇인지를 탐구하는 문제와는 별도로, 그는 돈 후안/조반니를 부조리의 영웅, 이를 정확하고 확실하게 말하면 키르케고르를 뒤엎을 영웅으로, 이 음울한 덴마크인이 저주하는 것을 영광스럽게 만들 영웅으로 제시하기로 한다. 키르케고르에서 보듯이 돈은 사랑에 빠지지 않고 유익한 대화에 관여하지 않는다. 그는 모든 여성에게 동일한 말을 한다. 왜냐하면 '그의 향락의 관점에서 볼 때 [한낱] 양을 추구하는 사람이라면 유일하게 중요한 일은 효율성이기'(MS: 68) 때문이다. 달리 말해서 하는 모든 일이 정복을 위한 것이라면 유효성이 입증된 것을 버리는 것은 어리석다.

배우(여기에도 자전적 요소가 있음은 명백하다)는 '잠깐 볼 수 있는 무언극'의 배우이다. 그는 '세 시간'은 이아고였다가 다른 세 시간은 글로스터가 되는 인물이다(MS: 74). 배우처럼 사는 사람은 지속적으로 한

• 잠시 부조리의 영웅에 대한 카뮈의 첫 번째 설명으로 되돌아가 보자. 카뮈는 부조리의 영웅이 삶의 부조리를 '알고' '아무 가면도 쓰지 않는다'면 '정숙남'이나 '공무원'도 부조리의 영웅일 수 있다고 말한다(MS: 84). 이러한 사람들은 중도적 인물의 패러다임이기 때문에 '과잉'이 '반항'의 삶에서 본질적인 역할을 하지 않는다는 것을 보여준다. 마찬가지로 사람들은 '반항' 없이도, 또는 한 번쯤은 마음속으로 생각하는 키르케고르의 도약 없이도 '과잉'에 전념할 수 있다. 그러나 어떤 사람에게는 반항 속에서 동시에 과잉에 전념하는 것이 **당연할지도** 모른다. 따라서 이와 같은 사실만으로도 이런 사람은 카뮈의 두 가지 설명에 모두 맞는 부조리의 영웅 자격을 가질 수 있다는 사실이 드러난다. 물론 사람들은 반항 속에 있기 **때문에** 과잉에 전념할지도 모른다. 어쨌든 이런 사람은 하나의 설명에 맞는 영웅이 아니라 자신을 부조리의 영웅으로 만드는 것이 무엇인지에 대한 통합된 설명에 맞는 영웅이다.

인격을 소모하고 다음 인격으로 옮겨간다. 그는 분산하는 일에 전념하기 때문에 그의 존재는 '영혼의 이단적 증식'(MS: 78)을 대표한다. (여기서 카뮈는 교회가 전통적으로 배우, 특히 여배우를 못마땅하게 여긴 반감을 넌지시 암시한다.)

알제리의 신들

돈 후안과 '배우'를 카뮈가 그렇다고 간주한 만큼 매력적인 인물이 아니라고 느낀다면 그것은 가능한 일이다. 그러나 《시지프스 신화》를 전후한 몇 년 동안 쓰인 수많은 서정적 산문들, 특히 〈알제의 여름〉, 〈미노타우로스〉, 〈헬레네의 추방〉에서 카뮈는 '과잉'의 개념을, 내가 보기에는, 상당히 매력적이고 주목하지 않을 수 없는 방식으로 발전시켰다.

전시와 종전 직후의 암울한 파리 한가운데서 글을 쓰면서 카뮈는 자신의 청춘 시절 알제리를 회상하고 무엇보다도 그때의 여름을 기억한다. 그는 알제리를 '젊음과 생명을 가진 누구라도 … 승리의 기회를 도처에서 발견하는' 장소라고 기억한다. '만에서, 햇빛 아래에서, 바다 방향의 테라스에서 놀이 삼아 하는 적군백군 게임에서, 꽃과 스포츠 경기장에서, 시원한 각선미를 보여주는 여자들에게서'(MS: 128). 그는 알제리가 이런 장소였다고 썼다.

> 여름의 아침은 세상의 처음이고 석양은 그때마다 세상의 마지막인 것 같았다. 석양은 마지막으로 발갛게 빛나서 모든 색조를 어둡게 물들이는 장엄한 고뇌를 발한다. 바다[여기서 카뮈의 색조는 고흐의 그것과 아주 가깝다]는 감청색이고 길가는 엉긴 핏빛이다. 해변은 노랗다. 모든 것은 초록 태양과 함께 사라진다. 한 시간이 지나면 모래는 달빛

에 감긴다. 쏟아지는 별빛 아래에 있는 밤은 무엇에도 비교될 수 없다
(MS: 160).

그는 계속해서 알제는 수영'하러 가는' 곳이 아니라 오히려 수영'에 빠
져 있는' 장소라고 말한다. 그곳은 사람들이 유럽에서와 같이 '나체주
의자', 즉 따분한 '육체 개신교도'가 되는 곳이 아니라 그저 '햇빛 아래
에서 편안함을 누리는' 장소이다. 그곳은 사람들이 그리스인의 **순진함**
과 함께 사는 장소이고 젊은이들은 '몸을 통해 살아가고' 바닷가를 따
라 거닐면서 델로스섬의 운동선수들이 하는 몸짓을 반복하는 장소이
다(MS: 129). 그곳은 사람들이 '계절과 조화를 이루는 돌과 몸 사이
의 … 대화에 참여하는 일'에 실패할 수 없는 장소이다(MS:130). 카뮈
는 하루 종일 청춘 시절의 친구들과 함께 카누 원정에 나섰다가 항구
로 돌아가는 장면을 회상한다. 그는 이렇게 묻는다. 내가 어떻게 부드
러운 물을 헤치고 나아가면서 신과 같은 나의 형제들이라고 인식하는
야생 인간을 태우고 바다를 항해하고 있다고 느끼지 못할 수 있겠는
가?(MS: 130)

이 존재들, 즉 카뮈의 청춘 시절 친구들과 환생한 그리스인들이 사
는 삶은 어떠한 삶인가? 카뮈의 영웅들이 모두 그렇듯이 그들은 '호
소하지 않는' 삶, 아무런 '기만적인 신성'에 호소하지 않는 삶을 산다
(MS: 136). '30세 나이의 인부가 자기 손에 모든 카드를 쥐고서 이미
성공 놀이를 해오고 있었던'(MS: 132) 이 땅에서 사람들은 돈 후안이
나 '배우'처럼 경험에의 정욕과 함께 살며 '조급하게 행하려고 하는 소
비'(MS: 132)와 함께 산다. 이러한 땅에서 삶은 '쌓아올리기 위해서가
아니라 태워버리기 위해서'(MS: 133) 존재한다. 이 마지막 논평에 의
해서 카뮈의 회상은 고양되어 철학의 지위를 획득한다. 즉 '나는 인간
형상이 무엇인지는 모르지만 이 해변에 느긋하게 앉아 있는 이 야만인

들이야말로 실제로 인간이 자신의 참된 형상을 드디어 발견할 수 있는 문화 이미지의 모형이라는 미친 희망을 가지고 있다'(MS: 133).

여기서 나는 카뮈가 가장 호소력 있게 제시된 '부조리'의 우주에서 잘 사는 법을 설명하고 있는 것이 분명하다고 생각한다. 우리는 이것을 어떻게 생각해야 하는가?

＊ ＊ ＊

한 가지 비판(니체라면 확실히 했을 비판)은 '양의 윤리'에 의해 지배된 삶, '쌓아올리기'보다는 '태워버리기'에 전념하는 삶은 종국적으로 **권태로움**에 매일 수밖에 없고 그 자체로서 살 가치가 없다는 것이다. 왜냐하면 그 삶은 최우선의 방향이나 목표가 결여되어 있기 때문이다. 최종적으로 사람들은 이렇게 물을지도 모른다. 돈 후안은 자신의 여자들에게 권태로움을 느끼면 안 되는가? '배우'(토드홀의 토드)는 계속적으로 자기 자신을 바꾸어가는 삶에 권태로워지면 안 되는가? 이 '야만적 신들'은 태양과 모래에 권태롭게 되면 안 되는가? 이러한 반론의 기저에는 9장에서 소개된 사상이 놓여 있다. 즉 **거대 서사적** 의미는 가치 있는 삶에 본질적인 것이 아닌 반면, 그러므로 사람들은 부조리의 우주에서 잘 **살 수 있는** 반면, **개인적** 의미의 형태를 취하는 의미, 서사, 또는 목표는 그러한 삶에 본질적이라는 것이다.

그러나 카뮈는 이것을 부인한다(MS: 56-8). 그는 '일상인간은 목표를 가지고' 그 견지에서 '목표[와], 행동의 정당성에 대한 관심으로 살아가는' 반면에 부조리의 영웅은 그렇지 않다고 말한다. 그의 삶은 '목표가 없다.' 이로부터 다음과 같은 귀결이 도출된다. (이는 방금 제기된 질문에 대한 답이다.) 즉 카뮈가 삶은 '의미가 없다면 그만큼 더욱더 잘 살 수 있다'라고 말할 때 그 의미는 '거대 서사적 의미가 없다'는 것뿐만 아니라 더 정확히는 '의미 있는 기간도 없다'는 것이다. 거대 서사뿐 아니라 개인 서사도 참된 가치가 있는 삶과는 무관하다. '목적을 가진 인간'은 도시에 산다고 카뮈는 경멸하듯 말한다. 이들은 카뮈의 알제리 낙원의 해변에서 발견될 수 없다.

태워버리기 대 쌓아올리기

부조리의 영웅의 삶을 '목적 없는', '의미 없는', '목표 없는', 즉 고지 없는 것이라고 말함으로써 카뮈가 무엇을 의미하고자 하는지를 명확히 해 보자. 물론 어떤 의미에서 모든 이가 그렇듯이 부조리의 영웅은 목표나 단기 목표, 예를 들면 음식, 쉼터, 수면 등의 목표를 가져야 한다. 그렇지 않으면 그는 죽고 말 것이다. 그러나 카뮈가 드는 예에서 부조리의 영웅에게는 또한 장기 목표가 허용된다. 즉 가능한 한 많은 여자들을 유혹하는 목표가 있고, 가능한 한 멋진 다양한 삶을 경험하는 목표가 있으며, 가능한 한 많은 시간을 해변에서 적은 시간을 교실에서 보내는 목표가 있다. 그러므로 카뮈가 가치 있는 삶에서 '목표'를 배제할 때 그가 배제하려는 것은 목표 자체가 아니라 오히려 상당히 특정한 종류의 목표다.

*　*　*

> 삶은 쌓아 올리는 것이 아니라 태워 버리는 것이다. 멈추어서 신중히 생각해 보고 더 좋게 되려는 것은 소용없는 짓이다(MS: 133).

이것은 카뮈가 배제하려고 의도한 것이 무엇인지를 우리에게 말해 준다. 즉 '쌓아 올리는 것'을 말한다. 이것은 어원적 및 개념적으로 독일의 '교양'과 관련 있는 말이다. 단적으로 말해서 '소용없는' 일은 '더 좋게 되는 것', 자기 자신을 교양소설처럼 쓰는 것, 그 말의 가장 넓은 의미에서 '교육소설'을 쓰는 것(161쪽), 자아의 충분한 실현을 향해 진보의 서사를 쓰는 것이다. 배제되는 것은 삶의 기초를 제공하는 자아의 이상적 개념의 형성이고 이어서 자기 발전의 훈련 프로젝트로 인식된 삶이다. 카뮈가 가치 있는 삶은 목표가 없다고 주장할 때 염두에 두는 것은 바로 **이러한** 종류의 독일식 니체적 목표를 배제하는 것이다.[•]

교양의 삶에 잘못되어 있다고 생각되는 것은 무엇인가? 카뮈가 제시하는 한 가지 논증은 '일상인간'처럼 '목표'를 가지는 것은 그가 가치 있는 삶의 명백한 특징으로 받아들이는 자유를 결하게 된다는 것이다. 그는 이렇게 말한다. 즉 부조리의 영웅은 과거의 일상성으로부터 자기 자신을 일으켜 세우기는 하지만 '자신의 삶을 위한 목적을 상상한 만큼 목적의 성취라는 요구에 순응하며 산 것이고 [그 요구의] 노예가 된 것'(MS: 57)이라는 사실을 깨닫는다.

여기서 카뮈가 말하는 자유의 의미는 무엇인가? 앞서 나는 삶의 목표를 진정으로 가지는 것은 그 목표에 **헌신하는** 것이라고 주장한 바 있다. 그것이 진정한 목표라면 나는 어떤 역경을 만나더라도 그 추구를 단념하지 않을 것이다. 그러나 이에 대한 한 가지 예외가 있다. 내가 스스로 설정한 목표가 성취 불가능한 것임이 명백해질 때 그렇다.

나는 일류 의사가 되고 싶다. 하지만 시험을 통과하지 못한다. 또는 환자 몇 명을 죽인다. 이러한 경우에 사람들은 자신의 헌신을 포기해야 하고 자신의 목표는 자신이 처한 사실성과 양립 불가능하거나 불가능해졌다는 사실을 인지한다. 그러나 헌신적이기만 한 것뿐만 아니라 오히려 **강박적**이기도 사람은 자신의 목표가 자신의 사실성과 절대적으로 양립 불가능하다는 사실을 인지할 수 없다. (시험 결과는 조작된 것

• 사실을 말하면 카뮈가 표적으로 삼는 사람은 그가 찬미하는 니체는 거의 확실히 아니고 오히려, 한 번 더 말하지만, 우리가 본 대로 철학적 저서에 더하여 신학적 성격을 띤 수많은 '쌓아 올리기 담론'을 썼던 키르케고르이다.

이었고 환자가 사망한 것은 실제로 다른 사람의 실수였다 등등.) 강박적인 사람이라면 그의 사실성 속에는 자신의 목표를 포기해야 한다는 것을 확신시켜 줄 것이 **아무것도** 없다. 헌신적인 사람이라면 사신의 목표에 관해 사실성은 '현실 점검'을 제공하지만 강박적인 사람이라면 그렇지 않다. 여기서 나는 사람들이 자신의 목표에 '노예가 되어' 있다는 것이 무엇인지를 강박 속에서 발견한다고 생각한다.

그러나 일단 이렇게 강박과 헌신이 서로 구별된다면 카뮈의 논증은 사실상 그렇게 좋은 것은 아니라는 사실이 명백해진다. 그의 논증은 그처럼 그 둘 사이에 있는 아무런 차이도 알아보지 못한다는 사실에 의존하기 때문이다. 사실을 말하자면, 헌신적인 (그러나 강박적이지 않은) 사람은 자신의 목표가 자신의 사실성과 양립 불가능하다고 명백해지면 그 목표를 수정할 준비를 **할** 것이다. 교양의 삶을 정의하는바 목표의 노예가 되는 것은 위험하지만 결코 피할 수 없는 일은 아니다.

* * *

그런데 **교양**의 삶에 반대하는 카뮈의 주요 논증은 시간과 관련되어 있다.

카뮈는 '일상인간', '목표'를 가진 인간은 '자신의 기회를 저울질하고 … "언젠가"를 기대하며 자신의 은퇴를 믿고 아들의 수고를 기다린다고 주장한다'(MS: 56). 요컨대 그는 '미래에' 산다. 이와는 대조적으로 부조리의 영웅은 미래에 대한 총체적 '무관심'을 보여 준다(MS: 59). 그는 '현재에 그리고 현재의 연속에서' 산다(MS: 62). '미래에 사는 것'이 뭐가 잘못되었다는 것인가?

지금까지 야심만만했던 오페라 가수가 암으로 경력이 단절되고 골수 이식 수술로 병에서 회복되었다. 그녀는 (실생활) 인터뷰에서 이렇게 말한다.

노래는 이제 더 이상 나의 전부가 아니다. 나는 공원길을 걸으면서 하늘과 새를 훨씬 더 즐긴다. 정말 살아 있다는 기쁨을 누린다.

바로 이것이 '아침은 언제나 세계의 처음으로 보이는' 땅에 살고 있는 '야만적 신들'이다. 이들은 '거기에 있음'의 단순한 기쁨에 살아 있고 일상의 비범함에 살아 있다. 이 가수의 논평이 함축하는 것은 암의 트라우마가 생기기 전에 현재의 삶의 기쁨이 유명한 가수가 되겠다는 투사된 미래에 희생되었다는 점이다. 물론 현재의 삶의 기쁨은 삶이 언제나 현재에서 살아지기 때문에 있는 삶의 **기쁨**을 의미한다. 그리고 카뮈가 옳은 것은 말할 나위가 없다. 자신의 '미래성'이 현재의 기쁨에 살아 있음을 죽이는 만큼 그 미래성은 잘못된 것이다. 게다가 쇼펜하우어가 관찰한 대로 그것은 우리가 매우 흔하게 저지르는 잘못이다. 그는 이렇게 썼다. 사람들은 산다.

> 더 낫겠지 하는 기대 속에서. … 반면에 현재는 순간으로만 받아들여지고 무시되고 한낱 목표를 향해 가는 길로만 여겨진다. 따라서 삶이 끝날 때쯤이면 대부분의 사람들은 뒤를 돌아보고 일생을 **임시적으로** 살았다는 것을 발견할 것이다. 그들은 인정받지 못한 것, 즐거움을 주지 못한 것이라고 그냥 흘러 보낸 바로 그것이 자신의 삶이었다는 것을 알고는 놀랄 것이다. 그들이 기대 속에서 살았던 바로 그것이었던 것이다(PP II: 285-6).

그러나 내가 보기에, 목표를 향한 삶을 '쌓는 것'이 현재에 있는 자신의 삶을 **죽여야** 하는 것은 아니다. 사람들은 **두 가지**를 다 할 수 있다. 그녀는 가수가 되는 일도 할 수 있고(사실을 말하면 인터뷰로서 그녀는 가수 일을 포기한 것이 아니다) 공원 산책을 즐길 수도 있다. 이는 마치 사람들이 목적지를 향해 라인강 계곡으로 내려가는 열차를 탈 수도 있고 그와 동시에 수초에 햇빛이 언뜻 비치는 광경이나 포도밭이나 또는 어느 섬에 있는 성을 보는 기쁨을 누리면서 식당차에서 라인산 포도주를 곁들인 점심을 즐길 수 있는 것과 같다. 진실로 공원 산책이 누군가를 **더 좋은** 가수로 만들어 주는 데 도움이 된다는 것은 거의 확실한 사실이다. 다른 것들도 마찬가지이겠지만 노래하는 것 말고 다른 삶을 경험하는 사람은 그런 경험을 하지 않는 사람보다도 더 좋은 가수일 수 있다. (이것은 철학자에게도 진실이다.) 적절하게 숙고한 교양의 삶은 그 삶의 본질적 목표를 성취하는 데 명백하고 직접적으로 기여하지 못하는 활동과 경험에 대한 예산을 넉넉히 준비할 것이다.

*　*　*

이렇다고 할 때 카뮈는 미래에 홀려서 현재의 기쁨을 경험할 수 없게 만드는 종류의 강박을 경고하는 점에서 옳지만 '교양'의 삶의 형태가 그런 것이지 **않으면 안 된다**고 가정하는 점에서 틀린다. 그렇지만 나는 이제 카뮈에 반대하는 더한층 강력한 논점을 제시하고 싶다. 즉 자아를 본질적으로 정의하는 목표를 향한 삶의 교양은 가치 있는 삶의 일부를 형성**할 수 있다**는 것뿐만 아니라 그런 것**이어야** 한다는 점이다.

　니체는 힘에의 의지는 항상 더 많은 힘에의 의지라고 논평한다. 이 논평에 포함된 한 가지 생각은 (내가 10장에서 제시한 바와 같이 유일한 것은 아닐지라도) 발전, 성장, 상승 운동, 자기 극복을 지속적으로 지각하는 것이 가치 있는 삶에 본질적이라는 것이다. 이러한 통찰에 비추어 볼 때 사람들은 돈 후안의 삶, '배우'의 삶, 그리고 카뮈의 청춘 시절 친구의 삶에 잘못된 것이 있다는 점을 알 수 있다. 이 후자의 삶이 청춘 시절의 삶뿐 아니라 삶 전체의 모형으로 제시된다고 가정하면 그 잘못은 심각하다. 그러한 삶에 잘못된 것이 있다고 한다면 그것은 그 삶이 진전이나 성장의 지각이 없이, **정적**이라는 것이다. 돈 후안주의자는 돈 후안의 유혹에서 배우는 것이 아무것도 없고 이전의 사건에서 그 이후의 사건으로 인계되는 것이 아무것도 없다. 이것은 '배우'의 복합적인 삶에서도 동일하다. 그런 한편 카뮈의 젊은 시절 '서핑' 친구들은 뒤로 드러누워 느긋하게 있기만 하고 따라서 더 나은 서퍼가 되려는 노력도 하지 않는다. ('멈추어서 신중히 생각해 보고 더 좋게 되려는 것은' 서핑에서도 '소용없는 짓이다'라고 하는 것을 기억하자.) 카뮈는 부조리 영웅의 삶의 정적 특성에 대해 상당히 명시적이다. 돈 후안에 대해 카뮈는 이렇게 말한다. 즉 그는 자신의 화법이 그렇듯 항상 동일하다. 그는 '변하지 않을' 유혹자이다. '[교양]소설에서만 사람들은 자신의 조건을 변화시키거나 더 좋게 된다'(MS: 69). 그러나 이것은 카뮈의 부조리 영웅의 삶은 우리가 앞서 제시한 바와 같이 실제로는 치명적 지루함의 삶, **권태**의 삶이라는 것을 의미할 뿐이다.

* * *

이리하여 '힘에의 의지는 항상 더 많은 힘에의 의지'라는 말이 있는 그대로 사실이라면, 우리는 자아를 본질적으로 정의하는 목표에 비추어서 자신의 삶을 '쌓는 것'은 가치 있는 삶의 가능한 특성일 뿐만 아니라 **본질적** 특성이라고 결론 내릴 수밖에 없다. 그의 작품이 주는 많은 즐거움에도 불구하고, 철저하게 근본적인 문제를 정면에서 직시하는 그의 공적에도 불구하고 카뮈는 '삶은 아무런 의미도 가지고 있지 않다면 … 훨씬 더 잘 살아질 것'이라고 말하는 점에서 잘못되었다. 가치 있는 삶은 의미를 **요구하고 적어도** 삶에 개인적 의미를 공급하는 목표를 요구한다. (이 목표가 **한갓** 개인적일 수만 있는지 어쩌면 보편적일 필요가 있는지의 문제는 17장에서 설명할 것이다.)

15장

푸코

미셸 푸코는 1926년 푸아티에에서 태어나 1984년 파리에서 죽었다. 푸코의 설명에 따르면, 그 시대의 해방 운동은 그의 사고에 결정적 영향을 미쳤다고 한다. 그중에서도 1968년의 학생 운동, 1978-79년의 이란 혁명, 1980년대의 폴란드 반공산주의 저항 연대 운동은 각별한 것이었다.

1975년 그는 미국을 정기적으로 방문하기 시작했고 특히 버클리에 있는 휴버트 드레이퍼스Hubert Dreyfus를 방문했다. 그는 데스밸리 국립 공원 자브리스키 포인트에서 LSD를 복용했고 생애 최고의 경험이라고 말했다. 동성애자임을 밝힌 그는 아마도 샌프란시스코에서 있었던 가학 피학성의 행위 결과였을 것으로 보이는 에이즈로 사망했다.

푸코의 목표

이러한 자전적 정보가 맞다면 푸코 저작의 가장 가시적인 목표는 그가 '자유'라고 부르는 것(FR: 46, 48, 50, 246-7, 그리고 곳곳)이라는 점은 놀랍지 않다. 자유가 왜 문제가 되는가?

　모든 사물의 본질은 '힘에의 의지'라고 하는 (유고) 니체의 주장을 상기시키면서 푸코는 인간 사회를 이해하는 가장 적절한 모형은 **전쟁**이라는 입장을 피력한다. 그는 사회 현상이 의미의 해독이 필요한 일종의 언어 **텍스트**로 취급되어야 한다는 견해를 거부한다. 그러면서 다음과 같이 말한다. '사람들은 언어와 기호의 거대 모형이 아니라 전쟁과 싸움의 모형을 참조해야 한다'[인용 원문 그대로를 번역했음] (FR: 56). 푸코에 따르면 어떠한 사회적 상황에서도 한편으로는 항상 지배 요구가 있고 다른 한편으로는 저항 욕구(또는 적어도 저항의 필요성)가 있다. (실제로 푸코의 억압-저항 강조는 그의 모형이 전쟁 일반이 아니라 오히려 식민화 전쟁이라는 것을 의미한다. 명예의 빚이나 국경 분쟁을 해결하기 위해 벌어진 전쟁들, 지금까지 권리 주장이 전혀 없었던 땅에 대한 다툼으로 벌어진 전쟁들은 푸코의 목적에 맞지 않는 부적절한 모형이다.)

　푸코의 관심을 끄는 억압의 형태는 그가 다양하게 '지식 체제', '진리 체제', '담론', '에피스테메'라고 부르는 것이다. 이 용어들은 헤겔과의 연관 속에서 우리가 '의식 형태'라고 알고 있는 것을 꼬집어 말하기 위해 설계된 것으로 보인다(164쪽). 다시 말해서 이것들은 근본적이지만 역사적으로 상대적이라고 여겨지는 것, 실재의 본성, 특히 인간 존재의 본성에 관한 일련의 가정들을 지시한다. 이러한 가정들에는 '규범' 인간이라고 하는 것이 무엇인지에 관한 가정이 포함되어 있다. 예컨대 광기와 대립되는 정상이라는 것이 무엇인지에 관한 가정이 그것이다. 이와 같이 이 용어들은 인간 행동의 규범성을 정립하기 때문에 진리 체제는 규범적이며 그 내부에 '윤리학', 즉 바른 길을 가는 인간에 관한 가정을 포함한다. 〔이러한 설명을 감안할 때 지식 체제는 하이데거의 '세인'(248쪽)을 아주 많이 닮아 있는 것처럼 보인다는 점에 유의할 필요가 있다. 푸코의 철학을 유용하게 '파악'하려면 그 철학을 하이데거의 '세인' 개념의 탐구와 발전으로 보면 된다.〕

　　푸코는 체제가 항상 권력의 산물이라는 주장을 견지한다. 다시 말해서 그가 (유사 마르크스주의적으로) 견지하는 듯 보이는 주장은 체제가 항상 다른 사회 계급의 희생으로 얻는 한 계급의 이익에 봉사하고 어느 정도 일련의 공공연한 통제 '테크놀로지'나 '규율'에 의해 제자리에 유지된다는 것이다. 때때로 그는 하이데거와 같은 방식으로, 아무도 체제의 탄생이나 지속에 책임이 없다고 말하고(FR: 84-5) **모든 사람**은 저마다 지식 체제의 억압을 받는다는 것을 암시하는 것 같다. 그러나 대부분은 '부르주아지'의 이익으로 돌아가고 부르주아지가 체제를 유지한다는 입장에서 그는 마르크스를 따른다. 감옥과 정신병원의 규율 체제는 18세기에는 '정치 지배 계급', '부르주아지'에 의해 집행된 **외견상으로만** 해방적인 입법의 '어두운 면'이 되었다(FR: 211). 더욱이 '전쟁'의 비유는 억압받는 자뿐만 아니라 신원을 알 수 있는 억압자를 요구하는 것 같다. 전쟁을 벌이자면 양측이 있어야 한다.

푸코의 방법

이렇다고 할 때 푸코의 목표는 고통을 주는 우리의 체제를 깨닫게 하고 그로부터 해방하는 것이다. 그의 언어로 말하면 그것은 '실천적 위반'의 용기를 북돋우는 것이다(FR: 45). 그의 방법은, 그가 니체로부터 넘겨받은 용어로, '계보학적'이다. 그것은 어떤 특별한 담론/체제를 취하고 그 '가계'를 드러내며 그렇게 해서 우리가 그로부터 해방하는 것을 돕는다.

사람들은 지식 체제의 기원을 아는 것과 그로부터 해방되는 것 사이의 관계는 무엇이냐고 물을 것이다. 나는 그것이 두 가지라고 생각한다. 첫째, 체제가 기원을 **가진다**는 것을 발견하는 것만으로도 역사적으로 상대화되어 사람의 지배를 약화시킨다. 이 점을 푸코는 강조한다. 계보학을 통해 '보편적, 필연적, 의무적'으로 보이는 일들은 사실상 역사적으로 국소적이고 '자의적'인 것으로 입증된다(FR: 45).

둘째, 푸코는 그의 관심사인 지식 체제의 기원은 항상 권력, 즉 억압에 놓여 있다는 입장을 견지한다. 물론 이론적으로 보면, 윤리학 체계의 기원을 탐구함으로써 그 체계가 불타는 가시덤불로부터 받은 신의 명령으로 판명되거나 '자연 상태' 속 삶의 끔찍하고 야만적인 결함으로부터 탈출하기를 바라는 인간 존재 사이의 자유롭고 합리적인 협약으로 판명된다면 그 체계는 우리의 지배를 **강화하는** 것이 될지도 모른다.

그러나 사실상 푸코는 그의 관심사인 계보학이 항상, 고상하고 지각 있는 기원이 아니라 계급 억압의 비열한 기원을 폭로한다고 주장한다. 사람들은 사회적 실천이나 제도의 기원과 그 현재적 작용 사이의 관계가 무엇인지를 궁금하게 여길 것이다. 이 관계를 이해하기 위해 처음에는 아무것도 모르나 조금 있으면 알게 되는 어떤 기계의 기능을 생각해 보면 된다. 사람들은 이 기계가 콜라병에 뚜껑을 끼워 넣도록 만들어졌다는 사실을 알게 된다. 이렇게 해서 사람들은 이제 그 기계가 어떤 일을 하는지를 결정할 수 있다.

광기

푸코가 수행하는 계보학적 탐구의 세 가지 주요 영역은 광기, 섹슈얼리티, 그리고 감옥이다. 첫 번째 영역부터 시작해 보고자 한다.

사람들은 광인이 항상 구금되었다고 가정할지 모르지만 그들의 감금은 실제로 르네상스 시대에 처음 시작되었다. 푸코는 16세기부터 광인이 더 이상 존중받지 못했다고 주장한다. 그들은 중세에는 '비합리성의 낙인을 안고 살고, 비합리적 세계'(FR: 136)라는 대안적 세계에서 온 사절로 존중받았다. 정신병원을 지은 최초의 동기는 경제적 호황기에 값싼 노동을 공급하는 용역 자원이었던 게으르고 비생산적인 사람들이 있는 거리를 깨끗하게 하는 것이었다(FR: 124-39). 19세기에 와서 비정상인들을 '보다 인간적'으로 취급하려는 우호적인 배려에서 쇠사슬과 쇠막대를 제거하려는 움직임이 있었다. 예를 들어 프랑스에서 개혁주의 정신병원장 시피옹 피넬은 아무도 자신이 신이라고 망상하는 사람에게 말해서는 안 된다고 명령했는데 잠시 후에 보니 그 환자는 '보다 지각 있고 사실적인' 생각으로 돌아왔다고 보고한 바 있다(FR: 150). 침묵으로 대하는 것, 배제하는 것은 일종의 강압이었고 미친 사람이라는 소리를 반복적으로 듣는 것은 다른 형태의 강압이었다. 그러다가 '인간다운' 형태의 강압이 모두 실패로 돌아가자 전통적인 잔인한 형태의 강압이 최후 수단이라는 위협하에 자리를 차지하게 되었다.

프로이트와 그를 따르는 현대의 대화 치료사들은 일반적으로 정신병원을 포기했지만 여전히 병원이 취한 강압의 본질적 구조를 유지한다. 말하자면 그 치료사들은 자신들을 전지자, 침묵의 관찰자, 전능한 심판관의 자리에 놓음으로써 '반은 신'인 사람의 지위로 올려놓는다(FR: 164-6).

이렇게 해서 푸코의 주장은 풍부한 역사적 세부 자료로 정공되어 그는 현대 정신병원과 정신치료는 억압적 제도라고 주장하기에 이른다. 이것들이 억압적인 것은 한마디로 말해 '정상화하기'를 추구하기 때문이다.

'정상화하기'는 푸코의 비판적 어휘 중 핵심 용어이기 때문에 정확히 그 의미가 무엇인지를 알아내는 데에 잠시 시간을 내는 것은 가치 있는 일이다. 푸코가 그 말을 사용하는 대로라면 정상화의 일차적 대상은 집단, 인구, 통상적으로 말하면, 한 나라의 인구 전체이다(FR: 341). 그 목표는 '정상의 권력'을 창조하는 것, '정상의 형벌'을 통해서 '표준화', '균질화'를 창조하는 것이다. 물론 균질화는 '고정된 특수성'의 분화(어머니, 아버지, 노동자, 감독관 등)는 허용한다(FR: 196-7). 인구는 적절한 (내면적으로 분화된) 규범에 따라 행동하게 되는 정도까지 정상화된다. 개인은 이 과정에 통합되는 정도까지 정상화된다. (하이데거가 세인에 대해 개인을 '평균' 부류의 존재로 하향시켜 '평준화한다'고 말하는 것을 상기하자.)

그렇다면 정신병원이 정상화한다는 것은 어떤 의미에서 하는 말인가? 정신병원은 세 가지 주요 방식으로 움직인다. 첫째, 그것은 이전에 '비합리적'이었던 환자를 '치료하고' 공동체로 돌아가게 해서 보다 '정상적' 방식으로 행동하도록 한다. 둘째, 환자는 '치료되지' 않을지라도 공동체에서 분리함으로써 적어도 타인의 비정상적 행동 사례와 그 조장을 제거하고 이렇게 해서 일반 인구의 정상화에 이바지한다. 셋째, 가장 중요한 대목으로 '미친' 사람을 감금함으로써 나머지 사람에게 경고와 억제를 작동하게 하고 이렇게 해서 인구 전체를 정상화하는 것을 돕는다.

현실적으로 구금의 벽은 부르주아지 양심이 17세기에 꿈꾸기 시작한 도덕적 도시에 부정적 요소들을 둘러막는다. 도덕적 도시는 … 호소를 하지 않는 힘, 이를테면 일종의 선의 주권만으로 의가 통치하는 도시이다. 이러한 주권하에 있는 도시라면 겁박은 만연해 있을 것이고 덕의 보상만으로 처벌을 피할 수 있을 것이다(FR: 138).

여기서 사람들은 소련의 마지막 몇십 년 동안 가해진 반체제 정치 인사에 대한 취급을 생각할 수 있을지도 모른다.

비평

푸코의 정신병원 비판에 대해 제기될 필요가 있는 질문은 이렇다. 즉 그는 우리가 모든 정신병원을 폐쇄하고 '광인'이 방해를 받지 않고 거리를 돌아다니기를 허용하는 중세의 실천으로 돌아가기를 바라는가 하는 것이다. 나는 그의 대답이 그렇지 않기를 바란다. 다른 사람들과 마찬가지로 그도 제정신이 아닌 상태에서 범죄를 저지르는 사이코패스가 자유롭게 돌아다니는 것을 원하지 않는다. 그렇다면 그는 우리가 무엇을 하기를 원하는가? 나는 그가 위험성이 없는 다른 사람을 '병자'로 보고 의학 치료가 필요한 존재로 취급하는 것을 멈추기를 바란다고 생각한다. 푸코는 '19세기 말 이후부터 횔덜린, 네르발, 니체, 아르토의 작품 같은 데서 잠시 나타나는 때를 제외하고는 비이성의 삶은 더 이상 나타나지 않는다'(FR: 166)고 쓴다. (횔덜린은 마지막 30년을 지금이라면 정신분열증이라고 진단될 상태에서 보냈고 니체는 마지막 10년을 식물 상태에서 보냈으며 네르발은 자살했고 아르토는 정신병원에서 죽었는데 아마도 자신의 손에 죽었을 것이다.) 내가 생각하기에 실제로 푸코를 괴롭히는 것은 미쳤다고 여겨지는 사람들을 정상화함으로써 유발되는 창조성의 상실이다. 이 문제는 그의 많은 동시대인들이 공유한 관심사이다. 푸코의《광기의 역사》은 1961년에 나왔다. 다음해에 앤서니 버지스의《시계태엽 오렌지》와 켄 케시의《뻐꾸기 둥지 위로 날아간 새》가 같이 나왔다. 첫째 작품은 주인공이 거리 폭력 성향을 치료하고자 고안된 혐오 요법 시술을 받은 결과로 자신의 베토벤 사랑을 상실하는 것을 다루고, 둘째 작품은 정신병원에 수감된 말썽꾸러기 정신병 환자가 받는 전두엽 절제 시술을 다룬다.

물론 소크라테스도 우리가 본 바와 같이(27쪽) 의학적 정상화와 관계가 있다. 리시아스는 모든 광기가 병이라고 주장한 데 반해 소크라테스는 '하늘에서 보낸' 광기는 그 모든 다양성에도 병과는 정반대라고 피력한다. '하늘에서 보낸 광기를 의학적으로 처리하지 말라'고 하는 것은 플라톤의 메시지를 요약하는 한 가지 방식이다.

섹슈얼리티

이제 나는 푸코가 수행한 섹슈얼리티의 계보학적 연구로 넘어간다. 두 가지 주요 주제가 논의를 위한 소재를 제공한다. 정신치료와 도착의 개념이다.

푸코는 고대 세계에는 미리 확립된 생득적 자아 개념은 존재하지 않았다고 말한다. 자아는 자아를 '예술작품'으로 창조하라는 조언을 받고 자기 계발의 다양한 규율을 따라 당신이 **창조한** 무엇이다(FR: 362). 인간이 미리 주어진 자아를 가지고 태어난다는 사상은 주로 기독교의 발명품이다. 그것은 원죄 교리의 핵심적인 부분이다. 당신이 죄인인 상태로 태어난다면 일련의 생득적 욕망과 성향을 가지고 태어나야 할 것이다. 죄를 진 자아는 구원을 얻기 위해 당신이 포기하지 않으면 안 되는 것이다. 구원은 따라서 '새로운 탄생'이라는 특성을 가진다 (FR: 262-3). 죄의 초점은 섹슈얼리티였고 죄를 진 육체의 의인화였다. (그래서 죄 없는 예수는 동정녀로부터 출생**해야 했다**.) 17세기부터 성을 공개적으로 말하는 것을 금지하는 터부가 있었지만 가톨릭의 고백성사에서 사람들은 용기를 입어 '불결한' 생각과 행실들을 상세히 말할 수 있었다. 본질적 자아를 이렇게 주로 성적인 것으로 개념화하는 일은 현대의 정신치료에 인계되었다. (우리가 본 바와 같이(134쪽) 프로이트는 오랫동안 심적 에너지의 **유일한** 원천은 리비도라는 주장을 견지했다.) 유일한 차이점이라면 지금(1970년 후반)은 이러한 본질적 자아의 욕망을 근절하기보다는 그에 따라 **행동하고 포용하는** 용기를 얻는다는 것뿐이다. 이렇다고 할 때 현대의 정신치료는 가톨릭의 고백성사를 뒤집는 것이다(FR: 301-16).

푸코가 이와 같이 자아를 정신치료의 견지에서 개념화하는 일을 억압적인 것으로 보는 이유가 즉각적으로 분명하지는 않다. 내가 생각하기로, 그 이유는, 우리가 보게 되겠지만, 사르트르나 푸코에게 자유는 자아를 발견하는 일보다 **창조하는** 일이기에 '참된 자아'에 대한 **어떠한** 개념도 억압적인 것으로 본다는 점 때문이다. 푸코는 이런 방식의 자아 개념을 '캘리포니아적'(FR: 362)이라고 일컫는데 이러한 개념은 억압적이다. 왜냐하면 그것은 그 개념에 사람들이 정상화되면 '자신들의 [성적] 느낌에 연결되는 일'에 집착하게 되고 그 느낌은 캘리포니아적 클리셰 같은 것으로 바뀌기 때문이다.* 이로 말미암아 우리 대부분에

---

* 푸코는 버클리에서 폴 라비노우와 휴버트 드레이퍼스와 함께 인터뷰하는 중에 이렇게 말하고 그의 캘리포니아 인터뷰어와의 우호적인 마무리로 '캘리포니아'를 거의 확실하게 걸고넘어진다. 드레이퍼스는 한때 워너 에르하르트Werner Erhard가 설립한 에스트Est의 자기 개발 집단(나중에 '포럼'으로 바뀌었다)을 위한 프로그램을 작성했다. 이 사실이 푸코에게 그와 같은 마무리를 위한 기초를 부수적으로 제공했을지도 모른다.

게 '성은 권태로운 것'이라든가 우리의 삶에서 한갓된 지엽적인 문제라는 진리를 인정할 수 있는 자유를 빼앗기게 된다. 푸코가 관찰하는 바에 따르면 그리스인들은 성보다는 음식에 훨씬 더 관심을 많이 가지고 있었고 전자는 윤리적으로 사소한 일로 치부되었다(FR: 340).

* * *

푸코는 18세기에 와서 '도착'의 개념이 정상화의 무기적 힘이 되는 것을 본다. (일반적으로 그는 하이데거처럼 정상화를 모든 인간 사회에 현존하는 초역사적 현상으로가 아니라 18세기 계몽주의와 함께 탄생한 것으로 기술한다. 계몽주의가 표면적으로 이성, 자유, 평등, 형제애를 말할지라도 푸코가 볼 때 정상화의 규율과 기술은 계몽주의의 현실이고 어두운 이면이다.) 성, 특히 이례적인 성의 '의학화'가 일어났다. 행동은 개인 특성의 유형을 나타내는 표지가 되었고 말하자면 배제 딱지와 같은 '동성애자', '소아성애자', '동물성애자' 따위를 나타냈다.(FR: 316-29).

그러한 딱지가 붙은 사람은 '고상한' 사회에서 배제되고 그렇게 되면 '고상한' 사람들 사이에는 정상적 규범성이 보존된다. 부분적으로는 이상한 것을 배제함으로써, 그리고 부분적으로는 이상한 것에 유인된 사람들을 향해 경고를 발함으로써.

* * *

기억할 것은 푸코에 의하면 전쟁, 계급투쟁은 사회의 근본 조건이라는 점이다. 이렇다고 할 때 성행위를 '정상적' 규범성에 구속함으로써 계급 이익은 어디로 돌아가는지 하는 문제가 발생한다. 그는 우리에게 알려주지 않는다. 그러나 프로이트는 우리가 본 바와 같이 이 주제에 관해 말할 만한 적절한 것을 가지고 있다. 우리는 그가 성은 가능한 한 권태롭게 될 필요가 있다고 주장하는 것을 보았다(132쪽). 그렇게 되면 가능한 한 많은 리비도적 에너지가 '문명화' 과업, 사회적 결속, 생산적 활동 등을 위해 보존된다. 그러나 말할 필요도 없지만, 여기에다 문명화 과업은 항상 현재 통용되는 말로 '1%' 사회 지배 계급의 이익에 우호적이라는 마르크스주의 생각을 보태면, 성을 가능한 한 따분한 것으로 만드는 일은 지배 계급의 이익에 봉사하게 된다는 결론에 도달한다.

제기될 필요가 있는 다른 문제는 푸코가 정신치료에 대해 말하는 것과 도착에 대해 말하는 것 사이의 일관성에 관한 문제이다. 한편으로 그는 '참' 자아에 대한 '캘리포니아적' 숭배는 사람들에게, 성적으로 말해서, '마음껏 하고 싶은 대로 해야 한다'는 강박관념을 갖게 만든다고 말한다. 그러나 그것이 암시하는 것은 이렇다. 즉 사람들의 가장 내면적 욕망이 '도착된' 범주에 빠지게 되면 사람들은 그 욕망도 역시 풀어주도록 고무된다는 것이다. 그러나 다른 한편으로 그는 사회는 '도착된' 성에 **반대하는** 강력한 정상화의 압력을 행사한다고 말한다.

그러나 나는 이러한 모순은 겉으로 그렇게 보일 뿐 사실은 아니라고 생각한다. 푸코는 정신치료의 이데올로기를 논의할 때는 다만 그 사회 내의 자그마한 일탈적인 하위문화를 논의하는 데 반해, 도착을 논의할 때는 사회 전체에 초점을 맞춘다. 하위문화가 종종 사회 전체의 이데올로기와는 반대되는 이데올로기를 가지거나 하위문화의 이데올로기가 그 이데올로기의 영향을 받는 사람들을 억압할지도 모른다는 것이 흔한 사실임은 말할 나위가 없다.

감옥

아주 명시적으로 정상화를 겨냥하는 것으로 보이는 제도들 중 하나는 감옥이다. 감옥은 응보의 도구임은 말할 것도 없고 범죄자를 쓸모 있는 생산적 시민으로 재훈련하는 목표를 가진다.

근대 감옥에 대한 푸코의 주된 관심은 그가 '파놉티콘'이라 부르는 것, 다시 말해서 '총체적 감시의 양질의 효율성'(FR: 217)에 관한 것이다. 그가 이 문제에 관심을 가지는 이유는 이것이 근대성 일반의 핵심 특징을 구성한다고 믿기 때문이다. 파놉티콘이라는 이름은 제러미 벤담이 스스로 '파놉티콘'이라 부른 1791년의 이상적 감옥 설계에서 따온 것이다. 이 설계는 교외에 층층마다 감방이 있는 원형감옥을 만들고 그 한가운데 높은 감시탑을 세우는 양식으로 구성되어 있다. (구글 이미지 검색에서 '파놉티콘'을 입력해 보라.) 그 요체는 죄수들이 끊임없이 감시될 수 있도록 하는 것이고 이렇게 해서 죄수 통제, 사슬, 폭력 징벌과 같은 전통적 수단의 필요성을 일소하려는 것이다. 사람들은 자신이 감시망에 포착되지 않을 것이라고 생각하게 되면 규칙을 위반한다. 그러나 (아무것도 신으로부터 감출 수 없는 것과 같이) 아무것도 관찰의 눈으로부터 감출 수 없다는 것을 알게 되면 규칙을 거의 영원토록 위반하지 않을 것이다. (자살 폭탄 대원은 이 규칙에서 예외이다.)

파놉티콘은 통제의 수단만은 아니다. 그것은 또한 범죄자를 과학적 연구 대상으로 바꾸는 것을 용이하게 해 준다. 범죄자의 감옥 내 행동뿐만 아니라 그의 자전적 이야기와 그를 범죄로 이끈 요인들까지도 연구 문제가 된다. 형벌적 이론과 심리학적 이론은 서로 만나고 그리하여 범죄의 '유형학'이 수립된다. 그러므로 범죄자는 더 이상 한낱 법을 위반한 사람이 아니다. 그 대신에 그는 특별한 유형의 사람, '불량 인간'이 된다(FR: 219).

19세기 이후로 재범(재범죄)율이 높은 비율로 지속되고 있다는 사실을 지적하면서 비평가들은 감옥 체계는 실패라고 고발해 왔다. 그러나 사실상 푸코는 그것은 결코 '실패'가 아니라고 시사한다. 그 이유는 **그러한** 정상화를 뜻하는 교화가 결코 진정한 목표가 아니었기 때문이다. 그 참된 목표는 정확히 말하면 항상 특수한 형태(들)의 인간 존재, 다시 말해서 '불량 인간'을 고립시키는 것이었다. 감옥 체계의 목표는 불량성을 사회체로부터 추방하는 것이고 영구적인 지하계급으로서 보존하는 것이며 늘 상존하는 경고, 즉 영구석으로 현존하는 부정적 억할 모형으로 내세우는 것이다(FR: 231-2).

그러므로 사람들이 푸코가 말할 것이라고 기대하는 바와는 정반대로 감옥은 죄수를 '정상화하는' 일에 성공하는 것도 아니고 애를 쓰는 것도 아니다. 정확히 말하면 그것은 **우리**를 정상화하고 '정상적' 사람들, 범죄를 저지르지 않는 사람들을 순치시키는 일을 정상화한다.

푸코가 수행하는 비판의 실천적 결과는 무엇인가? 감옥의 한 가지 주요 기능이 사회를 범죄의 결과로부터 보호하는 것이라면 그는, 짐작하건대, 감옥의 폐지를 원하지 않을 것이다. 그는 또한 응보의 개념, 즉 범죄자는 '사회에 빚진 채무를 이행해야' 한다는 개념에 반대의 목소리도 내지 않을 것이다. 오히려 그의 비판의 초점은 교화의 개념에 맞추어져 있다. 그는 다른 **유형**의 교화를 원하는가? 즉 그는 죄수의 사생활 보호 권리를 존중하는 것, 어쩌면 심리학자와 범죄학자를 철학자나 배우, IT 교사, 취업 전문가로 교체하는 것과 같은 교화를 원하는가? 아니면 그는 감옥과 교화 사이에 본질적 양립 불가능성이 있다고 생각하는가? 그는 교화 프로그램이 어떤 것이라도 프로그램으로서는 실패할 수밖에 없다고 생각하는가? 푸코는 이러한 문제에 답하지 않는다. 나 역시도 답을 알지 못한다.

순치된 육체

정신병원, 섹슈얼리티, 그리고 감옥에 대한 푸코의 논의는 그 초점이 특수 영역의 통제와 정상화에 맞추어진 것이다. 그러나 그가 스스로

'순치된 육체'라고 부르는 주제로 넘어갈 때(FR: 179-205) 이 논의는 보다 일반적 주제에 기여하는 것과 맞물려 앞뒤가 들어맞는 것이 된다.

18세기는 국민국가 사이의 권력 투쟁 시기였다. 공식적으로 전시는 아니었지만 (다른 국가와의 정치적 관계 및 국가 내부의 평화와 질서를 모두 포함해서) 정치는 다른 수단으로 이루어지는 전쟁의 연속이었다(FR: 185). 물론 이것은 새로운 어떤 것도 대변하지 않았다. 그렇지만 새로운 것이 있었는데 그것은 두각을 드러내는 과정에서 국가는 시민의 '육체'를 유일한 종류의 통제, 다시 말해 푸코가 자본주의에 의해 창조된 시기, 즉 근대를 확정 짓는 종류의 것으로 받아들이는 통제에 복속시켰다는 사실이다. 그 이유는 국가 권력은 경제 권력에 의존했기 때문이다. 그리고 경제 권력은 효율적이고 믿을 수 있는 노동력에 의존했고 노동력은 결국 '순치된 육체'에 의존했다. 여기서 푸코는 '사람'에 대해서가 아니라 '육체'에 대해서 말하는데 이는, 내가 생각하기에, 근대 자본주의에서 사람들은 '육체', 즉 어느 정도 효율적인 생산 단위일 뿐이라는 점을 강조하기 위해서이다.

순치된 육체의 모형은 병사이다. 푸코는 병사의 육체에 관한 자연스러운 '수사'가 있다고 지적한다. 그것은 '군대 기풍'이다. 18세기가 깨달은 것은 이것이 군대 귀족이 소유하는 특권이 아니었고 타고날 때부터 가질 필요도 없었으며 훈련에 의해서 만들어질 수 있었다는 사실이다. 가장 천한 농부도 자동 기계처럼 훈련될 수 있었고 로봇 같은 '순치성'을 지니는 병사처럼 훈련시킬 수 있었다.

순치된 육체의 훈련은 군대에 그치는 것이 아니었다. 18세기는 전체 '사회를 군사적으로 꿈꾸는 꿈'을 가졌다.

> 내부의 평화와 질서의 기술로서 정치는 완전한 군대, 훈련된 집단, 순치된 유용한 부대의 메커니즘을 실행하려고 애썼다(FR: 185).

(푸코가 읽은 적이 있는 것처럼 보이지 않는 에른스트 윙거는 1932년 이러한 현상을 가리키기 위해 '총동원'이라는 말을 조어했다.)* 이러한 정치의 열쇠는 개인적 삶의 모든 세부 사항에 대한 감시와 규율, 권력의 '미시물리학'에 있다(FR: 183). 이제 이를 '미시 관리'라고 말하고자 한다. 나폴레옹의 목표는 동시대인에 의해 기술된 바와 같이 '이 거대한 기계 전체[즉 프랑스]를 받아들여서 삶의 세부 사항이 자신의 주의에서 벗어나는 것을 한 치도 허락하지 않도록 하는 것'이었다(FR: 185). 푸코는 이 '기계' 비유를 '합리적으로' 조직된 사회라는 계몽주의 이상이 지닌 탈인간화 효과, 다시 말하면 인간 존재를 '기계의 일개 톱니바퀴'로 축소하는 효과를 폭로하는 데 매우 유의미한 것으로 파악한다.

권력의 '미시물리학'의 기술은 많고 다양하다. 그렇지만 푸코는 이를 두 가지 주제로 조직화한다. 바로 '위계적 관찰'과 '판단의 정상화'(FR: 188)이다.

'위계적 조직'은 바로 파놉티콘이다. 그러나 푸코가 이 새로운 용어를 도입하는 의도는, 내가 생각하기에, 벤담의 파놉티콘이 모든 죄수를 직접 관찰하는 단 하나의 시선을 포함한 데 반해, 군사적 파놉티콘은 위계적 위임을 통해 작동한다는 점을 제시하기 위해서이다. 상병은 (별로 은밀하지private 않게도) 이등병private을 지켜보고 병장에게 보고하며 병장은 소위에게 보고한다 등등.

군 주둔지는 위계적 관찰을 목적으로 조직화된다. 그러나 예를 들어 군영 모형에 따라 지어진 노동자 주택 단지**나 학교(특히 군인이나 관

---

* Jünger 1982.
** 영국 브래드퍼드시 근교의 솔테어에는 방적 공장이 있는데 그 주위에 19세기 노동자 주택 단지가 있다. 그 단지 내에는 테라스 식 주택이 줄지어 늘어서 있고 줄마다 한 층 더 높이 지어진 집이 하나씩 있다. 그래서 감독관은 자신의 책임하에 노동자

료를 위한 훈련장)도 마찬가지이다. 학교의 경우 화장실에 달려 있는 스윙문(FR: 191)도 역시 개인이 감시를 피할 수 없다는 것을 의미한다.

'판단의 정상화'의 주요 기술 중 하나는 우리가 이미 논의한 것인데, 바로 배제이다. 정신병원과 감옥은 '미친 사람'과 '불량 인간'을 배제하고 고립시킴으로써 인구를 정상화한다. 정상화의 또 다른 기술은 이 같은 간접적 방식이 아니라 육체를 순치시키고자 직접적으로 작용한다. 18세기 사회는 미시적 규율 체계로 가득 차 있다.

예를 들어 공장에는 가벼운 체벌과 사소한 굴욕을 주는 정교한 체계가 있었다. 이것은 저속한 몸짓, 불손함, 무례함, 불결함, 지각, 잡담과 같은 '올바르지 않은' 태도와 행동을 다루기 위한 것이다(FR: 194). 학교는 국가시험을 통해서 정상화와 위계적 관찰을 전국적인 규모로 안전하게 보장한다. 즉 국가시험은 교수와 학습의 '규범', 그러므로 에콜 노르말(교원 양성 대학)을 확립하고 전국적 시험 결과를 수집함으로써 규범이 지켜지고 있는지를 확실히 한다(FR: 196-7).

정상화와 파놉티콘은 쌍두마차처럼 작동한다. 정상화는 순치를 거역하고 형벌적 규범을 범하는 사람들에게 그런 규범을 규범으로 확립하도록 작동한다. 파놉티콘은 규범 위반자들에게 어디에도 숨을 곳이 없게 함으로써 보이게 되고 훈육될 수밖에 없음을 확실히 한다. 그것은 정상화로 확립된 제재가 여간해서는 일어나는 일이 없을 것을 확실히 보장해 준다. '빅 브라더'(또는 국가안보국)는 사람들의 일거수일투족을 보고 있기 때문에 사람들은 규범망을 빠져나갈 기회가 없다는 것을 알고 있다. 파놉티콘은 통제 체계를 완전하게 만들어 준다.

의 활동들을 관찰할 수 있었을 것이다. (솔테어는 현재 세계유산 지역이고 과거의 방적 공장은 현재 데이비드 호크니 박물관이다.)

자유와 미

내가 관찰한 대로, 푸코의 가장 뚜렷한 목표는 자유롭게 되는 것, '지식'(예를 들어 광인보다는 정상인이 되는 것, 불량 인간보다는 고상 인간이 되는 것, 일탈 인간보다는 바른 인간이 되는 것이 무엇인지에 관한 '지식') 체제로부터 자유롭게 되는 일인 것 같다. 모든 지식 체제는 권력의 도구이고 이 권력으로 일부 엘리트 집단이나 계급은 우리를 지배하겠다고, 즉 우리를 '정상화해서 순치' 동물(니체라면 '떼' 동물이라고 말할 것이다)로 만들겠다고 위협하기 때문에 저항(또는 푸코가 부르는 대로라면 '위반')은 영구 과제이다. 다음과 같은 이유로, 즉

> 모든 것[모든 지식 체제]은 위험하기 때문에 … 우리는 항상 할 일이 있다. 그래서 나의 입장은 무관심이 아니라 과잉적 행동주의, 비관적 행동주의에 귀착한다(FR: 343).

('비관적'인 까닭은 푸코는 대부분의 사람들이 대부분의 시간에 정상화 상태('비본래적', '떼동물')에 머물 것이라는 사실을 인지하고 있기 때문이다.)

그러나 저항의 요점은 무엇인가? 지배되는 것에 관하여 무엇이 그토록 나쁜가? 지배에서 벗어나면 무엇이 그토록 좋은가? 왜 '자유'는 귀중한가?

푸코주의자로서 '우리는 항상 할 일이 있다'고 한 앞서의 논평에서 암시되듯이, 한 가지 대답은 자유 그 자체가 특별히 현실적으로 귀중해서 그런 것은 아니라는 것이다. 비판과 위반을 해야 하는 이유는 그러지 않았다면 우리가 빠지게 될 쇼펜하우어적 권태의 접근을 때마침 막아주기 때문이라고 말할 수 있다. 이렇다고 할 때 푸코 철학의 긍정적 메시지는 삶에 의미를 부여하기 위해 우리는 우리 삶의 프로젝

트로 비판가의 역할을 분하는 페르소나를 떠맡아야 한다는 것이다. (나의 옛 친구의 전처는 이 친구에 대해 다음과 같이 말한 적이 있다. '그게 뭔지는 하나도 안 중요해. 그는 반대할 뿐이지.') 그러나 이것은 확실히 만족스러운 대답은 아니다. 왜냐하면 '해체'는 해체가 건설의 서막이 될 때 진정한 (또는 적어도 죄는 아닌) 만족을 제공할 수 있을 뿐이기 때문이다. 늘 비판하기만 하는 사람은 창조적 인간에게 무시당할 것이다. 그리고 이는 올바르다. 우리 중 어느 누구도 이러한 상을 진정한 자기 상으로 채택하기를 바라지 않을 것이다. 그렇다면 우리는 가능하다면 '자유'를 그토록 중요한 가치에 속하는 것으로 받아들여야 하는 이유를 설명하는 문제에 대해 다른 대답을 발견할 필요가 있다.

*　*　*

푸코는 고대 세계의 '윤리학'에 대해 상당히 많은 말을 한다(특히 다음을 참조 FR: 340-51). 그는 그 핵심 개념이 '자아 배려'였다고 주장한다. 그러나 그는 헬레니즘 시대의 자아 배려가 기원전 4세기의 그리스인들이 생각했던 의미와는 다르다고 말한다. 예를 들어 기원전 4세기의 그리스인이나 플라톤에게 자아 배려란 자신을 돌보는 것, 공동체 전체를 돌보는 데 적합한 상태에 있기 위해 영혼의 질서를 바로잡는 것이었고 성마른 욕망(1장에서 논의한 '검은 말'을 참조)을 다스리고 스스로 통제하는 일을 성취하는 것이었다.* 그러나 헬레니즘 시대에는 모든 사람은 그저 자기 자신을 돌볼 뿐이다. 자아 배려 이면의 목적은 전혀 없다(FR: 348). 여기서 푸코는 주로 스토아학파의 자아 배려를 생각하고 있다.

　내가 알 수 있는 한에서 푸코는 그가 스토아학파에 귀속시키는 윤리

•　여기서 푸코는 《파이드로스》의 나이가 많아진 은퇴 철학자보다는 《국가론》의 철인 왕을 생각하고 있다. 모든 천재 사상가처럼 플라톤은 때때로 자기 생각을 바꾸었다.

학의 개념에 강력한 애착을 보인다. 플라톤적 개념은 그에게 너무 위세적이고 잠재적으로 너무 억압적이라는 느낌을 주었다고 생각된다. 그의 생각은 모든 사람은 각자 그 자신 또는 그녀 자신을 돌보아야 하고 다른 모든 사람들도 상관하지 않고 똑같이 그렇게 하도록 내버려 두어야 한다는 것이다. 공동체 배려는 푸코의 다소 유아론적 윤리적 관점에서 볼 때 중요하지 않은 모양새이다.

자아 배려, 자아 극복의 목표는 스토아학파에게 금욕적인 것이었다고 푸코는 말한다. 그 요점은 성적 절제의 삶에 대한 플라톤의 의견에 동의할지라도 그들에게 (취향에 따른) 성적 무절제는 **추한** 것이었다는 것이다. 그렇다면 그 요점은 **아름다운** 삶을 사는 것, 사실상 자신의 삶을 예술작품으로 사는 것에 있다. 근대성이 안고 있는 문제는 예술이 삶에서 배제된다는 점이다.

> 나에게 강하게 다가온 것은 우리 사회에서 예술은 다만 대상에만 관계하고 개인 또는 삶에는 관계하지 않는 무엇이 되었다는 사실이다. 이러한 예술은 특별한 것이거나 예술가 같은 전문가들이 하는 일이 되어 버렸다. 그러나 모든 사람의 삶은 각각 예술작품이 될 수 없었는가? 어째서 램프나 집은 예술작품이어야 하고 우리의 삶은 아닌가?(FR: 350)

이런 까닭에 (마침내 푸코를 우리의 중심 주제와 관련시키자면) 우리의 삶에 의미를 부여하는 것이 문제로 등장하게 될 때 푸코의 입장은 우리는 예술작품이 되어야 한다는 것이다. 의미 있는 삶은 (캘리포니아 사람들이 생각하는 것처럼) '욕망, 삶, 자연, 육체 등등에 관한 진리'를 발견하는 문제가 아니다(FR: 350). 그것은 현실적으로 주어져 있는 억압된 자아에 여실한 문제가 아니다. (푸코는 이러한 입장을 사르트르에게 귀속시키는데, 이는 프로이트 및 무의식에 대한 사르트르의 반감을 고려할 때 놀라운 일이다.) 오히려 그것은 **창조적인** 존재가 되는 문제이다 (FR: 351).

물론 이것은 본질적으로 우리가 9장에서 논의한 니체 입장의 반복이다. 거기서 니체 입장은 우리의 삶을 '영웅'으로서의 우리 자신과 함께 예술작품으로 구성해야 한다는 것이었다. 푸코는 이것을 인정하고 각별히 《즐거운 학문》 §290을 언급한다(FR: 352). 다음과 같다.

> **한 가지가 필요하다.** 자신의 등장인물에 '스타일'을 부여하는 것이다. 위대하고 희귀한 예술이여! 이것은 자신의 본성이 지니는 모든 강점과 약점을 조사하고 이어서 이것들이 각자 예술과 이성으로 나타나서 약점조차도 눈을 기쁘게 해 주는 시점에 이를 때까지 예술적 기획에 꿰맞추는 사람들에 의해 실행된다. … 마침내 이 작업이 끝나면 일개 취향의 구속이 어떻게 크고 작은 모든 것을 지배했고 형성했는지는 분명해진다. 이 취향이 좋은 건지 나쁜 건지 하는 문제는 이 취향이 다만 일개 취향에 다름없다고 하더라도 생각보다는 훨씬 덜 중요하다. …

(자신의 삶에 통일된 '스타일'을 부여하는 것은, 푸코가 '미'의 개념을 말했지만 별도로 설명하지 않았던 그의 미의 개념을 설명해주는 것이다.) 이런 까닭에 우리가 신이 버림받은 우주에서 의미 있게 사는 법이 무엇인지를 설명해 달라고 푸코에게 요구할 때 그의 대답은 니체와 동일하다.

이것이 의미하는 바는 자유는 그 현저한 중요성에도 불구하고 푸코의 궁극적 가치가 아니라는 것이다. 오히려 정확히 말하면 미, 즉 예술이 바로 궁극적 가치이다. 더 나은 표현을 쓰면 자기 자신을 아름다운 예술작품으로 **창조**하는 일이 바로 푸코가 궁극적으로 가치 있다고 받아들이는 것이다. 창조는 그 정의가 자유로운 활동이라는 것 때문에 푸코는 자유가 미의 수단으로 가치 있다고 여긴다. 우리 자신을 니체의 말로 표현해서 '새롭고 유일하고 비교 불가능한'(FR: 335) 존재로 창조해야 한다면 말할 나위도 없이 우리를 에워싸는 지식 체제에 의해 확립된 클리셰로부터 자유로워져야 한다.

사람들은 자기 자신을 어떤 종류의 예술작품으로 창조해야 하는가? 이것은 전적으로 개인의 책임이다. 윤리학은 '개인적 선택'의 문제이다 (FR: 248, 361). 푸코의 말(367쪽 인용)에는 아무런 비일관성도 없다는 점에 유의해야 한다. 다시 말해 '모든 사람'은 자기 자신을 예술작품으로 창조해야 한다는 것과 윤리학은 개인적 선택의 문제라는 것 사이에는 일관성이 있다. 자신의 '윤리학'은 푸코가 인지하는 대로 자신을 예술작품으로 창조하는 바로 그 예술작품**이다**. 사람이 자기 자신을 예술작품으로 창조하는 것은 윤리학이 **있어야** 한다는 권고나 다름없다.

비평

나는 푸코 철학에 대해 세 가지 비평을 제시하고자 한다. 첫째는 사회를 '전쟁' 모형으로 보는 문제에 관한 것이고, 둘째와 셋째는 자신을 예술작품으로 창조하는 문제와 관련되어 있다.

푸코는 정상화를 통한 지배를 18세기 계몽주의에 의해 창조된 사회 질서를 분석하는 틀로 제시한다. 바꾸어 말하면 그것은 서구 근대성의 분석에 해당한다. 그러나 현실적으로 사람들은 정상화가 근대에서와 마찬가지로 푸코가 존경하는 듯한 그리스-로마 사회에서도 그만큼 만연한 것으로 **항상** 우리와 함께한 것이 아니었던가 하고 물을 수 있다. 어떤 역사적으로 특수한 '지식 체제'에 순응하라는 압력은 하이데거의

'세인'이 그런 것처럼 사실상 인간 존재의 선천적 또는 필연적 특징이 아닌가?

이제 푸코가 정상화를 통한 지배가 사실상 인간 존재의 편재적 특징이라고 **믿고 있다**는 점이 입증된다. 이것은 1983년 버클리에서 있었던 인터뷰 중 '전쟁' 모형에 관한 논의 과정에서 적어도 상대적으로 분명해진다.

푸코에게 제기되는 문제는 정치를 '본질적으로 지배와 억압'(바꾸어 말하면 '전쟁')으로 보는 그의 입장이 지나치게 암울하지 않은가 하는 것이다. 적어도 '합의'의 '허구적 가능성'이라도 허용되면 안 되는가(FR: 379)? 바꾸어 말하면 집합체 내에 지배와 억압의 관계가 없는 공동 목표를 지향하는 집단행동을 적어도 생각해 볼 수는 있지 않은가? 우리는 그것을 적어도 이론적으로 달성할 수 있는 '목표'로 채택할 수 없는가(FR: 379)?

그렇지 않다고 푸코는 답변한다. 일견 합의한 집단 내에서도 '권력 관계의 문제는 남아 있다'(FR: 378). 허용될 수 있는 최대치라고 해 봤자 합의성을 '결정 원칙'으로 사용하는 것뿐이다. 다시 말하면 '사람들은 합의 없음에 반대해야 한다'. 하지만 '사람들은 합의성에 찬성하면 안 된다'(FR: 379). 바꾸어 말하면 지배 관계, 억압 관계의 극복은 '허구적 가능성'조차 되지 않기 때문에 합의성에 대한 '찬성'은 전적으로 소용이 없을 것이다.

이러한 논의에 의해서 푸코가 사실상 믿고 있는 것은 '전쟁'의 **형이상학**(이를 다르게 말하면 유고 니체의 '힘에의 의지'의 형이상학)인 셈이다. 그것은 추정상 인간관계의 본질에 대한 보편적 설명으로 필연적 진리로 격상된 형이상학이다. 이 용어를 푸코는 결코 사용하지 않겠지만 말이다. 푸코에게는 어떤 사회나 사회 집단이 전쟁 모형을 피하는 것은 **불가능한** 일이다. 초기 연구에서 푸코는 꿈이 인간 본질의 '급진적 자유'를 드러낸다고 말한다.* 그러나 동시에 그러한 타인의 자유를 부인하는 것도 인간 본질에 속하는 것 같다. 바로 이것이 인간관계의 전부이다. 즉 더욱더 완전한 지배에 대한 추구 그리고 해방에 대한 추구이다. 억압과 저항이다. 한 마디로 권력 투쟁이다. 푸코의 형이상학은 유고 니체의 형이상학과 구별될 수 없는 것 같다.

내가 보기에는 전쟁의 은유를 분석의 도구를 넘어서 형이상학으로 격상시키는 이러한 문제 때문에 특수 영역의 지배에 관해 푸코가 종종 보여주는 심오한 빛을 비추는 폭로는 경험적으로는 거짓 명제로 바뀌는 것 같다. 심지어 명백하게 그러하다. 런던 대공습 속에서 살아남았거나 축구팀 또는 현악4중주에서 역할을 맡은 이가 아는 바와 같이 '합의적' 행동은 이론적 가능성일 뿐만 아니라 현실성이기도 하다.

버클리 인터뷰가 끝날 쯤에 인터뷰어는 푸코에게 깨달음을 주었다. 그 깨달음은 가장 합의를 잘 이룬 집단이라 하더라도 지배와 복속의 관계는 그 집단에 내재한다는 푸코의 주장이 복종과 억압의 혼동에 의존하고 있다는 것이다. (럭비 팀 주장은 라인아웃을 요구하고 제1바이올린은 현악 4중주의 처음을 이끈다. 그렇다고 그것이 어느 한 명이 그 팀원들을 억압하는 것을 의미하지는 않는다.) 결과적으로 푸코는 자신이 인간관계의 '일반적 분석'을 제공하는 것이 아니라 다만 특수 영역의 억압을 분석하는 것이라고 말하는 지점까지 물러선다(FR: 380). 바꾸어 말하면 전쟁 비유는 다만 분석 도구라는 주장으로 물러선다. 그러나 이것은 인터뷰에서 처음에 말했던 것과는 모순된다.

* * *

나의 둘째 비평은 자기 자신을 예술작품으로 창조하는 생각에 관한 것이다. 푸코는 우리가 니체와 더불어 '미적' 삶을 살고 우리의 등장인물

---

* 푸코 1984-5, 51-2.

에 '스타일'을 부여해야 한다고 말한다. 스토아학파가 소중히 여기던 것과 같은 종류의 '자아 극복'을 통해서 우리는 우리 자신을 니체에 따라 문학적 통일성으로 창조해야 한다.

그러나 이러한 예술작품의 **내용**은 무엇이어야 하는가? 나는 나의 사실성의 한계 내에서, 한정 없이 주어지는 많은 가용 가능성들 중에서 어떻게 선택해야 하는가? 나 자신을 시인이나 회계사로 아니면 성자나 죄인으로 구성해야 하는가?

푸코는 극히 흥미로운 '윤리학' 사중 분류법을 내놓았다. 그는 윤리학이 다음 네 가지로 구성된다고 말한다. ① 주제(예를 들면 성애욕) ② 권위의 양식(예를 들면 이성, 신의 명령, 자연법) ③ 자기 변혁 수단 항목(자기 규율의 양식, 넓은 의미의 '금욕주의') ④ 목적, 즉 자신이 무엇으로 변화될지 하는 것(예를 들면 순수한 것, 아름다운 것, 자유로운 것, 불멸하는 것)(FR: 352-5). 그러나 윤리학에 대한 그의 설명에서 주목해야 할 것은 범주 ②가 완전히 비어 있다는 점이다. 그는 내가 어떤 종류의 사람이 되어야 할지는 오로지 나의 '개인적 선택'에만 근거하고 그 이외의 어떤 것에도 근거하지 않는다고 몇 번이고 피력한다(FR: 361).

그러나 이렇게 되면 우리는 다시 한 번 키르케고르의 '진정성'의 문제, 다시 말하자면 사르트르의 부조리의 문제로 되돌아간다. 나는 이 선택 말고 다른 선택을 선호해야 할 아무런 근거도 가지고 있지 않기 때문에 내가 어떤 선택을 하는지는 **중요하지 않다**. 그리고 내가 (실제로 동전 던지기를 해서) 어떤 선택을 하든지 그 선택은 중요하지 않기 때문에 혹시라도 그것이 인내와 희생을 요구하는 경우에 나의 선택을 포기하지 않고 지킬지 말지도 역시 중요하지 않다. 바꾸어 말하면 우리가 앞서 관찰한 바와 같이 근거 없는 선택은 **헌신**을 위한 기초를 제공할 수 없다. 아무도 근거없는 선택을 위해 죽지 않는다.

그렇다면 나의 둘째 비평은 니체의 전통을 따르는 모든 사상가들이 그렇듯이 푸코 역시 윤리적 헌신에 대한 설명이나 해명을 제공할 수 없다는 것이다. 그러나 헌신은 윤리적 삶의 가장 두드러진 특징이다. 사람들은 정도의 차이는 다양할지라노 자신의 윤리적 규준에 **헌신한다**. 헌신은 실로 윤리학의 특질이다. '의무'가 '욕망' 극복과 '극기'를 요구하지 않았다면 의무감을 가지는 것은 아무런 쓸모도 없을 것이다. 그러므로 푸코의 윤리학에는 무언가가 빠져 있다. 그것은 윤리학의 근거를 개인적 선택과는 다른 것에서 찾는 일과 관련이 있다.

이제 요약하자. 나의 둘째 비평은 푸코가 진정성의 문제, 자신의 윤리학의 **권위**를 발견하는 문제를 처리할 수 없다는 것이다. 이 권위는 그 스스로가 진정한 윤리적 규준의 본질적 측면으로 인식했던 바로 그것이었다. 그리고 나의 셋째 비평은 삶을 예술작품으로 보는 니체의 설명에 더 이상 첨언하지 않는 것과 아울러, 푸코 역시 내가 명명한 '부도덕한 대본의 문제'(221쪽)를 처리할 수 없다는 것이다. 자신이 사는 삶의 근거가 '개인적 선택' 이외의 다른 것에 있다기보다 그것 말고 아무것도 없다면 성자의 삶을 죄인의 삶보다, 마피아 단속 판사를 마피아 두목보다 선호해야 할 아무런 이유도 없게 된다.

푸코는 메이저급 사상가이다. 우리의 모든 전자 통신(즉 우리의 각종 의사소통의 대부분)이 (유별나게) 국가안보국과 정보통신본부에 의해 감시되는 시대에 파놉티콘과 은폐된 형태의 정상화에 대한 그의 관찰은 우리가 읽고 또 읽어야 한다. 2013년 에드워드 스노든 폭로 사건 앞에서 드러난 이른바 '자유' 언론의 무능과 안일은 우리가 그를 얼마나 많이 필요로 하는지를 입증한다.

그러나 삶의 의미 문제와 관련해서 푸코는 실망스러운 사람이다. 그의 대답은 본질적으로 니체의 반복이고 이러한 탓에 니체와 동일한 방식으로 부적절하다.

16장

— ⟨•⟩ —

데리다

자크 데리다는 1930년에 카뮈처럼 알제리에서 태어났고 2004년에 파리에서 죽었다. 현대의 대학에서 그의 영향은 종종 철학자들에게까지 미치지만, 막대한 영향을 드리우는 것은 문학 영역에서이다. 이들 영역에서 '포스트모더니즘'이 1970년 이래 지배적인 사조가 되고 '해체'가 가장 많이 사용된 말이 된 것은 다른 누구보다도 데리다의 영향이다. 매우 뛰어난 용모에 미디어를 잘 아는 그는 대학 밖에서도 '스타'가 되었다. 그러나 그의 영향이 보편적으로 환대받은 것은 아니었다. 1992년에 케임브리지 대학교에서 그에게 명예박사 학위를 수여하려던 제안은 (보통은 전적으로 형식상의 문제였지만) 상당수의 대학 구성원이 제기한 격한 공개적 반대에 부딪혔다. 이 장의 끝부분에 이를 때쯤이면 내가 대학 구성원들이 어떻게 투표해야 했다고 생각하는지가 분명해질 것이다.

　나는 두 가지 주제를 논의하고자 한다. 먼저, **'차연'**(보통 영어와 불어에서 'e' 대신 'a'를 사용해 표기되는 différance)이다. 차연은 데리다가 철학의 역사에서 가장 중요하다고 주장하는 것이다. 그다음으로 '해체'이다.

차연

차연의 개념은 데리다가 인정하는 대로 소쉬르(1857-1913)의 '기호학'(기호이론)에서 발전한 것이다. 그 의미는 데리다의 수많은 주장에서 성립하고 이는 일련의 추론이 확장되어 가는 형태로 정리될 수 있다. 나는 이러한 연속적인 단계 하나하나에 숫자를 매길 것이다.

① 소쉬르가 보여 주는 대로 데리다는 차이(보통 'e'가 들어가는 difference)는 어떤 '기호'('말')가 소유하는 의미의 조건이라고 말한다. 말의 의미는 '고전적' 입장이 주장하는 바와 같이 원자적이지 않고 오히려 전체적이다. 말의 의미는 다른 의미 있는 말과의 상호 작용, 언어 전체에서 맡는 역할에 의해 결정된다. 물론 말은 변별적 의미를 가지기 위해 그 말이 맡는 변별적 역할, 즉 여타의 모든 말이 맡는 역할과는 **다른** 역할을 맡아야 한다. 데리다는 차연이 이러한 의미에서 차이를 포함한다고 말한다. 그러므로 그것은 모든 의미의 근본 전제, 즉 '언어나 지시 부호나 체계 일반이 구성되는 운동'이다(D: 12).

지금까지 볼 때 차연은 특별히 독창적이지는 않지만 건전한 양식을 포함하는 듯하다. (프레게, 비트겐슈타인, 콰인, 셀러스와 같은 분석철학자들은 각자 나름의 방식으로 의미가 전체적이라는 점을 강조했다. 사실상 1950년경 이후로 소위 '고전적' 입장의 변호에 준비된 사람이나 저작을 발견하는 일은 아주 곤란한 일이다.) 기본 요점은 눈앞에 있는 토끼를 보고 확실하게 '토끼'라고 말하기는 하지만 '아님', '~라면 그때는' 등과 같은 좀 더 동떨어진 표현은 말할 것도 없고 '동물', '털', '음식', '해충'과 같은 말을 습득하지 못하는 아이는 아직 '토끼'의 의미를 배우지 못한 것이라는 말이다. '토끼는 동물이다'를 이해하지 못하고 다시금 '동물은 식물이 아니다'를 이해할 필요가 있다면 그 아이는 아직 그 말을 더 습득해야 한다.

② 데리다는 이제 언어는 '현전하는' 것을 산출한다고 주장한다(D: 13). 구체적으로 말해 현전하는 무엇은 나머지 모두와는 다르기 때문에 언어는 사물들을 '공간적으로 떼어 놓고' 그 사이에 간격이나 경계가 들어가게 한다. (경계는 존재하는 것이 멈추는 곳이 아니라 **출발하는** 곳이라고 하이데거는 말한다.) 말하자면 언어는 동일성을 공급하고 따라서 차이성을 공급한다. 언어는 그 무엇이 현전하는 조건들을 공급한다. 예를 들어 언어는 무엇이 전경이고 무엇이 배경인지를 우리에게 말해 준다.

그러나 데리다는 이제 차연은 언어를 산출하기 때문에 결과적으로 그것은 현전하는 사물들을 산출한다고, 다시 말해서 사물들을 있는 그대로의 사물들로서 '공간적으로 떼어 놓는다'고 주장한다. '공간화'는 차연의 핵심 기능 중 하나이다.

③ 현전하는 것은 과거와 미래를 가지는 것이다. (예를 들어 묘목으로서 현전하는 것은 과거에 씨였고 미래에 나무가 될 무엇이라는 의미이다.) 그래서 언어는 현전하는 것을 산출하는 본질적 부분으로 현전하는 것을 '한시화한다'(즉 '시간화한다'). 그것은 그 존재를 일부는 과거로 일부는 미래로 '연기한다'. (여기서 데리다는 약간 모호한 방식으로 프랑스 동사 différer를 써서 말놀이를 하고 있다. 이 프랑스 동사 différer는 '연기하다' defer와 '차이 내다' differentiate의 의미를 동시에 가지고 있다.) 그러므로 언어는 현전하는 것을 시간화한다. 그리고 차연은 언어를 생산하기 때문에 근본적으로 현전하는 것을 시간화하는 것은 차연인 셈이다. 이것은 차연의 또 다른 본질적 특성이다. 이제 그것은 '공간화하기'뿐만 아니라 '시간화하기'이기도 하다.

그러므로

④ 차연은 공간과 시간의 기원이다.

* * *

자그마한 모자처럼 보이는 것에서 이토록 큰 토끼를 만들어 내는 이 마술을 우리는 어떻게 생각해야 하는가? 어떤 독법에 따르면 ② 단계에서 ④ 단계로 가는 사고 운동은 완전히 타당하다. 다시 말해서 세계가 언어 공동체가 달라지는 것에 따라 다르게 나타나고 '현전한다'는 것은 **사실**이다. 그리고 실재는 언어의 '공간화' 효과, '시간화' 효과 없이 시공 세계로서 나타나지 않을 것이라는 점은 사실이다. 이러한 이유로부터, 데리다가 언어와 차연의 관계에 대해 옳다면 실재의 공간적, 시간적 조직은 차연에 달려 있다.

물론 실재가 우리에게 **현전하고** 어떻게 현전하는지가 언어에 달려 있다는 사실이 실재 자체가 존재한다는 것을 의미하는 것은 결코 아니다. 그렇게 되면 후자의 주장은 불합리하게 된다. 왜냐하면 현전 사실과 방법에 관한 그의 주장은 언어적 인간이 출현하기 전에는 아무것도 존재하지 않았다는 점을 포함하는 게 될 것이기 때문이다.

그렇다면 우리는 그 둘 사이의 차이를 예리하게 구별할 필요가 있다.

ⓐ 언어는 실재의 공간적-시간적 조직을 산출한다.

그리고

ⓑ 언어는 공간과 시간을 산출한다.

이 중에 데리다는 어느 것을 주장하려고 의도하는가? 나는 이것을 알기란 불가능하다고 생각한다. 그는 자주 ⓑ의 언어를 산출한다(예를 들면 D: 13). 사람들은 그것이 산출하는 거창한 효과를 한껏 누리면서 그렇지 않을까 하고 생각한다. 그러나 ⓑ가 다만 ⓐ를 함축적으로 말하는 방법으로 의도되었다고 말하는 것은 항상 그에게 종결되지 않고 열려 있는 문제로 남아 있다.

이제 앞서 말한 추리의 연쇄 과정 중 ① 단계는 어떠한가? 그것은 '언어나 지시 부호나 체계 일반'을 산출하는 것은 차연이라는 주장이었다. **차연이란 무엇인가?**

내가 생각하기로는 다시 한 번 두 가지 입장이 주어진다. 이 둘은 데리다의 저작에 (보다 적게) 나오는 해체에서 개시되는 입장으로 나는 그 둘을 각각 Ⓐ, Ⓑ라고 부를 것이다.

Ⓐ 차연은 하이데거의 '존재'보다 더 '오래된' 것이라고 데리다는 말한다(D: 26). 그것은 공간과 시간의 기원이다. 그래서 그것은 진실로 신인즉슨 차이를 통해서 세계를 창조하는 수많은 창조 신화의 신이다. 그것은 사물들의 분리를 통해서 세계를 창조한다. 즉 땅과 하늘, 마른 육지와 바다를 창조하고 땅에 사는, 하늘에 사는, 바다에 사는 일체의 만물을 창조한다. 그것은 사실상 헤라클레이토스의 폴레모스(투쟁, 전쟁 또는 '차')이다. (차연은 헤라클레이토스의 단편 53 '투쟁은 만물의 아버지다…'를 떠올리게 한다. 이것은 거의 우연일 수 없다.) 물론 이 폴레모스의 신은 그 내재적 성질에 대해 아무것도 말할 수 없는 신이다. 모든 언어의 전제로서 차연은 언어로 '형용 불가능한'(D: 18) 것이다. (이것은 실제로 끔찍한 추론이다.—문법은 모든 언어의 전제이다. 마찬가지로 사람들 역시 모든 언어가 전제하는 것이다. 그러나 언어는 그 자신의 문법과 사람들에 대해 당연히 말할 수 있다.—그러나 이 논점에 대해서는 더 이상 숙고하지 말자.) 그렇다면 차연은 입에 올릴 수도 없는 것, 일종의 '부정 신학'의 대상이다(D: 6).

Ⓑ 데리다는 그의 논문 〈차연Différance〉의 다른 지점에서 부정 신학

의 관념을 제기하면서 자신이 부정 신학적 관념에 동의한다는 사실을 부인한다. 그는 차연이 어떤 존재의 기원이나 원인이 아니라고 말한다. 그것은 데리다에게 권위 같은 것이 아니다. 그것은 모든 권위를 폐지하는 것에 충실하다고 그는 말한다. 차연은 하이데거의 존재와 같은 것이 전혀 아니다. 우리에게는 그와 같은 '대문자 B Being'는 없다고 데리다는 말한다. 우리는 '신의 죽음'을 **받아들인다**(D: 21-2).

그러나 그렇다면 이와 같이 수축적으로 제시된 설명에 따를 때 **차연이란 무엇인가**? 차연이 가지고 있는 소쉬르적 핵심으로 돌아가 보자. 소쉬르를 따르면서 데리다는 의미 있는 말의 존재는 차이에 달려 있다는 사실을 관찰한다. 즉 그것은 언어의 그물망 내에서 말이 맡은 역할들 사이에 분화, 차이가 있다는 사실에 달려 있다. 이것은 참이다. 그러나 똑같이 참된 것은 의미론적 차이가 의미 있는 말들이 있다는 사실에 달려 있다는 것이다. 왜냐하면 일반적으로 '차이가 있다'는 '차이 있는 사물들이 있다'를 포함하기 때문이다. 이것은 '(의미론적) 차이가 있다'와 '의미 있는 말들이 있다'가 **동등한** 진술이라는 것을 의미한다. 그러므로 의미론적 차이는 시간적으로 또는 인과적으로 언어에 앞서지 않는다. 그것은 그저 언어**이다**. 그것은 그 본질적 특성들 중 하나가 특별한 주의를 끌어 선택된 언어일 뿐이다. 그렇다면 이상의 두 번째 설명을 따를 때 차연은 언어의 기원을 지정하는 것이 아니라 오히려 정확하게 말해서 다만 언어로서 간주될 수 있는 어떤 것의 중요한 특징을 부각시키는 것일 뿐이다. 설명 Ⓐ는 막상 자신의 일에 부닥치면 데리다가 실제로 동의하기를 바라는 설명이 아니다. 그 설명은 가장 거대한 종류의 형이상학에 이르는 것이나 마찬가지이다. 그리고 '형이상학'은 데리다가 절대적으로 싫어하는 것이다. (《정신에 대해서》에서 데리다는 하이데거를 나치즘 안에 잡아넣은 것이 그의 초기 철학의 '형이상학적' 성격이었다고 주장한다.) 사람들은 설명 Ⓐ가 주는 단서들은 쇼맨

십의 이유에서만 존재하는 것이고 데리다의 저작에 수사적 현란한 빛, 유사 그리스적 심오한 분위기를 제공하기 위한 것이라고 결론 내릴 수밖에 없다. (프랑스 교육 체계에서 실제로 중요한 것은 옳은 것이 아니라 오히려 현란한 것이라고 언급되기도 한다.)

그렇다고 한다면 드디어 첫째, 언어는 공간과 시간을 산출하고 둘째, 차연은 언어를 산출하며 따라서 셋째, 차연은 공간과 시간을 산출한다는 귀결이 나온다는 주장은 진정 어떻게 되는가? 결국 그것은 언어, 다시 말해서 포함되는 말들에 대한 분화된 역할을 본질적 특징으로 하는 언어가 세계에 대해 공간적-시간적으로 조직화된 우리의 **경험**을 산출한다는 주장에까지 이른다. 이것은 참되지만 거의 독창적이지 않고, 위대한 철학자의 반열에 드는 것을 거의 정당화하지도 않는다. 데리다보다 오래전에 하이데거는 데리다의 저러한 통찰을 한 문장으로 표현해 두었다. '우리는 우물에 갈 때 "우물"이라는 말을 통해 간다.' 그리고 하이데거보다 오래전에 칸트는 (아주 간결하게) 매체가 메시지를 결정한다고 지적해 두었다.

해체

이제 데리다 철학의 두 번째 주요한 개념으로 넘어가 보자. '해체 deconstruction'란 무엇인가? 이 개념은 데리다가 '산포dissemination'라고 부르는 말의 의미에 대한 입장을 기반으로 한다. 산포는 단순한 '다의성' 그 이상이다. 다의성은 '다수의 의미, 일종의 애매성'이지만 그럼에도 불구하고 이것들은 주어진 '의미 체제'에 속한다. 산포는 이런 종류의 다수의 의미뿐만 아니라 다른 종류의 의미, 즉 특정한 의미 체제를 초월하는 의미를 포함한다(FP: 97-8). 그래서 (내가 생각하는) 예를 들면 케이크를 자르다 cut the cake와 '카드를 떼다 cut the cards'에서 cut의 의미상의 차이는 다의성을 보여주지만 이 둘의 의미는 물리적 대상을 분배하는 것에 관계하는, 같은 '체제' 내에서 작동한다. 이에 비해 '옛 친구를 떼어 내다 cut a former friend'에서 '떼다'의 사건은 그 말의 의미의 산포를 보여준다. 왜냐하면 우리는 인간관계에 관계하는 '체제'로 이동했기 때문이다. 이렇다고 할 때 산포에 본질적인 것은 다차원성이다. 나는 이 표현을 쓸 것이다. 말이나 텍스트의 의미는 산포적이라는 주장은 그것이 많은 **횡차원적**transdimensional 의미를 가지고 있다는 주장이다. 그것은 한정 없이 많다. 왜냐하면 데리다는 말의 의미는 단 하나의 의미 체제만이 아니라 일정하게 한정된 수의 의미 체제를 초과한다고 주장하기 때문이다(FP: 98).

우리는 앞서 말의 의미가 언어 속에서의 역할에 의해 구성된다는 것을 보았다. 그러나 지금 우리가 보는 것은 그 역할이 한정 없이 다차원적이라는 점이다. 그러므로 텍스트는 말로 구성되기 때문에 어떤 텍스트라도 의미상 한정 없이 다차원적이라는 결론이 나온다. 그리고 이로부터 텍스트의 그 유일하고 완전한 의미를 제시한다고 주장하는 어떠한 해석도 잘못된 것이라는 결론이 나온다. 해체, 특정한 텍스트의 해체는 이러한 일반적 논제를 특수한 사례 속에서 증명하는 것이다.

일견 이러한 일반적 논제는 불합리한 것처럼 보인다. 왜냐하면 그것은 의사소통의 불가능성을 수반하는 것 같기 때문이다. 잉글랜드 왕 에드워드 1세는 '스코틀랜드의 망치'로 알려졌다. 그리고 니체는 자신을 '망치를 든 철학'자라고 말했다. 그렇다면 버트가 건축 현장에서 '망치를 건네줘, 짐'이라고 말할 때 짐은 버트가 왕을 원하는지, 못을 박는 펜이나 물건을 원하는지를 모른다. 물론 이것은 말도 안 되는 일이다. 인간 대화는 통상 순조롭게 문제없이 진행되고 모종의 애매성에 기인하는 말썽을 겪지 않는다. 그러나 지금부터 하는 이야기가 데리다의 요점인데, 즉 인간 대화가 그렇게 일어나는 이유는 대화가 일반적으로 여타의 모든 체제를 차단하는 '의미 체제'(데리다는 다른 곳에서 이를 '중심'이라고 부른다)를 말하지 않은 배경으로 공유하고 있기 때문이라고 한다. 버트와 짐은 아무런 어려움 없이 의사를 주고받는데 이것은 그들이 그들의 대화가 (영국 역사나 독일 철학의 차원에서가 아니라 오히려) 도구의 차원에서 일어난다는 말하지 않은 가정을 공유하고 있기 때문이다.

데리다는 '해체하다'가 '하이데거의 탈구축Abbau[문자적으로 "헐다"]과 같은 말의 번역어로 의도된 것이고 … 그것은 체계나 구조 또는 총체가 구축되거나 구성되는 방식에 접근하는 문제'라고 말한다(FP: 97). 그렇다면 해체가 하는 일은 특별히 담론이 기반으로 하는, 그러나 보통 때는 주의를 피해 있는 특정 '체제'나 '중심'을 들추어내는 일이다. 데리다는 특히 서구 과학과 철학에 대해 말하면서 그것은 항상 중심을 전제하고 있고 여기서 '중심은 유일한 것이라고 정의되고 구조 내에서 구조를 지배하는 동시에 구조성을 피해 있는 바로 그것을 구성한다.' 따라서 그것은 통상 명확한 표현을 피해 있다.

그렇다면 해체는 '체제'나 '중심'을 명확히 표현하는 것이다. 그리고 그것은 우리에게 다른 '중심들'의 가능성을 깨닫게 하려는 것이다. 또한 그렇게 함으로써, 즉물적으로 수용되었거나 사회적으로 허용된 의미와는 다른 의미의 가능성들이 바로 그러한 의미가 귀속된 텍스트 내에 있다는 것을 깨닫게 하려는 것이다. 이 말의 요점은 무엇인가?

데리다의 유명한 (또는 악명 높은) 발언 중의 하나는 '텍스트 바깥에는 아무것도 없다'는 것이다.** 앞서 말한 것처럼 데리다가 텍스트의

---

* Rice and Waugh 1996, 150.
** Derrida 1998, 158.

저자인 인간이 탄생하기 전에는 아무것도 존재하지 않았다고 단정하는 것은 아니라고 가정해 보자. 그렇다면 그가 강조하고 있는 것은 '언어적 칸트주의'라고 부를 수도 있을 것이다. 즉 언어에 의해 결정되는 것을 제외하고는 **우리의 경험에는** 아무것도 없다는 주의이다. 실재가 우리에게 나타나는 방식은 전적으로 우리가 말하는 언어에 의해 결정된다. 그러나 이제 우리는 산포를 이해했기 때문에 우리의 언어가 엄청나게 풍부하다는 것을 안다. 그러므로 이것은 우리의 세계도 마찬가지이다. 이렇게 해서 해체는 우리를 밀실공포증을 자아내는 '로고스 중심주의'(FP: 104)에서 불러낸다. 로고스 중심주의는 우리(또는 자연과학자들)가 실재에 대한 완전하고 최종적인 지식을 소유하거나 소유하고 있을지도 모른다고 가정하기 때문이다. 데리다는 '해체'는 '존재 너머로 감, 적어도 현전으로서의 존재 너머로 감을 이행하는 수단'이라고 주장한다(FP: 97). 다시 말해서 그것은 일상 경험이나 자연과학에서 우리에게 '현전하는' 대로의 세계가 존재하는 것의 전체를 구성한다는 관념을 극복하는 수단이다.

완전성에 대한 밀실공포증적인 환상을 피하는 것, 데리다가 일컫는 우리의 '비지식'을 깨닫는 것은 우리에게 무한한 사물의 경이로 가는 길을 터주고 그러므로 틀림없이 정신 수양을 끌어올릴 것이다. 그러나 데리다는 해체에 대해서 이것보다 더 많은 것을 주장한다. 그는 그것이 '정치적'이고 '위법적'이며 '위험한' 것이라고 주장한다(FP: 95). 그러므로 지금까지 우리가 발견한 것보다 더 많은 것이 해체에 있어야 한다.

나는 데리다가 해체를 '위험한 것' 등으로 여길 때는, 일반적으로 말하는 것이 아니라 구체적으로 주로 문학, 인간과학, 철학에 속하는, 삶을 형성하는 주류 텍스트에 엄청나게 특별히 적용할 때라고 생각한다. 모든 텍스트처럼 그러한 텍스트들은 숨겨진 '중심'을 가지고 있다. 그러나 이 장르에 속하는 많은 텍스트들, 아마도 모든 텍스트들에 관한 또 다른 사실이 있다. 즉 중심은 한 쌍의 대립 개념들을 포함한다는 것이다. 하나는 긍정적 가치를, 다른 하나는 부정적 가치를 가지는 것으로 평가된다. 따라서, 예를 들어, 플라톤의 경우 사람들은 존재와 생성이 서로 대립하는 것을 발견한다. 기독교의 경우, 정신이 육체와 대립한다. 칸트의 경우, 지성이 감성과 대립한다. 마르크스의 경우, 노동자가 자본가와 대립한다. 쇼펜하우어의 경우, 남자는 여자와 대립한다.˙ 각각의 경우, 첫째는 긍정적으로, 둘째는 부정적으로 평가된다.

데리다는 철학적 텍스트를 해체하는 것은 '철학이 그 위에 구축되어 있는 일체의 대립 쌍을 재성찰하는' 것이라고 말한다(D: 17). 어떤 텍스트에 대한 해체에서도 그러하듯 사람들은 숨겨진 중심을 명확히 표현하고, 이때 숨겨진 중심은 숨겨진 대립과 숨겨진 평가를 명확히 표현하는 것을 포함한다. 이어서 사람들은 그것을 '재성찰한다.' 예를 들어 플라톤에 대해 사람들은 '생성'의 부정적 평가가 '불안정성', '무질서', '불완전'과의 관련성에 초점이 맞추어지고 대안적 중심이나 관점을 차단하는 것을 포함한다고 지적한다. 그러나 대안적 중심이나 관점에 서면 '생성'은 '자극', '성장', '발전'을 내포하는 반면, '존재'는 '지루함', '완고함', '쇠락함'을 대표한다. 그렇다면 철학적 텍스트의 해체는 ① 텍스트가 의존하는 숨겨진 중심은 말할 것도 없고 그 은폐된 대립과 평가를 함께 노출하는 문제이고 ② 그 평가의 전도가 따라오게 되어 있는 대안적 중심을 구축하는 문제이다. 내가 보는 바로는 사람들

• 이 말은 쇼펜하우어에게 약간 심한 처사일 수 있다. 그는 여자가 조금 귀찮은 피조물이라고 여기지만 긍휼 면에서 여자가 남자보다 우월하다고 주장한다. 그리고 그에게 긍휼은 도덕적 덕목의 **총체성**이기 때문에 결론적으로 그는 여자가 남자보다 **도덕적으로 우월하다**고 여긴다.

이 이 새로운 중심을 **올바른** 중심으로 긍정해서는 안 된다. 사람들이 그렇게 하면 그렇게 하는 자기 자신이 해체의 표적이 되기 때문이다. 오히려 사람들은 그 중심에 머물기는 하지만 해체되어야 하는 중심을 노출시키는 일시적 장치로서 '놀이 삼아' 머물러야 한다.

이제 나는 해체가 어떻게 작용하는지를 보여주는 사례를 들어보고자 한다. 한 지배적인 서사에 따르면, 다시 말해서 이 '텍스트'에 따르면 부모들은 따분하고 억압적이고 보수적이며 모험적이지 않다고 주장된다. (이러한 주장은 애비 호프만의 충고에 따라 서른을 넘긴 사람을 아무도 믿지 않았던 1960년대에는 특별히 강력한 서사였다.) 1968년 소련의 체코슬로바키아(그 당시에는 현존했다) 침공 후에 반갑게도 최근에 이주한 인사 밀로스 포만이 영화 〈탈의Taking Off 〉를 제작한 것은 이러한 배경하에서였다. 이 영화를 보면, 가출한 10대의 중산층 미국 부모들이 일종의 지지 집단을 형성한다. (십대들이 가출한 것은 의심의 여지 없이 그들의 부모가 따분하고 억압적이라고 이해하기 때문이다.) 처음에는 그 서사가 전해 주는 대로 양복을 입고 넥타이를 매고 스웨터를 입고 카디건을 걸치고 진주로 장식한 모습으로 등장한다. 그러나 그 후에 자식들을 이해하기 위해 마리화나를 시도해 보기로 결정하자 놀랍게도 그들의 비인습적 모습, 자유연애, 밤샘파티, 나체 춤 등의 모습이 드러난다. 이것들은 일반적으로 말하자면 가출한 그들의 자식들(그때쯤이면 자식들 생각은 까맣게 잊은 상태다)이 벌였다고 상상한 짓보다 더 거칠고 무모하다고 판명된다. 내가 데리다를 이해하는 바에 따르면 이것은 '부모'(부모, 따라서 인간, 따라서 호모 루덴스, 즉 놀이하는 인간)라는 말에 속하는 의미의 억압적 수준을 폭로해 주는 완전한 사례이다. 이 폭로는 이 청년기 서사를 좌우하는 대립이 뒤바뀌는 것으로 끝난다.

그렇다면 해체는 왜 올바른 종류의 텍스트에 적용될 때 '위험하고' '위법적'인가? 왜냐하면 한마디로 말해서 그것은 완전하고 최종적 진리로서 제시되는 것을 사물에 대한 한갓된 '파악'으로, 그 관점 외에도 한정 없이 많은 대안이 있는 일개 관점으로 만들어 버리기 때문이다. '진리'와 '관점'의 차이는 전자는 **강제적**으로 택해야 하는 데 반해('나는 그것이 진리라는 것을 알지만 믿지는 않는다'는 말이 안 된다) 후자는 사람들이 택할지 말지가 **선택적**이라는 것이다('나는 그것이 가능한 해석이라는 것을 알지만 내 해석은 아니다'는 완전히 말이 된다). 해체는 위험할 수 있다. 왜냐하면 그것은 서사의 힘, 텍스트의 힘을 파괴할 수 있기 때문이다.

삶의 방식으로서의 해체

나는 이 책에서 데리다를 포함했다. 그 이유는 그가 20세기 후반의 가장 유명한 철학자이고 대단히 심오하다는 평판을 받기 때문이다. 그를 연구 주제로 삼은 책은 600권이 넘는다. 그래서 사람들은 확실히 데리다가 삶의 의미 문제와 관련해 말할 수 있는 중요한 것을 가지고 있다고 생각할 것이다. 문제는 그것이 무엇인가이다.

그 대답은, 어디엔가 있다면, 해체의 개념에 있을 것이다. 해체는 데리다가 '유럽민족 중심주의', '남근 중심주의'를 포함하는 모든 형태의 '로고스 중심주의'(FP: 104)를 극복하는 데 전념하는 과업, 삶의 방식, 전사의 삶으로 제시하려는 주제이다. 그렇다면 해체의 삶이란 억압에 대한 저항에 전념하는 것인데, 그 억압의 뿌리는 경찰보다는 오히려 '텍스트'와 관련되어 있다. 68혁명을 언급하면서 데리다는 해체는 거리에 나가는 것보다 더 중요하다고 발언한 것으로 전해졌다.

그렇다면 데리다는 푸코처럼 억압에 저항하는 일에 관심이 있다. 푸코의 언어로 표현하면 우리가 보통 때는 의식하지 못하는 '지식 체제'

에 의해 행사되는 억압 말이다. 그러나 일단 자유를 얻었다고 할 때 우리는 자유로 무엇을 할 것인가? 적어도 푸코는 이 문제에 대한 답을 가지고 있다. 즉 우리는 우리 자신을 예술작품으로 구성해야 하고 사르트르의 말로 표현하면 준행해 살아갈 근본 기투를 선택해야 한다. 그러나 사르트르가 강조한 대로 기투를 선택하는 것은 '세계', 즉 대립을 평가하는 일이 잔뜩 함유된 세계를 선택하는 것이다. 예를 들어 내가 환경보호주의에 충실하다면 나무 보호론자들에 대해서 긍정적으로 평가하고 억제하지 않는 반면, 벌목꾼들에 대해서 부정적으로 평가하고 억제한다. 이로부터 데리다의 언어로 말하면 텍스트가 생긴다. 즉 적당하게 해체되기를 기다리는 어떤 것이 생긴다. 그러나 그것이 해체되면 나의 삶은 의미를 잃는다. (해체 이론은 **그 자체가** 그 자신의 대립물, 즉 '로고스 중심주의' 대 '해석의 다수성'이라는 대립물을 지닌 텍스트라는 사실에 유의하자. 예를 들어 삶을 형성하는 **모든** 텍스트는 해체될 수 있고 해체되어야 한다면 해체하는 인간의 전사적 삶은 그 스스로 의미를 잃는다.)

이것이 주는 교훈은 해체가 의미 있는 존재에 기여할 수 없다는 것이다. 왜냐하면 의미 있음은 해체가 그치는 곳에서만 시작하기 때문이다. 이것은 **시도된** 자기 해체가 의미 있는 삶에 통합될 수 없다고 말하는 것이 아니다. 2차원적 틀에 박힌 관념을 피하는 것, 대안적 관점을 고려하는 것은(결국 벌목자도 부양해야 할 가족이 있다) 분명히 모두에게 좋은 일이다. 그러나 진실은 이렇다. 즉 삶은 자신의 대립물을 함께 가지고 있는 개인적 서사가 자신을 지배하는 힘을 **보유하는** 정도에 따라서만 의미가 있다는 점이다. 달리 말해서 삶은 개인적 서사가 해체에 **저항하는** 정도에 따라서만 의미가 있다.

데리다 철학은 '텍스트'가 우리를 지배하는 힘을 해체하는 것, 즉 파괴하는 것에 충실하다. 그러나 삶은 어떤 '텍스트'가 그러한 힘을 가지고 있는 정도만큼만 정확히 의미가 있다. 그러므로 그의 철학은 중요

하고 심오하다는 평판에도 불구하고 단지 의미 있는 삶의 탐구에 도움
이 되지 않을 뿐만 아니라 그것에 전적으로 상반된다. 데리다 철학은
포스트모더니티의 허무주의의 해독제이기는커녕 그 표명이다. 데리다
는 문제에 속하지, 해법이 아니다.

17장

———————⟨ • ⟩———————

후기 하이데거

우리가 본 바와 같이 거대 서사·역사 목적·'참된 세계'의 철학들은 보편적인 삶의 의미, 즉 모든 시간과 장소의 인간에게 동일한 삶의 의미를 제공했다. 그러나 삶에 보편적 의미를 부여하는 것이 오로지 거대 서사·역사 목적의 구조의 관점에서만 가능하다는 점을 논리적으로 말해 주는 것은 아무것도 없다. (나는 이 논점으로 되돌아갈 것이다.) 따라서 그런 방식으로 제공되어야만 하는 필연적 이유는 전혀 없다. 그렇지만 신의 죽음은 그 형태가 무엇이 되었든 사실상 보편적 의미를 발견하는 시도가 죽었다는 것을 의미했다. 그것은 삶의 의미 **바로 그것**으로 간주될 수 있을 무엇을 발견하는 탐구를 포기하는 것을 의미했다. 삶의 의미가 힘이라고 하는 유고 니체의 입장을 제외한다면, 신의 죽음 이후의 철학자들은 아무런 **삶**의 의미가 없다는 데 동의한다. 즉 삶 자체는 무의미하다는 것, 즉 '혼돈'(니체)이고 '부조리'(카뮈)라는 것이다.

이러한 동의가 출발점이 되면 그 위협적 결과는 니체가 칭하는바 '구토와 자살'(GS 107)이 된다. 여기에 대한 공통적인 반응은 **삶**이 무의미하다는 사실이 **나의 삶**이 무의미하다는 것을 포함하지 않는다고 제안하는 것이다. 다시 말하면 **보편적** 의미와 **개인적** 의미 사이에 구분선이 그어진다는 것이다. 이 제안은 전자의 부재는 후자의 부재를 포함하지 않는다는 말이다. 더 나아가 삶은 살 만한 가치가 있기 위해서는 의미를 필요로 한다는 게 사실이지만 개인적 의미가 보편적 의미만큼 그러한 가치를 잘 보증해 줄 것이라는 말이다. [여기서 예외는 카뮈이다. 우리가 최종적으로 이해한 바에 따르면 카뮈는 어떤 의미든, 의미라는 것은 세계에 존재한다는 떨리는 기쁨을 중단시키기 때문에 가치 있는 삶은 (보편적이든 개인적이든) 어떤 의미도 가질 수 없다고 주장한다. 이 주장에 대해 나는 종국적으로 납득하기 어렵다고 말했다.] 이것은 (후기) 니체와 푸코가 다 같이 채택한 입장이다. 게다가 이것은 사르트르의 사상과 허무주의에서 어두운 면을 무시함으로써 그를 위생적으로 소독하기로 한 사르트르주의자들의 입장이다. 사람들은 니체의 언어로 표현하면 자기 자신을 예술작품으로 창조함으로써, 사르트르의 언어로 표현하면 자기 자신을 '근본 기투'로 선택함으로써 자신의 삶에 개인적 의미를 부여할 수 있다.

초기 하이데거는 다른 침로를 택한다. 그에게 사람의 삶의 의미는 개인적으로가 아니라 공동적으로 확립된다. 그럼에도 불구하는 그는 역시 보편적이고 공동체 초월적인 삶의 의미 같은 것은 없고 인간이라는 조건 속에 써져 있는 의미 같은 것은 없다는 일반적 합의에 동참한다. 그렇다면 '삶의 의미는 무엇인가'라는 물음에 대해 신의 죽음 이후의 철학이 보여주는 반응은 그 물음에 대답하는 것이 아니라 정확히 말하면 그 물음은 (예를 들면 '네 하마는 몇 살이냐'는 물음처럼) 잘못된 전제를 포함한다고 주장하는 것이다. 즉 '(인간) 삶의 **바로 그 의미**'와 같은 것이 있다는 전제가 잘못되었다는 말이다.

이러한 현대 '대륙' 사상의 통칙에 대한 예외적 인물이 바로 후기 하이데거이다. (이미 언급한 대로 하이데거는 자신의 사상에서 약 1930년에 급진적 '전회'를 수행했다고 말한다. 이때는 《존재와 시간》이 출판된 지 약 3년째 된다. 그래서 내가 의미하는 '후기 하이데거'는 1930년에서 1976년 사망에 이를 때까지 저술한 하이데거이다.) 내가 읽은 바에 따르면 하이데거에게 인간 삶의 의미 같은 것은 **있다**. 이것이 내가 최종 결론의 장인 17장을 하이데거를 위해 따로 잡아 둔 이유이다. 연대기적으로 보면 푸코와 데리다보다 앞서지만 내가 보기에 하이데거에게는 삶의 의미에 대해 독보적으로 말하는 유별한 무언가가 있다. 이것 때문에 하이데거는 우리가 고찰한 신의 죽음 이후의 여타 모든 철학자들과도 구별되고 그들보다 중시된다. 우리가 논의를 진행해 감에 따라 독자들은 데리다의 저서에 희미하게 나타나는 일부 사상의 기원을 하이데거에게서 인식할 수 있을지도 모른다.

고대 테크놀로지

후기 하이데거의 사상은 테크놀로지에서 시작하는데, 특별히 한편으로는 그리스를 모형으로 하는 고대 테크놀로지와, 다른 한편으로는 현대 테크놀로지 사이의 대조에서 시작한다. 이 주제는 적어도 후기 하이데거의 사상이 다루는 논제 중의 하나이다.

오래된 나무다리와 수력 발전 댐을 비교하고 대조해 보자. 하나는 강이 흘러가도록 그대로 둔다. 다른 하나는 강을 저수지로 바꾼다. 또는 고대의 농부와 현대의 영농자를 비교해 보자. 고대의 농부는 그 지역에 자연적이고 토착적인 작물을 수확하고, 현대의 영농자는 인공비료,

농약, 유전공학을 사용해서 시장이 요구하는 무엇이든 토지에서 생산한다. 또는 고대의 나무꾼과 현대의 목재 회사를 비교해 보자. 전자는 자신이 필요한 것만 취하고 숲은 그대로 두지만, 후자는 토종 낙엽수림을 베어내고 빠르게 자라는 외래종 소나무를 이식한다. 고대 테크놀로지는 자연을 존경하는 관계 속에서 살지만, 현대 테크놀로지는 일종의 '습격'*, 즉 자연 강탈이나 침입이다. 고대 테크놀로지는 일종의 고상함이 있었지만, 현대 테크놀로지는 슈마허가 칭한 대로 '폭력적 테크놀로지'**이다.

그리스의 테크놀로지 실천과 현대의 테크놀로지 실천 사이의 대조를 설명해 주는 것은 무엇인가? 어떠한 종류의 테크놀로지라도 그에 근본적인 것은 인과성의 개념이다. 하이데거는 인과성은 현대적 개념으로 **일어나게 하는** 것, (즉 중심적 의미로) **만들어내**는 것이라고 지적한다. 다른 한편, 그리스인들에게 인과성은 어떤 것의 존재에 책임을 진다는 의미에서 '산출한다', '은폐성에서 탈은폐성으로 산출한다', '아직 현존하지 않는 것을 현전하게 한다'는 의미이다(QCT: 10-1). 따라서 예를 들면 고대의 나무꾼은 '모든 다른 종류의 나무와 나무 안에 잠재되어 있는 형태에 스스로 대답하고 책임을 지는 것'을 요구했다. 고대의 조각가는 자기 자신이 대리석 내에 이미 현존하는 형상을 '방출한다'고 생각했다.

그렇다면 그리스 테크놀로지는 '제조함'의 자기 확신이 아니라 '산출함'의 고상함이었다. 그러나 앞서 말한 질문을 반복해서 다시 던진다면

- QCT: 16. 이러한 경우들은 원전에서 광범위하게 나오는 것이기 때문에 나는 이 장에서 인용 출전을 항상 제시하지는 않는다. 본장이 기초로 하고 있는 텍스트들을 충분한 범위에 걸쳐서 일별하려면 다음 책의 약어 표를 참조. Young 2002.
- Schumacher 1974.

이 고상함의 근거는 무엇인가?

하이데거의 근본 공리를 대충 표현한다면 이것이다. 즉 당신이 세계를 보는 방식은 당신이 행동하는 방식이라는 말이다. '존재하는 것을 아는 자는 … 존재하는 것 가운데서 무엇을 의지할지를 안다'(PLT: 67). 그렇다면 고대 그리스인들은 세계를 어떻게 경험했는가?

그리스인들의 실재 이해에서 그 기초가 되는 것은 시작poiesis의 개념이다. 이 말은 우리가 사용하는 '시 짓기poetry'의 어원이지만 그리스인들에게는 '산출하다'를 의미한다. 그리스인들은 두 가지 유형의 '산출하다'를 구별했다. 첫째, 자연physis이다. 꽃봉오리가 터져 꽃으로 되는 것처럼 자연은 도움을 받지 않고 산출한다. 둘째, 기술techne이다. 기술('테크놀로지'라는 말의 어원이다)은 자연의 '개화'가 기술자나 예술가의 도움의 손길을 받아 일어나는 것이다. 그리스인들은 이 둘을 구별하지 않았고 둘 다 기술techne로 분류했다.

이렇게 해서 그리스인들의 실재 경험, 하이데거가 부르는 대로 칭하면 '존재' 경험에서 자연적 활동과 인간적 활동 사이의 관계는 [그림 17.1]처럼 되었다. 그러나 문제가 남는데, 그리스인들은 **왜** 자신의 기술공학적 활동을 자연 스스로의 창조적 활동과 연속적인 것으로 보았는가 하는 문제이다. 그리스인들은 왜 자기 자신의 '짓기'를 가장 광의의 의미에서 이해하여 자연 스스로의 '짓기'와 연속하고 완성을 이루는 것이라고 이해했는가?

시작의 모형은 **자연**이다. 예컨대 암상에서 샘물이 올라오는 것, 씨앗에서 식물이 나오는 것, 꽃망울에서 꽃이 나오는 것 등이다. 그러나 꽃망울은 당연히 보이고 알려지는 것인 데 반해 '세계로 되는 꽃망울'은 순전히 신비스럽고 이해 불가능한 것이다. 그리고 그 창조적 힘에 의해서 숨 막히게 경외스러운 것이다.

그렇다면 그리스인들은 자신들의 세계를 이해 불가능하지만 압도적

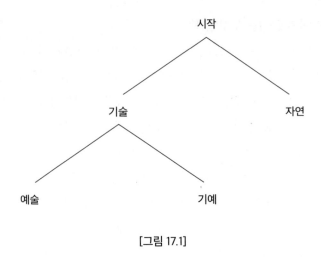

[그림 17.1]

으로 강력한 힘의 자기표현으로 경험한 셈이다. 더 정확히 말하면 그들은 자신들의 세계를 신성이 자기를 은폐하면서 동시에 자기를 현시하는 것으로 경험했다. 소포클레스에 의하면 '땅'은 '신들 가운데서 가장 숭고한 것'으로 언급된다. 그리스인들의 우주는 '하늘에서 불이 가까이 내려와 감명과 감동을 받은 것'이다. 그것은 신령스럽고 성스러운 장소이다.

　그리스인들의 기술공학적 실천과 관련해서 이것의 결과는 두 가지이다. 첫째, 사물의 근본 질서는 신성하기 때문에 이 질서에 대한 사람의 태도는 존경과 존숭이다. 다시 말하면 '근원'의 자기표현의 주요하고 구조적인 특징 그리고 위대한 강과 숲과 산과 동물과 문화(하이데거는 이를 '사람'이라 부른다)에 대하여 사람들이 취하는 근본 자세는 보수적 성격의 것이 될 것이다. 둘째, 사람들이 사물이 존재하는 방식에 변화들을 일으키는(이것은 불가피한 것이지만) 경우, 이 변화들은 제조의 폭력이라기보다는 '임재하는 것을 도래하게 하는 것'과 같은 고상함이 될 것이다. 더 낮게 표현하면 그 변화들은 사물의 신성한 근원이 그 스스로의 창조적 활동을 **통해서** 창조적 자기 개시를 할 수 있도록 하는 문제가 될 것이다.

한마디로 말해서, 그리스인들의 테크놀로지의 고상함은 그들의 세계가 그리스인에게 스스로를 거룩한 장소로 개시했다는 사실에 근거를 둔다.

＊　＊　＊

하이데거 철학에 대한 해명을 계속하기 전에 그리스인에 대한 그의 묘사에 공통적으로 제기되는 비판을 대면하고 가는 것이 좋을 것이다. 그 비판은 하이데거가 그리스인들을 **감상적으로** 사고한다는 것이다. 이 비판에 따르면 그리스인들은 하이데거의 신화가 주는 한 다발의 친환경적 녹색 '야채'인 것과는 정반대로 우리를 매우 닮았다고 한다. 즉 그들의 테크놀로지는 규모가 더 작고 힘은 덜하지만 역시 우리와 똑같이 폭력적이라는 것이다.

이 쟁점은 역사적인 문제이다. 그러나 다행스럽게도 (아마도 해결될 수 없는) 역사적 논쟁에는 들어가지 않아도 된다. 왜냐하면 하이데거의 '그리스인들'은 부분적으로 신화적이거나 아마도 그 전체가 신화적일지라도 그의 사상에서 볼 때 그들이 해야 하는 역할을 수행할 수 있다는 사실 때문이다. 즉 그들이 도입된 목적은 첫째, 현대 테크놀로지의 폭력을 부각하여 대비시키고 둘째, 이러한 폭력을 극복하는 데 필요한 종류의 세계 경험을 넌지시 알리는 것이다. 그리고 그들은 비록 전적으로 허구적으로 그려졌다고 할지라도 이러한 기능들을 수행할 수 있다. 필요했던 것은 그들은 **가능한** 공동체, **가능한** 형태의 기술공학적 실천을 대표해야 했던 것뿐이고 이러한 가능성이 한 번이라도 역사적으로 실현되었을 필요는 없다. 실제로 하이데거식 그리스인들의 중요한 점은 그들이 가능한 **미래**를 대표한다는 것이다. 그들은 과거에 현실적으로 존재한 것을 대표하지 않는다. 그러나 '그리스인들이 이러이러한 것을 했다'는 형태의 논평은 항상 '우리는 이러이러한 것을 하는 공동체가 될 수 있다'는 형태의 진술로 번역될 수 있다는 점을 명심해야 한다.

현대 테크놀로지

그렇다면 그리스의 테크놀로지는 자연을 보존하면서 산출하는 성격을 띤다. 이와는 대조적으로, 현대의 테크놀로지는 자연을 '습격'하고, 공격하고, 침해하는 성격을 띤다. 생각할 줄 아는 많은 사람들은 일반 사람들이든 전문가이든 상관없이 현대 테크놀로지의 폭력을 불안하게 지켜보고 있다. 그러나 하이데거에게 독보적으로 유별한 것은 현대 테크놀로지(그리고 현대 시대 자체)의 '본질'에 대한 그의 감별, 현대 테크놀로지가 존재하는 방식에 대한 그의 설명이다. 그리스 테크놀로지의 본질이 세계를 이해하는 방식(하이데거는 사용하기를 바라지 않는 말이지만 사람들이 원한다면 '형이상학'이라고 말해도 좋다)이듯이 현대 테크놀로지도 역시 마찬가지이다. 하이데거는 이 방식을 '닦달das Gestell'이라고 부른다. 이 단어는 번역하기가 어려운 말이라서 나는 원어를 번역하지 않고 그대로 둔다. ('틀 만들기Enframing'가 표준번역이지만 정관사 das를 놓치고 있다. '틀 설치set up'나 '틀 짜기frame up'가 더 나을 것이지만 여전히 아주 좋은 번역은 아니다.)

하이데거는 닦달이 세계 이해 방식이거니와 이 방식에 따르면 '실재적인 것은 자원Bestand으로 계시된다'고 말한다(QCT: 23). 여기서 '자원'(표준 번역은 '비축품')은 기름, 물, 전기와 같은 것뿐만 아니라 이 같은 자원에 의해 가동되고 동력을 공급받는 기계들까지도 포함해 유달리 광범한 방식으로 사용된다. 이미 1946년에 하이데거는 '인간 자원'이라는 언어적 표현이 등장한 것을 보고 경악했다(PLT: 111). 이와 같이 '닦달'은 인간 존재를 포함하는 모든 것들이 자원으로 나타나는 세계 이해 방식이다. 다시 한 번 말하지만 자원은, 그 말의 아주 광범한 의미에서, 기술공학적 활동에서 효율적으로 사용되어야 하는 '용품'이다.

일

그러나 닦달을 최근까지 제시된 것과 같은 방식으로 특징지을 때 무언가 빠진 것이 있다. 이 문제는 일이라는 주제와 관계가 있다.

일이 여가의 반대로서가 아니라 광의의 철학적 의미에서 자연적 환경이나 인간적 환경에 의도적으로 변화를 일으키는 일종의 생산으로서 인식된다면, 그것은 인간 조건이다. 하이데거는 문화적 또는 역사적 시기가 어떠했는지에 관계없이 모든 인간은 일한다는 것을 관찰한다. 모든 인간이 일하는 것은 말할 것도 없고 거의 항상 일한다는 것이다. (잠을 잘 때는 예외지만 때로는 그때도 일한다.) 하이데거가 표현하는 대로 단순히 '존재'와 대립되는 '행동'은 인간 존재의 '일상'이다. 그러나 일은 세계가 일에 적합한 방식으로, 즉 자원으로 경험되는 것을 필요로 한다. 우리는 《존재와 시간》에서 배운 대로 나무와 쇠의 조합물을 망치로 파악하지 않는 한 못을 박을 수 없다. 당신은 구릉지를 잠재적 채석장으로 파악하지 않는 한 그리스 신전을 지을 수 없다. 마찬가지로 당신은 석공, 조각가, 도장공을 인간 자원으로 파악하지 않는 한 신전 건물을 건축할 수 없다. 간단하게 말해서, 닦달이 안고 있는 문제는 지금까지 우리가 기술한 바와 같이 그것이 고대 그리스를 포함해서 **모든 역사적 시기**를 특징짓는다는 것이다. 다른 한편으로 하이데거는 닦달을 근대성의 본질, 그것도 **유일무이한** 본질로 제공한다. 그러므로 닦달은 지금까지 눈에 보인 것 그 이상이어야 한다.

하이데거는 '닦달'이 '지배'할 때 그것은 '다른 모든 계시 가능성을 몰아낸다'고 말한다(QCT: 27). 이것이 제시하는 것은 닦달은 사물을 자원으로서 개시할 뿐만 아니라 사물을 자원 **이외의 것으로 달리** 개시할 수 없다는 점이다. 즉 오로지 **순수** 자원으로서만 개시한다. 그리스 건축가는 구릉지를 잠재적 채석장으로 보았다. 그러나 그는 **또한** 그 것을 구릉지로 이해했고 그 자체를 자연의 시작poiesis의 신성한 질서의 일부로 이해했다. 이런 까닭에 그는 채석장의 위치와 규모를 결정할 때 구릉지를 그 상태로 남도록 하는 문제에 주의를 기울였다. 그러나 구릉지가 채석장 **이외의 것으로 달리** 나타나지 않는 곳에는, 말하자면 '개발'할 때가 된 '부동산'의 일부 부지로만 나타나는 곳에서는 하이데거가 표현하는 대로 기술공학적 의지의 '무제약적 자기 확신'(PLT: 111)을 늦추거나 제한하거나 지도할 수 있는 것이 아무것도 없다. 그렇다면 현대 테크놀로지는 폭력 테크놀로지이다. 그것은 인간적이지 않은 자연과 인간적인 자연을 침해한다. 현대 인류(또는 그중 일부 자기 본위의 엘리트들)는 특별히 사악해서가 아니라 하나의 문화로서 실재를 특별히 일차원적으로 경험하는 방식에 시달리고 있기 때문이다.

*　*　*

지금 우리 앞에 놓여 있는 것은 그리스(또는 '그리스적') 테크놀로지의 '고상함'과 현대 테크놀로지의 폭력 사이의 대조이다. 우리는 왜 여기에 관심을 가져야 하는가? 일부 사람들의 눈에는, 즉 이미 녹색 시각을 가진 사람들이 보기에는 하이데거의 그리스인들에게는 매우 매력적인 것이 있고 하이데거의 근대성 묘사에는 매우 매력적이지 못한 것이 있다. 그러나 매력 여부가 철학적으로 중요한 성질은 아니다. **진리**는 우리가 무엇에 관심을 가지는가에 달려 있다.

그러나 하이데거는 그리스 테크놀로지 실천의 매력과 그 실천이 기초하는 세계 경험 그 이상을 주장한다. 그는 사실상 그것이 **올바르다**고 주장한다. 그리스인들이 자연을 시작으로 이해하는 경험은 '존재하는 것에 대한 통찰'에 기초하는 반면, 근대성의 기술공학적 실천은 일종의 맹목이나 환상에 기초한다. 이를 지지하는 논증을 따라가기 위해 우리는 언뜻 보기에 어려울 것 같은 후기 하이데거의 진리와 '존재'에 관한 논의 영역에 들어가야 한다.

진리

진리란 무엇인가? 철학적 전통과 상식 모두에 따르면 진리는 '대응', 즉 '사실'과의 일치이다. '브리지트는 간호사이다'는 정말 브리지트가 간호사라는 것이 사실이라면 오직 그때만 참이다. 그러나 사실이 무엇인지를 우리에게 말해주는 것은 무엇인가? 전통적으로 제시된 대답은 당신이 딱 보면 안다는 것이다. 그렇다면 이 단순한 절차를 적용해 보기로 하자.

나는 강을 가리키면서 '당신은 그 강에서 두 번 다시 멱을 감지 못할 것'이라고 말한다. 그 강에서 매년 여름마다 멱을 감았고 계속 그렇게 할 것이라고 굳게 마음을 먹고 있는 당신은 말도 안 된다고 반박할 것이다. 그러나 실제로 내가 말하고 있는 것은 그 강이 아니라 하류로 내려가서 대양으로 흘러 들어가려는 특정한 물줄기가 바로 우리 앞에 있고 이 물줄기는 다른 새로운 물줄기로 교체된다는 의미이다. 이 사례는 황당할지도 모른다. 사실 황당하다. 그러나 이 사례의 논점은 단순한 말-대상의 상관관계, 지시관계는 현재 언급되고 있는 것이 무엇인지를 확정하는 데 충분하지 않고 이런 까닭에 진술의 올바름을 위해 점검되어야 할 사실들이 무엇인지, 어떤 사실들이 적합한지를 확정하는 데 충분하지 않다는 것이다. 물론 평상시라면 대화는 전적으로 순조롭게 흘러간다. 왜냐하면 대화를 주고받는 종류의 대상들에 관해 (보통 때는 아무런 주의도 주지 않는) 가정된 배경이 있기 때문이다. 예를 들어 대상을 구성하는 변화무쌍한 재료보다는 그 대상을 배경으로 삼는다는 말이다. 하이데거는 이렇게 주의를 끌지 않는 배경적 가정들을 '개시의 지평horizons of disclosure', 때로는 니체를 따라 '조망'이라고 부른다.

하이데거는 진리가 대응이라는 것을 부인하지 않는다. 그의 주장의 요점은 세계에 대해 참되거나 거짓된 진술이 제시될 수 있는 방식으로 세계가 나타날 가능성은 개시의 지평, '개시로서의 진리'에 달려 있다는 점이다. (지금부터 '진리'를 수식 없이 말해도 그것은 개시로서의 진리를 의미한다.)

하이데거는 개시는 항상 동시에 '은폐'라고 말한다(PLT: 53-4). 지평은 다른 지평에 의해 계시될 이해 가능성을 은폐한다. 결국 그것이 지평이 가리키는 요점이다. 그러면 지평은 어떻게 애매하지 않은 의사소통을 가능하게 만드는가? (푸코와 데리다가 보여준 '지식 체제'나 '의미 체제'를 향한 편집증은 이와 같이 전적으로 필수적이고 적법한 이해 가능성의 지평이 맡은 기능을 놓치는 것처럼 보인다.) 하이데거는 진리가 은폐하고 있는 것을 '신비'라고 부른다. 진리가 숨기는 깊이가 있다는 것, 진리 이면에 아직 개시되지 않은 숨겨진 저장고가 은폐되어 있다는 것 때문에(PTL: 60) 진리는 '기묘하고' 경외스런 것이다(PTL: 68).

처음에 이러한 추리는 수수께끼처럼 보인다. 왜냐하면 예를 들어 대상(강) 지평은 구성적 재료(물) 지평을 잠시 가릴지라도 후자는 확실히 내가 선택한다면 거주할 수 있게 되는 지평이기 때문이다. 그러나 하이데거가 말하는 '지평'은 **궁극적인** 지평을 의미한다. 이것은, 우리가 말하는 언어에 체현되어 있지만, 이해 가능한 것은 궁극적으로 한계를 지닌다는 점을 나타낸다. 바로 이것이야말로 우리의 지평의 지평인 것이다.

그러나 나의 역사적-문화적 시대에 대한 이해 가능성에 한계가 있다는 것이 이해 가능성 자체의 한계를 구성한다고 가정하면 그것은 자만일 것이다. 그러므로 우리가 이해할 수 있는 것 이외에도 실재, 즉 '존재'는 무한히 '충만'한 '측면'들을 소유하고 있다고 어쩔 수 없이 결론 내릴 수밖에 없다(PLT: 124). 이 무한히 충만한 면들은 우리가 우리의 궁극적 지평 너머에 있는 지평에 거주할 수 있다면 이해할 수 있겠지만 사실상 우리에게 전적으로 이해 불가능한 것이다. 이 점 때문에 존재는 불가해한 '신비'가 된다.

한 가지 더 추가할 점이 있다. 우리가 말하는 언어는 그 언어가 체현하는 개시의 지평도 마찬가지이지만 어떠한 인간적 창조물도 아니다. 우리는 사유하고 계획을 세우고 의향을 가지기 위해 요컨대 창조하기 위해 **이미** 언어를 소유해야 한다. 따라서 언어는 하등 인간적 창조물일 수 없다.

언어는 인간 존재를 통해서 생기지만 인간의 의도에 의해서는 아니다. 이런 까닭에 언어, 그리고 언어가 개시하는 세계는 우리가 **받아들이는** 그 무엇이고 하이데거가 표현하는 대로 우리에게 '보내진' 그 무엇이다. 무엇에 의해서 보내진다는 것인가? 우리가 기껏 말할 수 있는 것은 그것은 실재적인 것, 즉 '존재'에 의해서 보내진다는 것이다. 존재는 언어와 언어 공동체를 탄생시키고 그리하여 말하자면 스스로 빛을 발하고 이해 가능성의 영역에 들어간다.

그렇다면 존재는 두 가지 본질적 특성을 가진다. 첫째, 존재는 언어를 '보냄'으로써 자기 자신을 개시하고 이해 가능한 세계(그리스인들의 세계, 유대인들의 세계, 중세 시대의 세계 등등)가 된다. 그러나 둘째, 존재는 자기 자신을 은폐하고 비록 '가까이' 있지만 그와 동시에 한없이 '멀리' 존재한다. (존재는 빔 벤더스의 1993년 영화 제목처럼 〈멀고도 가까운〉 그런 존재이다.) 그러나 이 두 특성, 즉 창조적 자기 개시와 자기 은폐는 정확히 그리스인들이 자신들의 세계를 자연의 시작으로 이해한 두 가지 본질적 특성이나 다름없다. 그러므로 결론은 직관적으로 그리고 시적으로 말해서 그리스인들은 진리와 존재에 대해 근본적으로 **올바른** 이해를 성취했다는 것이다.

이것이 의미하는 것은 그리스 테크놀로지의 실천, 다시 말해서 하이데거가 칭하는 '목자guardianship', 즉 보존이라는 근본 한계 안에 들어와 있는 산출(기술)은 단지 매력적인 것에만 그치지 않는다는 것이다. 그것은 나아가서 인간 존재가 세계에 존재하는 **올바른** 방식이고 환상에서 벗어난다면 인간 존재가 존재할 방식이다. 세계는 그리스인들이 그렇게 받아들인 것처럼 우리가 깨닫든지 못하든지 성스러운 장소**이기** 때문에 존경과 존숭과 목자는 세계 안에서 존재하는 올바른 방식이다.

형이상학

그렇다면 우리는 어떻게 현대 테크놀로지의 실천, 즉 자연을 침해하고 신성을 모독하는 실천에 빠지게 되었는가? 하이데거의 대답은 단 한마디, '형이상학'이라는 말에 들어 있다. 이 말은 궁극적 실재의 **바로 그** 본성을 발견했다는 전통 형이상학의 주장을 고려하고자 하이데거가 선택한 단어이다.

'형이상학'이란 무엇인가? 이를 기술하는 한 가지 방법은 명시적이든 암시적이든 진리에는 대응 그 이상의 것이 없다고 생각하는 데서 성립한다. 이렇게 기술되면 형이상학은 사람들이 경험하는 대로의 세계가 특정한 개시의 지평에 의해서 개시되고 조건 지어진다는 사실을 깨닫는 데 실패한다. 이 지평은 동시에 한없이 많은 다른 지평들을 가로막고 따라서 한없이 많은 다른 세계를 은폐한다. 나는 형이상학을 어떤 특정한 개시의 지평을 실재가 존재하는 **바로 그** (하나의 유일한) 방식으로 '절대화'하는 것이라고 칭하고 싶다. 달리 표현하면 형이상학은 신비의 '망각'이고 우리의 존재 광명의 이면, 즉 보이지 않는 경외의 망각이다. 하이데거가 이전에 제시한 이미지(PLT: 124)를 사용하면 형이상학이라는 환상은 달이 환하게 빛나는 납작 원반이라는 환상과 같다.

＊ ＊ ＊

하이데거가 '형이상학'이라는 용어를 선택한 것은 어떤 점에서는 불행한 선택이다. 왜냐하면 그러한 선택은 마치 형이상학이 기술하는 현상이 소수의 전문 '형이상학자'에 한정된 철학자가 범한 악처럼 보이게 만들기 때문이다. 그러나 사실상 형이상학의 '망각'으로 향하는 강력한 성향은 모든 인간 존재에 내재한다. 여기에는 두 가지 이유가 있다. 첫째, 우리가 본 대로 일은 인간 존재의 정상성이고 '일상' 상태라는 것이다. 그리고 둘째, 닦달, 즉 사물을 자원 **이외의 것으로 달리** 환원하지 않는 것은 요컨대 **일종의 형이상학**으로서 사람들이 일하는 동안 거주하는 자연적 지평이라는 것이다. 이것이 하이데거가《존재와 시간》에서 강조하는 논점이다.

이제 사물의 '즉자성'과 '대자성' 사이의 차이를 구별해 보도록 하자. 사물의 즉자성은 우리와 우리의 기술공학적 활동에 독립해 있는 성질을 말한다. 사물의 대자성은 우리의 기술공학적 활동에 의존하는 성질(망치의 성질)을 말한다.《존재와 시간》의 논점은 정상적 기술공학적 활동에서 사물이 우리를 위해서만 존재하는 것으로 나타난다는 것이다. 예를 들어, 목수는 자기 망치의 손잡이에 사용된 나무 유형을 의식하지 않으며 결이 형성한 패턴을 의식하지 않고 망치 머리에 있는 윤과 냉기를 의식하지 않으며 망치 머리에서 희미하게 나는 얼얼한 강철 냄새를 의식하지 않는다. 그가 정상적으로 의식하는 것은 '못을 박는 사물'이라는 것뿐이다. 정상적 기술공학적 활동에서 사물의 즉자성, 도끼 머릿돌은 '용도성 속으로 사라진다'(PLT: 46).

축제

이렇다고 할 때 닦달의 위협, '형이상학'의 위협은 모든 역사적 시기를 에워싼다. 그렇다고 한다면 어째서 그러한 '세계 역사적' 이양이 근대성에만 유일한가? 무엇이 그리스인들을 구원했는가? 하이데거에 따르면 한마디로 '축제', 본래적 '홀리데이'(성스러운 날)*이다. 그것은 무엇인가?

첫째, 일에서 벗어나는 것이다. 현대의 휴일은 진정한 휴일이 아니고 일의 세계에 속한다. 이것은 정기 정비가 차의 세계에 속하는 것과 같다. 이것이 현대 휴일의 전형적인 모습이다. 전형적으로 현대의 휴일은 스트레스 해소(휴양휴가) 기간이고 이는 사람들에게 최대 효율의 생산 노동력을 회복하도록 설계된 것이다. 다른 한편으로 본래적 휴일은 일에서 벗어난 진정한 시간이고 사물이 순수 자원으로 나타나는, '일상성' 밖으로 나오는 진정한 벗어남이다.

일상성에서 벗어나 가는 곳은 무엇인가? 부분적으로는 하이데거가 '축제'에 대해서 말할 때 그는 그리스 신전에 모이는 것, 올림픽 경기에 가는 것, 또는 중세 성당에 가는 것을 염두에 두고 있다. 그러나 원칙적

---

* 하이데거의 축제 논의는 영어로 번역되지 않은 텍스트에 거의 전적으로 한정되어 있다. 관련 도서를 참조하려면 다음 책을 보라. Young 2002, 55-62.

으로 그가 관심을 보이는 것은 그곳에 참여하는 많은 사람들이 아마도 모여서 머물겠지만 실제로는 그들로부터 독립해 있는 기분이나 세계 개시의 방식**이다. 내가 '축제' 분위기라고 부르고 싶은 이 기분은 사람들이 참여하는 공동 집회가 무엇이든 어떤 때는 사람들이 개인으로서 들어가서 머물지도 모르는 그 무엇이지만 똑같이 사람들이 들어가서 머물지 않을지도 모르는 그 무엇이다. 하이데거는 사람들이 이 기분에 있는 가운데 '자신의 본질에 적절한, 충분히 넓은 공간 속으로 들어간다'라고 말한다(QCT: 39).

이렇게 닭달의 협소함에서 벗어나 적절히 넓은 공간으로 들어가는 것에는 두 가지가 포함된다. 첫째, 사물은 대자성에 갇히는 대신에 자신의 본래성, 바꾸어 말하면 즉자성에서 나타난다는 것이다. 그러므로 우리는 개시의 축제 모드 속에서, 언어에 의해, '존재의 트임'에 의해 개시되는, 우리가 거주하는 세계의 **충만성** 속으로 들어간다. 즉 나무가 우거진 구릉지는 건축 재료 저장고뿐만 아니라 또한 거기에 거주하는 식물군, 동물군의 서식지로도 나타난다.

둘째, 우리는 우리의 세계를 자연의 시작으로 보는 직감 속으로 들어간다는 것이다. 즉 우리는 우리를 '뒤덮고 있는 지루한 일상'에서 벗어나 존재의 무한한 깊이와 무변에 대한 직관적 이해에서 나오는 '광채'

** 하이데거의 통찰 중 하나는 기분이 내적 감각이 아니라 오히려 전체로서의 세계가 개시되는 방식이라는 것이다. 예를 들어 권태는 모든 것이 생기가 없고 죽은 것처럼 드러나는 개시이다. 기쁨은 모든 것이 생기가 넘치고 신선하고 새록새록 살아나는 것으로 드러나는 개시이다. 하이데거는 《존재와 시간》에서 우리가 항상 이런저런 기분에 처해 있다고 주장한다. 순전히 이론적인 관찰을 하는 경우에도 사람들은 '곁에서 고요하게 기다리는' 기분에 있고 실로 그러한 기분에 있지 않으면 안 된다 (B&T: 138). 예술작품도 역시 특유의 근본 기분을 가지고 있다고 하이데거는 주장한다.

속으로 들어간다. 그리고 우리는 또한 '우리 주위에 세계가 세계화한다는 경이, 아무것도 없기보다는 도대체 무언가 있다는 경이, 사물들이 있고 우리가 그 가운데에 있다는 경이' 속으로 들어간다. 바꾸어 말하면 우리는 우리의 세계를 우리에게 **허락된** 어떤 것으로 보되 더 정확하게 말해서 **당연히** 존재하는 것이라기보다는 **존재하지 않았을 수도 있었던** 것, 부서지기 쉬운 귀중한 것으로 보는 이해 속으로 들어간다. 결과적으로 우리는 '감사', 이를테면 '트임'에 대한 감사, 빛에 대한 감사, 밝힘에 대한 감사, 아무것도 없지 않고 오히려 무언가 있다는 데 대한 감사가 지니는 심오한 의미를 경험한다. 바로 이것이 축제 상태를 **축제,** 즉 경축 제전이게 만드는 것이다.

이렇게 닦달에서 벗어나고 또 적절한 공간성 속으로 들어가는 두 가지 측면은 '목자'가 되는 일에 중요하다. 사물이 대자성에서 나타나는 일은 사물을 **어떻게** 돌볼 것인지에 대한 우리 앎에 본질적이다. 어떤 것이 그 '본래성'으로 나타나지 않는다면, 즉 일개 목재 공급원이 아니라 숲으로 나타나지 않는다면 사람들은 아마 그것을 숲으로 돌볼 수 없을 것이다. 그리고 어떤 것이 시작의 성스러운 '광채'로 나타나지 않는다면 사람들은 그것을 돌보도록 **동기를 부여받지** 못할 것이다. (물론 사람들은 숲이 대변하는 관광 수입을 위해서 그것을 보존하도록 움직일 수 있지만 그렇게 하는 것은 진정한 목자직은 아닐 것이고 괴이한 형태의 착취에 불과할 것이다.)

그렇다면 우리에게 결핍되어 있는 것, 우리가 문화이자 개인으로서 회복할 필요가 있는 것은 세계 개시의 축제 방식이다. (하이데거에 따르면 예술은 세계가 시작poiesis의 푸른 깊이를 투명하게 보여주는 것이 되도록 만든다. 바로 여기에 예술이 맡아야 할 중대한 역할이 있다.)˙ 우리가

- 다음을 참조. Young 2001, ch. 4.

'일중독'을 그만두지 않는다면 계속해서 닦달에 구금될 것이고 우리의 자연 침해는 계속될 것이다.

삶의 의미로서의 목자

이상의 논의를 이 책의 중심 주제와 연관시켜 그 적합성을 요약하고 명백히 하도록 하자. 우리가 논의해 왔던 신의 죽음 이후 여타 철학자들과 구별되게 하이데거는 삶 자체에 의미가 있다고 생각한다. 그 의미는 인간 존재 자체의 '본질'에 속하고 인간 존재의 본질을 구성하는 과제이다(QCT: 28, PLT: 147).**

이것은 우리가 세계의 '목자'가 되는 과제이고 우리가 세계에 일으키는 변화가 위반이라기보다는 '산출함'의 방식으로 사는 과제이다. 이 산출함은 우리에게 허락된 사물의 근본 질서를 보존하는 의지에 의해서 항상 제한을 받는다. (물론 상이한 인간 존재들이 가장 알맞게 목자일 수 있는 방식들은 우리가 처한 상이한 사실성들만큼이나 다양하다.)

인간 존재가 세계의 목자라는 것은 현대 인간이 세계의 착취자라는 것과 극명한 대조를 이룬다. 이것이 하이데거가 착취에서 목자로 옮겨가는 우리 문화 전체의 이행을 '전회'라고 말하는 이유이다(QCT: 36 곳곳). 폭력에서 목자로 옮겨가는 우리 문화 전체의 이행은 근대성에

** 찰스 라모어는 자유주의 정치사상의 토대가 '수많은 형태의 인간적 자아실현이 있다'는 사실에도 불구하고 사람들은 함께 살아야만 한다는 가정이라고 올바르게 말한다. 왜냐하면, 그에 따르면, '인간'의 본질은 보편 윤리학이 정초될 수 있는 어떠한 확고한 합리적 합의도 제공하지 않기 때문이다(Larmore 1996, 122, 54). 그러므로 하이데거가 옳다면 현대 자유주의와 자유 민주주의에는 심히 잘못된 것이 있다.

서 **진정한** 후기 근대성 시대로의 전환이다.

우리 가운데 많은 사람들이 저마다 이미 목자 같은 것을 우리의 삶의 의미로 이해해 왔다. 우리는 이미 재활용하고 유전공학적 변형 식품을 거부하고 반대한다. 우리는 이미 계곡과 마을을 파괴하는 세계은행기금 기반의 관개 시설 제도를 반대하고, 제3세계 농부들을 제1세계 다국적 기업의 노예로 바꾸는 국제통화기금 제도를 반대한다. 프랭크 로이드 라이트Frank Lloyd Wright의 말을 빌리면, 언덕 '위에' 집을 만들기보다는 언덕'에' 속하는 집을 만들어 왔다. 그러나 하이데거에 관해 중요한 것은 그가 이런 것들을 믿는다는 것이 아니다. 그에 관해 중요하고 특이한 점이라고 한다면 그가 우리에게 목자를 삶의 의미라고 **믿도록** 해 준다는 것뿐만 아니라 그것을 **알도록** 해 준다는 것이다. 존재와 진리에 관한 그의 철학이 올바르다는 전제하에서 하는 말이다.

*   *   *

13장 사르트르 Ⅱ 끝부분에서 나는 근본 문제를 해결하지 않고 그대로 놓아두었다. 이제 사르트르가 주장한 것을 기억하자. 그에 따르면, 나는 누구인지, 나의 근본 '기투'나 일련의 근본 가치들은 자유로우나 근거 없는 선택의 산물이다. 그러나 무근거한 것으로서 그 선택과 그로부터 흘러나오는 삶은 '부조리'하고 무의미하다고 그는 말한다.

그렇다고 할 때 이러한 우울한 결론을 피할 수 있도록 하기 위해 나는 자신의 근본 기투가 자신의 사실성 **안에** 그리고 사실성과 **함께** 자신에게 주어질 필요가 있다는 점을 제시했다. '실존'이 '본질에 앞선다'기보다는 본질이 실존과 분리 불가능한 것이어야 한다. 사람들은 다르게 표현할 수도 있다. 우리의 실존이 무의미성을 피하려면 항상 이미 '본질적'이어야 한다.

우리가 11장에서 만났던 하이데거, 즉 초기 하이데거는 처음에 보면 이것이 사실임을 보여주는 약속을 하는 것 같았다. 그는 내가 나의 근본 기투를 선택하지 않는다(따라서 나는 아무런 근거 없이 부조리하게 선택하는 것이 아니다)는 것을 증명하는 것으로 보였다. 왜냐하면 이 기투는 나의 '유산', '**이미** 그 안에' 피투되어 있는 유산, 내가 이른으로 성장해 가는 과정에서 문화로 주어져 있는 유산에 의해 구성되기 때문이다. 이것은 나의 특별한 사실성의 세부 사항과 함께 나에게 나의 근본 기투를 부여한다. 《존재와 시간》에서 '본질'은 참으로 '기존의 존재'이다.

그러나 사르트르는 우리가 본 대로(326쪽) 이러한 주장에 대해 단순하지만 효과적인 반론을 펼친다. 내가 일련의 근본 가치들 속에서 태어난다는 것 때문에 필연적으로 그 가치들이 **나의** 가치들이 되는 것은 아니다. 혹자는 프랑스에서 자랐을지라도 뉴욕을 '바로 그 장소'라고 생각하기 때문에 그는 자신이 프랑스 문화와 윤리적 전통에서 철저하게 소외되었다고 느낄지도 모른다. 그러므로 (법률적 의미 이상에서) 프랑스적이냐 아니냐는 불가피하게 선택의 문제인 것이다.

이제 우리 앞에 놓인 문제는 이렇다. 즉 후기 하이데거는 사르트르의 부조리 논증에 대항하는 문제에서 초기보다 더 나은 입장인가? 그는 '실존'과 **함께** 우리에게 주어진 '본질'이 있다는 것을 보여주는 데 큰 진전을 보이는 성공을 이루어내는가? 물론 이 본질은 우리가 선택할지도 안 할지도 모르지만 이러한 선택과는 완전히 독립해서 우리가 소유하고 있는 것을 말한다.

후기 하이데거는, 우리가 본 대로, 사르트르의 언어로 말해서 우리 모두가 단순히 인간인 덕분에 근본 기투를 가지고 있다고 주장한다. 이것은 우리가 세계의 목자가 되는 것을 말한다. 하이데거는 이 요점을 지목하기 위해 사르트르의 언어도 사용하는데, 바로 그것이 우리의 '본질'이라는 것이다(QCT: 28). 이 주장은 물론 사르트르주의자에게 황소 앞에 흔드는 빨간 보자기와 같다. 그는 이렇게 반응할 것이다. 즉 목자는 여타의 근본 기투처럼 기반을 갖춘 **선택**(그리고 그러므로 근거 없는 선택)의 문제라는 것이다. 비록 그가 이 문제를 곱씹지 않을지도 모르지만 그 문제는 그렇다는 것이다. 내가 사물의 보존자이고자 하는가 아니면 자원의 착취자이고자 하는가는 절대적으로 나의 책임이다. 달리 그런 척하는 것은 '나쁜 믿음'일 뿐이다.

이러한 반응을 검토하기 위해 우리는 하이데거를 따라 인간 존재가 세계의 '목자'일 수 있어야 한다고 할 때 무엇보다 이 '세계'가 무엇인지를 물어보아야 한다. 무엇보다도 세계는 내가 그 한복판에 피투되어 있는 자연적 사물과 인간적 사물의 근본 질서이다. 하이데거는 이 근본 질서를 '땅, 하늘, 신성, 인간의 사방세계'라고 부른다(PLT: 149-50, 178-9). 대충 말하면 토지, 기후, '신', '유산'을 말한다. 이 중 유산은 구체화하고 그렇게 해서 공동체를 창조하는 인물들(《존재와 시간》이 말하는 '영웅들'(260쪽)의 재출현)이며 죽음을 향한 존재의 불가피성에 의해 여타 존재와 구별되는 우리 자신들이다.*

그러나 세계는 또 다른 어떤 것이기도 하다. 즉 그리스인들이 자연의 시작이라고 부르면서 가리킨 것이요, 하이데거가 자기 은폐적 '신비'의 자기 개시라고 말하면서 가리킨 것이다. 우리가 본 대로 세계는 성스러운 장소이다. 우리는 이것을 세계가 5차원을 가지고 있다는 말로 표현할 수 있다. 즉 사방세계의 4차원에 성스러움의 차원을 더하는 것이다. (하이데거는 실제로 '차원'이라는 비유를 사용하며 여기서의 비유는 시인 프리드리히 횔덜린으로부터 넘겨받은 것이다.)

그러나 세계는 성스러운 장소이기 때문에 우리는 그것에 대해 존경과 존숭의 관계 속에 있을 **수밖에 없다**는 결론에 도달한다. 왜냐하면 성스러운 것은 다만 사람들이 경외 속에서 그 앞에 부복하는 **것이기** 때문

• 사방세계의 충분한 논의를 위해서는 다음을 참조. Young 2002, ch. 7, 8.

이다. 사람들이 행동으로 세계를 존숭하지 않는다면 그 성스러움을 **이해하지 못하고 있는** 것뿐이다. 사람들이 세계의 목자가 아니라 착취자가 된다면 우리가 본대로 사람들은 하이데거가 (스스로 특수한 의미를 가진 말로 사용하는) '형이상학'이라고 칭하는 지적 정신적 맹목에 희생되는 것일 뿐이다.

하이데거가 '형이상학' 대신에 사용하는 다른 말은 '존재 망각'이다. 이 말은 존재의 깊이, 힘, 권능, 위엄을 망각함을 뜻한다. (하이데거가 릴케로부터 넘겨받은 비유를 반복하자면 존재 망각은 달을 빛이 나는 납작 원반으로 말하는 것이나 마찬가지이다.) 그가 사르트르 철학의 이러한 특성을 항상 부각시키는 것은 아니지만 그 철학은 엄청나게 허무주의적인 절망의 철학이다. 이제 우리는 왜 이것이 그런지, 사르트르의 절망의 원천이 무엇인지를 이해한다. 그것은 정확히 말해서 '존재 망각'이다. 다시 말해 그는 우리가 우리의 삶의 기초를 근거 없는 선택에 두는 부조리를 피할 수 없다고 생각하는데 그가 이렇게 생각하는 이유는 원형적 근대인인 그가 경외감을 상실했기 때문이다. 즉 실재를 우리의 숨이 멎을 정도로 경외스러운 것으로 이해하는 느낌을 잃어버렸다는 것이다. 비유를 덜 사용해서 말하자면, 그는 세계의 거룩함이 우리에게 세계의 목자이냐 아니냐를 **선택하는** 필연성과 가능성을 모두 박탈한 장소로서 세계를 이해하는 지각을 상실했다.

(하고 많은 사람들 중에 하필이면) 비스마르크가 한 번은 사람들이 자연의 경이에 무감각한 사람을 신뢰해서는 안 된다고 말한 적이 있다. 내가 생각하기에 그가 염두에 둔 것은 신의 죽음 이후의 인류에게 자연은 아직 열려 있는 경외의 경험에 이르는 몇 안 되는 길 중의 하나를 대표한다는 것이다. 그러나 사르트르는 (비록 카뮈와는 엄청 달랐지만) 소크라테스처럼 자연을 싫어했다. 그의 세계의 가장자리는 파리의 가장자리였다. 반면에 하이데거는 평생을 흑림 지대와 그 주위에서 살았

고 그 한복판 빈터의 스키 오두막집에서 많은 철학 저서를 저술했다. 나는 이것이 많은 것을 설명해준다고 생각한다. 철학은 대개는 자서전이다.

다시 종교성 A로

앞서 나는 하이데거를 이 책 2부에서 논의한 여타의 모든 철학자들과 함께 '신의 죽음 이후'의 철학자로 언급했다. 그러나 하이데거의 '존재', 특히 이 단어가 대문자가 들어가는 Being으로 쓰일 때 사실상 신의 다른 이름이 아닌가 하고 물을 수 있다. 사실상 하이데거와 니체주의자 사이의 근본 차이는 하이데거는 신이 여전히 살아 있다고 믿는 것이고 니체주의자는 신이 죽었다고 생각하는 것이 아닌가? 그렇다면 삶의 의미에 관한 진리가 하이데거에서 발견될 수 있는 한, 그 진리는 참으로 필경 신은 죽지 **않았다**는 발견에서 성립하는 것이 아닌가?

그렇기도 하고 아니기도 하다. 하이데거는 존재가 전통 기독교 신학의 신과는 아무런 관계가 없다고 누차 부인한다. 그는 신에게 '신조와 교회 교리'(제일 원인, 전선한 분, 지적 설계자, 인간 존재에 관심을 집중하는 분 따위)에 규정된 본질을 부여함으로써 신의 위엄과 신비를 위축시키는 신학에 경멸만 품을 뿐이다. 반면에 우리가 본 대로 하이데거에게 존재는 존숭과 경외의 대상이고 **종교적** 느낌의 대상임이 분명하다. 이렇다고 할 때 존재가 **어떤** 종류의 신임은 확실하다. 이는 대형 공론지에서 발표된 하이데거의 최종 발언 제목 '신만이 우리를 구원할 수 있다'에서 확증된 사실이다(1966년 독일 주간지 《슈피겔》에서의 인터뷰). 우리가 본 대로 그는 '존재 망각'의 극복만이 우리를 구원할 수 있다고 주장하기 때문에 '존재'와 '신'은 동일자임에 틀림없다.

구체적으로 말해서 나는 하이데거가 믿고 있는 것은 [기독교] '철학자들의 신'이 아니라 오히려 '시인들의 신'이라고 생각한다. 특히 그는 '친숙한 것'을 보는 데서 우리에게 다가오는 프리드리히 횔덜린의 '미지의 신'을 믿는다(PTL: 225). 이 신은 전통 기독교의 신과 달리 진정으로 신비하고 그러기에 진정으로 '멀리' 있지만 그러면서 다시 한 번 기독교의 신과 달리 '우리 중에 가장 가까이' 있고 세계에 내재하며 우리에게 '너무 가까이' 있는 신이다. 하이데거가 존재와 동일시하는 신은 바로 이러한 신, 횔덜린의 신, 빔 벤더스Wim Wenders의 신이다.

그러나 이러한 신은 우리가 지금까지 논의해 왔던 신은 아니다. 이 책 전편을 통해서 '신'은 '참된 세계'와 동의어로 사용되었다. 이러한 의미에서 신을 긍정하는 것은 참된 세계를 긍정하는 것이고 신을 결론으로 삼는 거대 묵시록의 서사를 긍정하는 것이다.

하이데거가 **하지 않는** 일이 바로 이것이라는 점을 아는 것이 중요하다. 그는 보편적이고 (선택되는 것이라기보다) 발견되는 삶의 의미를 긍정하지만 그것은 거대 서사적 의미는 아니다. 하이데거에게 '역사 목적'과 무지개다리를 건너 궁극 낙원으로 가는 횡단은 전혀 없다. 오히려 정확하게 말하면 목자의 과업은 계속 진행 중이고 끝이 없다.

앞서 쇼펜하우어를 논의할 때(119-20쪽) 나는 성취함으로써 소멸되는 목표의 견지에서 자신의 삶을 정의하는 대가는 곧 권태라고 하는 점을 제시했다. 그러나 인간의 삶을 '역사에 목적'을 구성하는 목표의 견지에서 정의하는 것은 확실히 그처럼 그러한 목표의 견지에서 정의하는 **것이다.** 그렇다면 '역사 목적'은 사실상 낙원으로 들어가는 것이 아니라 오히려 권태로 들어가는 것을 의미한다. 이러한 까닭에 하이데거는 거대 서사꾼은 아니라는 사실, **이러한** 의미에서 하이데거에게 신은 죽었다는 사실은 그의 철학을 중요한 방식으로 지지하는 찬동 발언인 것이다.

최종적 논평을 한 가지 해야 한다. 우리는 3장 키르케고르에서 그가 '종교성 B'와 '종교성 A'를 구별하는 것에 주목했다(87-90쪽). 종교성 B는 그 대상이 전통 기독교의 초자연적 신이다. '철학자들의 신'(키르케고르도 그러한 철학자들 중의 한 명이다)에 대한 하이데거의 거부를 표현하는 한 가지 방식은 그가 종교성 B를 거부한다고 말하는 것이다. 다른 한편으로, 스스로를 세계로 계시하고 이러한 의미에서 스스로가 세계이기도 한 신 앞에서의 경외, 즉 하이데거가 옳다면(나는 그가 옳다고 믿는다) 존재에 대한 올바른 태도를 대표하는 종교성은 키르케고르의 '종교성 B'에 해당하는 하나의 사례이다. 그것은 말하자면 일종의 범신론이다. 따라서 하이데거의 철학은 그 두 가지 형태 또는 종교성의 상대적 장점에 의거해서 키르케고르의 입장을 전도하는 것을 대표한다.

이 같은 종교성 B에 대해 키르케고르가 제기하는 중심 반론은 우리가 본 바와 같이(89쪽) 그러한 종교성은 윤리학을 정초할 수 없고 선과 악의 구별을 정초할 수 없다는 것이었다. 그러나 이제 우리는 이것이 심히 사실이 아니라는 것을 알게 되었다. 목자는 그 모든 형태에서 선을 대표하고 폭력은 그 모든 형태에서 악을 대표한다.

삶의 의미 문제에 대한 철학의 대답

1. 들머리: 책 소개

Julian Young, *The Death of God and the Meaning of Life*, Second Edition(Routledge, 2014).

이 책을 번역한 것이 본 책이다. 이 책은 삶의 의미 문제를 프리즘으로 삼아 철학자별로 핵심 사상을 간명하게 요약하고 비평한 서양 철학사이다. 이 점을 감안할 때 이 책은 '삶의 의미는 무엇인가'라는 문제를 중심으로 쓰인 서양 철학사 입문서라고 볼 수 있다. 서양 철학사 전반에 걸쳐서 삶의 의미에 대해 어떤 답을 주는지 주요 철학자들의 근본 사상을 조사하고 그에 대한 비평까지 제시한다. 특히 그 비평들은 처음부터 끝까지 일관성을 유지하는 기조에서 결코 벗어나지 않고 마침내 저자 자신의 답도 내놓는다.

이 책은 서양 철학사를 개관하는 개괄서로서 남다르게 분석적이고 창의적이고 독특하다. 철학의 주요 문제를 다루는 학술서이기도 하고 서양 철학자의 삶과 사상을 이해하는 입문서이자 교양서이기도 하다. 철학을 소개하는 방법은 다양하지만 이 책은 서구 사상의 역사에 커다란 영향을 미친 서양 철학자들이 삶의 의미 문제에 대해 어떻게 생각했는지를 통람하는 방식을 통해 철학 사상을 소개하는 독특한 서술 양식을 채택하고 있다. 저자는 딱딱하고 지루하기 쉬운 철학 사상을 삶의 의미라는 주제 아래 창의적이고 논리적이며 일관성을 유지하는 비판적 사고방식으로 분석하고 설명하고 비판한다.

이 책은 삶의 의미 문제를 한 번은 고민해 본 사람 또는 알고 싶은 사람, 자신의 미래 진로와 방향을 꿈꾸는 사람이 읽으면 좋다. 먼저 살다 간 삶의 스승들이 세계와 인간의 삶을 어떻게 생각했는지를 일별하고 그들이 가치 있는 삶, 의미 있는 삶이라고 여긴 것을 아는 일은 현대를 사는 개개인에게도 조언을 줄 것이며 저마다의 주체적 세계관을 구축하는 데도 도움을 줄 것이다. 이러한 의미에서 이 책은 삶의 의미 문제에 관한 철학 카운슬링의 효과도 제공한다. 다만 심리적 접근과 컨설팅보다는 철학적 논리와 언어 분석과 세계관적 접근으로 컨설팅한다고 하겠다.

이 책은 일반 독자뿐만 아니라 철학에 관심 있는 사람, 철학 학습자, 철학 독학자, 철학 연구자와 전문가, 그리고 인문학을 비롯한 인접 학문 분야 종사자 모두가 읽어볼 만한 책이다. 또한 정형화된 구태의연한 철학 교과서와 변별되는 교과서나 교재를 찾는 이에게도 추천한다. 그렇게 난해하지 않게 유럽의 대륙 철학을 미국의 언어 분석, 개념 분석의 방법론으로 논의하는 방식은 철학함을 배우고 학술적으로 글 쓰는 사례의 하나로 본보기가 될 수 있다. 특히 저자가 여러 가지 철학적 관념들의 정곡을 짚고 의표를 찌르는 솜씨는 일품이다. 이것은 줄리언 영 특유의 지적 재능으로 보인다.

이 책을 읽으면서 역자는 버트런드 러셀의 《서양철학사》를 떠올렸는데, 그 이유는 러셀처럼, 물론 러셀과는 깊이와 두께에서 차이는 있겠지만, 철학자의 철학 사상을 개관하면서 주관적 소견을 비평적으로 타당하게 제시하는 서술 방법이 유사했기 때문이다. 어쨌든 이 책을 일독하는 것은 독자의 세계관과 인생관을 자극하고 자신의 삶의 의미를 묻는 반성을 촉발하며 자신의 정신적 삶을 되돌아보며 성찰할 수 있는 기회를 가지게 해 줄 것이다. 역자가 판단하기에, 이 책은 일반인과 철학도와 철학 전문가에게 철학을 특이하게 구성하여 소개하고 흥미진진하게 읽을 수 있는 책이다.

2. 삶의 의미 문제의 배경

이 책의 내용에 들어가기 전에 미국 사회에서 유독 삶의 의미 문제가 50년 남짓 철학적 문제로 대두된 배경이나 맥락을 잠시 소개하는 것이 삶의 의미 문제 일반을 다루는 책들을 이해하는 데 일면 도움을 줄 것이라고 생각한다.

미국 사회는 1950년을 전후한 제2차 세계 대전과 1960년대 중반의 베트남전을 연속으로 겪으면서 암울하고 혼란스러운 시기를 거치고 있었다. 제2차 세계 대전 전후의 젊은 세대들은 '성난 젊은이angry young man'로 특징지어지고 기성세대에 대한 분노와 자신들의 열망을 강력하게 표출했다. 그들은 1960년대 후반에는 반전 운동 세대로서 기존 사회의 질서를 부정하고 평화를 요구하는 시위를 벌였다. 1968년 민주당 전당대회에서 폭력 시위를 주동했다는 혐의로 기소된 '시카고 7인 재판'이야기는 유명하다. 이들 세대는 LSD 등의 환각제와 같은 약물로 내면세계의 변화를 추구했고 1964년《일차원적 인간》출판으로 미국 사회에 큰 영향을 끼쳤던 마르쿠제도 이를 묵인했다. 이러한 운동은 일명 히피 문화 운동으로 일컬어졌다. 이 운동은 1970년대에 와서 사그라졌지만 이러한 사회적 혼란 시기에 삶의 의미 문제는 자연스럽게 대두될 수밖에 없었을 것이다.

1980년대에 들어와서, 미국 사회에서는 학문적 지배 사조로서 철학적

(인식론적)으로는 실증주의, 윤리적으로는 공리주의에 대한 반발과 비판 의식이 뒤따랐다. 경제적으로는 자본주의가 대세였다는 사실은 불문가지이다. 이러한 입장들이 이데올로기적으로 지배하는 상황에서 행복, 도덕, 가치에 관한 다른 방식의 탐구가 개시되었다. 이러한 탐구와 더불어 삶이 사라진 언어분석적 철학과는 달리 삶이 중요하다는 인식이 살아나고 무엇이 삶을 중요한 것으로 만들어주는가, 삶을 의미 있게 만드는 것은 무엇인가, 삶에 의미를 부여하는 보편적인 단일 원리가 있는가 하는 문제가 철학적으로 다루어지기 시작했다. 그 쟁점은 보편적이고 객관적인 삶의 의미가 있는가 아니면 삶의 의미는 그저 주관적일 뿐인가 하는 문제로 단순화될 수 있다. 줄리언 영이 이 책에서 논의하는 주제적 쟁점도 바로 그 문제를 동심원으로 선회하고 있다.

삶의 의미 문제는 객관적 발견의 문제가 아니고 주관적인 데 그치기 때문에 별도의 독립적, 학문적, 철학적 주제일 수 없다는 입장도 있다. 이 입장에서 보면 삶의 의미 문제는 문제로서 아주 문제가 많다. 삶의 의미 문제가 세속적 가치, 물질적 가치만을 추구하는 탈마법화된 근대 사회, 탈근대 사회에서 별로 주목할 만한 주제가 아니라는 것은 자연스럽고 당연한 귀결일 수 있다. 신이 죽은 현대 사회에서 삶의 의미는 개인의 취향이나 기호 문제에 불과할 뿐 그 이상일 수 없다는 통념 때문이다.

그러나 삶의 의미 문제는 인간을 구속하고 제약하는 근본 조건이기 때문에 별 문제 아닌 양 쉽사리 제쳐 둘 수도 없는 문제이다. 인간은 의미를 추구하는 존재이고 인간에게 삶의 의미 문제는 보편적으로 제기되는 현실이기 때문이다.

우리의 일상생활에서 삶의 의미에 관한 물음이 제기되는 맥락은 참으로 다양하다. 아주 유명한 맥락은 홀로코스트를 겪고 살아남은 정신의학자 빅터 프랭클이 주창한 의미에의 의지이다. 프랭클의 의미에의 의지는 에피쿠로스의 쾌락에의 의지, 니체의 힘에의 의지에 비견된다.

아주 일반적인 예를 들어보자. 중요한 인생 결단을 해야 될 때가 있고, 인생은 이런 건가 싶을 때가 있고, 사형 선고나 다름없는 건강 검진 결과를 들을 때가 있고, 사랑하는 아내를 잃을 때가 있고, 죽음을 맞이할 때가 있고, 사후의 삶이 있는가 하고 물을 때가 있고, 실존적 삶의 부조리를 느낄 때가 있고, 무한 우주의 침묵이 가져오는 불안을 느낄 때가 있고, 인간을 죽을 수밖에 없는 존재라는 자각을 할 때가 있다. 이 모두가 삶의 의미 문제를 불러오는 계기들이다. 인간은 이러한 문제 상황에서 '어째서 나한테 이런 일이?', '삶에 의미가 있는가?'하고 묻는다.

이러한 경험을 통해서 인간은 자신의 삶을 성찰한다. 말하자면 삶의 의미, 우주의 의미 등에 대해서 거리를 두고 보편적인 관점에서 생각하기 시작한다. 즉 그는 영원의 상 아래에서 생각하기 시작하는 것이다. 이리하여 삶의 의미에 대한 관심과 문제의식은 우주론, 형이상학, 인식론, 윤리학, 신, 초월, 종교와 관련을 맺게 된다.

3. 삶의 의미에 대한 17가지 대답

이상에서 본 바와 같이 삶의 의미 문제는 역사적·사회적·인간적 맥락에서 제기되고 다양하게 분화되며 대답된다. 저자는 이 문제를 13명의 철학 대가의 입을 빌어서 논의하고 그들의 대답을 제시하고 이를 비판적으로 논평한다. 13명은 고대 1명 플라톤, 근대 3명 칸트, 쇼펜하우어, 헤겔, 그리고 현대 9명 키르케고르, 프로이트, 니체, 마르크스, 하이데거, 사르트르, 카뮈, 푸코, 데리다이다.

그러나 저자는 각각 장을 달리해서 니체는 2회, 사르트르는 1회, 하이데거는 1회를 더 논의하기 때문에 총 17장으로 구성된다. 따라서 저자는 실질적으로 17명의 철학자의 삶의 의미론을 다룬다.

저자는 이 17명을 논의할 때 이들을 시대적으로 나누는데 크게 신의 죽음 이전과 이후로 나눈다. 신의 죽음 이전에 제시된 삶의 의미는 1부에서 다루고 여기서는 삶의 의미 문제가 삶의 의미가 보편적으로 존재한다고 믿고 발견하는 문제로 정식화된다. 이러한 부류에 속하는 철학자는 플라톤, 칸트, 키르케고르(기독교), 쇼펜하우어, 프로이트, 초기 니체, 헤겔, 마르크스 총 8명이다.

2부는 신의 죽음 이후 삶의 보편적 단일 의미가 붕괴된 후의 삶의 의미라고 할 만한 것을 제시한 철학자들을 다룬다. 2부에서는, 삶의 의미의 전통적인 보편적 구조가 붕괴되고 난 뒤 신의 부재에 기인한 허무주의가 대두했는데, 이 허무주의에 대한 주요한 현대적 대응과 극복 방안을 논의한다. 여기에는 후기 니체, 유고 니체, 초기 하이데거, 사르트르 I, 사르트르 II, 카뮈, 푸코, 데리다, 후기 하이데거 총 9명이 포함된다.

제1장에서 다루는 플라톤은 세계를 감각적 현상 세계와 지성적 이데아의 세계로 구분하고 이데아의 세계를 추구하는 것이 최고로 가치 있는 삶이라고 주장하며 이를 철학적 삶이라고 부른다. 철학적 삶은 일상세계에서 사는 삶이 아니라 감각과 의견의 세상 너머에 있는 참된 세계, 이데아의 세계를 인식하고 이를 추구하는 삶을 말한다. 플라톤은 우리가 사는 이 세상이 아닌 다른 세계가 있고 진리가 바로 이 세계에 있다고 믿는다. 이러한 세계에 거주하는 삶이 진정으로 살 만한 가치가 있는 삶이다. 권력과 명예와 부와 쾌락의 추구는 삶의 의미의 원천이 아니다. 의미 있는 삶은 물질적 가치의 추구가 아니라 비물질적 영혼을 돌보는 삶의 추구에 있다. 이러한 삶은 세속적, 현세적 삶이기보다는 세상을 절제하고 금욕하는 출세간의 삶에 가깝다고 하겠다. 이러한 삶의 의미론은 이상 세계와 현실 세계를 이분화해서 생각하는 도식 위에 세워져 이상 세계가 더 가치 있다고 확신한다.

제2장에서 칸트는 과학적 지식보다는 신앙적 지식이 더 높은 가치가 있다고 본다. 칸트는 계몽주의자로서 근대 과학의 발흥과 발전을 인정하고,

그렇다면 서구 사회에서 삶의 의미의 원천이라고 규정되었던 신과 기독교의 진리를 어떻게 보호할 것인지를 고민한다. 근대 과학은 전통 기독교의 신앙 체계에 도전장을 던진 것과 같기 때문에 과학과 신을 동시에 믿는 방법을 찾아야 했다. 그의 대답은 과학적 지식의 한계를 구획하고 신앙의 진리에 여지를 마련하려는 시도에서 주어진다. 그는 과학적 지식은 현상계에만 국한되기 때문에 신앙의 영역에서는 발언권이 없음을 보여주는 전략을 채택한다. 그는 신이 없다면 인간의 도덕적 질서는 무너지기 십상이기 때문에 신의 존재는 요청되고 인류의 도덕과 행복도 가능해질 수 있다고 믿는다. 기독교의 믿음에 여지를 주기 위해 과학의 지식을 제한함으로써 그는 삶의 의미를 여전히 신에게서 찾을 수밖에 없다고 생각한다.

제3장 키르케고르는 골수 기독교 신학자이자 철학자이다. 따라서 그가 삶의 의미를 무엇으로 보는지는 명약관화하다. 어떻게 사는 것이 가장 의미 있는 삶인가라는 물음에 대해 그는 세 가지 종류의 대답을 내놓는다. 첫째는 미적 실존의 삶, 둘째는 윤리적 실존의 삶, 셋째는 종교적 실존의 삶이다.

첫 번째 미적 삶은 쾌락주의의 삶으로서 즐거운 감각 이외에는 아무것도 목표로 두지 않는 삶을 말한다. 그러나 이러한 삶의 방식은 윤리적 가치를 피할 수 없다는 점에서 근본적으로 실패한다.

두 번째 윤리적 삶은 선과 악을, 모든 실존을 제약하는 근본 조건으로 삼는 삶이다. 여기서는 윤리적인 것이 삶에 진정한 의미를 부여한다. 왜냐하면 윤리적인 것은 인간의 삶에 대한 신의 계획을 실현하도록 도와주는 것이기 때문이다. 따라서 여기서 윤리적인 것은 종교적인 것이 된다. 그러나 윤리적인 것과 종교적인 것은 범주가 다르기 때문에 그 둘의 구별이 흐려지는 혼란이 발생한다. 이것이 윤리적인 것이 삶의 의미를 규정하는 원천으로 이해하는 데 따르는 문제점이다.

세 번째 종교적 삶은 윤리적 삶과는 다르다. 그것은 또한 윤리적 삶보다 더 높은 형태의 삶이다. 종교적인 것은 최고의 실존 영역이다. 따라서 종교적인 것은 윤리적인 것을 유예하거나 중지할 수 있다. 종교적 삶의 전범은 창세기에 나오는 신앙 영웅 아브라함의 삶이다. 아브라함은 신의 명령에 복종하여 자기 아들 이삭을 제물로 바치는 신앙을 보여 주었다. 그러한 신앙은 자식 살인의 윤리적 갈등 앞에서 그리고 그에 관한 합리적 논의와 판단 앞에서 신의 명령의 선함을 믿음으로써 윤리적인 것도 중지시킨다. 키르케고르는 이것을 '신앙의 도약'이라고 부른다. 종교적 삶은 윤리적인 것을 신앙 속에서 통합시킨다. 신적인 것이 모든 것의 근거라고 믿는 것이 종교적 삶의 근본이다. 반면 윤리적인 것은 순전한 진정성을 결여한다. 그것이 순전하려면 신의 권위에 정초되어야 한다. 따라서 종교적 삶은 인식보다 신앙이 우위에 있는 삶이다. 신의 의지를 행하는 것이야말로 모든 삶을 의미 있게 만드는 것이다. 오직 초월적 종교성만이 삶의 의미의 원천이다.

제4장은 쇼펜하우어의 고통의 형이상학을 다룬다. 쇼펜하우어는 인간 존재와 세계의 본질은 고통이고 이들은 모두 생존에의 의지에 굴복한다고 주장한다. 우리가 아는 세계의 전반적 특질은 인간, 동물 할 것 없이 모두 살려고 하는 의지에 예속된다는 것이다. 인간의 이, 식도, 위장, 생식기, 손, 발은 이러한 의지가 생리학적으로 표현된 것이요, 대상화된 의지에 다름없다. 인간의 삶은 이러한 의지 이외에는 아무런 의도나 목적도 없는 연속적인 움직임일 뿐이다.

우리는 이러한 고통의 삶에 대해 무엇을 해야 하는가, 어떻게 해야 하는가? 쇼펜하우어는 불교의 사성제를 도입한다. 삶은 고통이고 고통의 근원은 욕심이고 고통의 소멸은 욕심의 소멸로 가능하다. 고통의 원천은 생존을 의지하는 것, 삶을 의지하는 것이기 때문에 삶의 수수께끼는 이 의지를 거부하는 것으로 해결된다. 인간은 본성상 의지를 긍정할 수밖에 없다가 이제는 의지를 거부함으로써, 즉 아무것도 욕망하거나 의지하지 않음으로써 고통에서 벗어난다. 즉 의지의 완전한 폐지가 답이다. 그렇다면 그것은 무이다. 그렇다면 쇼펜하우어는 무를 삶의 목표와 의미로 제시하는 것이나 마찬가지이다. 그러나 이 무는 좋은 것이고 심오한 평정이고 정신의 대양 같은 평온이다.

아마도 이것은 물아일체의 의식적 궁극 상태인지도 모른다. "쇼펜하우어가 설명했듯이 삶(생명)을 향한 개인의 의지를 소멸시킴으로써 그 사람은 실로 주체와 객체를 넘어선 원초적 상태로 들어갈 수 있었고 그 결과 모든 것이 될 수 있었다. 그러므로 쇼펜하우어에는 … '세계 자체를 소유하려는' 살인적 충동으로부터 벗어날 수 있는 길이 있다. … 그것은 공성에 대한 초월적 통찰[을] … 통해서만 성취된다."(켄 윌버,《에덴을 넘어서》, 조옥경 · 윤상일 옮김, 한언, 2014, 503쪽)

제5장에서 프로이트는 인간의 삶을 의식과 이성에서 설명하지 않는다. 그는 무의식을 발견했다. 이 발견은 인간 이해의 역사에서 전대미문의 것이었다. 전통적 인성론을 완전히 뒤집어 놓았다. 쇼펜하우어는 인간의 삶을 의지에서 보았지만 프로이트는 무의식에서 본다. 인간의 삶은 억압된 욕망의 원리에 따르고 이 억압을 투명한 의식으로 가져옴으로써 치료되고 해방된다.

억압은 욕망이 충족되지 않기 때문에 발생한다. 충족되지 않은 욕망은 의식의 지하 창고, 즉 무의식에 저장된다. 욕망의 충족은 현실이 허용하지 않는다. 쾌락과 현실은 서로 대립한다. 따라서 고통은 현실의 삶에서 불가피하다. 고통은 현실의 필연성이다. 이러한 고통은 인간의 공격성과 파괴성, 죽음 본능에서 생긴다. 이러한 고통을 적절하게 통제하기 위해 문명이 발생한다. 문명은 사회 전체의 행복과 복지를 위해 개인의 자유에 대한 제약을 요구한다. 그것은 개인의 쾌락과 욕망을 희생양으로 요구한다. 인간 본능과 문명사회가 완전한 합의에 이르는 것은 불가능하다.

그러므로 인간의 삶은 성적 욕망을 충족시키는 동시에 문명 활동에도 참여해야 최고의 삶이다. 그러나 이것이 가능한가? 인간의 공격성은 사적 소유가 전혀 없었던 시대나 사회에서도 존재하지 않은 적이 없다. 앞으로도 그럴 것이다. 인간은 사랑을 바라기만 하는 고상하고 다정한 동물이 아니기 때문이다. 인간은 타인의 일하는 능력을 착취하며 성적으로 이용하고 타인을 모욕하며 고통을 주고 죽이도록 부추기고 부추겨진다. 인간은 인간에 대한 늑대이다.

따라서 프로이트는 문명이 개인의 쾌락과 욕망을 희생할 정도로 가치 있다고 보지 않는다. 문명 속에는 인간이 가지는 불만이 영구적으로 잔존한다. 문명이 허락하는 본능 충족의 행복은 지극히 순간일 뿐이다. 문명은 인간에게 행복 대신 안전을 보장한다. 문명은 그 대가를 밑돈다. 문명의 삶은 그에 드는 비용을 감당하지 못한다. 즉 문명적 삶, 인간적 삶은 적자라는 말이다. 그렇다면 인간이 어떤 목적이나 목표 또는 의미를 추구하든 인간의 삶은 손해이다. 인간은 무엇을 하든 어쩔 수 없이 비관주의자로 살아갈 수밖에 없다.

제6장에서 초기 니체는 유럽 사회가 추구하기를 바라는 삶의 의미를 제시한다. 그는 이를 그리스의 비극 정신에서 찾는다. 바꾸어 말하면 그리스의 비극 정신에는 어떤 삶의 의미가 내포되어 있다. 그리스인은 자연이 잔인하고 역사는 파괴적이라는 점을 극히 잘 알았다. 그래서 그들은 비관주의에서 허무주의로 옮겨가도록 되어 있었다. 그들은 인간의 삶은 살 가치가 없다는 것을 확신했다. 그리스인의 삶의 지혜는 이렇게 표현되기도 한다. 즉 '인간에게 최선은 아예 태어나지 않는 것, 존재하지 않는 것, 아무것도 아닌 것이다. 그러나 차선은 되도록 빨리 죽는 것이다.'

그리스인은 이러한 허무주의를 어떻게 극복했는가? 예술을 통해서이다. 그들은 두 가지 유형의 예술을 보여주었다. 하나는 아폴로적 예술이고 다른 하나는 디오니소스적 예술이다. 따라서 두 가지 해결책이 주어지는 셈이다. 그리고 니체가 선택하는 길은 디오니소스적 예술이다.

우선 아폴로적 예술로 호메로스 예술을 들 수 있다. 아폴로적 예술 정신은 나의 것과 너의 것을 구별한다. 즉 분리가 아폴로적 정신의 특징이다. 그것은 우리 대부분이 일상적으로 살아가는 의식 유형을 말한다. 아폴로적 정신은 개체성의 원리를 따르는 의식 양태이다. 아폴로직 예술은 이러한 의식을 미학적으로 변형시킴으로써 허무주의를 극복한다. 그렇다면 어떻게 극복하는가?

그리스인들은 호메로스가 보여주듯이 존재의 위협과 공포를 '올림포스 신들의 빛나는 탄생'을 연출함으로써 극복하거나 감추었다. 니체는 아폴로적 예술을 끔찍하기 그지없는 것들을 일개 현상에서 기뻐하고 일개 현상을 통해 구원하는 것에 의해서 변형시키는 예술이라고 말한다. 따라서 아폴로적 예술을 추구하는 사람은 미적인 것, 미적 형태에 환장한다. 이러한 정신에 따르면 끔찍한 것은 미적인 것으로 미학화됨으로써 극복되거나 가려진다. 그러므로 아폴로적 예술은 환상이나 거짓에 의지하는 예술이다. 실상을 실상으로 보지 않고 미학화한다는 것이다. 그러나 그들에게는 그것이 실상을 다루고 처리하는 방식이다. 그러므로 그것은 일종의 자기기만이다.

디오니소스적 예술은 삶의 비극을 정면으로 돌파한다. 그리스 비극의 정신은 모든 예술의 최고 목표이다. 이러한 예술은 도취, 탈아성, 무아성, 황홀경, 광희를 특징으로 한다. 아폴로적 예술의 분리성과 환상성은 디오니소스적 황홀경에서 극복된다. 디오니소스적인 것 안으로 들어갈 때 인간과 인간 사이의 장벽, 인간과 자연 사이의 장벽은 허물어질 수 있다. 그리스인은 비극을 숭고한 것으로 만들었고 이러한 비극이 주는 효과와 승화에 의해서 존재의 위협을 극복한다. 그러므로 그리스 비극은 보다 높은 인간, 즉 초인을 암시한다. 아폴로적 예술의 기초인 개체성은 디오니소스적인 것을 갈망하고 다시 탄생시킬 때 극복된다. 이런 식으로 그리스인은 세계의 구토와 절망을 극복했다.

요약하면 삶을 의미 있게 만드는 것은 그리스 비극을 새로이 사는 것이다. 다르게 표현하면 삶의 의미는 무모하다고 말할 수밖에 없는 초도덕적 예술가-신, 아이-예술가처럼 사는 것이다. 이것은 어떤 의미에서 선과 악의 피안에 사는 삶이다. 어린아이들은 세상만사를 아무렇지 않게 헤집어 놓고 도덕을 초월한 듯 새롭게 놀이하기 때문이다.

제7장은 헤겔을 논의한다. 헤겔은 인간의 삶을 어떻게 보는가? 그는 인간의 역사를 신의 의지가 가시화된 현실로 규정한다. 인간의 삶의 형적은 절대 정신이 시간 속에서 발현된 흔적이다. 인간 역사를 그 같은 단계에 이른 것으로 보기까지는 아직 인간 역사는 주인과 노예의 변증법에 의한 상호인정 투쟁으로 설명된다. 나와 너는 서로가 나 아닌 타자에게 타자성을 빼앗는 것, 즉 타자 살해로 점철된 삶을 산다. 그러다가 나와 너는 서로 자기 의식적 존재라는 것을 자각하고 멈칫한다. 즉 나와 너는 서로가 대상 존재이기를 그친다. 각자의 존재를 인정하기를 요구하는 사태가 벌어진다. 인간은 만인에 대한 만인의 인정이라는 투쟁 상태에 돌입한다. 이것이 인간의 삶의 자연 상태이다.

그런데 자아는 왜 타자에게 적으로 간주되는가? 그 역도 마찬가지이다. 그것은 인간이 자유 존재이기 때문이다. 나의 자유, 너의 자유를 인정하는 것이 적대 의식을 해소하는 출발점일 것이다. 인간의 역사가 노예 사회를 넘어서 이러한 단계까지 진보했다는 것이 역사에 대한 헤겔의 통찰이다.

그러므로 인간 소외의 극복은 우리 자신의 이성과 일치하는 이성과 질서에 도달함으로써 성취된다. 세계 역사는 갈수록 이러한 이성적 질서를 향해 움직인다. 이러한 이성적 질서는 신이 역사 안에서 활동하는 운동이다. 바야흐로 신은 역사화, 시간화, 자연화되었다. 신은 역사의 변증법이 되었다. 인간 역사는 완전하게 이성적인 존재 상태에 이를 때 종결된다. 이것은 신의 지상 도시의 진보이고 최종 성취이다. 바로 이것이 인간 존재의 삶의 의미이다.

제8장에서 마르크스는 우리의 삶의 현장은 자본주의 사회의 현실이지 그 이외 다른 것일 수도 없다는 데서 시작한다. 그런데 자본주의 체제에서

노동자는 누구나 자신의 노동에서 소외된다. 말하자면 그는 노동할 때 자신을 실현하지 못한다. 그는 자기가 아닌 다른 사람의 의도를 실현하기 위한 도구로서 노동한다. 노동 소외는 자본주의의 본질이 때문에 노동자는 노동을 멈출 때, 즉 노동하지 않을 때만 자기 자신일 수 있다. 이러한 노동 소외는 노동자뿐만 아니라 자본가에게도 마찬가지이다. 자본가는 모든 대상을 상품화해서 이윤을 남기고자 하기 때문에 그러한 자본의 논리에 희생된다. 자본주의 세계는 돈의 가치로만 계산되고 다른 가치는 무시된다. 따라서 자본가는 자연의 자체적, 독립적 가치에서 소외되고 결국 자연에서 소외된다. 자본주의 체제는 노동을 소외시킬 수밖에 없는 구조에서 지속되는 사회이다.

자본주의 사회의 이러한 치명적 결함 때문에 그 체제는 잘못된 것이고 따라서 제거되어야 한다. 이 제거는 자본가로부터 억압받는 노동자에 의해서 가능하다. 노동자들은 자신이 억압받는 조건에 대해 각성해야 한다. 이러한 각성을 촉구하고 자본주의 체제의 붕괴와 혁명을 고취하는 것은 자신의 삶을 중대하고 의미 있게 만드는 일이다.

또한 혁명 이후의 사회에서는 노동자가 정치권력을 장악할 것이고 모든 재산을 국유화할 것이다. 그리하여 사적 소유제는 폐지되고 사유 재산의 개념과 기억은 사회에서 사라질 것이다. 국가는 그 기능을 수행할 필요가 없어지기 때문에 천천히 소멸할 것이다. 말하자면 국가 없는 사회이다. 이러한 사회가 도래하면 이윤 추구의 욕망도 사라지고 자연과 인간을 상품화하는 일도 없어질 것이다. 모든 노동은 창조와 기쁨으로 하는 일이 될 것이다. 이것이 공산주의 유토피아 사회이다. 이러한 사회는 인간이 역사 이래 꿈꾸어 온 참된 세계요, 이상 세계이다. 마르크스에게 자본주의 사회의 붕괴, 국가 없는 사회, 그리고 공산주의 유토피아의 건설은 인간 존재의 삶의 의미와 목적으로 간주된다.

제9장은 후기 니체가 삶의 의미를 어디에 두었는지를 제시한다. 9장은

제2부의 시작인데 2부는 신의 죽음 이후에 서양 철학이 삶의 의미를 추구해 온 다양한 노력들을 논의한다. 여기에는 9가지 대답이 주어지는데 공통점은 삶의 의미가 신과 같은 거대 서사, 말하자면 참된 세계나 역사 목적 같은 형태를 취하지 않는다는 것이다. 세계 질서의 기둥 같던 신이라는 존재가 사라졌기 때문에 세계는 혼돈의 나락으로 떨어진다. 이러한 혼돈의 우주에서 삶이 의미가 있다면 어떻게 의미가 있을 수 있는지, 삶은 어떻게 살 가치가 있는지, 삶을 의미 있게 만들어 주는 것은 무엇인지를 새롭게 정립해야 하는 과제를 인류는 맞이한다.

신의 죽음 이후부터 삶의 의미는 세계의 구조 속에 새겨져 있지 않는다. 따라서 삶의 의미를 발견하는 것은 불가능하고 보편적 삶의 의미 같은 것은 없게 된다. 삶의 의미의 보편성과 소여성은 부인되고 이제 각자가 삶의 의미를 창조해야만 한다. 나는 나만의 삶의 의미를 삶 속에서 개별적으로 창조해야 한다. 따라서 삶의 의미는 저마다 개별적인 것이 되었다.

니체는 삶이 영원히 동일하게 또는 비슷하게 반복된다는 신념을 가지고 있다. 이것이 바로 동일자의 영원회귀 사상이다. 삶은 영구적으로 동일하게 반복되면서 동일한 것 또는 유사한 것을 순환시킨다. 우리는 과거에 겪은 것을 현재에도 겪고 미래에도 겪는다. 하늘 아래 새것이 없다면 인간의 삶, 역사적 사건은 되풀이해서 일어날 수밖에 없다. 따라서 삶은 지금 실패해도 또 다시 반복할 터이기에 아쉬워할 필요도 없고 그 일이 일어나게 되면 잘 하면 될 뿐이다. 그러므로 삶을 불평할 일도 증오할 일도 없다. 어떤 삶이 주어지든지 삶을 사랑하는 일밖에 없다.

삶을 사랑하는 것, 이것이 니체가 말하는 아모르 파티, 즉 운명애이다. 트롯신 김연자 가수가 불렀던 그 아모르 파티이다. 자신의 삶에 의미와 목적을 부여하고 그것을 계속하면서 자신을 창조하고 자신의 운명을 실현해 가는 것 이외에 다른 삶은 없다. 삶의 의미를 발견하는 것이 아니라 삶의 의미를 발명하는 것이 문제이다. 물론 매사를 세계와 역사와 만사의 영원회귀의 관점에서 대하고 이를 지키고 그에 따라 사는 것은 쉽지 않다. 어느 누가 만사와 역사를 그런 방식을 볼 수 있겠는가? 그렇게 할 수 있는 삶은 정상인의 것이 아니라 초인의 것이다. 그래서 니체의 눈에는 우리가 말인 last man이고 차라투스트라는 초인super man이다. 만사를 영원회귀의 눈으로 보고 어떤 일이 닥쳐도 이 일은 내가 만사에 언제나 사랑하는 자세로 준비해서 만사를 피하지 않고 능동적으로 살아내라고 주어지는 또 다른 삶의 기회에 다름없는 삶, 이러한 삶을 니체는 최고의 삶으로 여긴다. 우리는 각자 자신의 삶의 영웅이 되어야 한다는 것이다. 인간의 삶의 의미는 이러한 초인이 되는 것, 초인의 삶을 사는 것이다.

제10장 유고 니체에서는 니체가 삶과 세계를 힘에의 의지라고 보는 입장을 취했다고 간주된다. 이러한 니체의 사상은 니체의 미출판 원고를 니체 여동생이《힘에의 의지》라는 제목으로 출판한 데서 연원한다. 하이데거도 니체의 입장을 이렇게 본다. 그래서 유고 니체는 하이데거의 니체라고 말할 수 있다. 그러나 저자는 초기 니체와 후기 니체만 니체이고, 유고 니체는 실제의 니체와는 다른 사람이라고 비판한다.

유고 니체는 전통에서 전승되어 온 참된 세계가 허구라고 본다. 세계는 우리의 필요와 욕구에 의해 조형된 구성물이다. 이러한 세계는 아무런 목표나 목적도 없다. 세계에 있는 것은 변화, 생성, 다수, 모순, 전쟁 말고는 없다. 세계는 힘의 양에 의해서 구성된다. 이렇게 세계를 구성하는 힘의 양은 그 본성이 의지이며 더욱이 힘에의 의지로 구성된다. 이것이 실재의 궁극적 본성이다. 이 세계는 힘에의 의지일 뿐이다. 당신도 나도 힘에의 의지일 뿐이다.

힘에의 의지는 정복에의 의지, 지배에의 의지이다. 갖가지 힘에의 의지의 양은 갖가지 여타의 양을 지배하고 통합하고 인수하려고 분투한다. 여기가 니체의 힘에의 의지가 제국주의와 파시즘의 원천이 될 수 있는 대목이다. 이러한 힘에의 의지의 투쟁 결과, 조직화된 양의 체계가 생성된다. 그러므로 힘에의 의지는 항상 더 많은 힘에의 의지이다. 힘은 커지면 커질수록 그 조직의 중압도 커진다. 끝내는 그 조직은 붕괴한다. 만사는 원점으로 돌아간다. 여기가 힘에의 의지와 동일자의 영원회귀 사상이 만나는 지점이다.

세계를 힘에의 의지로 보면 힘의 추구는 세계를 영원히 선회할 것이고 세계의 영원한 의미는 힘이다. 다시 말해서 세계는 힘의 정도나 과다만이 문제일 뿐 그 이외에 가치를 가지는 것은 아무것도 없다. 삶은 힘의 투쟁이고 약자를 잡아먹고 강자를 방어하고 무언가를 범하고 위반에 대비하는 것 이외에 다른 것이 아니다.

니체에 대한 우리의 일반적 통념에 따라 신의 죽음은 지금까지의 최고 가치의 가치 박탈, 가치 공백으로 끝났다고 한다면 유고 니체는 우리의 삶에 방향과 의미를 줄 수 있는 것, 모든 가치를 재평가할 수 있는 것은 힘에의 의지밖에 없다고 주장한다. 이러한 가치의 원리가 허무주의를 극복한다. 왜냐하면 힘의 성장을 도와주는 것이 가치 있기 때문이다. 따라서 최고 가치는 힘의 증대뿐이다. 그것이야말로 자체적으로 가치 있는 것이다. 우리가 힘에의 의지를 가치 평가의 원리로 받아들이고 인간과 사물을 우리의 힘을 고양해 주는 정도에 따라서만 가치 있는 것으로 간주한다면 인간의 삶은 인간과 자연을 지배하는 무제약적 힘의 추구를 위한 투쟁일 것이다.

이러한 맥락에서 힘에의 의지를 누구보다도 예찬할 이는 히틀러 같은 총통일 것이다. 히틀러의 정치적 《나의 투쟁》은 그러한 무제약적 힘을 가지기 위한 투쟁으로 읽을 수 있다. 이것은 니체의 힘에의 의지의 형이상학이 원칙적으로 허용하는 일일 수 있다. 비록 니체는 《힘에의 의지》에서나 《차라투스트라는 이렇게 말했다》에서 새로운 종의 인간, 보다 높은 형태의 인간을 창조하고자 했으나 그 두 유형의 초인은 서로 다른 초인상을 그려내고 있다. 이러나저러나 니체에게 초인은 인간의 존재 이유이다.

제11장은 초기 하이데거, 즉 《존재와 시간》(1927)을 다룬다. 하이데거

는 이 책을 기점으로 철학적 사고의 전환을 수행하는데 이 책 이전의 철학이 초기 철학이고 그 이후가 후기 철학이다. 《존재와 시간》은 인간의 존재론이다. 즉 인간을 현존재라고 지칭하면서 현존재의 존재론적 구조를 탐구한다. 하이데거는 인간을 세계-내-존재라고 규정한다. 그 근본 특징은 인간과 세계의 공속성이다. 즉 세계가 없으면 인간은 없다는 주장이다. 그 역도 마찬가지이다. 인간이 없으면 세계가 무슨 소용이 있겠는가! 세계는 인간에 대한 세계인 고로. 사실 세계는 인간의 의도, 목적, 용도, 도구 그리고 타인 없이는 세계로 존재할 수 없다. 우리 인간은 항상 세계를 그와 같은 것과의 연관 속에서 관계하기 때문이다.

또한 세계-내-존재로서 인간은 필멸 존재이다. 즉 죽을 수밖에 없는 존재라는 뜻이다. 인간은 죽음을 늘 직면하면서 사는 존재이다. 그러나 인간은 죽을 수밖에 없는 존재라는 것을 잘 알면서도 평소에는 나에게 죽음이 일어나지 않을 것이라고 생각한다. 즉 죽음의 직면과 책임을 자신의 현재적 자아에서 미래의 먼 자아로 떠넘긴다. 죽음은 나의 것이기를 중지하고 나는 나 자신의 죽음을 소유하는 것을 피하려고 한다. 피할 수 없는 죽음에 대한 이러한 인간의 존재 방식을 하이데거는 비본래적 존재 방식이라고 칭한다. 하이데거는 이러한 존재를 세인 또는 세상 사람이라고 부른다. 평균적인 일상인간들이 취하는 죽음에 대한 태도이기 때문에 그렇게 부른다.

반면 죽음을-향한-본래적 존재들이 있다. 이들은 죽음을 진정으로 직면하고 말뿐만 아니라 행동으로도 그렇게 산다. 이러한 삶을 사는 사람들은 세인들과 다르다. 세인들은 평균적인 일상인들, 즉 대중과 같이 섞여 사는 덕분에 죽음을 덮어 둘 수 있고 안전함과 소속감을 누린다. 그러나 본래적 존재들은 죽음을 소유하는 것을 피하지 않기 때문에 대중에 순응하지 않고 홀로 고독하게 있으며 이로써 자신의 개별성과 각자성을 자각한다. 이들은 죽음을 향해 선구적으로 각오하면서 세인의 지시를 따르지 않고 자신의 삶을 스스로 선택하고 이로써 자신의 자율과 자기 통치를 누린다.

지금 당장 죽음이 당신에게 일어난다고 생각해 보라. 지금 당장 죽음이 언제라도 나에게 일어날 수 있다고 생각해보라. 지금 당장 죽음을 향해 달려가 보면서 나에게 시간이 얼마 남지 않았다고 생각해 보라. 하이데거는 죽음을 이렇게 직면하면 삶 전체가 크게 달라질 것이라고 생각한다. 자신이 필멸자로서 유한성의 존재라고 진정으로 생각한다면 이렇게 시간을 보내고 있겠는가? 따라서 죽음을 비본래적으로 생각하는 것은 진정한 삶의 방해꾼이다.

죽음을 본래적으로 생각하면 나에게 주어지는 삶의 선택지 중 어느 것이 중요하고 본질적인지, 어느 것이 하찮고 의미 없는 것인지를 잘 알 수 있다. 나의 삶을 의미 있게 만드는 것을 방해하는 것이 무엇인지를 잘 결정할 수 있다. 삶은 긴급성을 띠고 그 에너지를 헛되이 쓰지 않고 한곳으로 모을 수 있다. 말하자면 본래적 삶이 의미 있는 삶이다. 여기서는 인간 삶의 유한성이 인간 삶의 의미이다.

그런데 인간은 세계와 떨어져 살 수 없기 때문에 인간 삶의 의미 역시 세계로부터 분리될 수 없다. 이로부터 하이데거는 인간의 삶을 의미 있게 만드는 것은 세계의 일부인 유산에 연결되어 구성된다고 생각한다. 말하자면 인간은 피투되어 있는 세계 환경으로부터 삶의 본래적 진정한 의미를 얻을 수 있다는 것이다. 세계 환경의 일부로서 유산은 인간 공동체의 윤리적 전통을 의미한다. 유산은 우리가 기투한 것이 아니고 우리가 처해 있는 피투성이다. 유산은 우선, 우리가 선택하는 것이 아니라 우리가 태어나는 곳이고 우리를 점령하는 곳이다. 유산은 우리에게 주어져 있는 소여이다. 대표적 예를 들면 언어는 유산 중의 유산이다. 사회의 전통적 가치나 유산에 헌신하는 것은 우리가 정체성과 본래성을 지니도록 해 준다. 세계 속에서 유산의 가치로부터 행동하는 것은 삶을 의미 있게 만들어 주는 것임에 틀림없다.

이와 같이 개인의 삶의 본래성은 자신이 처한 사회적, 역사적 환경에서 자신만의 개성과 능력을 가지고 유산의 가치에 충실하거나 헌신할 때 가능하다. 그러므로 인간의 삶의 의미는 자신이 피투된 사실성 속에서 자신이 속한 사회의 유산에 소중히 간직된 가치에 충실하는 데서 부여된다. 하이데거에게 의미 있는 삶은 주어진 사실성 안에서 유산이라는 삶의 근본 가치를 공동체적으로 추구하는 데 있다고 말할 수 있다. 물론 이러한 삶의 의미는 엄밀하게 보편적 의미는 아니겠으나 그래도 보편성을 띤, 한정된 특수성을 지닌 의미라고 하겠다.

제12장에서 사르트르는 인간을 철저하게 의식 존재로 규정한다. 인간은 의식을 가진 존재로 현실에 존재하지만 딱히 인간적으로 존재하는 것 이외에 달리 존재할 길이 없어서 인간을 '인간적 현실성'이라고 표현하기도 한다. 사르트르는 이러한 인간의 근본 존재 방식을 대자존재라고 규정한다. 대자존재는 자신의 본질이 무엇이 될지를 결정하는 자유를 가지고 있는 존재를 말한다. 이에 반해 즉자존재는 이미 고정 불변하는 자신의 본질을 가지고 있는 존재를 말한다.

사르트르는 인간은 사실성 속에서, 다시 말해서 어느 순간에서든 나는 주어진 상황에 이미 피투되어 있지만, 자신의 동일성과 본질을 바꿀 수 있고 창조할 수 있는 존재로 살아간다고 말한다. 사르트르는 이를 두고 인간이 실존이라고 표현한다. 따라서 실존은 인간이 각자 자신의 본질이나 동일성을 사실성(피투성) 속에서 선택하는(기투성) 인간의 존재 방식을 말한다. 그러므로 실존은 선택이다. 인간은 선택 속에서 살아간다. 사르트르는 이러한 선택을 두고 기투라고 표현한다. 따라서 나 자신이 누구인지는 세계에서 나 자신의 선택으로 존립하는 원래적 기투로 설명된다. 그러므로 인간은 언제나 지금까지 나 되었던 것을 부정하고 나의 동일성을 급진적으로 바꾸는 것이 가능하다.

나는 항상 다른 종류의 사람이 되는 것을 선택할 수 있고 스스로 새로운 본질을 선택하는 힘을 가지고 있다. 나는 자유이다. 사르트르의 인간 존재론의 특유한 점은 자유란 인간에게 내려진 저주라고 주장하는 것이다. 자유를 가졌으니 축복이라고 말할 만도 한데 사르트르는 인간의 자유가 저주라는 것이다. 사르트르의 주장을 이해하지 못할 바도 아니다. 인간은 언제나 자유롭게 선택해야 하기 때문에 불안, 고뇌, 한마디로 고문당하는 지옥 상태에 있는 것으로 이해될 만도 하다. 인간은 끊임없이 선택해야 하고 그 선택을 중지할 수 없고 과거에 끝난 상태로 머물 수 없으니 얼마나 고단하겠는가!

사르트르는 나의 자유, 나의 자유로운 선택이 없으면 삶도 실존도 세계도 불가능하다고 생각한다. 그에게 자유는 가치의 유일한 토대이다. 그런데 역설적이게도 자유는 토대가 없는 가치이다. 즉 나의 자유는 그 자체로 토대 없는 토대이면서 가치의 토대이기 때문에 고뇌하지 않을 수 없다. 자유가 토대 없는 토대라는 점에서 자유는 절대적 심연 또는 무라고 파악된다. 나의 선택은 이러한 의미의 무로부터 나온다. 그래서 나의 선택은 근거가 없다. 따라서 나의 삶은 부조리하고 고뇌하지 않을 수밖에 없으며 불안하다.

삶은 이와 같기에 대통령의 삶이나 거지의 삶이나 어느 쪽이 더 낫다고 또는 더 좋은 삶이라고 말할 수 없다. 그러니 어느 누가 더 가치 있는 것을 추구할 것인가? 내가 내리는 어떤 선택은 중요하고 네가 내리는 어떤 선택은 중요하지 않다고 말할 근거가 없으니 말이다. 따라서 삶의 의미나 목표나 가치를 심각하게 추구할 필요가 없어진다. 이렇듯 삶의 부조리성에 대한 인식과 고백은 그 자체로 고뇌이지 않을 수 없다. 내가 아무리 이 목표가 중요하다고 결정해도 심각한 것이 아니라는 말이고 당연히 그 목표에 대한 헌신과 희생은 불필요하다. 결과적으로 삶은 무의미하고 무가치하고 무상하다. 삶의 부조리 때문에 고뇌하지 않을 수 없지만 고뇌조차도 무용하다. 인간 삶의 의미에 대한 요구나 필요는 없어진다.

삶은 부조리하고 고통스럽기 때문에 인간은 자신의 삶에 대해서 자유에 대한 책임을 버리고 나는 그런 존재가 아니라는 척, 모르는 척한다. 이것은 삶과 자신의 자유에 대한 나쁜 믿음, 즉 거짓된 믿음이다. 왜냐하면 그것은 자기 자신에게 거짓말을 하고 있는 것이나 마찬가지이기 때문이다. 말하자면 일종의 자기기만이다. 나쁜 믿음 또는 자기기만은 인간이 자신의 자유를 부인하고 회피하기 위해 선택하는 존재 방식이다. 그것은 삶의 부조리와 고뇌에서 도망가기 위한 선택이다. 인간의 삶은 그 삶의 부조리성을 인식하고 그 무의미성을 인정하는 고뇌와 그 고뇌를 피하는 시도나 마찬가지이다. 사르트르에게는 이러한 인간의 존재론적 모순 구조야말로 인간의 인간적(인) 너무나도 인간적(인) 현실성이다. 이러한 현실성 이외에 달리 어떤 현실성도 인간의 존재론적 구조를 표현하기에 적절하지 않아 사르트르는 인간을 인간적 현실성이라고 별도로 유다르게 표현했다. 이상이 사르트르 I 의 인간의 삶의 의미 문제에 대한 소견이다.

제12장은 사르트르 II 의 입장이다. 여기서 사르트르는 사르트르 I 의 반전을 꾀한다. 인간 내지 인간의 삶은 인간적 현실성으로 해명되었다. 우리가 우리의 존재와 본질을 선택하기를 원한다는 사실은 변함없다. 변한 것은 사르트르가 이제 그 선택을 신에 둔다는 것이다. 즉 신을 인간 존재의 근본 목표로 둔다. 바꾸어 말하면 이제는 우리가 우리 자신의 원천이 되기로 선택한다는 것이다. 한마디로 우리가 신이 되겠다는 선언이다. 사실 이것은 모순이다. 인간의 존재론적 구조상 자유와 자유의 선택은 토대가 없기 때문에 자신이 토대가 되겠다고 선언하는 것은 우리의 선택에 토대와 근거가 없다는 이전의 주장을 무시하는 것이다. 하지만 이 점을 뒤집어 보면 사르트르가 반전을 시도하는 것이라고 볼 수 있다.

그러나 궁극적으로 이 반전은 성공할 수 없다. 인간 의식은 헤겔적 의미에서 불행한 의식이기에 신이 될 수 없기 때문이다. 이러한 시각에서 보면 인간적 현실성의 존재는 영원한 갈등이고 고통인 셈이다. 신이 될 수도 없고 신이기를 포기할 수도 없는 목표에 시달리기 때문이다. 반면 사르트르 I

은 우리가 우리 자신이 누구인지를 선택할 수밖에 없기 때문에 부조리하고 우리가 우리 선택의 토대일 수 없기 때문에 고통스럽다고 말했다. 바꾸어 말하면 우리는 신일 수밖에 없는 처지에 놓일 수밖에 없기 때문에 고통스럽다는 입장이었다. 그래서 사르트르 Ⅰ과 사르트르 Ⅱ는 모순적 관계에 있다.

사실 사르트르 Ⅰ에게 삶의 부조리와 고뇌로부터 벗어나는 길은 나쁜 믿음이나 자기기만 아니면 자유에 대해 절대적 책임을 지고 변명하지 않는 삶을 사는 길인 데 비해, 사르트르 Ⅱ에게 이 고르디우스의 매듭을 푸는 길은 '신 되기'라는 대담한 해법을 통해서이고 이 해법이 성공한다면 사르트르 Ⅰ은 극복된다. 그러나 성공하지 못한다. 왜냐하면 '신 되기'라는 기투는 역시 인간에게 성취 불가능한 목표여서 여전히 고뇌의 원천으로 작용하기 때문이다. 신 되기가 달성 불가능한 목표라면 그것은 목표일 수 없다. 사르트르는 목표일 수 없는 것을 목표로 삼고 있는 셈이다. 사르트르는 이래저래 진퇴양난의 딜레마에 빠진다. 달리 말해서 사르트르 Ⅰ과 사르트르 Ⅱ의 종합은 불가능한 과업이다. 이 매듭을 푸는 사람은 철학의 숙원을 풀어주는 사람이다. 그는 철학(사)의 영웅이 될 것이다.

사실 사르트르 Ⅱ의 고민과 해법은 사르트르 인간 존재론의 결론의 파괴성과 허무성을 극복하는 대안이기 때문에 그에게는 극히 중요한 문제이다. 그의 존재론에 따라 선택에 근거가 없다면 근거 없는 선택을 위해 죽을 사람은 아무도 없을 것이다. 그의 존재론을 따르면 선한 삶, 좋은 삶은 정초될 수 없고 올바르게 사는 삶, 참되게 사는 삶은 애당초 존재할 수 없다. 사르트르는 이 문제가 자신의 철학적 전제에서 아무런 문제도 되지 않는다고 말하겠지만 세상 사람들은 그럴 수가 없다. 사르트르의 논리대로라면 자살을 극구 권장하는 사회가 가능해진다. 어쨌든 사르트르Ⅰ이든 Ⅱ이든 그의 현상학적 존재론의 탐구 결과로는 인간의 삶은 무의미하고 살 가치가 없다. 역자가 개인적으로 짐작하건대, 사르트르는 이 문제를 존재론적으로 또는 이론적으로는 해결하지 못하고 그의 사회적-윤리적 앙가주망을 통해서, 즉 실천적 차원에서 이미 해결한 것처럼 살았다고 읽힌다.

제14장은 카뮈의 실존주의를 논의한다. 카뮈는 사르트르처럼 삶이 부조리하다고 본다. 그런데 그 부조리의 의미는 사르트르와 다르다. 사르트르의 부조리는 인간 의식의 현상학적 존재론의 구조상 불가피하다는 것이었지만 카뮈의 부조리는 내가 바라는 세상과 실제로 존재하는 세상을 받아들이는 방식 사이의 괴리에서 느끼는 것이다. 따라서 카뮈의 부조리는 사르트르가 세계가 실제로 존재하는 모습을 대자존재와 즉자존재의 이원성으로 기술하는 방식에서 도출하는 것과는 다르다. 이러한 의미에서 카뮈의 부조리는 사르트르보다 철학적으로 덜 급진적이고 깊이가 덜하다고 평가될 수 있다. 그러나 그 해법은 사르트르보다 대중적 설득력과 호소력을 더 많이 가지고 있다고 평가될 수 있다.

우리는 세상의 실제 모습에서 카뮈가 말하는 의미의 부조리를 느끼는 때가 한두 번이 아니다. 태반이 그러기 십상이다. 그러므로 이러한 부조리성에서 우리는 인생이 살 가치가 있느냐 세상을 살 가치가 있느냐는 근본 물음을 제기한다. 삶이 참으로 살 가치가 없는 것이라면 자살을 하는 것이 마땅하다. 자살의 문제는 삶의 가치 문제를 제기하는 가장 급진적인 방식이다.

카뮈의 문제 제기가 나의 개인적 삶이 가치가 있느냐 없느냐의 문제를 배제하지는 않지만 그보다는 현대 서구 사회가 삶에 의미를 부여하는 위대한 이념, 거대 서사 담론을 잃어버렸기 때문에 이 현실을 대면할 수밖에 없는 역사적 상황에 처해 있다는 것을 강조하려는 의도를 지닌다. 이러한 맥락에서 카뮈의 문제 제기는 전통 기독교의 신의 죽음뿐만 아니라 모든 참된 세계, 거대 서사의 죽음에서 성립한다. 이러한 배경에서 볼 때 삶의 부조리는 한편으로 거대 서사적 삶의 의미에 대한 요청과 다른 한편으로 그런 의미가 없어졌다는 상황 사이의 괴리를 가리킨다.

그렇다면 이 부조리의 괴리를 해소할 수 있는 삶의 의미가 있는가? 있다면 무엇인가? 카뮈는 우리가 세상의 이모저모에서 부조리와 구토를 느끼지만 자살할 필요는 없다고 말한다. 또한 거대 서사적 의미가 없어졌다고 해도, 삶이 의미도 가치도 없는 것이라고 해도, 우리는 더 잘 살 수 있다는 것을 그는 보여 주고자 한다. 그는 부조리의 영웅의 삶을 제시한다. 여기에는 두 가지 유형이 있다. 하나는 반항의 삶이고 다른 하나는 과잉의 삶이다.

반항의 삶은 시지프스가 보여 주는 삶이다. 널리 알려져 있듯이 시지프스는 그리스 신화에 나오는 인물로 큰 바위를 산 정상까지 올려놓자마자 땅바닥으로 굴러 떨어지는 돌을 다시 산 정상까지 들어 올려야 하는 운명에 처해 있다. 시지프스의 삶은 이러한 신의 저주를 영원히 반복해야 하는 삶을 상징한다. 우리의 세상살이도 이와 같다. 시지프스의 삶이 괜찮은 삶이라면 우리의 삶도 꽤 잘 사는 삶일 수 있다.

시지프스의 삶을 현대를 사는 임금 노동자의 삶이라고 상상해보자. 시지프스의 삶은 고단하다. 그런데 시지프스가 형벌을 내린 신을 부정하고 신의 입맛에 맞게끔 살지 않고 저항하며 신의 위안 없이 살아가는 자라는 점을 주시할 때 사정은 달라진다. 그의 삶은 더 이상 신이 주인이 아닌 삶이기에 삶의 운명을 그 자신이 개척하고 젊어진다. 또한 그 짐이 그를 짓눌러도 운명은 그의 것이기에 기쁠 수 있고 이성과 감정을 희생하지 않고 지존과 존엄의 품위를 가지고 당당하게 살아갈 수 있다.

이것은 대단한 삶의 자태이다. 우리는 이러한 삶을 존중할 수 있다. 우리는 용기와 성실 그리고 인간의 나약함에 굴복하지 않는다는 점에서 행복한 것이 틀림없다. 이러한 삶은 처량하지 않고 떳떳하고 자랑스럽다. 이러한 반항의 삶을 임금 노예로 하루하루 지내는 일상에서 산다면 이 또한 나쁜 삶은 아니고 행복한 삶일 수 있다. 우리는 임금 노예이지만 시지프스처럼 반항하는 삶을 살 수 있다. 반항하는 삶을 사는 인간은 인간 영웅이다. 임금 노예의 삶은 부조리하다. 그러나 반항하는 인간은 부조리와 함께 살지만 잘 산다.

두 번째 부조리의 영웅은 과잉의 삶을 산다. 돈 후안이 그 예이다. 돈 후안은 왕성한 욕구와 엄청난 정욕으로 살아간다. 이러한 삶은 반항의 삶이기보다는 정상이나 표준을 넘어서는 과잉의 삶이다. 반항의 삶이 질적이라면 과잉의 삶은 양적이다. 키르케고르의 3단계 실존 방식에 따르면 과잉의 삶은 미적 삶이다. 따라서 카뮈의 인간 영웅은 키르케고르의 신앙 영웅과 정반대이다. 카뮈는 돈 후안을 내세워 키르케고르의 종교적 실존을 넌지시 반대한다.

카뮈가 돈 후안의 삶을 높이 평가하는 것은 일반인이 볼 때 쉽게 납득하기 힘들다. 왜 그는 돈 후안의 과잉의 삶을 영웅의 삶으로 치켜세우는가? 이러한 카뮈의 영웅은 신에게 호소하지 않고 신의 위안을 구하지 않는다. 그들은 기만적인 신성에 호소하지 않는다. 그들은 이 땅에서 몸으로 살아가고 키르케고르처럼 쌓아올리는 삶이 아니라 태워버리는 삶을 산다. 그들은 정력을 소비하는 삶을 산다. 그들은 소비에 조급해한다. 카뮈는 이러한 유형의 삶을 부조리의 우주에서 인간이 자신의 참된 형상을 드러내는 삶의 방식이라고 믿는다. 이러한 삶의 방식의 동경은 카뮈가 청춘 시절을 알제리에서 보낸 이력에서 연유한 것으로 짐작된다. 그는 알제리를 '젊음과 생명을 가진, 누구라도 승리의 기회를 도처에서 발견하는' 장소라고 기억한다. 그러므로 굳이 거대 서사·담론 없이도 인간은 부조리의 우주에서 잘 살 수 있다.

제15장은 푸코의 계보학을 다룬다. 푸코는 이 책에서 논의되는 단 4명의 프랑스 철학자 중 포스트모더니즘 철학자이다. 제16장의 데리다도 역시 푸코처럼 포스트모더니즘 철학자이다. 제12, 13, 14장의 사르트르와 카뮈는 모더니스트 철학자이다. 독일권 철학자는 두 배인 8명에 달한다.

푸코는 인간의 삶을 이해할 때 일체의 인간사를 권력 관계로 접근한다. 그는 니체를 따라 인간 사회를 이해하는 가장 적절한 모형이 전쟁이라는 입장을 취한다. 그는 사회 현상을 한편으로는 지배 요구의 측면에서 다른 한편으로는 저항 욕구의 측면에서 살핀다. 푸코가 억압-저항의 권력 관계 패러다임을 취하는 것은 사회의 갖가지 체제들의 억압 구조를 깨닫게 하고 그로부터의 해방을 돕고자 하는 목적의식에서 기인한다.

그는 주로 지식 체제, 진리 체제, 감옥 제도, 정신병원, 성 체제 등을 억압의 권력 기제로 보고 이를 계보학적으로 탐구한다. 계보학은 체제의 기원과 가계를 연구하는 방법을 말한다. 체제의 기원과 가계를 밝힘으로써 그 체제의 지배가 폭로되기 때문에 지배 권력에서 해방되는 데 도움을 준다.

푸코는 현대의 정신병원과 정신치료, 인간 행동의 윤리적 규범, 사회적 문화적 성이 집단이나 인구를 사회의 적절한 규범, 즉 정상 표준에 통합하기 위해 탄생했다고 믿는다. 이러한 체제들은 사람을 평균화하고 균질화함으로써 사회에 통합시킨다. 물론 통합되는 정도는 개인마다 다르다. 하지만 인구 전체를 정상화하는 것은 사회의 유지와 존속에 불가피하다. 그래서 사회에는 항상 정상의 권력과 형벌이 존재한다. 이를 위반하면 제재가 가해진다. 이로써 사람의 비정상적 행동과 그 조장을 제거한다. 감옥을 파놉티콘 형태로 짓고 인간을 범법자와 준법인으로 나누는 것은 표준적인 올바른 태도와 행동을 진작하기 위한 것이다.

푸코가 이러한 체제들로부터의 해방을 꾀하는 것은 이 체제들이 위험하고 인간의 자유를 위협한다고 판단하기 때문이다. 따라서 푸코의 계보학적 탐구는 개인에게 자유를 돌려주기 위한 것이다. 그러나 권력 없는 사회는 없기 때문에 자유의 복구는 영원한 과제이다. 따라서 이 세상에는 항상 할 일이 있다.

왜 이런 일을 해야 하는가? 개인에게 일단 자유를 돌려주고 이 자유를 가진 개인이 자신의 삶을 예술작품으로 만들 수 있게 하기 위해서이다. 다시 말해서 자유가 중요한 것은 개개인의 삶에 의미를 부여하는 데 필수적이기 때문이다. 그리고 푸코는 그 의미가 우리의 삶이 예술작품이 되는 것에 있다고 상정한다.

푸코도 앞의 여러 철학자들처럼 의미 있는 삶은 세계의 진리를 발견해서 따르는 것이 아니라 우리 자신이 창조적으로 되는 문제라고 생각한다. 니체가 가장 대표적으로 이렇게 생각한 철학자이나. 난직으로 밀해시, 푸코는 개인 또는 개별적 자아가 미학적 존재가 되어야 한다고 제안한다. 따라서 개인의 자유보다 개인의 미적 존재, 예술적 존재가 더욱 중요하다.

물론 개인의 자유 없이 개인의 예술화는 불가능하다. 자기 자신을 아름다운 예술작품으로 배려하고 그렇게 미적으로 예술적으로 사는 것이 삶의 의미이다. 사람은 자기 자신을 예술작품으로 창조해야 하고 이를 위한 자아의 테크놀로지 또는 자아의 윤리학을 가져야 한다. 자기 자신의 예술작품이 어떤 내용이어야 하는가의 문제는 물론 개인마다 다르고 개인의 책임이다. 수많은 예술작품의 가능성 가운데 어느 것을 자기 것으로 택해야 하는지는 개인적 선택에 달려 있다. 이것이 푸코가 삶의 의미 문제에 제시하는 답변이다.

제16장 데리다에서는 데리다의 해체주의를 다룬다. 해체는 텍스트가 기반으로 두는 특정 의미 체제나 중심을 폭로하는 담론 행위를 말한다. 모든 텍스트는 일정하게 주어진 의미 체제를 기반으로 할 수밖에 없다. 그러나 특정한 의미 체제는 역시 다른 종류의 의미나 의미 체제를 포함할 수밖에 없다. 이것을 밝히는 것이 해체이다. 말이나 텍스트의 의미는 한 가지만 있는 것이 아니라 다수이고 따라서 다의적이고 다중적이다. 데리다는 이러한 다수성, 다의성, 다중성을 산포, 산종이라고 표현한다. 텍스트가 가지고 있는 단 하나의 의미 체제뿐만 아니라 일정하게 제한된 수의 의미 체제까지 고려할 때 텍스트의 유일하고 완전한 의미라는 전통적 개념은 잘못된 것으로 드러난다. 텍스트는 다양한 의미로 구성되기 때문에 텍스트의 다차원성은 필연적이다. 그러므로 텍스트의 중심은 하나가 아니라 여럿이다. 산포의 개념은 언어가 굉장히 풍부하다는 것을 인정한다.

이와 같이 텍스트에는 기왕에 용인된 의미와는 다른 의미의 가능성들이

숱하게 포진하고 있기 때문에 해체는 기존의 의미 체계의 질서를 무너뜨리는 효과를 가져온다. 그래서 데리다의 해체 철학은 기존 질서를 범하는 정치적 결과를 초래하고 따라서 위험하다. 해체가 철학 이론이나 텍스트에 적용될 때 그 작업은 텍스트의 숨겨진 중심을 들추어내고 은폐된 대립과 평가를 노출시켜 명료하게 표현해야 한다. 이로써 원래의 중심과는 다른 대안적 중심을 구축한다. 그렇다고 이 새로운 중심이 올바른 중심이라고 주장하지 않는다. 그렇게 되면 또다시 그 중심은 해체되어야 할 대상이 되기 때문이다. 그 중심은 일시적 중심일 뿐이다.

그러므로 해체주의에 따르면 완전한 최종적 진리는 없다. 모든 진리는 여러 중심을 지니고 있는 한정된 일시적 관점과 파악에 의한 한시적 진리일 뿐이다. 진리는 다원적이고 선택적이며 수많은 대안적 관점을 허락한다. 진리는 관점이고 따라서 진리와 관점의 차이는 붕괴된다. 하물며 삶의 의미에 관한 진리란 있을 수 없다.

그렇다면 해체주의는 삶의 의미 문제에 대해 말할 것이 있는가? 많은 텍스트들이 우리의 삶과 지성을 억압해 왔다. 남성 중심주의, 유럽 중심주의, 로고스 중심주의 등을 표방하는 텍스트들은 우리의 삶의 방식과 의미에 연루되어 있다. 해체의 삶은 우리를 억눌러온 텍스트의 힘을 파괴하고 텍스트 내의 억압에 저항한다. 이것은 좋다. 그러나 무언가가 해체되자마자 해체하는 자는 그와 동시에 그 스스로 의미가 없어진다. 자신이 의미 있을, 자신에게 의미를 부여하는 텍스트가 사라졌기 때문이다. 의미의 힘을 지녔던 텍스트는 해체와 함께 의미가 사라져 해체 전투를 벌이는 전사도 그 삶도 더 이상 의미가 없게 된다. 텍스트의 의미는 더 이상 해체하는 전사를 제어하지 못하기 때문이다. 해체하는 노력을 하는 동안 나의 삶은 의미가 있겠지만 해체가 완료되면 나의 삶은 의미를 잃는다. 또다시 해체를 향해 의미를 찾아 나선다. 의미의 해체는 의미의 무한 진전을 낳는다. 이것은 악한 무한인가 참된 무한인가?

442

해체는 현재를 현재대로의 가치로 인정하는 대신 무화시키고 현재의 가치를 다시금 미래로 미루거나 연기한다. 의미가 있고 힘을 가지게 되려면 해체가 그쳐야 한다. 해체가 있는 곳에서는 의미도 사라지기 때문이다. 해체 앞에서는 어떠한 삶도 나를 지배하는 힘을 보유할 수 없다. 텍스트가, 의미가 우리를 지배하는 힘을 잃고 있는데도 그것이 나에게 의미 있다고 말할 수는 없는 노릇이다. 데리다는 삶의 의미 문제에 대해 역시나 허무주의를 치료하는 약pharmacon이기는커녕 허무주의를 부추기는 독약pharmacon이다.

제17장은 마지막 장이다. 여기서는 후기 하이데거를 논의한다. 후기 하이데거는 《존재와 시간》이후부터 사망할 때까지의 하이데거이다. 후기 하이데거는 신의 죽음 이후 보편적으로 발견될 수 있는 삶의 의미 같은 것은 없다는 일반적 합의에 동의한다. 대신 그는 삶의 의미가 공동체적이라고 주장한다. 신의 죽음 이후 여타의 철학자들은 자신의 삶에 개인적 의미를 부여함으로써 나의 삶은 무의미하지 않다는 점을 피력해 왔다. 그런데 후기 하이데거는 이와는 달리 삶의 의미가 공동적으로 확립된다고 주장한다.

하이데거는 자연에서 시작한다. 그는 자연에 대해 아주 흥미로운 시각을 보여준다. 여기에 꽃이 있다고 하자. 꽃은 꽃봉오리에서 피어난다. 꽃봉오리는 보이는 것이다. 보이는 꽃봉오리에서 꽃이 피어나고 이 꽃은 세계가 된다. 즉 꽃봉오리는 세계로 태어나고 세계를 산출한다. 세계가 되는 꽃봉오리는 보이지 않는 것이고 신비스럽고 불가해하다.

이러한 자연의 신비는 많다. 바위에서 물이 터져 나오는 것, 씨앗에서 나무줄기가 자라는 것 등등. 이러한 신비는 동식물 할 것 없이 자연 다큐멘터리를 방영하는 TV 장면에서 자주 포착된다. 이러한 자연의 경외는 자연이 산출이며 생산이며 짓기poiesis라는 것을 증시한다. 따라서 자연은 물리적 공간이 아니고 성스러운 측면을 가지고 있다.

자연을 이렇게 이해할 수 있다면 자연적 인간적 질서의 총체, 즉 세계도 이렇게 이해할 수 있다. 나는 방금 꽃봉오리가 세계가 된다고 말했다. 이때의 세계에 '물리적 공간에 위치하는 객체 또는 대상'이라는 의미가 없는 것은 아니다. 그러나 이런 의미의 세계는 2차적이고 추후에 생긴 의미이다. 먼저 그 세계가 신비한 측면을 가지고 있고 신성함을 개시하는 존재의 의미를 가지고 있다.

이렇게 생각해 보자. 우리는 땅이 없으면 살 수 없다. 우리는 땅 위에 산다. 땅은 우리에게 거주지를 제공하고 주거 생활을 가능하게 한다. 땅은 우리의 생활을 가능하게 하는 물리적 환경을 공급한다. 땅은 우리에게 필요한 모든 것을 공급해 준다. 땅은 경외롭다.

우리는 하늘 없이 살 수 없다. 우리는 하늘 아래에서만 살 수 있다. 하늘은 우리에게 대기와 기후를 제공한다. 우리는 그것이 없으면 살 수 없다. 그런 점에서 우리는 땅과 하늘에 감사한다. 그래서 우리는 땅에서 하늘을 볼 때 경배하듯 위로 올려다본다. 우리는 하늘이 우리의 손이 닿을 수 없고 손을 댈 수 없는 어떤 신성한 영역인 것처럼 느낀다.

이러한 배경에서 우리는 지구에 외경심을 느낀다. 지구는 신령한 장소이고 성스러운 장소이다. 그 지구에서 사는 자가 인간이다. 인간은 천과 지 사이의 존재이다. 즉 천지인이다. 천과 지가 만나서 결합한 것이 인간이다. 생명 유지에 적당한 기후와 대지가 없으면 인간은 탄생할 수 없고 존속할 수 없다. 즉 인간은 명을 가진다. 다시 말해서 인간은 죽을 수밖에 없는 존재이다. 인간은 명을 가지는 필멸 존재로 일하고 쉬고 타인과 공존하고 공동체를 창조하고 인류 문화의 유산을 전승한다.

이런 점에서 인간은 동물과 근본적으로 다른 유적 존재이고 하물며 다른 생명체와는 비교될 수 없다. 영원한 생을 가질 수 없고 명이 한정되어 있어서 죽음을 피할 수 없어도 여전히 인간은 영웅이고 거룩하다. 인간은 유한하지만 죽음은 한계가 아니며 인간은 신적인 것을 보여준다. 인간의 유한성은 인간의 무한성이다. 신성은 유한한 인간의 생활양식이다.

이러한 사중 질서가 세계를 둘러싸고 있다. 천天·지地·신神·인人은 세계의 신성한 질서이다. 하이데거는 이를 사방 세계라고 부른다. 이러한 세계를 현대의 기술 공학은 인간 이익을 위해 효율적으로 사용되어야 하는 용품으로 취급한다. 현대의 기술 공학은 자연을 공격하고 침해하고 세계를 착취하고 지배하고 닦달한다. 닦달Gestell 또는 몰아세움은 인간을 포함한 모든 실재를 자원으로 나타내는 세계 이해 방식을 일컫는 하이데거의 전문 용어이다. 현대의 기술 공학은 사방 세계를 자원으로밖에 환원할 줄 모르는 형이상학이다. 닦달의 형이상학은 천지신인을 위협하고 폭력적으로 몰아세운다.

하이데거는 닦달의 형이상학을, 자연의 경외와 세계의 신성과 그 경험을 숙고하는 존재의 신비의 형이상학으로 대체해야 한다고 역설한다. 그는 이것이 인류의 유산을 지키고 전승하는 공동체적 과제라고 주장한다. 그는 인류 공동체가 이 과제를 공동적으로 수행하는 것이 인간의 삶에 의미를 부여하는 것이라고 설파한다. 그는 이것이 인류가 이미 그 안에 피투되어 있는 유산이라고 믿고 인류의 유산에 충실한 일이라고 믿는다. 하이데거에게 삶의 의미는 인간이 세계의 착취자가 아니라 세계의 목자라는 것이다. 그는 이것이 인간이 세계에서 존재하는 올바른 방식이고 존재해야 할 방식이라고 생각한다. 나아가서 그는 이러한 삶의 의미가 인간 존재 자체의 본질에 속하고 인간 존재의 본질을 구성하는 과제에 해당하는 것이라고 믿는다. 하이데거는 그나마 이런 방식으로 붕괴된 삶의 보편적 의미 비슷한 것 또는 대신할 수 있는 것을 발견한다.

이상에서 이 책에서 제시된 위대한 철학자의 답변 17가지를 살펴보았다. 이 내용을 '신의 죽음 이전'과 '신의 죽음 이후'로 나누어 일목요연하게 표로 정리하면 다음과 같다.

시기	철학자	삶의 의미
신의 죽음 이전	1. 플라톤	물질세계보다 초감각적 존재 질서를 경험하라
	2. 칸트	과학의 한계를 인정하고 초월적 신앙을 허락하라
	3. 키르케고르	초월적 신을 향하는 종교적 신앙의 삶을 구하라
	4. 쇼펜하우어	삶의 고통을 진멸하는 초월적 무의 세계로 들어가라
	5. 프로이트	공격충동·죽음본능의 삶을 피하지 말고 승화시켜라
	6. 초기 니체	디오니소스적 열정으로 초인을 희구하라
	7. 헤겔	역사적 삶 속에서 신의 이성적 질서를 실천하라
	8. 마르크스	자본주의의 모순을 거부하고 이상 사회를 건설하라
신의 죽음 이후	9. 후기 니체	자기 창조의 삶을 통해 초인의 삶을 구현하라
	10. 유고 니체	인간과 자연을 지배하는 힘에의 의지를 위해 투쟁하라
	11. 초기 하이데거	자신의 각자성을 지니고 사회의 유산에 충실하라
	12. 사르트르 I	실존적 자유로 삶의 부조리와 고뇌를 극복하라
	13. 사르트르 II	신 되기의 열정으로 삶의 부조리와 고뇌를 극복하라
	14. 카뮈	시지프스의 반항적 삶을 행복한 삶으로 내면화하라
	15. 푸코	자아의 삶을 예술작품으로 만들어 가는 실존이 되라
	16. 데리다	텍스트의 지배적 힘을 무화하는 해체 인간으로 살라
	17. 후기 하이데거	지구의 신성한 사중 질서를 수호하는 목자로 존재하라

4. 삶의 의미에 대한 초월적 대안

어쩌면 우리 모두는 이와 같은 삶의 의미를 과다 불문하고 파편석으로 부분부분을 살았고 살고 있는지도 모른다. 그러나 삶의 의미가 이렇게 다양하게 제시될지라도 그 공통점은 지금 여기에서 초월을 추구한다는 것이다. 그 초월이 내향적이든 외향적이든 그 다양한 갈래와 분화가 초월성을 출발점으로 삼는다고 해도 무리는 없을 것이다. 그들의 철학적 시작점이 어떤 현실, 어떤 상황, 어떤 사태에서든 간에 그들이 초월을 지향하는 것은 틀림없다. 삶의 자리에서 자족한다면 굳이 삶의 의미 문제를 제기할 필요를 느끼지 못할 것이다.

이 모든 삶의 의미를 논의하고 검토하는 가운데서 저자는 후기 하이데거가 제시하는 삶의 의미가 최적이라고 평가한다. 여타의 삶의 의미보다 낫다고 보는 이유는 저자가 그 의미를 임의적인 개인적 근본 기투로만 볼 수 없다는 점에서 일반성 내지 보편성을 띠고 있는 것으로 판단하기 때문이다. 하이데거가 제시하는 삶의 의미는 역자가 보기에 넓은 의미에서 윤리적인 것 같고 세계 내재적이지만 역시 초월성을 지니고 있는 것 같다. 그 의미는 매력적이고 호소력이 있으며 시대정신에 적절한 것 같다.

그러나 저자를 포함해서 우리가 하이데거의 삶의 의미에 공감을 가지는 이유가 유산이라는 공동적 의미의 보존과 발전에 꽂혀서라면 이것은 잘못된 것이다. 왜냐하면 유산은 얼마든지 만들어지고 조작된 전통일 수 있기 때문이다. 각 나라의 유산 또는 전통의 창조는 정치적 의도와 목적에 따라 고안되고 발명될 수 있다. 이러한 전통은 허상이나 허구일 수 있고 환상적인 역사적 사실일 수 있다. 또한 공동체의 사회적, 문화적 유산은 시민종교처럼 제의적 방식으로 숭배될 수 있는 위험이나 우려도 지니고 있다. 그러므로 하이데거가 제안하는 대로 특정한 공동체의 사회적, 문화적, 역사적 유산에 충실하고 이를 공동적으로 전승하고 창조하는 것은 정치적으로 순진한 제의라는 비판을 받을 수 있다. 그런 소지와 여지가 있는 것은 확실하다.

그뿐만이 아니다. 역자는 하이데거가 삶의 의미라고 발견하는 세계의 세계성과 신성성, 그리고 존경과 존숭을 받아야 하는 사물의 거룩한 측면 등이 초월적 신의 관점에서 포용될 수 있다고 생각한다. 그것은 이 책에서 키르케고르가 말하는 종교성 B, 즉 초월적 종교성의 관점에서 가능하다. 말하자면 세상 내재적인 것과 초월적 신과의 관계성 정립은 가능하다는 뜻이다. 하이데거가 말하는 인간의 필멸성, 유한성은 무한자와의 관계성을 원천적으로 폐제하는 것이 아니다. 왜 하이데거를 포함한 이 철학자들은 모두 자신의 삶의 의미의 초월성이 세상 외재적인 종교성 B에 연결될 수 없다고 보는가? 그러한 입장이야말로 선험적 독단이다. 인간의 자기초월성은 종교적 초월신과 관계가 가능하다. 한 개인이 초월신과 관계를 맺는 것은 역사적 경험이고 실증이다. 이들 철학자가 인정하는 초월성은 초월신의 내부에서 근거를 찾게 될 때 오히려 그 가치가 제대로 평가될지도 모른다는 역발상도 해 볼 필요가 있다.

역자는 그러한 가능성을 암시적으로 또는 실제적으로 보여주는 자료들은 많이 있다는 점을 주지시키고 싶다. 전의식, 의식, 무의식만 있는 것이 아니라 초의식, 신의식도 강력하게 주장하는 의식의 스펙트럼을 통해 의식과 영을 통합한 켄 윌버의《통합심리학》, 위대한 지혜 전통을 말하는 올더스 헉슬리의《영원의 철학》, 휴스턴 스미스의 세계의 보편 종교 진리의 공통 비전을 설명하는《잊힌 진리 Forgotten Truth》만으로 그 가능성은 충분하다. 역자는 이들 철학자들의 삶의 의미 개념이 보다 거대 담론적인 초월적 종교 경험으로 진화될 수 있는 가능성이 있다고 생각한다.

삶의 보편적 의미를 발견하는 시도는 이제는 사라지고 나의 개인적, 개별적 삶의 의미만이 중요한 세상이 된 지금, 그러면서도 신을 떠난 근대성의 실패와 모순이 다각적으로 노정되고 있는 탈근대성의 현시점에서 종교적 초월 경험의 관점으로부터 기왕의 삶의 보편적 의미와 가치를 갱신하고 재구성하려는 통합적 사유 노력은 해볼 만한 바람직한 삶의 선택이다. 아마도 이것이 인류 공동체의 유산에 보다 보편적으로 충실한 것이고 보나 보편적인 삶의 의미가 될 수 있을지도 모른다.

5. 마무리: 책 추천

칸트는 인생론을 철학적 물음의 형식으로 다음 4가지 질문으로 제시했다고 한다.

첫째, 나는 무엇을 알 수 있는가?
둘째, 나는 무엇을 해야 하는가?
셋째, 나는 무엇을 희망할 수 있는가?
넷째, 인간이란 무엇인가?

본 역서는 보다시피 13명의 철학 대가들이 이 네 가지 질문에 대해 통합적이고 유기적으로 제시하는 17개의 답을 전해 준다. 그러나 다른 한편, 세속 사회의 극치를 달리고 있는 자본주의 사회에서 이러한 형이상학적, 초월적 삶의 의미 추구를 개설槪說하는 것이 얼마나 실제적이고, 현실에 비추어 얼마나 귀를 기울일 만한 소리일 수 있는지 의문도 생길 수 있다. 이 책에서 제공하는 다수의 삶의 의미론은 한갓된 정신적 연습이나 관념론적 생각에 불과할 수도 있다. 그럼에도 불구하고 과거의 철학적 유산을 지금 훈련하는 것은 약탈적 자본주의 현실 속에서 빵만으로 살아가는 세속적 삶을 성찰하고 반성할 수 있는 계기를 제공한다.

삶의 의미 문제에 대한 철학의 대답들은 인간은 빵만으로 살 수 없다는 인간의 초월성 추구 욕망에 따른 산물이다. 약탈적 자본주의는 이러한 인간 본성을 약화시키고 흐릿하게 만든다. 불필요한 소비욕을 자극해서 정작 필요한 인간적 초월 추구의 싹을 자른다. 약탈적 자본주의가 윤리적 자본주의로 수정 발전하기를 바라는 소원이 간절하다. 이러한 희망에서 삶의 의미를 추구하는 형이상학적 초월심의 지속 가능한 발전을 기원한다.

역자는 이 책이 독자 저마다의 삶의 의미의 길 찾기를 자극하는 각성제이기를 희망한다. 이러한 생각에서 역자는 독자들이 본 역서 이외에 읽기를 바라는 책으로 피터 왓슨의 《무신론자의 시대: 신의 죽음 이후 우리는 어떤 삶을 추구해왔는가》(정지인 옮김, 책과 함께, 2016)를 추천한다. 이 책은 니체가 1882년 《즐거운 학문》에서 '신은 죽었다'고 선언한 이후 신을 대신할 수 있는 대체재를 찾아 나선 수십 명의 저명한 학자들의 치열한 노력을 다채롭게 문학 소설처럼 전개한다. 약 130년 동안 철학을 비롯한 다수의 학문 분야에서 인간이 신 없이 어떻게 살아가야 하는가에 관한 수십 개의 삶의 의미를 서사 이야기처럼 펼친다. 서구 사회에서 신이 사라진 이후 신의 자리에 들어서는 것들이 무엇인지를 확인할 수 있다.

이 책의 저자는 그 결론의 하나로 니체의 신의 죽음 선언 이후 인류는 신 말고 다른 곳에서 답을 찾을 수밖에 없었고 과학이 가장 유력한 곳이 되어야 한다고 주장한다. 근대 이후의 과학적 발전은 종교에 심각한 타격을 주었고 종교는 진리의 이름으로 끔찍한 일들을 많이 저질렀다. 저자는 우리는 스스로 답을 찾아야 하고 그 시작점은 관찰과 증거에 기반하며 합리적으로 보이는 개념에 의지하는 과학적 세계관이 되어야 한다고 믿는다.

하지만 저자는 과학이 일상적 삶과 거리가 있는 추상적 이론과 공식으로 세계를 설명하므로 지지자들의 기대에 미치지 못한다고 평가하고 이 지점에서 과학을 보완하는 현상학적 태도가 필요하다고 말한다.

현상학적 세계관은 현실의 실질적 다양성의 경이로움을 이야기하고 일상적 생활 세계의 개별적 경험까지도 구체적으로 기술하며 그 작은 것들의 계시성을 보여주고 향유하는 사유 태도를 기반으로 한다. 저자는 과학적 세계관이 세계에 대한 이러한 현상학적 태도의 보완을 통해서 신 없이 사는 법에 관한 보다 신뢰할 수 있는 삶의 의미와 목적을 제공할 수 있을 것이라고 전망한다.

그러나 역자가 보기에, 이러한 전망은 후기 세속 사회에서 일반인들이 종교를 멀리하기보다는 종교를 더 가까이 하는 통계학적 수치가 증대하는 사회 현상을 설명할 수 없는 것 같다. 막스 베버의 세계의 탈마법화 주장 이후로 종교가 세속 사회에서 밀려났다는 주장과 달리 종교를 가지는 인구가 더 늘어난 사실은 인간 본성의 종교적 욕구와 영적 필요가 과학적 지식의 발전과 진보로 충족될 수 없음을 보여준다. 나는 과학으로 종교를 부인하는 것은 범주 착오의 오류라고 생각한다. 왜냐하면 영의 실재와 진화는 부인할 수 없는 종교적·경험적 사실이기 때문이다. 현상학의 아버지 에드문트 후설은 세례를 받은 기독교인이었다.

이 외에도 두 권의 책을 더 추천한다. 한 권은 존 메설리의《인생의 모든 의미: 삶의 의미에 대한 101가지 시선들》(전대호 옮김, 필로소픽, 2016)이다. 이 책은 지난 50여 년 동안 삶의 의미에 대한 질문에 응한 100여 개의 대답을 유형화 내지 범주화해서 그 요체를 간략하게 추려서 분석적으로 전해 준다. 철학을 위시한 인접 학문 분야에 이르기까지 삶의 의미 문제에 대한 최근의 중요한 대답을 총망라하고 집대성한 책이다. 줄리언 영의 책처럼 논증적으로 저술되었다. 대답 하나하나에 대한 분석과 요약이 함께 제시되고 범주화된 유형적 입장에 대한 간략한 논평이 제각각 주어진다. 종교적, 철학적, 과학적 대답들을 같이 알 수 있다. 특히 우주론과 생물학을 중심으로 한 과학자들의 대답도 들어 있다.

저자는 자연주의적 입장, 과학적 입장의 편에 서 있다. 메설리는 삶의 의미를 묻는 문제에 대한 종교적 해법이 문제적이라고 단정한다. 과학과 기술이 발전함과 더불어 종교가 과거의 유물이 될 것이라고 주장한다. 과거의 종교 이야기는 까마득한 이야기가 될 것이라고 말한다. 우리는 주어진 삶을 궁극적 차원에서 말할 필요도 없이 그 삶이 제공하는 제한된 즐거움을 누리고 개인적 삶의 의미를 창조하고 증대하면서 인간의 한계를 제거하려고 노력하는 가운데 나의 삶의 목적과 가치와 미래를 향해 기여하는 사명에 따라 살 뿐이다.

신 없이 사는 법으로서는 참으로 가장 합리적이고 건전한 대답이다. 궁극적 차원의 체험을 추구하거나 득도에 이른 종교적인 사람조차도 이를 부인하지 않는다. 하물며 세속적인 사람은 말할 나위가 없을 것이다. 그러나 그 대답은 활동하는 영의 존재를 모른다. 기축시대부터 영의 실재에 대한 진리는 위대한 지혜의 전통의 이름으로 현시점에 이르기까지 전승되어 왔다. 그 대답은 계몽주의 단계, 과학적 지식 단계의 의식 수준에는 맞는다. 그러나 최고 의식의 수준, 궁극적 체험의 의식 단계에서는 아니다.

이러한 단계의 의식 수준에 맞는 종교적 인물로서 예수를 들 수 있다. 예수는 자신을 두고 이렇게 말했다. "나는 길이요, 진리요, 생명이다", "나와 아버지는 하나이다", "나를 통하지 않고서는 아무도 아버지께 갈 수 없다." 이 "나"는 누구인가? 궁극 의식, 우주 의식, 참된 자아, 또는 진아 등등으로 표현될 수 있다. 신과 나의 신비한 합일 체험은 많은 현자와 성자, 신비가 들이 전해 준다. 예수도 그중 한 명이다. 예수의 신의식과 그에 따른 삶의 방식과 실천은 역사적으로 인류에게 본보기가 될 만한 모범이었다. 그가 인류의 정전이 된 것은 때와 장소와 환경을 불문하고 어느 누구에게나 삶의 전범이었기 때문일 것이다. 예수의 삶의 의미와 목적은 과학적 지식이나 발전 여부에 의해서 또는 진화론의 사실 여부에 의해서 결정될 수 있는 문제가 아니다. 그것은 그 문제와는 무관하게 여전히 보편성을 간직하고 있다.

마지막 한 권은 장 그르니에의 『존재의 불행』(권은미 옮김, 문예출판사, 2001)이다. 인류는 우주에서 선과 악, 행복과 불행, 좋은 것과 나쁜 것 사이에서, 말하자면 악의 문제를 중심으로 삶의 의미와 방향을 추구해 왔는데 여기에는 자연적, 종교적, 실존적 관점이 있다. 그르니에는 자연적 관점과 종교적 관점의 약점을 지적하고 인간이 유한 존재로서 절내를 향한 추구와 거부 사이에 있는, 실존적으로 불행한 존재임을 강조한다. 따라서 인간은 원천적으로 허무주의자 쪽으로 기울어지도록 되어 있다. 그러나 그는 인간이 그 허무의 불행을 있는 그대로, 덧셈하지도 말고 뺄셈하지도 말고 좌로도 우로도 치우치지 말고 능동적으로 살아가는 낙관적 허무주의자이어야 한다고 시사한다.

그러나 저자는 그 책의 마지막 문단에서 아주 흥미로운 언급을 한다. "그런데 우리 존재의 지주인 그 '절대자'가 우리와 어떤 관계를 맺고 있다면? 영적 구도자들은 이 신이 인간에게는 필요하다고 강조했다. 그러나 그 사실은 단지 우리가 거기에 동의할 때만이 우리에게 영향을 미칠 수 있다."

심화 도서

1장 플라톤

Meinwald, C., *Plato* (New York: Routledge, 2014).

2장 칸트

Guyer, P., *Kant* (New York: Routledge, 2006).

3장 키르케고르

Evans, C. S., *Kierkegaard: An Introduction* (Cambridge: Cambridge University Press, 2009).

4장 쇼펜하우어

Atwell, J., *Schopenhauer: The Human Character* (Philadelphia: Temple University Press, 1990).

Janaway, C., *Schopenhauer* (Oxford: Oxford University Press, 1994).

Young, J., *Schopenhauer* (New York: Routledge, 2005).

5장 프로이트

Lear, J., *Freud* (New York: Routledge, 2005).

6, 9, 10장 니체

Nehamas, A., *Nietzsche: Life as Literature* (Cambridge, MA: Harvard University Press, 1985).

Young, J., *Friedrich Nietzsche: A Philosophical Biography* (New York: Cambridge University Press, 2010).

7장 헤겔

Beiser, F., *Hegel* (New York: Routledge, 2005).

8장 마르크스

Singer, P., *Marx: A Very Short Introduction* (Oxford: Oxford University Press, 1980).

Wood, A., *Karl Marx* (London: Routledge & Kegan Paul, 1981).

11, 17장 하이데거

Richardson, J., *Heidegger* (New York: Routledge, 2012).

Young, J., *Heidegger's Late Philosophy* (Cambridge: Cambridge University Press, 2002).

12, 13장 사르트르

Danto, A., *Sartre* (London: Fontana, 1975).

Murdoch, I., *Sartre* (London: Vintage, 1999).

14장 카뮈

McCarthy, P., *Camus* (New York: Random House, 1982).

Spritzen, D., *Camus: A Critical Examination* (Philadelphia: Temple University Press, 1988).

15장 푸코

Dreyfus, H., and Rabinow, R., *Michel Foucault: Beyond Structuralism and Hermeneutics* (Chicago: University of Chicago Press, 1983).

McNay, L., *Foucault: A Critical Introduction* (New York: Continuum, 1994).

16장 데리다

Gasché, R., *Inventions of Difference: On Jacques Derrida* (Cambridge, MA: Harvard University Press, 1994).

Harvey, I., *Derrida and the Economy of Difference* (Bloomington: Indiana University Press, 1986).

참고 문헌

Camus, A. (2000) *The Myth of Sisypus and Other Essays*, trans. J. O'Brian (London: Penguin).

Chomsky, N. (2003) *Chomsky on Democracy and Education*, ed. C. P. Otero (New York: Routledge).

Derrida, J. (1982) 'Différance', in *Margins of Philosophy*, trans. A. Bass (Chicago: University of Chicago Press), pp. 1-29.

_____ (1991) 'Jacques Derrida', chapter 6 of *French Philosophers in Conversation*, ed. R. Mortley (London: Routledge).

_____ (1998) *Of Grammatology*, trans. G. Spivak (Baltimore: Johns Hopkins University Press).

Diamond, J. (1987) 'The Worst Mistake in the History of Human Race', *Discover Magazine* (May), pp. 64-6.

Engels, F. (1941) *Herr Eugen Dühring's Revolution in Science [Anti-Dühring]*, Marxist Library, vol. 18, ed. C. Dutt, trans. E. Burns (New York: International Publishers).

Evans, C. S. (2009) *Kierkegaard: An Introduction* (Cambridge: Cambridge University Press).

Feuerbach, L. (1980) *Thoughts on Death and Immortality* (Berkeley: University of California Press).

_____ (1986) *Principles of the Philosophy of the Future*, trans. M. Vogel (Indianapolis: Hackett).

Foucault, M. (1984-85) 'Dream, Imagination, and Existence' (1954), trans. F. Williams, *Review of Existential Psychology and Psychiatry* 19(1), pp. 31-78.

_____ (1991) *The Foucault Reader*, ed. P. Rabinow (London: Penguin).

Freud, S. (1961) *The Standard Edition of the Complete Psychological Works of Sigmund Freud*, vol. 21 (London: Hogarth Press).

Gottlieb, A. (2000) *The Dream of Reason: A History of Western Philosophy From the Greeks to the Renaissance* (New York: W. W. Norton).

Gray, J. (2002) *Straw Dogs: Thoughts on Humans and Other Animals* (New York: Farrar, Strauss & Giroux).

Hampshire, S. (2001) 'The Pleasure of Iris Murdoch', *New York Review of Books* 48, no. 18 (November), pp. 24-6.

Hare, J. E. (1996) *The Moral Gap: Kantian Ethics, Human Limits, and God's Assistance* (New York: Oxford University Press).

Hegel, G. (1955) *Die Vernunft der Geschichte*, ed. J. Hoffmeister (Hamburg: Meiner).

_____ (1975) *Hegel's Logic: Part One of the Encyclopaedia of the Philosophical Sciences*, trans. W. Wallace, 3rd edn (Oxford: Oxford University Press).

_____ (1977) *The Phenomenology of Spirit*, trans. A. V. Miller (Oxford: Clarendon Press).

_____ (1991) *Elements of the Philosophy of Right*, ed. A. Wood, trans. H. Nisbet (Cambridge: Cambridge University Press).

Heidegger, M. (1971) *Poetry, Language, Thought*, trans. A. Hofstadter (New York: Harper & Row).

_____ (1973) *Being and Time*, trans. J. Macquarrie and E. Robinson (Oxford: Blackwell).

_____ (1977) *The Question concerning Technology and Other Essays*, trans. W. Lovitt (New York: Harper & Row).

_____ (1991) *Nietzsche*, trans. D. Krell, 4 vols (New York: Harper Collins).

_____ (2002) 'Nietzsche's Word: "God Is Dead"' in *Off the Beaten Track*, trans. J. Young and K, Haynes (Cambridge: Cambridge University Press), pp. 157-99.

Hobbes, T. (1994) *Leviathan* (Indianapolis: Hackett).

Jünger, E. (1982) *Der Arbeiter: Herrschaft und Gestalt* (Stuttgart: Klett-Cotta).

Kant, I. (1951) *Critique of Judgment*, trans. J. Bernard (New York: Hafner).

_____ (1964) *Critique of Pure Reason*, trans. N. Kemp Smith (London: Macmillan).

Kierkegaard, S. (1994) *Concluding Unscientific Postscript*, trans. D. Swenson and W. Lowrie (Princeton: Princeton University Press).

_____ (1946) *Sickness unto Death*, trans. W. Lowrie (Princeton: Princeton University Press).

_____ (1983) *Fear and Trembling*, trans. H. Hong and E. Hong (Princeton: Princeton University Press).

_____ (1987) *Either/Or*, trans. H. Hong and E. Hong (Princeton: Princeton University Press).

_____ (1995) *The Concept of Anxiety*, ed. and trans. R. Thomte and A. Anderson (Princeton: Princeton University Press).

Lacan, J. (1986) *The Seminar of Jacques Lacan*, bk VII: *Ethics of Psychoanalysis*, trans. D. Porter (New York: Norton).

Larmore, C. (1996) *The Morals of Modernity* (Cambridge: Cambridge University Press).

Magnus, B. (1988) 'The Use and Abuse of *The Will to Power*', in R. Solomon and K. Higgins eds. *Reading Nietzsche* (New York: Oxford University Press), pp. 218-35.

Marx, K. (1893) *Wage Labour and Capital*, trans. J. Joynes (London: Twentieth Century Press).

_____ (1964) *Economic and Philosophic Manuscripts of 1844*, ed. D. Struik, trans. M. Milligan (New York: International Publishers).

_____ (1970) *Critique of Hegel's Philosophy of Right*, ed. J. O'Malley, trans. A. Jolin and J. O'Malley (Cambridge: Cambridge University Press).

McLellan, D. (1973) *Karl Marx: His Life and Thought* (London: Macmillan).

Nagel, T. (2000) 'The Absurd' in E. Klemke (ed.), *The Meaning of Life* (New York: Oxford University Press), pp. 176-85.

Nietzsche, F. (1967) *The Will to Power*, ed. W. Kaufmann, trans. R. Hollingdale and W. Kaufmann (New York: Vintage).

_____ (1994) *On the Genealogy of Morals*, ed. K. Ansell-Pearson, trans. C. Diethe (Cambridge: Cambridge University Press).

_____ (1999) *The Birth of Tragedy*, trans. W. Kaufmann (New York: Vintage).

_____ (2001) *The Gay Science*, ed. B. Williams, trans. J. Naukhoff (Cambridge: Cambridge University Press).

_____ (2005) *Twilight of the Idols*, in *The Anti-Christ, Ecce Homo, Twilight of the Idols and Other Writings*, ed. A. Ridley, trans. J. Norman (Cambridge: Cambridge University Press).

_____ (2005) *Thus Spoke Zarathustra*, trans. and ed. G. Parkes (New York: Oxford University Press).

Pascal, B. (1969) *The Pensées of Pascal*, trans. M. Maggioni (New York: AMS Press).

Plato (1952) *Plato's Phaedrus*, trans. R. M. Hackforth (Cambridge: Cambridge University Press).

Rice, P. and Waugh, P. eds. (1996) *Modern Literary Theory: A Reader* (London: Arnold).

Sartre, J.-P. (1956) *Being and Nothingness*, trans. H. E. Barnes (New York: Philosophical

Library).

_____ (1957) *Existentialism and Human Emotions* (New York: Philosophical Library).

Schopenhauer, A. (1966) *The World as Will and Representation*, 2 vols, trans. E. F. J. Payne (New York: Dover).

_____ (1974) *Parerga and Paralipomena*, 2 vols, trans. E. F. J. Payne (Oxford: Clarendon Press).

_____ (1974) *On the Fourfold Root of the Principle of Sufficient Reason*, trans. E. F. J. Payne (La Salle, IL: Open Court).

Schumacher, E. (1974) *Small Is Beautiful* (London: Sphere Books).

Sjöwall, M. and Wahlöö, P. (1977) *Die Terroristen*, trans. E. Schultz (From Swedish) (Reinbek bei Hamburg: Rowohlt)

Young, J. (1997) *Heidegger, Philosophy, Nazism* (Cambridge: Cambridge University Press).

_____ (2001) *Heidegger's Philosophy of Art* (Cambridge: Cambridge University Press).

_____ (2002) *Heidegger's Later Philosophy* (Cambridge: Cambridge University Press).

_____ (2005) *Schopenhauer* (London: Routledge).

_____ (2010) *Friedrich Nietzsche: A Philosophical Biography* (New York: Cambridge University Press).

_____ (2013) *The Philosophy of Tragedy: From Plato to Žižek* (New York: Cambridge University Press).

신의 죽음과 삶의 의미

초판 1쇄 발행 | 2021년 9월 20일

지 은 이 | 줄리언 영
옮 긴 이 | 류의근
펴 낸 이 | 이은성
편　 　집 | 최지은
디 자 인 | 파이브에잇
펴 낸 곳 | 필로소픽
주　 　소 | 서울시 동작구 상도동 206 가동 1층
전　 　화 | (02) 883-9774
팩　 　스 | (02) 883-3496
이 메 일 | philosophik@hanmail.net
등록번호 | 제379-2006-000010호

ISBN 979-11-5783-205-7 93120

필로소픽은 푸른커뮤니케이션의 출판 브랜드입니다.